网络经济时代的信息政策

周宏仁　张　彬　[美]理查德·泰勒　编著

电子工业出版社
Publishing House of Electronics Industry
北京 · BEIJING

内 容 简 介

本书旨在讨论网络经济时代的核心信息政策问题。既有关于中国和美国从传统网络向数字网络全面过渡中所面临挑战的综述，也有关于电信、有线电视、广播电视、移动及其频谱的政策，以及相关的管制结构等。此外，还讨论了美国的普遍服务和中国的数字鸿沟，以及美国政府在提供可接入的、开放的公共平台以及保护儿童不受侵犯的和谐网络上的作用。本书各个章节层层深入，体现着对网络时代信息政策的整体把握。而每篇文章又是一个相对独立的主题，是每一位专家对相应主题的深刻思考。本书既介绍了国外先进的信息化发展政策与推进措施，提供了国外信息政策改革方面的宝贵经验，又反映了我国信息化发展情况和信息政策焦点，适合于工作在信息产业和信息化领域的各类读者阅读。

图书在版编目（CIP）数据

网络经济时代的信息政策/周宏仁，张彬，（美）泰勒编著. —北京：电子工业出版社，2014.8
ISBN 978-7-121-24024-9

Ⅰ.①网⋯ Ⅱ.①周⋯ ②张⋯ ③泰⋯ Ⅲ.①信息技术－方针政策－研究－世界 Ⅳ.①G203-01

中国版本图书馆 CIP 数据核字（2014）第 183568 号

策划编辑：刘九如
责任编辑：李树林
印　　刷：北京画中画印刷有限公司
装　　订：北京画中画印刷有限公司
出版发行：电子工业出版社
　　　　　北京市海淀区万寿路 173 信箱　　邮编　100036
开　　本：720×1 000　1/16　印张：27.25　字数：447 千字
版　　次：2014 年 8 月第 1 版
印　　次：2014 年 8 月第 1 次印刷
定　　价：98.00 元

序（一）

　　随着计算机技术和通信技术（ICT）的融合发展和普及，人类社会正经历着一次最伟大的革命——信息革命。网络，作为一种信息传播和交流沟通的工具，已经成为人类最重要的信息交换媒介和价值实现场所以及当代最先进的生产力之一，对于全要素劳动生产率的增长有着明显的促进作用，正以前所未有的方式改变着人类社会的生产、学习和生活。信息化的发展推动了网络经济的兴起和兴盛。网络向各个经济领域的广泛渗透以及网络企业的不断发展，形成了当今社会的网络经济；网络化对经济的贡献不仅包括直接经济效益，还包括对其他生产型和服务型企业的间接经济效益。网络化正在从根本上改变国民经济各行各业赖以生存的基础，成为它们提升创新力和竞争力的源泉。我们正逐步进入信息社会和网络经济时代。毫无疑问，信息与通信产业是网络经济时代的基础产业、先导产业和支柱产业。作为信息与通信产业乃至整个信息经济和社会的组织形态和基础设施，互联网无疑是研究现代信息社会和网络经济的最佳标本。

　　互联网作为一个新产业乃至一个虚拟社会而出现，使这个产业具备了与之前任何一个产业完全不同的技术、经济特性，如此地包罗万象、纷繁复杂。在网络经济时代，作为一种极具变革性的新生事物，互联网对于人类社会所产生的影响正日益显现；尤其不容忽视的是，随着互联网在全球快速扩张，引发了一系列的经济和社会变革，包括正面的和负面的。如何看待互联网这一新事物，认识和把握其技术、经济和社会等方面的本质特征？如何对其进行适当规制，以解决这些棘手的经济性、政治性、社会性和文化性问题？网络空间作为人类社会发展生产力的重要手段和提升国家实力的可靠保障，是否应该对其进行有效治理？互联网宽带基础设施的建设和应用日新月异，难道还可以沿用传统电信的规制手段吗？针对互联网的规制问题将成为理论学术界和各国政府机构在信息政策方面前所未有的挑战。这些都已成为各国在信息化发展策略实践中亟待解决的重要课题。

带宽是在传输管道中传递数据的能力。宽带可以满足人们所需各种媒体在网络上传输所需要的带宽。世界各国都十分重视宽带的发展，纷纷制定相关的政策，促进宽带的普及应用。五十年前，美国的网络远远领先其他国家，为公民提供通信接入，并不断优化网络。而今，就宽带普遍服务水平而言，作为互联网诞生地的美国，却在世界上居于大多数工业国家及少数发展中国家之后。这不仅削弱了美国引以为傲的信息领域优势，也显然不符合美国的社会发展需求。这种状况引起了美国学术界的重视和忧虑。为此，许多美国学者纷纷开始研究，反思过去的错误，分析现有状况，学习其他成功国家的做法，并提出各自的可行建议。

在中国，虽然政府一直在大力地推动信息化建设，也对此投入大量的资金，但信息化发展中的问题在当今网络经济时代显得尤为突出。这些问题表现在：网络基础设施，特别是宽带和移动宽带发展迟缓；网络空间安全策略和管理手段有待完善；监管制度需要创新；区域间、行业间信息化发展不平衡；城乡间、地区间数字鸿沟仍很突出，等等。这些问题将阻碍国家信息化发展的脚步，延缓中国赶超发达国家的步伐。面对信息化发展带给我们的挑战，政府需要出台切实可行的信息政策，进一步完善法律法规体系，在关注信息化快速发展的同时，也要保证我国信息化发展环境的健康与和谐。

适应现实需要，着眼于未来发展，是出版《网络经济时代的信息政策》一书的宗旨。本书既关注美国 ICT 发展与规制理论及其改革经验，又结合中国特定实际，提出了一些适应中国信息化发展的信息政策建议，将有助于促进信息通信规制体系的逐步完善，最终推动中国信息通信产业的可持续发展。

本书包括了十几位美国著名学者关于宽带信息政策问题的部分重要研究成果的中译稿。他们都是当前活跃于 ICT 政策研究领域的美国学者，有的曾经作为白宫顾问，参与一些重大决策的咨询。他们对整个宽带网络规制问题的发展过程体会深刻、观察细微；编入本书的论文也充分体现了各位大家的思考，叙述详尽。他们介绍并分析了美国宽带信息政策的发展现状，力图借鉴其他国家的成功经验，对不同的问题提出了不少可行的方案或建议。该部分内容所得出的结论虽然根植于美国本土，但由于中国和美国在宽带信息政策问题上有很多类似的处境，其研究结果对我国网络经济时代信息化的发展也有很强的借鉴意义。

本书由国家信息化专家咨询委员会、北京邮电大学和美国多所大学和机构的教授学者合作撰写，既介绍了国外先进的信息发展政策与实施措施，提供了国外信息政策改革方面的宝贵经验，又反映了我国信息化发展情况和信息政策焦点，具有较高的理论水平与借鉴价值。目前我国在此类问题上尚缺乏相关参考资料，在此情况下本书的出版无疑具有重要的现实意义与理论价值。

总体而言，本书各个章节层层深入，体现着对网络时代信息政策的整体把握。而每篇文章又是一个相对独立的内容，介绍每一位专家对相应主题的思考，清晰易懂。文章文字简练，但并不晦涩，逻辑性强，方便易懂，适合于工作在信息产业的各类读者阅读。我非常高兴担任本书的编著者之一，并相信本书一定会得到关心中国信息产业健康发展、关注网络经济与规制理论的深度发展和关心中国信息化均衡发展的学者和专家们的高度认可。

最后，向为本书的出版付出辛勤劳动的策划者、著作者、译著者、编辑者，以及为本书的出版提供大力支持的朋友们表示衷心的感谢！

周宏仁

2014 年 3 月 9 日

序（二）

    对于中国和美国来说，网络社会是我们共有未来的基础。然而，我们的国家将如何最好地完成由基于现代技术向基于宽带网络社会的跃进？这是中国和美国双双需要面临的挑战，而解决这个问题也许不是一种而是多种方案，但是，面临这种挑战的所有国家却在很多方面是共通的。本书将探索当中国和美国共同迈向未来真正网络社会时我们必须解决的几个共同的核心问题。

    当今普遍共识认为，一个强有力的信息基础设施是现代经济增长的关键要素，在这种思想的指导下，中国有了具有中国特色的国家信息化宏伟规划，美国则提出了国家宽带计划（NBP）。根据国家历史和文化的不同，信息社会也许在很多方面表现得千差万别，但对所有国家来说，其通信网络却都会发生同样的深刻改变，即由"传统"模拟到"当今"数字技术的变迁。

    当宽带互联网成为当今社会无处不在的社交连接公共媒介时，它将替换和转变传统媒体。这将威胁着传统电信运营商、有线电视公司、广播电视公司和移动运营商现有商业模式的运作。摒弃这些传统模式，我们将会看到更大范围和更多复杂性的宽带生态系统的出现。这个生态系统的每个领域将会在本书的每个章节加以论述，虽然有的时候是以关注美国的视角展开，但也反映了全球共同的焦点问题。

    同时，这是既具有毁灭性又具有创新性的商业模式，网络社会基础设施的迁移带来了社会平等的基本问题，包括"数字鸿沟"、"普遍服务"和"社会契约"等，分别具有不同的含义。这些引来了质疑：是否极力推进新技术会加速排斥一些人（贫穷者）和一些群体（不同语言和种族）于网络之外，而使其他一些人受益，并因而带来更大的不均衡性，乃至于加速社会的两极分化？

这就带来了一个重大的政策议题：是否应该为社会的每一个人提供网络连接？如果他们无法承担费用该怎么办？如果他们住在偏远的农村地区而为他们提供网络连接费用很高怎么办？他们是否应该得到同样水平和质量的服务？什么是最好的方法激励运营商为这些用户服务？如果提供这些服务没有利润，应该拥有什么机制进行补贴？如果有补贴，是直接补贴还是间接补贴？从长远的观点考虑，网络外部性和经济增长的附加价值将会抵消这些短期的成本代价吗？

中国一直奉行一个追求社会平等和均衡发展（包括区域性以及其他方面）的核心战略，包括政府在欠发达地区资助电信基础设施建设，将其扩展到行政村。美国曾经也提供一个所谓的"社会契约"行动，为每一个人，在任何地方、任何时间和任何条件下提供同样的电话服务。在市场机制下的美国，将来这些很可能要改变，因为无线将取代有线成为农村地区的技术选择。

从管制观点来看，必须考虑这样一个事实，就是当面对一个综合数字宽带媒介时，所有媒体（包括电信、广播电视、有线电视和移动通信）都将被收集和转换为数字数据巨流中的一部分，以往针对不同媒体的管制分类将立刻崩溃，因为它们将不再能够轻易地在旧的分类中对号入座。在美国，这些引发了一系列关于 FCC 管制机构的权力和范围的问题，甚至有些人质疑该机构是否今后有必要存在，因为强烈热衷于市场解决方案的人们认为，所有今后需要的管制只是建立实施竞争和保护消费者权益的规则。在中国，基于一个不同概念的总体框架下，争论的焦点是不同部门（如工业和信息化部和广播电视管理部门）的管理权限以及与 WTO 有关的"独立管制机构"问题。正是因为网络社会的演变，使所有这些改变得以出现并且越来越复杂化。

从短期来看，对于政策制定者和管制者来说，最重要的挑战在于如何完成从传统模拟网络（基于 TDM 的交换业务）向宽带数字（基于 IP）网络的转变。这些是两种完全不同的技术，因此，为前者所进行的无论是经济意义上的还是管制意义上的部署并不是很容易向后者过渡。这样，像互联互通、公用、"基础"业务、服务质量、有线与无线、"普遍服务"和网络集成等核心管制政策需要全部重新考量，需要保留的部分也要以一种全新的方式被重新设置。今后处理这些事物时，政府将扮演何种角色（如果需要），仍然在争论之中。

本书所有章节旨在讨论向网络社会过渡中的核心政策。既有关于中国（周宏仁的文章）和美国（Richard D. Taylor 的文章）从传统网络向新网络全面过渡中所面临挑战的综述，也有一些章节论述了关于电信、有线电视、广播电视、移动及其频谱的政策，以及相关的管制结构等，包括美国（Ammori，Taylor，Frieden，Peha 等的文章）的和国际（Schejter的文章）的两个视角。还有一些章节则讨论了美国的普遍服务（Jayakar，Hudson，Strover，Schement 等的文章）和中国的数字鸿沟（张彬和陈思祁的文章）。最后，其他一些章节则论述了美国政府在提供可接入的、开放的公共平台以及保护儿童不受侵犯的和谐网络上的作用。

我们希望读者通过阅读以上章节可以获得有益的启示和洞察力，以面对许多中国和美国在向全面网络社会迁移过程中共同遇到的挑战。

Richard D. Taylor
2014 年 3 月 10 日

序（三）

在新技术革命和经济全球化趋势的推动下，人类社会正全面进入信息经济时代，以互联网为核心的 ICT 产业是其中最具鲜明时代特征的产业。2012 年 11 月，党的十八大报告明确了全面建成小康社会的宏伟目标，提出要实现经济持续健康发展，完成两个翻一番，工业化基本实现，信息化水平大幅提升；强调要促进工业化、信息化、城镇化、农业现代化同步发展。以党的十八大精神引领工业和信息化科学发展，为深入贯彻落实《2006－2020 年国家信息化发展战略》要求，国家"十二五"信息化发展规划全面部署了"十二五"时期我国信息化发展经济领域信息化、社会领域信息化和政治领域信息化的主要任务，明确了从区域、行业和企业三个层面加快推进信息化与工业化融合向纵深方向发展的规划重点，是新阶段贯彻落实科学发展观的重要举措。可见，我国政府越来越重视信息化的发展，信息化发展在当今社会的重要性不言而喻。

根据中国互联网络信息中心（CNNIC）2014 年 1 月在京发布的《第 33 次中国互联网络发展状况统计报告》显示，截至 2013 年 12 月，我国网民规模达 6.18 亿，全年共计新增网民 5 358 万人。互联网普及率为 45.8%，较 2012 年底提升 3.7 个百分点。近 10 年来，我国信息网络一直处于飞速发展阶段。据工信部统计，2013 年 1—9 月，我国基础电信企业互联网宽带接入用户净增 1 595.4 万户，达到 1.86 亿户。4Mbps 以上宽带接入用户占宽带用户总数的比重达到 75.4%，分别比 2012 年末、2013 年

6 月底提高了 9.6%和 3.1%，表明我国宽带接入已经进入用户和速率同步高速增长阶段。

这一翻天覆地的变化当然来源于中国政府持之以恒的变革决心。工业和信息化部高层在不同场合多次强调，要更加实质地推动全国宽带中国战略的实施。来自工业和信息化部的数据显示，"十二五"期间，中国宽带网络基础设施将累计投资 1.6 万亿元，其中宽带接入网投资 5 700亿元。

我国宽带网络建设与以往相比有了长足的进步，但是跟国际水平的差距还在拉大。2010 年，我国的宽带普及率仅仅为 11.7%，远低于发达国家 25.1%的现状，落后的差距从 2005 年的 10%扩大到 13.4%，互联网接入的家庭比率为 30.9%，远低于发达国家 70%的水平。对此我国应高度警觉，并给予高度关注，大力发展宽带网络技术，有线和无线并举，提前部署好信息高速公路，宁可适度超前，也不要因此影响我国的后续发展。

我国是宽带发展的后起之国，而作为互联网发源地的美国其宽带发展又如何呢？1996 年通信法律制定十多年后，美国媒体和通信行业变得越来越集中，竞争越来越少。美国民众不再像其他国家的公民那样积极地采用新技术。而且美国民众的选择也少于其他国家，而花费却更多。雪上加霜的是，美国政府的政策初衷虽好，但是没有顾及到通信业的长远发展，而且过于迎合传统运营商的利益，让糟糕的境况越演越烈。近年来，美国学者纷纷开始研究宽带发展信息政策，通过反思过去、分析现状和剖析原因，通过总结成功国家的经验，进而提出可行建议。

显然，中美两国在发展互联网特别是宽带网络的征途中都面临着巨大挑战。随着宽带的发展，以及全球化程度的不断加深，中国互联网的业务应用同国际主流的业务应用发展基本一致，国际主流的互联网业务在中国都有应用。本书收集的美国学者的论文中所有建议是基于这样两个假设，第一，所有的通信服务最终会在宽带网上传输；第二，因特网能够减少使用中的不确定性、促进公民的参与程度、创造社会资本、随着客户产生的内容而变化。我们认为这些假设在中国也是成立的。

第一点显而易见，通过上文的数据可以确认，在我国所有的通信服务最终会在宽带网上传输，第一个假设是成立的。关于假设二，在中国同样是成立的。这是由因特网的作用决定的。

因特网是以相互交流信息资源为目的，基于一些共同的协议，并通过许多路由器和公共互联而成，它是一个信息资源和资源共享的集合。因特网具有很强的公共品的性质。由于其目的是为了交流信息资源，所以具有较强的实时性特点，能够在较短的时间内传递信息。因此可以减低使用中的不确定性。其实这种不确定性的控制，在很大程度上是由于技术的支撑。因特网的实时性和实用性也可以促进公民的参与程度，可以让公民更快更直接地接触和参与社会事件。因特网是开放的，现在所有用户一方面可以申请自己的网站、自己提供内容；也可以分享其他人上传的信息，通过点击影响其他网站的发展。

关于假设二的最后一个问题，即因特网可以创造社会资本，我们可以从两个方面进行讨论。首先，因特网建设本身会带动社会资本的提升。对于通信行业的各类服务提供商和硬件软件提供商而言都是一次很好的机会。此时，也会为相关行业提供更多的市场机会。对于民众，这也意味着提供更多的就业机会。其次，因特网上的信息共享也会带动社会资本。通过因特网这一平台，人们可以提供不同种类的通信服务，提高生产率。在因特网上，公司可以实现市场推广，寻找适合公司的用户，提高流程效率和客户服务质量，从而提高社会资本；而民众可以通过资源共享进行学习、提高能力以及娱乐。

因此美国学者论文中的很多建议对于中国而言也具有很高的参考价值。虽然两国通信业发展水平不同，但是在宽带的发展方面有很多共同点。首先，两个国家幅员辽阔，地区发展都不平衡；第二，两国政府和人民都希望能够享有更高水平的宽带普遍服务；第三，两国（不论所有制）电信行业都是由少数有影响力的企业控制着。尤其中国通信业正处于变革阶段，在三网融合的大背景下，如何发展宽带业务也是我国政府以及通信业需要思考的课题。所以这些翻译章节的论点符合中国大局，本书的出版完全必要，非常及时，很有价值。

下面简单介绍本书主要内容，以方便读者阅读。

本书主旨在于为网络时代的信息政策提供有益参考。本书各章内容按照互联网规制问题的分类大致分为两类，一类是互联网的国际规制问题，通常又称为互联网治理，另一类则是互联网的国内规制问题，通常称为互联网监管。

互联网治理是政府、私营部门和民间组织根据各自的作用制定和实施的，旨在规范互联网发展所涉及的共同原则、准则、规则、决策程序和方案。互联网治理的许多问题将牵涉法律、技术、社会、经济和政治等众多方面，关系较为复杂，有些问题还需要跨国家、跨学科进行综合研究。国家信息化专家咨询委员会常务副主任周宏仁博士的文章"中国进入网络时代"讨论了网络空间的治理问题。文章分析了中国进入网络时代的主要特征，说明了网络空间已经成为中国国家力量最重要的源泉之一，并讨论了网络空间的国内治理和国际治理问题。该论文为中国信息化发展提供了重要参考依据，指明了方向，提供了有益启示。此文章实为大家之作，读后令人视野开阔，收获颇丰，非常值得拜读。

互联网国内规制即互联网监管是指各国政府（或主管部门）在其职权管辖范围内依法对互联网进行的经济性和社会性规制。与传统电信规制类似，互联网的经济性规制其主要内容包括：网络运营商的市场准入、业务运营商的接入、互联互通、普遍服务、业务价格等方面的规制问题。而政府对互联网的社会性规制则根据各国国情而有所区别，我国主要包括网络内容、网络交易、网络欺诈、网络色情、网络复杂、垃圾邮件、知识产权、数据保护权和隐私权、互联网的安全与防护等问题进行的规制。

本书关于互联网监管的内容编撰于不同的学者，以宾夕法尼亚州立大学信息政策研究院 Richard D. Taylor 教授为代表的美国学者为提供这方面的有益建议做出了重要贡献，他们对网络时代宽带网络发展的信息政策有自己的视角和理解。虽然每章的作者都提出各自的见解和对策，但却有许多共识：

1）美国应制定全面、积极主动的国家信息政策，从而促进社会整体享受普遍存在、高质量、开放的因特网服务。

2）该政策应该是技术中立的，支持所有通信技术，而且政策正确，立足长远，范围合理。

3）政策应处理好接入的 4C 问题：连接、能力、内容和环境。连接是大多促进接入政策和缩小数字鸿沟政策的核心。连接很重要，但只是真正接入和激励的第一步；其他三个（能力、内容和环境）必须体现在每个战略中，这样才能为所有人提供更好的信息未来。

4）需要在市场主导的方法和政府主导的方法间做出合理取舍，得到平衡。

5）国家政策应该清晰地表明强大的国家宽带网络既是公共品，也是消费品；因此国家政策应该在促进前者的同时，还可以为后者创造真正竞争的环境。

本书由国家信息化专家咨询委员会常务副主任、北京邮电大学经济管理学院院长周宏仁博士统筹编著，由北京邮电大学经济管理学院教授张彬博士负责全面组织和安排，以及英文翻译工作，美国宾夕法尼亚州立大学信息政策研究院教授 Richard D.Taylor 博士负责美方各项事务的协调和处理。北京邮电大学经济管理学院的博士、硕士及本科学生也参与文章的翻译工作，包括白如雪、李潇、陈思祁、熊冶坯等，在此表示诚挚的感谢！

希望本书能对中国信息产业在互联网规制及产业政策领域工作的同事和朋友们提供有益帮助，由于水平有限，书中不妥之处恳请读者予以批评指正，谢谢！

张　彬

2014 年 3 月于北京

目　录

第一章 中国进入网络时代

周宏仁[1]

内容提要：本文讨论了网络空间（Cyberspace）的定义。从中国互联网络的用户数量、网民结构、网络应用等出发，通过大量数据说明，网络化在中国的发展已经使中国和许多发达国家一起，同步地进入了网络时代。讨论了网络化带来的中国经济、政治、社会、文化变革，说明网络空间已经成为中国国家力量最重要的源泉之一。讨论了网络空间的国内治理问题，如治理的原则、实名制问题、网络安全人才培养、应急能力建设、法律法规建设，以及坚持科学的网络安全观等等。还讨论了网络空间国际治理的主要问题，如和平利用网络空间、国际治理的架构、网络空间的外交、跨国数据管理与越境数据流、以及网络空间适用国际法研究等等。

从 1946 年第一台电子数字计算机的发明算起，当代的信息革命已经有 66 年的历史。这场改变世界的、可与农业革命和工业革命相比拟的、伟大的信息革命所带来的信息化进程，已经经历了一个从数字化开始，向着网络化和智能化发展的过程。如果说数字化是"信息化 1.0"，那么网络化就是"信息化 2.0"，而正在展开的智能化则是"信息化 3.0"。正如作者所曾经指出的，信息化是一个连续的、不断演进的过程[2]，阶段性的特征非常明显。

"信息化 1.0"以数字化为主要特征，最初是数据、文字数字化，而后发展到图片、语音和视频的数字化，并在此基础上发展出各种各样的信息采集、处理、存储、传播和利用的计算机信息系统。数字化，许多人曾称之为计算机化（Computerization），对人类的主要贡献体现在经济和管理领域，即劳动生产率（Productivity）得到了极大的提高，业务管理（Business Management）的有效性（Effectiveness）和效率（Efficiency）有了极大的改善。但是，"信息化 1.0"并没有结束，我们生活的物理世界巨大而丰富多彩，还要根据人类工作、学习和生活的需要不断将其数字化；数字化的技术，包括人类的嗅觉和味觉信息的数字化，还将继续发展，此外，人们还在追求更高的计算机处理速度和更大的存储容量。

"信息化 2.0"以网络化为主要特征，在数字化的基础上，以发展计算机联网和数据通信为主要目标。从 ARPA 网的计算机联网的思想开始，逐步发展出基于微机的局域网、广域网、城域网等，并最终导致互联网及各种其他网络在全球的普及和风起云涌的应用发展，终于开启了一个以网络化为特征的新时代。网络化将数字化的威力近乎无限的放大，对人类的主要贡献不仅体现在经济和管理领域的变革，更体现在政治、社会和文化领域的变革；网络化已经对人类的经济社会形成巨大的冲击，使人们像暴风骤雨的前夜一般，更强烈地感受到信息时代的来临。但是，信息化 2.0 也远没有结束，网络化还在以更猛烈的势头向前发展：由局域走向广域、全球甚至外层空间；由固定走向移动，走向泛在；由人与人的联网走向人与物、物与物的联网；由 Kbps 级的网络带宽走向 Mbps 级、Gbps 级，等等。

"信息化 3.0"以智能化为主要特征，是继数字化、网络化之后，人们对于充分发挥计算机和网络潜能的高层次应用的追求，也是信息化继续向高端发展的一个重要标志。而且目前正在蓬勃发展之中；毫无疑问，这将是一个更为漫长的、不断发展的过程，有可能跨越整个 21 世纪。

从中国目前的网民人数和结构，以及网络在中国政治、经济、社会、文化生活中的地位来看，中国与很多发达国家一样，基本同步地进入了一个网络化的时代。作为一个后来居上的发展中国家，中国在"信息化 2.0"的性质上与各国并没有根本的区别，只是在网络空间的功能、性能和发展程度上有所差异。

讲到网络化，不可避免地会涉及到网络空间的概念和定义，即网络化究竟覆盖什么样的物理空间。"网络空间"这个词源自英文的"Cyberspace"，国内很多学者将其翻译为"网络空间"。这个翻译不尽准确，容易引起许多误解；许多人以为指的就是互联网。其实不然。关于这个词，目前国际上还没有一个统一的、严格的定义。按照英文的原意，"Cyberspace"是"进行在线通信的计算机网络电子媒介的总称[3]"；而美国国防部则将"Cyberspace"定义为"一个数字信息可以经由计算机网络进行通信的想象中的环境[4]"。显然，Cyberspace 并不是单指运营商的电信网络，或者一个全国的广播电视网络，或者一个互联网。中文的"网络空间"，没有充分地显示出时代的特征，定义也不甚明确，而 Cyberspace 这个名词，则完全是信息时代的产物，与电子数字计算机有密不可分的、脱不开的关系，是专属于信息时代的一个新名词。

事实上，"网络空间"应该定义为"一个涵盖所有数字化的（基于计算机的），与传播内容、体系结构和通信协议无关的，由各种网络所构成的泛在空间"。这个网络空间并不特指互联网；它包含互联网，大于互联网。许多没有连接在互联网上的专网，成千上万的各个单位内部的局域网（如舰船的局域网），难以计数的各种生产装备（如数控系统），或武器装备内部（如飞机）的局域网，千千万万家庭内部的无线局域网，甚至于还包括所有连接在各种公用网、专网上的嵌入式系统，等等，都属于网络空间的范畴。简单地说，哪里有数字计算和联网装置，如台式机、笔记本电脑、平板电脑、智能手机和电子书等，哪里就是网络空间的"神经末梢"和覆盖范围所及。为了约定俗成起见，我们可以继续沿用"网络空间"这个词，但是，我们必须很清楚地知道，这个网络空间指的是

"Cyberspace"。

本章所讨论的"中国进入网络时代"所涉及的网络空间,实际上是在上述定义之下的"Cyberspace"。因为,中国网络化的发展不是只限于互联网,而是涵盖了各个领域、各种基于计算机的网络的发展,虽然本章更着重于讨论的是互联网在中国的发展。

一、中国网络化的进展

中国关于计算机数据通信的研究和试验,大约起步于 20 世纪 70、80 年代。计算机数据通信网络的发展则始于局域网技术的应用。1986 年 10 月,国家信息中心成功地为国家计划委员会建设了中国政府部门第一个规模较大的、覆盖当时国家计委 44 个司局和主要的下属单位的局域网,带动了局域网在中国的发展。

1987 年 9 月 14 日,北京市计算机应用技术研究所向德国发出了中国的第一封内容为"越过长城,走向世界"的电子邮件。大约 7 年以后,即 1994 年 4 月 20 日,中关村地区教育与科研示范网络(简称 NCFC)工程实现了与互联网的全功能连接;至此,中国成为国际上第 77 个正式真正拥有全功能互联网的国家。1995 年 8 月 29 日,国家信息中心的经济信息服务网(SICNET),即现在的中国经济信息网,正式对外开通运营服务,是最早利用互联网面向社会服务的应用型网络。

1995 年 12 月,"中国教育和科研计算机网(CERNET)示范工程"建设完成。1996 年 1 月,中国电信建设的中国公用计算机互联网(CHINANET)全国骨干网正式开通提供服务。1996 年 2 月中国科学院决定将以 NCFC 为基础发展起来的中国科学院互联网络正式命名为"中国科技网(CSTNET)",1996 年 9 月 6 日,中国金桥信息网(CHINAGBN)宣布开始提供互联网服务。1997 年 10 月,中国公用计算机互联网实现了与中国科技网、中国教育和科研计算机网、中国金桥信息网的互联互通。

在互联网浪潮席卷全球的 20 世纪 90 年代中期，中国政府排除各种干扰和阻力，做出了大力发展互联网的英明决策。随后着手建设的一些基础性的、全国性的、基于计算机的数据通信网络，开启了中国进入网络化社会的历史进程，奠定了中国走向网络化社会的基础，在中国的现代化进程中具有不同凡响的、重大的历史意义。在过去 15 年左右的时间里，中国网络化的进展远不止于互联网的发展，各种各样的计算机数据通信网络已经渗入到中国国民经济的血液里，而且，正在渗透进中国社会的每一个"器官"，甚至每一个"细胞"，对中国经济和社会的发展做出了难以估量的贡献。

（一）中国网民数量和结构

按照中国互联网络信息中心的统计[5]，截至 2013 年 6 月底，中国网民数量为 5.91 亿（图 1-1），互联网普及率达到 44.1%，超过 39% 的世界平均水平。自 2006 年起，每年普及率平均提升约 6 个百分点。2012 年底，北京市的互联网普及率已经达到 72.2%，接近发达国家的平均水平 77%[6]；除河南、贵州、云南、江西等四省互联网普及程度低于发展中国家的平均水平 31% 之外，内蒙古、吉林、黑龙江、广西、湖南、西藏、四川、安徽、甘肃等省、自治区高于发展中国家的平均水平 31%，其余各省、自治区、直辖市均高于 39% 的全球评价水平。

CNNIC 的统计表明，2013 年 6 月底，10 岁至 39 岁人群占了中国网民总数的 78.8%，即约 4.66 亿人。其中，10～19 岁、20～29 岁、30～39 岁网民各占 23.2%、29.5%、26.1%。按照国家统计局 2005 年 1% 全国人口普查的数据推算[7]，2013 年中国 10 岁至 39 岁人群约有 5.6 亿左右，因此，这个年龄段的互联网上网率已经达到了 83.2%，他们是中国公民中最具活力、承载最重的中坚力量。学生占中国网民的 26.8%，约 1.58 亿人，是互联网上最重要的舆论群体。目前，学生网民已经占到中国各级各类学校在校学生总数的 75% 以上。个体户及自由职业者占中国网民的

17.8%，约1.05亿人，是互联网上第二大的舆论群体。分居第三、四、五位的是无业/下岗/失业占11.2%、企业/公司职员占10.6%、专业技术人员占6.8%。由此不难识别影响互联网上舆情的主要群体。

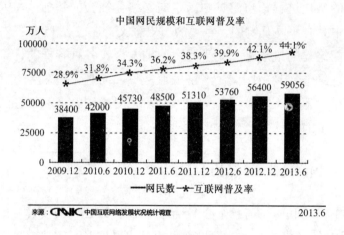

图1-1   2009至2013年间中国网民规模及增速（引自CNNIC）

2013年6月，中国农村网民规模为1.65亿，占全体网民的比例为27.9%。由于中国城市化进程加快、大量农村有知识的年轻人口涌入城市等原因，农村网民的增幅仍然低于城镇。但是，这个比例已经足以令人兴奋。因为，这些农村网民将成为中国农民接触、认识、理解外部世界的先锋，对中国农村思想、观念的转变和经济社会的发展，意义非凡。

虽然中国高中和大专以上学历的人群中，网民的比例已经接近饱和（分别为96.1%和90.9%），在互联网上的影响很大；但是，另一方面，个人月收入在1000元以下的网民，占到中国网民总数的35.9%；月收入在1000元至3000元的网民，又占去中国网民总数的35%。显然，中国的互联网已经不是少数精英或者知识分子的互联网，而是真正的以普罗大众为主体的互联网。中国网民平均每周上网时长为21.7个小时，平均每天约3.1小时，相当可观。互联网络在中国近6亿网民的生活、学习、工作中的地位和作用，由此可见一斑。

（二）中国移动互联网的发展

　　根据 CNNIC 的统计报告[8]，截至 2013 年 6 月底，中国手机网民规模达到 4.64 亿。网民中使用手机上网人群占比已经达到 78.5%。中国手机网民已经形成庞大的规模，而且，保持着快速发展的态势。手机成为农村网民主要的上网设备，使用率高达 78.9%。不难看出，手机，特别是智能手机的发展，极大地推动了中国互联网在农村的发展和普及。

　　截至 2013 年 6 月，使用台式电脑上网的网民比例为 69.5%，比 2012 年底降低 1.1 个百分点，而使用手机上网的网民则上升至 78.5%，较 2012 年底上升了 4.0 个百分点。使用台式电脑的上网率不断下降，而手机终端上网率正快速增长。如所周知，2008 年全球手机接入互联网的用户数首次超过台式机接入互联网的用户数，成为固定互联网向移动互联网发展的里程碑；2010 年全球手机的数据通信量首次超过语言通信量，凸显了手机功能的重大转变以及移动互联网在人们工作、学习和生活中越来越重要的地位。类似于这样的转变近年来在中国已经迅速实现。

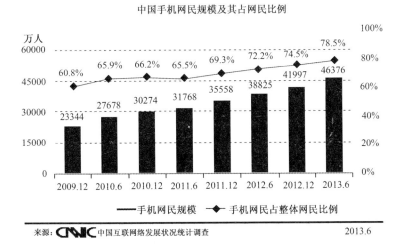

图 1-2　2009 至 2013 年间中国手机网民规模及占比（引自 CNNIC）

在应用方面，总体而言发展状况良好。总体上，沟通类应用与信息获取类应用领先发展，手机即时通信和手机微博，作为交流沟通类应用的代表，是现阶段推动移动互联网发展的主流应用。2013 年 6 月底，中国即时通信网民规模达 4.97 亿，使用率高达 84.2%；而手机即时通信网民达 3.97 亿，使用率为 85.7%。手机微博和微信是增长幅度最高的手机应用，是继即时通信之后，又一个吸引网民使用移动互联网的关键应用，因为手机微博和微信更能体现内容的即时性和快速传播特点。其他如手机搜索、手机网络新闻、手机发帖回帖、手机社交网站、手机邮件等应用也在稳步发展。

相对于固定互联网而言，基于移动互联网的娱乐与商务类应用发展比较缓慢。例如，手机视频作为典型的娱乐类应用，本应广受欢迎，但受限于移动带宽的不足、传输质量的欠佳和流量资费的高昂，以及真正能够吸引用户的手机视频内容较为缺乏，因而发展迟缓。手机在线支付用户在 2011 年有较快的发展，用户达到 3 058 万，占手机网民的 8.6%。但是，手机电子商务的发展由于受到手机本身的尺寸和功能的限制，在如何发展具有潜在优势的领域及移动电子商务的业务模式、商业模式等方面还需要进行更多的探索。

实际上，中国移动互联网发展的潜力极大，只是因为手机和手机上网的费用过高，严重限制了对移动互联网的需求，使大部分手机用户未能接入移动互联网。有些专家认为智能手机及其创新应用可以为移动互联网提供用户数爆发的基础，实则不然，关键还是上网费用。

然而，无论如何，移动互联网的发展是一个极为重要的大趋势，因为对于用户而言，它实在太方便了。随着运营商与网络用户的博弈的进展、智能手机的日益普及、以及各大互联网服务商就移动互联网应用服务展开的激烈竞争，中国手机网民一定会进入一个新一轮的高速增长周期，真正展开一个移动互联网唱主角的新时代。移动互联网的产业链很长，市场规模极有可能大于固定互联网，非常值得政府相关部门和企业界的重视。

（三）中国互联网的使用情况

根据中国互联网络信息中心的最新统计[9]，即时通信（使用率84.2%）、搜索引擎（使用率79.6%）、网络新闻（使用率78.0%），网络音乐（使用率77.2%）、是中国互联网络的四大应用。从各种统计数据来看，交流互动、信息传播、信息获取成为处于第一梯队的互联网最主要的应用。"媒体分子化"的局面在中国已然形成。

截至2013年6月底，我国即时通信用户规模达4.97亿；我国博客/个人空间用户数量为4.01亿，使用率为68.0%；微博用户数达到3.3亿，使用率为56.0%；社交网站用户数量为2.88亿，使用率为48.8%。电子邮件用户数量逐渐减少，仅为2.47亿，使用率为41.8%。论坛/BBS的使用（使用率23.9%）则随着博客和微博的兴起而逐渐式微，但将近1.41亿的用户依然不是一个小数。

互联网，特别是移动互联网，正在成为信息传播和互动的主要形式，快速、简单、互动性和社交性强的信息互动方式逐渐成为网络时代信息传播的主流。

我国搜索引擎用户已经达到4.70亿，是仅次于即时通信的第二大网络应用，且使用比例在基本保持稳定的情况下，有所增加。这是一个好的现象，也说明互联网络日益成为大众搜集信息、获取知识的工具。

网络新闻使用率总体呈现下降的态势，2013年6月为78.0%。除了网络音乐之外，网络视频（使用率65.8%）、网络游戏（使用率58.5%）、网络文学（使用率42.1%）等构成网络应用的第二梯队，是网络最为重要的另一类应用。考虑到中国超过近6亿的网民人数，上述任何一类应用都有数以亿计的用户，足见网络对改变人们生活和娱乐方式所起的作用。与上述应用相关的各种网络文化产业也应运而生，逐步地形成网络时代的一种新的文化和新的文明，即新文化和新文化产业。关于这一点，本文在下面有进一步的讨论。

与网络经济发展有关的网络购物继续攀升（使用率 45.9%）、网上支付（使用率 41.4%）、网络银行（使用率 40.8%）、旅行预订（使用率 22.4%）、团购（使用率 17.1%）、网络炒股（使用率 5.5%）等构成了中国网络应用的第三梯队。网络经济的快速发展，突显了网络在网民日常生活中的不可或缺性。其中，2012 年底，中国网购用户年增长率达 24.8%；网上支付年增长率达 32.3%；团购用户年增长率为 28.8%，都远远超过了中国 GDP 的增长速度。

（四）中国政务网络的发展

中国的电子政务网络已经覆盖所有的省、自治区、直辖市，90%以上的市，以及 80%以上的县。中央国家机关各单位都建成了局域网，多数单位建设了本系统的专用网络，重要的业务信息系统实现了从中央到地方的联网运行。2007 年，国家电子政务外网平台投入运行。目前，政务外网已经连接 77 个中央政务部门，31 个省（区、市）和新疆生产建设兵团，308 个市（地、州、盟）和 1751 个县（市、区、旗），地市级和区县级覆盖率分别达到 92.5%和 61.3%，连接到政务外网的各级政务部门数量总数达到 24 400 多个，成为我国覆盖面最广，连接部门最多，规模最大的政务公用网络。

在地方政府方面，北京和上海已基本形成全市基础网络平台，各区县的统一政务网络平台也已建成并接入市政务外网平台，覆盖市、区、街道三级的电子政务基础网络初步成型。河北省构建了全省统一的电子政务网络平台，电子政务网络横向连通所有省直部门，纵向贯穿省、市、县三级。广东省建立了全省统一的电子政务网络，基本上覆盖到县级单位。黑龙江、河北、青海、内蒙古、广东、陕西等省份均基本建成省、市、县三级电子政务网络。

中国网络化的电子政务建设加速了政府经济调节、市场监管、社会管理和公共服务各项能力的提升，大大加快了我国经济社会发展的步伐，取得了极为显著的经济和社会效益。如金关、金税、金盾、金卡、金财、金审等信息系统工程，已经在发挥重要的作用，为提高中央和地方各级政府治国理政的能力做出了很大的贡献。离开了这些系统，我国的国民经济系统已经无法正常运行。

中央和省级政府网站普及率已经达到 100%，地、市级则达到 99.1%，区县级超过 85%。政府网上公共服务体系逐步形成。目前各级各类政府网站普遍具备了信息公开、网上办事和政民互动三大服务功能，政府网上公共服务体系的框架已逐步形成，为公众和企业提供一站式服务办理。网上信访、领导信箱、在线访谈、行风热线等网上互动栏目普遍建立，政府网站的服务水平逐步提高。各级行政服务大厅、政府呼叫中心、公共信息亭、市民卡等普遍应用。移动政务应用也开始起步。与此同时，全国各类农村信息服务站总计逾 100 万个，覆盖率超过 70%。

政府部门、公私企业、事业团体、乃至家庭和个人的各种业务专网及其应用在中国已经不计其数，无须一一赘述。

二、网络化与中国经济社会变革

伯尔尼（Darin Barney）[10]认为网络社会有两个基本的特征。第一，近乎无一例外的、完全数字化的、复杂的网络通信与信息管理和传播技术几乎无所不在，而且，成为沟通社会、政治和经济活动的一种基础设施；第二，通过这些网络的组合，社会生产与社会组织得以重构，而人类的社会、政治和经济活动可以跨越宽广的空间重新设计和彼此关联，成为人类社会组织和社会关系的一个基本形式。从伯尔尼的这个定义来看，中国在进入网络时代的同时，一个网络化的社会也正在形成。

卡思特斯（Manuel Castells）[11]和迪亚克（Jan Van Dijk）[12]都讨论过，网络化是一个将社会各个阶层和成分，包括个人、集体、机构、以及其他社会成分，组织起来的主要模式，而且，赋予社会的各个阶层和组成部分以新的能力。随着网络化的发展,接入这个网络的社会成分将越来越广泛,甚至到每一个个人、集体和单位,网络并因之成为整个社会的神经系统。围绕着网络将各种重要的机构和业务活动组织起来,已经成为信息时代的一个历史性的趋势,网络构成了人类社会的一种全新的社会形态(Morphology);而且,网络的不断发展不仅持续地改变着生产和服务的过程和结果,而且也时时地改变着权力的运行和丰富着文化的内涵。这些,正发生在当下的中国。

(一)网络化与经济变革

今天,中国经济系统运行的显著特征是:经济活动向网络空间迁移,不仅改变了社会经济系统的运行方式,极大地提高了社会经济系统运行的效率,而且改变了社会经济系统的结构。信息时代的经济是在网络上运行的经济,无论从宏观或是微观的角度看,均是如此。如果切断了网络,不仅整个中国的国民经济系统将陷于瘫痪,许多中国的企业也只能停工停产。网络化对于中国经济变革的影响极为深远,既包括对所有的,传统的一、二、三产业的改造,也包括催生了一大批信息时代的新兴产业。

在传统产业的改造方面,从研发到生产,从管理到经营,无所不包。在"信息化 1.0"时期,数字化对于经济变革的影响表现在各种计算机辅助技术(CAX)的广泛应用,如计算机辅助设计(CAD)、计算机辅助工程(CAE)、计算机辅助工艺计划(CAPP)、计算机辅助制造(CAM),又如企业资源计划(ERP)、客户关系管理(CRM)、供应链管理(SCM)等等。实际上,在生产制造的过程中,CAX 以及各种计算机系统和软件扮演的早已经不是"辅助"的角色,而是唱了主角。离开这些技术和系统,一个现代化的企业将无能为力、无所作为,几乎陷于瘫痪的境地。目前,CAX 等技术在中国的许多企业中已经获得了十分广泛的应用。

随着"信息化 2.0"的发展,网络化成为企业研发、生产、管理、经营、服务创新的主要方向。CAX、ERP、CRM、SCM 等，发展成为基于计算机数据通信网络的、重要的企业应用。网络化还带来了许多重大的应用创新。数字化的成就被网络所放大和延伸，借助网络而达致无远弗届的应用。数字化异地协同研制平台、多部门异地关联设计与制造协同、全行业最优能力集成等等，成为网络化生产的主要特征之一。采用这些技术，中国的航空工业企业使飞机机体设计迭代周期缩短 70%以上，机体设计周期缩短 40%以上，而飞机整体设计周期则缩短 50%以上。

在网络日益成为各种生产型或服务型企业日益重要的创新和竞争力源泉的同时，更为重要的是，网络化根本改变了国民经济各行各业赖以生存的基础，成为中国各行各业最为突显的产业属性之一。中国经济社会各行各业已经开发的各种规模和不同种类的、网络化的信息系统，已经使许多行业，如金融、通信、民航、电力、钢铁、石油、航空、电子等，成为真正的信息时代的产业；也使很多行业正在发生别开生面的变化，包括许多制造行业、生产性服务业、政府、教育、农业等。

网络化的发展催生了许多的新兴产业，特别是与网络经济、电子商务和信息服务相关的现代服务业，包括生产性服务业。以电子商务为例[13]，2011 年底，我国电子商务交易总额达 6 万亿元，其中网络零售交易额约7 800 亿元，网购用户达到 1.94 亿人，网商数量达到 8 300 万家。仅淘宝网一家就拥有注册用户 4.7 亿，卖家 650 万家，日均访客 8 000 万人，在线商品 8 亿件，平均每分钟出售 4.8 万件商品，年交易额超过 6 000 亿元人民币，占国内网络零售交易额的 80%以上。单日交易额峰值达到 19.5 亿元，超过北京、上海、广州三地单日社会消费品零售额。电子商务在促进区域经济平衡、帮助中小企业成长、发展现代物流、解决就业问题等方面都发挥了极为重要的作用。至 2011 年 12 月底，通过淘宝网实现直接就业的人数约270.8 万，另外带动物流、支付、营销等约 770 万人间接就业。2011 年，淘宝网每天的包裹量超过 800 万单，全国约 60%的宅送快递业务和约40%的网上支付业务因淘宝网的交易而产生。中国没有任何一家传统企业能够对国民经济产生如此巨大的影响。这就是战略性新兴产业的威力所在。

然而，中国网络购物用户和市场增长空间依然十分巨大。2010 年，韩国和美国网购用户占全国网民的比例分别为 64.3%[14]和 66.0%[15]。而截至 2011 年 12 月，中国的网购渗透率仅为 37.8%。此外，中国各个年龄段网民网络购物普及率也均低于美国相应群体 20 个百分点以上。以电子商务为核心的网络经济的潜力还没有被充分地释放，而网络经济发展的高潮也远远没有到来。

（二）网络化与政治变革

历史学家斯塔夫里阿诺斯（L. S. Starvrianos）在总结人类社会的发展历史时曾经说过[16]，"经济革命在很大程度上决定着政治革命，因为它产生了有着新的利益、有着使其利益合理化的新的思想意识的新的阶级。"网络化开拓了政治活动的新空间，成为各政党、政治派别、利益集团从事政治活动无比重要的空间和必争之地。

中国互联网的急剧发展和网民数量的急剧扩张，使网民与公民身分正在日益走向重合。网民已经成为走在网络时代前沿的公民，已经基本上可以代表中国社会各个阶层群体的利益和权益保障诉求。一个明显的趋势是，非网民将逐渐地被中国社会边缘化，最终则有可能被淘汰出中国的社会生活。这是随着时代的变革而产生的一个非常严酷的现实。争取网民的大多数，成为争取政治角斗场的胜利的前提；争取网心与争取民心具有一致性。

随着网民数量的急剧增加，网民的复杂性和多元性特征非常明显。这是公民的复杂性和多元性在网络空间的反映。所谓"网络民意"不再是一个明晰的概念，因为网络民意同样存在着复杂性和多元性。事实上，不存在网络民意分化的问题，因为总体而言的"网络民意"，代表的就是中国社会各个不同阶层群体的利益诉求，本来就不可能完全一致，一个社会不可能只有一种声音。因此，网民多数，如果在数量上是准确的话，实际上就代表了公民多数；网络的主流民意，如果不是被操控或虚假的"民意"的话，实际上就代表了公民的主流民意；尊重网络主流民意就是尊重公民主流民意。网络化为执政者听取真正的民意创造了一个历史上从未有过的、最为有利的掌握"民之所欲"与"民之所恶"的条件。

中国的政治生态环境正在随着网络化的发展而发生急剧的变化，对中国民主政治的进程、政府的政策、决策产生深远的影响。各种类型的即时通信手段的发展和广泛使用，造成的"媒体的分子化"，正在改造原有的、非网络社会的信息的不对称性，逐步做到人人都有知情权，人人都有发言权，从而促进中国社会的公平、公正、公开和透明，并因而促进中国社会的和谐和进步。就目前的发展而言，中国的"网络民意"以爱国爱民、公共利益、社会公平、社会正义、社会责任、社会道德、社会进步等为基本诉求，健康而且有助于中国经济和社会的发展。但是，网络民意也完全有可能受到各种利益集团的"技术操控"，因此，区分什么是网络上真正的民意，什么是伪民意，无论对于执政者或者网民而言，都非常重要。

在"人人都有知情权，人人都有发言权"的情况下，传统的治国理政的方法可能走不下去了。政府需要利用网络化这个强而有力的工具，使政府的政策和举措，在出台之前先广泛征求、准确把握民意；出台之后获得执行情况的反馈，适时地进行再调整。这样，政府治国理政的过程，就由一个开环的、政府下达指令而公民执行的过程，变为一个闭环的、公民执行并不断反馈的过程，也就是一个公民与政府互动、参与治国理政的过程，一个民主政治的过程。这将是一场意义重大的政治变革。

网络化要求政府学会利用网络时代的各种类型的即时通信手段，加强与网民，亦即公民的互动，在了解网络民意的同时，也让网民了解政府的作为，从而提高政府治国理政的水平；而不是像以往的某些政府部门那样，高高在上，发号施令。近年来，我国政务微博客数量不断增加，就是网络化促进政治变革的一个好的现象、好的例子。据统计[17]，截至 2011 年 12 月 10 日，在新浪、腾讯、人民、新华网等微博客网站上认证的政务微博客总数已有 50 561 个，其中党政机构微博客 32 358 个，党政干部微博客 18 203 个。党政机构微博客数量，浙江、广东、江苏三省居前三位，浙江拥有 5 139 个，占总量的 16%左右；党政干部微博客数量，黑龙江、北京、江苏三省居前三位，黑龙江拥有 3 388 个，占总量的 18.6%。提高政府微博客的知名度和公信力，在为公民提供更多咨询服务的同时，也使微博客成为政府密切联系群众的渠道，非常重要。

网络空间为各种反华、反共的境内外敌对势力和各种政治派别，特别是恐怖主义、分裂主义和极端主义"三股势力"，提供了渗透、造谣、污蔑、诽谤而不承担任何法律责任的有利条件，使中国国内民主政治的进程更加复杂化。这些敌对势力，千方百计地利用中国经济社会转型时期出现的各种社会矛盾，唯恐天下不乱，以达到各种各样的、不可告人的政治目的，对我国的国家安全、和平统一、社会稳定、经济发展构成了严重的威胁和挑战。从维护中国人民的根本利益出发，在网络空间保卫国家安全和信息安全，狠狠地打击各种敌对势力，非常必要，也必然得到全体网民的拥护。与此同时，如何在打击网络上各种敌对势力的同时，又确保网络的正常运行、网络功能的正常发挥和网民的正当权益，成为对执政者的智慧的一个非常严峻的考验。

无论如何，网络正在改变各种政治力量在社会权力分配中的格局，新的政治力量有可能崛起，社会政治力量可能重新"洗牌"，从而导致社会政治权力的重新分配。这些都促使人们重新思考：面对网络化的新的政治环境，应该怎样将国家的作用和权威建立在充分吸取民意、反映公民诉求的基础之上；在网络化的环境下，国家机器应该怎样运作，国家权力应该怎样重新定位，从而更好地体现公民的参与；如何抓住网络时代、信息时代这个机遇，推动国家民主政治的发展，开创一个长治久安的公民社会；在网络时代，国家权力如何以一种新的、不同的形式在社会的各种政治力量中分享，等等。所有这些，都是网络化带来的政治动力学的变化，带有不以人的意志为转移的特征。

网络社会是一个前所未有的、急遽变化之中的社会，政府不可能采用一套恒古不变的、因循守旧的老办法，来处理社会变革中所提出的各种政治治理需求。与之相反，政府不仅必须不断地学习和了解变化之中的社会需求，而且，还必须不断地在治理和服务上有所创新，才能满足各种不断增长的新的社会需求。否则，新的社会矛盾可能产生，新的社会动荡之源可能形成，一旦失控，就可能对国家的经济社会发展造成巨大的破坏，甚至倒退。这就是网络时代政治变革的必然性。毫无疑问，从中华民族的最大利益出发，这种政治变革和中国经济、社会的变革一样，必须是一个稳定的、可控的过程。

（三）网络化与社会变革

快速发展的网络化进程，正在改变几千年来传统的、中国社会关系的构造。在农业社会和工业社会，人与人的关系的建立，首先是在家庭之内，其次是在亲人（亲戚）之间，再次是在邻里之间。上了学，通过学校有了同学关系；参加工作，通过单位有了工作关系；接触社会，有了各种各样的朋友关系。一个人，终其一生，接触的人、建立的社会、人际关系，受到时间和空间的限制，非常有限。农业社会"老乡见老乡，两眼泪汪汪"的情况，如今已不复存在。

工业社会虽然增加了农业社会中建立个人社会关系的维度，但却远不及信息社会通过网络化而将建立个人社会关系的维度推广至理论上的无限。理论上，今天任何一个人都有可能与全球网络上的另一个人或另一群人建立起某种关系，而不论他们的历史渊源和空间定位如何。

这种构造人与人的社会关系的维度的变化，已经导致中国社会组织形态的巨大变革。除了原有的同学关系、同事关系、亲朋关系等依然在个人的社会关系中占有重要地位之外，除了学校、企事业单位、政府和政党等仍然在物理空间作为社会组织存在之外，各种网络上的、虚拟的社会关系和社会组织正在按目的、信仰、利益、兴趣、偏好、性格、行为、行动等在网络上形成。这些组织，在某些情况下，为了实现共同的理想、愿望或利益，可能比传统的人际关系或传统的社会组织更具亲和力和凝聚力。这些组织，聚散似流水而无形，显然更具动态性。"团购"就是一个典型的例子。

网络化带来的快速、简单、互动性和社交性强的信息互动方式，使各种利益集团为达致各种目的的社会动员更具效率。利用虚假信息在网络空间传播与网民在物理空间进行核实的时间差，各种利益集团可以制造谣言和虚假信息，形成更具煽动性和欺骗性的社会动员能力。因此，在网络化的时代，建设一大批在网民心中具有公信力的"权威"网站，成为打击各种敌对势力造谣破坏、制造事端的最重要的手段。

然而，物理空间已有的"权威"媒体或者已有的媒体的版图，在网络空间可能完全被重绘。物理空间的强者在网络空间可能不再是强者，而一些网络上的弱者或者"无名之辈"，可能在一夜之间一炮而红，成为新的"意见领袖"。因此，政府只有真正地知道"民之所欲"与"民之所恶"，取信于民，才有可能建设真正具有公信力的"权威"网站。

显然，网络化所带来的社会组织形态的巨大变革，已经对传统的社会服务和社会管理提出了巨大的挑战。

（四）网络化与文化变革

特芮尼（Alain Touraine）[18]认为，工业社会改造的是生产的方式，而后工业社会则是改变了生产的最终结果，即文化。网络化已经对中国的文化和价值观产生了巨大的影响。信息无远弗届的、实时快速的传播，使传统的中国文化更受到多元、多价的社会文化影响。

信息化 1.0 带来了文化符号的数字化。文化的存在依赖于人们创造和运用符号的能力。所谓符号，是指能够有意义地表达某种事物的任何东西。借助符号，人类可以传递和保存复杂的信息，可以创造文化和学习文化，可以帮助人们理解抽象的概念。数字计算机的发明和现代信息技术的发展，为人类提供了全新的、数字化的"符号"。数字、文字、图片、声音、视频"符号"的数字化，使人类创造和运用符号的能力急遽扩张，极大地促进了文化的全球化和信息时代的新文化的发展。毫无疑问，信息化 2.0 带来的网络化，极大地加速了各种文化符号的传播速度。中国网络音乐、网络视频、网络文学的普及，已经将各种文化成果，比以往快上千百倍的速度，甚至实时地送到网民手中，极大地丰富了网民的文化生活，也同时对中国文化的发展产生了深远的影响。

网络化正在创造一种以计算机和网络为基础的新文化，即网络时代的文化，包括信息文化、电子文化、网络文化、虚拟文化、手机文化等等。网络语言就是一个明显的例子，它们以简洁生动的形式，受到网民的偏爱，随着网络空间的发展而发展，并相应地催生了网络语言学。网络文化是人类网络空间行为及其产品的总相[19]。网络空间与物理空间的互动，也产生一种新文化，也包括行为及其产品，开始对物理世界和现实生活产生意义深远的影响。这两类工业社会所没有的新文化，构成了网络时代、网络社会的新文化，为人类文化的内涵和发展增加了一个全新的板块。这种新文化，是信息化对文化领域最大的冲击和贡献之所在。而且，这种冲击和贡献，绝不止于文化领域，一定会对人类经济、政治和社会领域的发展产生极为深远的影响，对人类文明的发展做出极为重大的贡献。

当然，这种新文化也体现在网络世界的"思想、言论、行动和制品"之中。计算机和网络在改变人们工作、学习和生活方式的同时，也在改变着人们的思维和行为方式；人类在物理世界的所有的文化的成果，包括道德、信仰、风俗、艺术、美学、哲学、法律等等，都正在承受着网络世界的评估和检验，视其取舍和创新，而逐渐形成网络时代和网络社会的新文化。

以网络为基础的新文化，正在驱动中国新文化产业的发展。各种网络论坛、互动网站、社交网站，特别是博客和微博客，对网络文化产业的形成有重要影响。在这些工具快速发展的背后，实际上牵动着一个信息传递、思想交流、广告宣传，以及由"眼球经济"所形成的商业价值链。如博客的商业化、博客市场、博客经济和博客服务提供商，以及围绕博客的商业模式的发展，除了正在形成中国一类新文化产业之外，还在逐渐发展成为经济、政治、社会、文化思想传播的载体，对意识形态和社会价值观的演变与扩散产生深刻的影响。

（五）网络空间成为中国国家力量最重要的源泉之一

综上所述，中国已经进入一个以网络化为主要特征的网络时代。网络在今天成为一个突出的国家战略和国际政治问题，是 1946 年第一台电子计算机发明所引发的当代信息革命带来的必然结果。如果我们回顾一下农业革命将人类由原始社会导入农业社会，工业革命将人类由农业社会导入工业社会，所曾经产生的巨大经济和社会变革，我们就不难理解和预测，信息革命将人类由工业社会导入信息社会将会产生什么样的、巨大的经济和社会变革。这些巨大的经济和社会变革有些现在已经发生了，有些正在发生，有些则将要发生。中国网络空间的形成和发展，以及中国步入网络时代，就是这种正在发生的、巨大的经济社会变革之一。

因此，认识和理解网络空间问题，必须将其置于人类文明发展的历史长河中进行研究和分析。"网络"本来只是一个解决电子计算机之间数据通信的技术问题。随着网络技术的不断发展和进步，网络空间开始对人类社会的生产力发展产生了巨大的、深远的影响，不仅成为信息时代来临的一个重要特征，而且也成为"21 世纪国家竞争力的一个要素"。目前，人类的政治、经济、社会、文化、军事和科技活动，几乎都已经离不开网络。网络空间还将继续快速发展，对国家和全球的重要性将与日俱增，这是不以人们的意志为转移的历史趋势。人类事实上已经进入了一个以数字化、网络化为主要特征的信息时代，只是随着国家的发展程度不同，进入的广度和深度不同而已。

中国互联网发展的速度，超过世界上许多国家，为中国的经济社会发展做出了巨大的贡献。网络空间也已经成为治国理政和维护社会稳定的一个重要领域。今天，离开了互联网，我国的国民经济和社会系统实际上已经无法运行。"过去 20 年见证了互联网作为一种社会媒体呈现出快速和无法预料的增长，见证了社会日益依赖通过网络信息系统控制对现代生活至关重要的关键基础设施和通信设施，见证了各国政府越来越通过网络空间行使传统国家权力[20]"。这正是过去 20 年网络空间在中国的发展的一个现实的写照。在这些方面，中国与美国几乎没有什么区别。著名的梅特卡夫定律指出[21]："网络的价值与网络结点数量的平方成正比。"从发展的趋势来看，网络空间对中国的重要性可能更甚于美国，因为中国的网民人数在未来 15～20 年可能达到 10 亿以上，将是美国的 4 倍左右。按此推算，网络在中国的价值，比美国可能要高出 16 倍左右。网络空间产生各种经济社会效益的高潮，在中国还没有到来。

数字化和网络化已经成为中国最重要的国家竞争力要素之一。中国的繁荣和发展越来越依赖于安全可靠地使用网络空间，中国现代化进程中所出现的各种紧迫的经济社会难点问题也越来越依赖于网络空间提供的快速、便捷、低廉的解决方案。因此，"一个开放、互通、安全和可靠的未来网络空间"，是中国国家利益之所在。保护网络空间的安全可靠，也是中国国家战略追逐的目标之一。为中国的和平崛起和国家安全打造一个开放、互通、安全和可靠的，长治久安的网络空间，至关重要。网络空间的治理，也因此成为中国现代化进程中的一个重要的主题。

三、网络空间的国内治理

信息化就是将我们生活的物理空间通过同态映射变换为网络空间（或数字空间）；同时，又利用逆变换将网络空间映射至物理空间，成为我们认识和改造物理空间的工具。由于人类社会几乎所有的活动，包括政治、军事、经济、社会和文化的活动，无一不有信息相伴随，因此，人类在物理空间的所有活动也都会在网络空间有所反映。物理空间的真善美和假恶丑都会在网络空间中有所映射，表现出来。企望网络空间只有真善美而没有假恶丑是不现实的。正像人们常说的，信息革命是一把双刃剑，它在给人类带来发展机遇的同时，也给人类带来破坏性的手段。物理空间已经有几千年的文明史，有各国政府以及各种各样的国际的和区域性的组织，通过形形色色的国际和国内法律和法规，管理和回答各种各样与物理空间治理相关的问题。与物理空间相比，网络空间的历史则短得可怜。

网络空间出现的各种问题，并不是网络的过错，而是原有的社会秩序、治理结构、法律框架、体制机制，甚至思想观念和道德规范，都发生了许多与网络时代、信息时代不相适应的地方，并因而产生很多的经济、社会矛盾。历史经验表明[22]："人类历史中的许多灾难都源于这样一个事实，即社会变革总是远远落后于技术进步。"治理网络空间的问题，和每一次人类社会发生重大的经济社会转型时期所遇到的许多问题一样，需要的是新思想、新机制、新做法，需要适应新形势的政治、经济、社会和文化变革。

因此，网络空间的国内治理是一个相当复杂的、综合性的任务，不是一个单一的政策处方或一个单一的政府部门就可以完成的。网络空间的治理需要从经济、政治、社会和文化等多方面入手，持续不断地努力，才能取得成效。

互联网有今天这样的发展，可以归因于其"开放"和"自由"这两个基本的特征。这种基本特征容易滋长网络空间的无政府主义倾向。然而，事物总是有两面性的。没有治理，物理空间的各种假恶丑就会映射到网络空间中来，既妨碍了网络空间的有效运行，也妨碍了人类社会的健康发展，"遵章守纪"的网民的利益就不能得到充分的保护。因此，对网络空间进行治理，为的是保护国家和网民的利益，能够得到大多数网民的理解和支持。

（一）国内治理的原则

网络空间需要治理，以确保网络安全和国家安全，各国政府需要加强对网络空间安全的监管，是国际共识。网络空间的低成本进入和匿名的特性，容易助长犯罪分子的犯罪动机，以为网络空间是一个"安全天堂"，以为网络空间是一个没有法律约束的疆域，或以言论和结社自由为由，危害公共安全和伤害民众利益。我国网络空间国内治理的基本原则，是以宪法和国家相关法律为依据，以维护中国的国家核心利益为出发点。在治理的具体内容和方式上，各国的国情有所不同，重点有所差异，它国也无权干涉和挑剔。

解决我国网络空间的国内治理问题，出台各种治理政策和举措，一定要坚持"以人为本"的方针，从尊重和维护网民的利益和权益出发，确保获得多数网民的积极支持和响应。网络空间的治理是一个新生事物，既要积极，又要审慎，特别是一些牵涉网民直接或间接利益的地方，一定要慎之又慎，要调研先行、试点先行。

（二）实名制政策

根据网络空间安全的需要，在网络空间逐步而稳妥地推行实名制，就像在物理世界中许多情况下非用实名制不可一样，是大势所趋。2011

年 4 月，美国公布的《网络空间可信身份国家战略》，其目的就是建立一个对可靠的数字身份进行认证的系统，并鼓励用户选择参加这一系统。

缺乏透明度是互联网的主要缺陷之一。唯有实名制可以解决这个问题。但是，实名制应该在法律的框架下推行，推行的过程需要慎重，而实现的方法需要认真研究。显然，像在物理空间一样，在网络空间也并不是所有的场合都需要实名。为此，应该研究和制定应用于不同场合的、不同等级的数字实名制标准，制定不同的创建、利用和管理数字实名的规章和规范，建立网民对于数字实名制的支持和信任。可以先从网络上问题比较严重，或者网民最有紧迫需求的领域入手，谨慎地、逐步地推行数字实名制，对最基本的数字实名系统进行试点。在很多情况下，通过建立网络空间数字实名与物理空间物理实名的映射关系，用户可以在网络上只提供数字实名，而隐去其物理实名，而政府则按照法律的授权，对犯罪分子握有可追朔的能力和权力。

逐步推行实名制，需要开展一场公共教育运动和舆论宣传运动，教育和培养公众网络空间的安全意识。例如，披露和列举网络非实名带来的各种危害，非实名如何侵犯网民的切身利益，在影响网民切身利益的重要领域实行数字实名制的必要性和好处等等。与此同时，还需要抓紧制定一系列相应地保护网民隐私的政策和措施，培养网民对于实名制必要性的认可。只有在获得网民多数的支持之后，逐步推行数字实名制才有可能取得成功。

（三）网络空间安全人才培养

随着网络空间的快速扩张和网络安全问题日益严重，培养网络空间安全人才成为一个非常突出的问题。美国有研究报告[23]指出，"美国政府目前雇佣的网络安全专业人员仅占其实际需要的3%到10%。"

我国的人口是美国的四倍，各种重要的国家信息系统，规模远远超过美国，在世界上也独一无二。不难想象，仅仅为了开发、运行、维护这些系统，需要多少不同层次的信息技术的专业人才，更遑论中国还有一个世界上独一无二的、庞大的网络空间。由于网络空间已经成为中国国家力量最重要的源泉之一，网络空间安全人才的培养已经成为一个国家需要重视的战略问题。我国需要制定一个全面的、满足我国网络空间安全人才需求的培养计划，特别是顶尖人才的培养计划。

大力推动信息与通信技术产业发展，是培养人才的捷径。要继续以宽松的税收和让利政策，创造条件，刺激、鼓励和促进我国各类信息技术和网络企业，在中国信息化发展的大空间中谋求快速发展。这不仅对于我国网络空间核心技术的发展极为重要，而且，就人才培养而言，这些处于信息技术一线前沿的企业的发展所造就的人才，远比在校培养的硕士、博士更为有效。

（四）应急能力建设

美国《网络空间国际战略》要求，"举政府之全力，与私营部门和公民个人协作，采取全国性的协调一致的集体行动"，确保美国网络和信息系统的复原能力和警戒能力。这种做法，值得我国借鉴。近年来，我国为了确保国家重要信息系统的安全，已经采取了一系列的举措，做了大量的工作。但是，这些工作还远远没有完善和结束。对于如何做到政府、企业和公民个人之间的密切合作和分工，达致"协调一致的集体行动"，我们还有很长的路要走。

网络空间存在严重的安全威胁，无论源于国内还是源于国外，对于我国而言已经是一个现实。因此，我国也需要加快建设网络空间安全的预警能力、应急能力、以及复原能力。

（五）法律法规建设

迄今为止，我国在信息化和网络空间的立法工作都远远地落后于实际的需求，甚至排不上议事日程，对我国信息化和网络空间的健康发展影响很大，许多事情"无法可依"。建议有关方面应重新审视我国的立法计划和规划，对紧迫的信息化和网络空间立法议题进行梳理，抓紧启动立法的准备工作。

现在就需要着手制定《网络安全法》，包括各类网络行为的法律规范，网络犯罪行为法律惩戒的标准和准则，等等。这方面，国际上为数不少的国家已经出台了相当多的法律和行政法规，可以结合我国的国情，加以参考和利用。

我国在网络安全和信息安全方面已经出台的许多行政规定，需要根据对于网络空间安全的新的认识和近年来网络安全形势的发展进行评估、综合和修订，以更好地、有的放矢的对网络空间进行管理和监督。

（六）坚持科学的网络空间安全观

依赖性本身造成脆弱性。网络空间安全是一场竞赛，在某种意义上甚至是一场军备竞赛，事关我国的安全、繁荣与未来，我们决不能掉以轻心。但是，真正的挑战并不在于以大量的资源投入做严密无缝地应对，而在于以深刻的洞察力和想象力，智慧和严谨的精神，在网络威胁面前采取科学的应对策略。

正如在物理世界中没有绝对的安全和事故频发一样，在网络空间中也永远不会有绝对的安全。互联网的开放性、匿名性，带来了互联网的脆弱性，使网络空间"易攻难守"的特征异常明显。有研究指出，安全软件中所包含的代码行数从 20 年前的几千行增加到今天的将近 1 000 万行；而在同一时期，恶意软件的代码行数却保持不变，只有大约 125 行。换言之，网络防御所耗费的精力及其复杂程度呈指数式增长，但他们仍然被袭击者花费少得多的投资的进攻所打败。

因此，坚持科学的网络空间安全观极为重要。一定要秉持"安全评估、安全政策、安全标准、安全审计"的风险管理原则，兼顾成本和效益。网络安全的目标是以可以接受的代价，把网络安全的风险降低到最低限度，从而获得网络时代带来的巨大经济社会效益。网络空间中可能的打击目标几乎是无限的，对所有这些目标都加以保护也是不可能的。否则，耗费的资源和管理的代价将是无限的。一定要抓住最容易受到侵害和不采取行动的后果最为严重的领域，努力减小网络安全方面的总的风险。如果不能以科学的安全观对待网络安全所面临的各种问题，一味地追求绝对安全，企图应对每一项可能的网络威胁，不仅政治上会得不偿失，国民经济也将不堪重负，甚至有可能被"网络军备竞赛"所拖垮。

四、网络空间的国际治理

网络已经把世界各国紧紧地联系在一起，网络空间已经成为陆地、海洋、天空、太空之外的第五空间。世界各国的经济、社会发展，与网络空间的安全都有着密不可分的关系。因此，网络空间的国际治理问题逐渐浮出台面，成为国际关注的焦点问题之一，一个国际政治的重要议题。与此同时，网络空间的国际治理也成为一个重要的外交主题。

（一）和平利用网络空间

和平利用网络空间，在战略上符合包括中国在内的全世界所有国家的国家利益。除了世界上少数的最不发达国家之外，几乎所有国家的经济社会生活现在都与网络空间安全密切相关。中国是一个爱好和平、下定决心走和平发展道路的国家，"和平利用网络空间"既符合中国的国家利益，也符合大多数国家构造一个安全的网络空间的目标和愿望。实际上，网络袭击作为一种非对称性的工具，具有大规模、高强度、低门槛、低成本、不透明，以及进攻占主导地位的特征，对许多国家而言，都是投入大而收效微，任何一个国家在一场网络战中所受到的损失，都不会比其他国家更小。"和平利用网络空间"有利于为我国构造一个和平发展的国际环境，有利于减缓世界各国在网络空间的军备竞赛。

中国可以倡议签订《和平利用网络空间国际宣言》，要求各签字国：尊重网络空间国家主权，不利用互联网干涉他国内政，不将网络空间用作为直接军事用途，不破坏民用网络空间基础设施，针对网络袭击采取均衡和克制的政策，不主动发动网络战争，等等。

（二）国际治理的架构

网络空间是一个覆盖全球的网络空间，世界各国都在各自的那一部分网络空间中拥有自己的主权，拥有各国自身主权管辖的自己的那一部分网络空间的边界。换言之，这个"第五空间"不是无国界的。在这样的情况下，网络空间的国际治理，一定是由国际法、国际条约、国际组织来组织和实施的。这就像其他四个"空间"各有各的"法"一样。因此，这一点应该是关于未来网络空间国际治理架构的一个基本出发点。

世界各国的网络的域名和地址由一个国家的一个公司，或者，一国国家的某个政府部门来管理，而不是由一个大多数国家认可的国际组织、按照大家商定的治理原则来管理，那显然是不合理的。这种违背网络空间国际性的不合理状况，受到越来越多的国家的质疑，早就引发了所谓互联网治理（Internet Governance）的国际争论。此外，顶级域名的产生和控制、国家域名代码的控制，以及征收"域名税"以支付 ICANN（the Internet Cooperation for Assigned Names and Numbers）的开支等，都成为具有广泛国际争议的问题。

将网络空间国际治理的架构纳入联合国的框架之内，比较合理。因为，有 193 个成员国的联合国是当今世界上参加国家最多、最具代表性、最有权威的一个由主权国家组成的国际组织。当今世界的许多国际问题，也都是在联合国的框架下才得到比较好的解决。

（三）网络空间的外交

我国在网络空间的外交活动，包括我国的双边和多边外交，需要争取各国对于中国网络空间政策的理解和支持，特别是"和平利用网络空间"。研究和识别与我立场相近的国际组织、多边机构、非政府组织，通过多边外交，形成事实上的合作机制，比较重要。我国需要尽力与一些网络空间的大国，就网络空间国际治理的框架结构和网络空间行为规范达成共识。

事实上，网络空间的国际治理是无法由某一个国家或某一个部门独立完成的，而是需要网络空间的每一个国家及其人民共同承担义务和责任。为此，中国必须做好准备，参与由联合国主导的各种关于网络空间安全问题的国际会议，制定中国对于网络空间相关问题的政策，积极参与"网络空间全球共识"的制定过程。在"建立一个增强网络安全的国际倡议和标准"方面，我国必须及早研究，准备随时参与国际上关于网络空间行为规范的讨论和制定。

应该看到，网络空间地图与10年、20年之前相比已经有了很大的不同。不仅中国的经济社会快速发展，经济实力已经今非昔比；而且，中国已经是全球最大的互联网大国。就像全球化一样，任何一个开放和互通的全球网络空间，都不可能没有中国的加入；任何一个没有中国参与的网络空间国际治理的安排，都不可能真正地付诸实施。

（四）跨国数据管理与越境数据流

有些人宣称："互联网世界无国界"。这一点，任何一个主权国家都是不能接受的。只要网络空间存在国家主权、确有国家利益需要保护，网络空间就不可能没有国界，不可能没有国家主权。

近年来，随着网络空间应用的发展，跨国数据管理问题日渐突出，特别是跨国数据储存和越境数据流的管理问题。在物理世界，出入境的人流由公安部门管理；出入境的物流由海关管理；但是，在网络世界，出入境的信息流，由谁来管理？这些问题，并不明确，却事关国家主权和国家利益。

"外国数据本土储存"与"本土数据外国储存"这两种跨国数据储存，都需要从维护国家利益的角度研究其管理问题。外国数据储存于中国，需要遵守中国的法律规定，受中国法律的监管和约束；中国数据储存于外国，需要按照国家的规定，经过审批和接受监管，并需要接受所在国法律的监管和约束。这些问题都非常重要，必须提上议事日程，尽快通过立法或行政法规做出明确的规定。

此外，越境数据流管理的重要性也日渐突出。"越境数据流"一般指"数据通过计算机通信系统跨越国家边境的运动"。与"越境数据流"有关的法律问题相当复杂，包括主权、隐私权、数据与财产的保护、专利权、版权、计算机犯罪和欺诈等等。随着互联网的发展和普及，越境数据流和数据安全问题，已经引起世界各国越来越多的重视。

我国必须抓紧制定《网络数据管理法》，就网络空间中的数据储存和越境数据流做出明确的管理规定。

（五）网络空间适用国际法的研究

网络空间的国际治理必须以国际法律和法规为依据。虽然网络空间是人类文明发展进程中的一个新生事物，目前尚缺少各种各样的法律和法规，对其进行有效的治理。但是，应该看到，在很大程度上，网络空间是我们生活的物理空间在数字世界的一个映射。因此，许许多多在物理空间已有的法律法规，在网络空间是可以借鉴的。网络空间的国内治理是如此，国际治理也是如此。只是需要结合网络空间的特殊性，需要认真研究这些法律法规在网络空间的适用性，以及如何对其进行适当的修改，以用于网络空间的治理。

因此，对于相关的国际法在网络空间的适用性的研究非常紧迫。否则，我们将无法应对在网络空间国际治理中遇到的许多问题。

总的来看，从 1994 年中国成为国际上第 77 个正式、真正拥有全功能互联网的国家算起，我们用了十余年的时间，走完了发达国家几十年走过的信息化路程，与很多发达国家一样，基本同步地进入了一个网络化的时代。

可以预期，至少在未来的 50 年，信息与通信技术将仍然在人类文明的发展和进步中扮演主要的角色。信息化仍然是这个新世纪的主要的时代特征；仍然是全球范围内推动经济和社会变革的主要力量；仍然是国家竞争力的战略重点和制高点。信息化 1.0（数字化）和信息化 2.0（网络化）将继续向前发展，而信息化 3.0（智能化）将逐渐成为信息化发展的主流，将数字化和网络化的成就进一步扩大和延伸，可能增添无数的、新的内涵。无论如何，网络化、网络空间、网络时代，都将在相当长的一段时间内，成为各种媒体的热点词汇，在中国的经济、政治、社会、文化生活中占据重要地位。

与很多国家一样，中国需要"一个开放、互通、安全和可靠的未来网络空间"。各种各样的网络威胁已经成为中国所面临的经济、社会与国家安全方面最严峻的挑战之一。应对网络空间的各种国际、国内问题，对中国而言，也具有相当的紧迫性。

发展、安全，这是进入网络时代以后的中国，必须更加关注的两大主题。

注释：

1. 周宏仁，1962 年毕业于北京航空学院（现北京航空航天大学），1984 年获美国明尼苏达大学电机系控制科学博士。现任国家信息化专家咨询委员会常务副主任，研究员。主要研究专业和方向为国家信息化战略、信息化与经济社会转型、电子政务、信息化管理等。
2. 周宏仁，《全面提高信息化水平》，《2011 中国信息化蓝皮书》，中国社会科学文献出版社，北京，2011 年 6 月。
3. 参见美国传统词典（The American Heritage Dictionary, 2009）及美国传统科学词典（The

American Heritage Science Dictionary, 2005）。

4．"The notional environment in which digitized information is communicated over computer networks", 美国国防部《军事及相关术语词典》，2005。

5．中国互联网络信息中心，《中国互联网络发展状况统计报告》，北京，2012 年 1 月 19 日。

6．国际电信联盟（ITU），世界电信/ICT 指标数据库。

7．国家统计局，《2006 年中国统计年鉴》，中国统计出版社，北京，2006 年 9 月。

8．中国互联网络信息中心，《中国互联网络发展状况统计报告》，北京，2012 年 1 月 19 日。

9．中国互联网络信息中心，《中国互联网络发展状况统计报告》，北京，2013 年 7 月 10 日。

10．Darin Barney, *The Network Society*, Cambridge: Polity, 2003.

11．Manuel Castells, "The Rise of the Network Society", *The Information Age: Economy, Society and Culture,* Vol. 1, Malden: Blackwell, Second Edition.

12．Jan Van Dijk, *The Network Society*, London: Sage, Second Edition, 2006.

13．阿里研究中心编著，《电子商务知识干部读本》，清华大学出版社，北京，2012 年 6 月。

14．数据来源：KISA http://isis.kisa.kr/。

15．数据来源：PEW http://www.pewinternet.org/。

16．L. S. Starvrianos, *The World to 1500, A Global History*（《全球通史－1500 年以后的世界》），吴象婴 梁赤民译，上海社会科学院出版社，1999 年 5 月。

17．国家行政学院电子政务研究中心，《2011 年中国政务微博客评估报告》，北京，2012 年 2 月。

18．Alain Touraine, *Return of the Actor*, Minneapolis, Minnesota, University of Minnesota Press, 1988.

19．按照《英汉辞海》的解释，"人类的文化是人类行为及其产品的总相：体现于思想、言论、行动和制品，并依赖着人类通过使用工具、话言和抽象思维的体系以学习知识和把知识传给后代的能力。"

20．参见奥巴马政府《网络空间国际战略》报告全文，《参考资料》第 97 期，新华通讯社，2011 年 5 月 25 日。

21．周宏仁，《信息化论》，人民出版社，2008 年 8 月。

22．斯塔夫里阿诺斯，《全球通史 1500 年以前的世界》，吴象婴、梁赤民译，上海社会科学院出版社，1999 年 5 月。

23．克里斯廷·洛德，特拉维斯·夏普等，《美国网络未来：信息时代的安全与繁荣》，美国新安全研究中心网站，2011 年 6 月。

第二章　宽带、互联网和普遍服务：对21世纪社会契约的挑战[1]

Jorge Reina Schement[2]

内容提要： 在美国人心中，机会、参与和繁荣三位一体的传统信仰中，拥有沟通渠道是理所当然的，从而构成了一种不朽的社会契约。本章首先提出，即使这一不成文的社会契约仍能引起共鸣，仍需对其进行修改以体现出创新和全球化日益增长的影响力。其次，本章主张成功接入的实现需要实施集连通性、能力、内容和背景（4C）为一体的政策框架。最后，本章认为应构成国家信息基础设施宽带普遍服务的全球标准。

　　值得关注的是……新的发展将促进全美范围的沟通与交流。各地间的道路将距离更短、秩序更好；游客的住宿设施将成倍增加、条件改善；我国东部地区的区内导航将全面开放，或几乎全面开放，覆盖全部十三个州。大自然恩赐予我们众多相互交织的运河，人们运用技术可以轻而易举地将其贯通、互联，令西部地区与大西洋地区之间以及地区内部不同区域之间的交通日益便捷。

——詹姆斯·麦迪逊[3]

美国第四任总统麦迪逊的愿景强调了获取沟通渠道对于创建一个新国家的重要意义。他对 18 世纪先进文明的描绘使那些对新国家前景仍感渺茫之人对未来的繁荣充满希望。在美国人机会、参与和繁荣三位一体的传统信仰中，拥有沟通渠道是理所当然的存在，此信仰根深蒂固，从而构成了一种不朽的社会契约[4]。同样，正如我们之后要讨论的，当我们在 21 世纪各个危急关头重新审视这一社会契约时，我们仍应将其看作理所当然的前提。

一、21 世纪的社会契约

召开制宪会议之人一直假定殖民社会自然进化，但事实上，他们将英式体制及其连带的价值观一并引入其中并进行重新加工。这样一来，便为由明确政府义务所构成的体系奠定了基础，其中，《宪法》和《权利法案》可谓集大成之作[5]。与此同时，种种期望在人群中演化而生，其中最广为人知的当属自由、民主和美国梦。社会精英和普罗大众共同创造出一种社会契约，人们对此的普遍理解是确保自由和民主参与的同时为个人提供改善生活质量的机会[6]。

对该契约的承诺贯彻了整个 19 世纪和 20 世纪，带来了一系列可普遍获取的基础设施，先是纽约和费城之间的邮路，随后有运河、高速公路、铁路、电报、公共图书馆、大众交通运输、公共教育、电子化和电话。每个时代皆不乏有关承诺物质"幸福"的合法性及其所需公私投资的合理平衡的政策辩论。这些辩论从整体上反映了美国政策中长期存在的普遍服务传统。最终出现的基础设施帮助国家实现了一体化。

21 世纪，适应信息生产、分配和消费的社会的兴起将此民主社会契约重新定位，使民主的要求同全球化信息经济的活力相融合[7]。20 世纪后半叶，有关普遍服务的争论还围绕着电话而进行，进入 21 世纪，宽带将成为辩论的焦点[8]。

二、推动宽带普遍服务政策的五大原因

从根本上而言，普遍服务政策保证人人有机会接触和使用国家的信息基础设施。但若要实现世界一流的经济水平和生活质量，普遍服务须做到更多：保证获取全球最为先进的信息基础设施。任何不足皆会对个人和企业，最终对国家的竞争实力产生影响。因此，若要普遍服务名副其实，就必须为每个人提供机会以利用网络的经济、政治和人力资源。

（一）经济参与——机会

美国人通过一系列基础设施网络打造经济[9]。19 世纪早期的运河和小径[10]打开了翻越阿巴拉契山脉、通往新疆界的大门，将新加入的各州同原有 13 个州之间的经济打通。即便如此，这张网的局限性（狭窄的运河、淹水的小路）仍旧阻碍了经济的发展。之后有了附带宽带解决方案的铁路和首个国家信息基础设施。新型铁路网打破了原有基础设施的局限，克服了地理障碍，承载起巨大的运力，大量运输实物和信息，令东部的制造商得以首次真正拓展全国市场。故事到此并未终结，亿万美国人民亦借助着这张铁路网打造属于自己的经济未来[11]。

与铁路网一样，电信网对经济实物和服务进行分配，此外，由于电信网可作为其他产品和服务的独特产品或输入，信息还可以为交易增加价值。个人和企业如欲全面参与市场，必须有机会利用信息帮助自身消费、生产和创造。网络的价值取决于使用人数，人数越多，网络的功能和潜在价值越大。反之，若人们无法有效接入，便难以形成网络中的重重互动并带来积极效果[12]。因此，对小企业和个人而言，接入电信网络提

供的机会令其得以更充分参与由信息生产和分配所推动的经济。宽带因其增加流量的能力而使这一潜力变得更为巨大。

（二）公共参与——公民文化

普遍服务应涉及对民主进程的承诺。也就是说，民主要求公民知情并参与；但这仅在公民能够获取政府相关信息且有机会参与政治对话的情况下方可实现。关于政治参与，存在两个方面，即接收和分配。位于接收侧时，公民了解各类意见，能够更好地在知情的情况下做出贡献，当公民赞成的意见受到舆论挑战之时尤为如此。位于分配侧时，个体间得以沟通交流，个人能够打破所属社区的局限参与政治对话，公民因此受益。只有在此时，民主对话超越了地域的樊笼，消除了对公众辩论的抹杀，国家沟通渠道不再被社会精英全权把持。诚然，美国对民主的概念以沟通为本；因此，承诺获取的公平并非仅在逻辑上合理，同时亦是构建自由和开放社会的必需[13]。爱默生的经典阐述抓住了这一要点。

> "然而，关键之处并非在于言论自由对政治有益，而在于其对民主形态政府的运作不可或缺。人们一旦接受了《独立宣言》的前提，即政府的'正当权利来自于被统治者的许可'，随之而来的便是人们认为：行使许可权，政府必须给予其充分的言论自由，既包括形成个人判断的自由，也包括形成公共判断的自由。"
>
> ——托马斯·I·爱默生[14]

然而，在21世纪，接入和参与取决于互联网基础设施的普及和应对获益机构所面临的挑战。作为大多数美国人接受公民教育的开端，学校必须享有接入网络的高带宽。大众的门户，即公共图书馆，承担着满足家中无互联网却又必须使用宽带网的众多图书馆常客的需求。从理论上而言，公民的知情和参与有助于民主的繁荣。但要实现这一点，电信政策就必须保障对国家信息基础设施的充分获取。

（三）社会参与——社区

沟通创造了社会。毕竟，人类并非各自为阵，需要相互往来。因此，国家的电信网络成为其最基本的架构之一。就潜力而言，各基础电信类基础设施提供的信息范围是无限的，从常规信息到特殊信息无所不包。不论是搜索自闭症的相关信息、面试后电话跟进、观看总统辩论，还是在加州接听外孙从新泽西打来的电话，这些活动在为用户带来价值的同时也通过有益的参与强化了社会，因而对进一步参与起到了激励作用。网络能够挽救生命、创造就业、令每个公民有机会充分追求生活，参与这样的网络从根本上累积的社会资本远远超出了个体的价值。反之亦然：生活中难以触及网络之人机遇较少，这令其与世隔绝、离群索居甚至心怀敌意。显然，网络这一架构对克服社会分裂至关重要，社区也因此而生。依此类推，如欲鼓励共享的价值观和来自社会交往的相互依存感，美国的普遍服务政策就必须强调最大化接入网络，因为在信息社会中，正是网络让我们走到了一起[15]。

三、从补救到催化

政治、经济和社会参与形成了民主繁荣的种种基础过程，包容万众的承诺则为真正的民主盖棺定论。对宪法挑战的回应和对殖民地域挑战的回应是普遍服务理念扎根的沃土。宪法规定的邮路、铁路和农村免费投递，所有这些解决方案帮助克服了狭长的南北地区间因缺少天然通路带来的地理障碍，从而为参与性民主的建立提供了助力。20 世纪的类似挑战催生了 1934 年的《通信法案》，该法案旨在终结存在了半个世纪之久的电话网络的扩张。你可以指着社会精英的参与，轻松宣称"现世一切安好"；于是任何以普遍接入为宗旨的政策均发现自身受到了考验[16]。以传统普遍服务政策而言，美国 700 万家庭（7%）仍无电话这一事实说明，即使在电话这样的基本服务上，成就仍有不足。为此而制定的旨在提高电话普及率的补救措施亦满足了社会正义的原则。

如今，扎根于大萧条时期的这一普遍服务愿景，发现其自身受到 21 世纪全球信息经济新现实的挑战，讽刺的是，这一产品亦是美国制造。整个 19 和 20 世纪之中，美国人在市场上大肆交换信息货物和服务，生产并消费信息，不断播撒物质文化的种子。他们对信息应用进行巧妙设计以控制企业的扩张，从而创造了跨国企业和现代管理。膨胀的需求令数百万人投身信息职场。起先初出茅庐各自为阵，最终成为庞大的研发机构，引入各项技术令电信网络互联互通紧密交织，目前尚无办法将其一一道明[17]。

21 世纪，通过计算在基本经济战略中引入宽带电信网的国家数量，我们可以度量这一物质文化的成功[18]。确实，强调参与的社会契约可明朗亦可隐晦，与此同时，普遍服务新政策却在强化着国家在全球经济竞争中的实力。宽带普及率最高的那些国家并未将普遍服务看作对现有网络的补救；相反，它被视为信息经济的引擎。从这点而言，普遍服务除了在 20 世纪所宣扬的特点之外，还具备两大优势。

（一）创造性参与——创新

一直以来，网络外部性所带来的益处证明了信息基础设施投资的合理性。即随着入网人数的增加，加入电话网的价值也增大，从而鼓励更多用户入网[19]。近百年来，人们均认为网络规模越大，对用户的益处也越大。然而最近，这种对于网络外部性的"静态"观点被人们重新思考，部分原因在于由用户贡献内容的互联网站的成功。这些网站上，用户数的增加令互动数量随之上升，从而创造出新内容。新的内容吸引人们对网站的关注，令新用户的数量继续增加，这些新用户又继续创造出更多新的内容，如此反复，产生了"动态的"外部性。这些"创新舞台"依赖并激励着促进参与的"软基础设施"。便于支付、认证、评估、加密、隐私保护和搜索的各种服务鼓励了个人参与，让人人献计献策[20]。犹如烈火烹油的互联网所产生的价值远远超过了网络规模所能衍生的价值。但这一过程中同样有一个必需的基本条件——宽带。

（二）全球性参与——竞争力

意识到互联网这一创新舞台的内在动力，人们对普遍服务的理解不再仅限于其补救性的作用。无需背弃核心的社会契约，创新这一催化剂重塑了普遍服务，使其从义务变为机遇。正是在此重塑过程中，普遍服务成为强化全球竞争力的一大工具。对于努力在全球经济中站稳一席之地的国家而言，宽带的部署成为入场券。家庭宽带普及率排名前五的那些竞争力最强的国家无不说明了这一点——韩国、日本、冰岛、芬兰和荷兰。这些国家设定的公共政策皆目标明确且野心勃勃，力争跻身前列。与此相反，在 2000 年排名数一数二的美国（尽管其普遍服务政策较为薄弱），如今家庭普及率仅排名 12，人均普及率则排在第 15 位[21]。讽刺的是，正当其开始意识到网络外部性和普遍服务大有裨益之时，亚洲和欧洲国家已在宽带基础设施的部署上大获成功。

由此看来，在奥运会场上，我们可以将问题简化为各种排名，但谈到对普遍接入面临的挑战进行评估，这样的办法便不再合宜。要深度挖掘这一问题，需要将互联理解为一种社会功能。

四、接入的四个 C：连通性、能力、内容和背景

麦迪逊对国家统一的描述被剖析过无数次，至今仍能在电信政策论述中找到踪影。宏观而言，1996 年的《电信法案》(Telecommunications Act of 1996）反映出一种国家意愿："促进竞争，减少监管，从而确保美国的电信用户享受到更低廉的价格和更优质的服务，鼓励电信新技术的快速部署。"然而，深入挖掘该法案，我们便会发现其中第254章节（Section 254）暗示了掩于表象之下的复杂性"考虑到电信信息技术和服务的发展……普遍服务是电信服务的演化阶段。[22]"《电信法案》的条条框框在此被细化至不同的乡镇和社区，意愿与现实在此相互碰撞。

强制要求连入国家电信网这一举动本身并不能够确保在社区中的成功实施。要跳脱简单的互联定义，需要理解社区须掌握何种资源以最大化挖掘接入全国网和全球网所带来的潜力。毕竟，人们若要参与、创新和沟通，就必须能够获取信息。因此，为充分利用接入带来的益处，各社区需要提供连通性（Connectivity）、能力（Capability）、内容（Content）和背景（Context）（本文简称为4C），即接入的四个C[23]。

（一）连通性

铺条缆线将家庭或社区联网看似简单，实则并非如此，构架社区资源所需的充分连通性其实来之不易。尽管1996年《电信法案》对高速互联网的定义为网速高于256 Kbps的连接，现今用于有效利用互联网应用的带宽远未达到这一要求。远程医疗应用所需的最低连接速度为1.5 Mbps（T1.5），许多互联网商业应用必需的带宽至少为 T1.5，有的甚至需要多条 T1.5 连接。诸如 Verizon FiOS 这样的光纤服务，将光纤直接连入到家庭和办公室；并根据客户所购服务级别的不同，FiOS 互联网服务的下行速率从 5 Mbps 到 50 Mbps 不等，上行则从 2 Mbps 至 5 Mbps 不等。要衡量社区的高速连接，确实有许多不同的方法：a）衡量学校、图书馆或社区中心等公共场所、家庭、企业或机构可接入性的接入点数量；b）某社区提供高速互联网服务的互联网服务提供商（ISP）的数量；c）高速互联网服务提供商提供的可用服务类型和速率——DSL、有线调制解调器、无线、

T1.5、DS3 等。由于越来越多的政府机构、企业和内容提供商纷纷开发出需要高速互联网连接的产品和服务，服务水平不到位的社区可能将面临"宽带数字鸿沟"。

（二）能力

任何技术的运用均取决于使用者的技能和当地机构的转化能力，"能力"对最大化利用服务之力进行了度量。对个体而言，"能力"包括正式和非正式教育程度、技术熟练度和掌握度以及对新技术和思维方式的接受程度。在全美人口中，拥有高中学历的个体占 52%，但其中仅有 64% 能在家中上互联网。上过大学的占 23%[24]，其中 92% 在家中拥有互联网接入。对机构而言，"能力"是指一个社区可供当地企业家用于刺激劳动力发展和创新的社区资源。举例而言，在接受调查的中高度贫困社区的公共图书馆中，提供社区信息的占 11%，为求职者提供信息服务的占 48%，为新公民提供信息的占 11%[25]。不同社区可提供的资源数量显然相去甚远。然而，由于"能力"的不断积累和循环，投资仍旧物有所值。随之而来的熟练度、知识、技能和经验方面的差距可能使不同社区在利用网络（特别是互联网）方面的潜力出现明显差异。

（三）内容

个人和社区一旦互联并培养出利用互联网所需的能力，内容便成为货币。互联网接入一旦普及，不仅将有无数网页应运而生，依赖自由贡献内容的商业模式亦会取得成功。以 YouTube 为例，用户自由提供内容的商业模式，令 YouTube 在大获全胜的同时吸引了更多用户为其贡献更多内容。提交的 17.5 万条内容令 YouTube 得以以此销售广告（每天的提交量皆是如此）[26]。与之相反，为从广告中获得同等收益，电视网花费了数百万美元用来打造网站内容。不仅如此，同类用户所生成的内容带来的收益凸显了动态网络外部性的价值。相互关联的内容刺激了新的内容，在当地社区内扮演起互动论坛的角色，同时提供了面向世界的窗口，从而提升了网络价值。

然而，这些福利并未普遍惠及所有人。总人口中约有 36%的成年人接入速度较低，与享有高速接入的成年人相比，其在搜索医疗和政府福利的相关信息时成功率较低。值得一提的是，我们发现接入速度低的成年人，多数是那些收入低于中等家庭水平的人，他们最高只接受过高中教育，居住在农村地区，近期遭遇失业，或是不以英语为母语的拉美裔人士[27]。换言之，少量的内容并未为用户提供价值。各种形式的边缘化造成了连通性偏低和能力受限，从而在社区内树起重重壁垒，令其远远落后于享有高速接入的社区，无法充分提供周边的住房、育儿、医疗和交通信息。当与个人和社区成员息息相关的内容难以获取之时，孤立便不可避免。

（四）背景

各类连通性、能力和内容源自一系列的背景和趋势，必须对此予以考虑从而确保接入战略的成功。环境因素（如空气和水污染、废物管理）、经济条件（如商业刺激、税收结构、失业）和社会指标（如犯罪、贫困、种族、农村问题）都会造成接入差异，令旨在改善接入的政策在实施过程中出现不同效果。换言之，各类通信网的运营皆发生在不同的社会和文化框架之中。以宾夕法尼亚第五国会选区为例，这是该州最为贫困和偏远的农村地区，分布在阿巴拉契山脉沿线，山脊将两侧山谷中的乡镇相互隔绝。该区人口的 97%由白人组成，平均收入 33 254 美元，历来支持共和党[28]。与此相反，得克萨斯第 15 国会选区位于里约格兰德谷地中类似大草原的农村平原地带，69%的人口为拉美裔人士，平均收入 28 061 美元，为民主党的传统选区。得克萨斯和宾夕法尼亚在连通性、能力和内容方面相去甚远，尽管背景并不能决定一个社区的发展轨迹，却能够反映出考虑社区属性的重要性。

通过将互联网概念化，视其为包含广义背景、嵌入技术性元素的多元域，我们得以明确地将社会层面同技术层面相连，使互联网成为社会和技术紧密依存的网络。社会技术视角强调出背景在决定社区干预和评估方面的重要性，以及发展适用于不同场景的"最佳实践"时存在的内在难度。因此，作为旨在扩大接入和（或）弥合数字鸿沟的大多数政策的核心内容，连通性的目的在于向功能性接入和赋权迈出小小的第一步。任何力求为人人创造更美好的信息未来的战略都必须将能力、内容和背景融入其中。

五、从合法性到实施

本文倡导通过信息时代的社会契约提供宽带普遍接入。此类社会契约的合法性来自于民主理论的基本原则，来自于对造就网络外部性的动态元素的全新理解，更来自于在新兴的全球信息系统中角逐的重要性。但空有合法性并非确保接入的对策。

成功的接入政策取决于实施和对落地可行性的认识（四个 C：连通性、能力、内容和背景）。最为重要的是，该框架意识到必须承认和利用地方差异，方可令接入政策为生活于边缘地带之人带来积极改变。

六、普遍观点：宽带接入和使用差距实例

空有理论和概念框架并不足以培养群众利用新的信息基础设施的优势造福经济和社会。全国超过 1 亿户的家庭数量决定了不能简单对待接入问题，下文中一些近期的实例说明了这一点。

（一）互联网和家庭宽带应用趋势

美国人历来对家庭信息技术情有独钟。20世纪20年代，美国人热衷于收听广播[29]。20世纪50年代初，美国家庭中拥有电视机的尚不足10%，但到了50年代末，近90%的家庭均拥有电视机[30]。同样，万维网（WWW）诞生后，接入互联网的美国家庭数量与日俱增。成年人中的互联网用户数量（不考虑接入速度或接入点）从1996年的14%增加至2006年底的略高于70%。尽管图2-1显示2003和2004年增长的势头几近停滞，但总体而论，互联网的普及程度呈现稳步上升的态势。

2000年6月，皮尤互联网项目（Pew Internet Project）首次在美国成年人（18岁及以上）中对家庭互联网接入方式（拨号或宽带）进行了调查。自此以后，高速家庭互联网接入的普及率增加了16倍。2000年6月，美国成年人中仅有500万人（不到5%）在家中拥有高速连接[31]，到了2006年底，43%的成年人表示拥有高速家庭连接，相当于8 000多万人，约占家庭上网人数的四分之三[32]（见图2-2）。

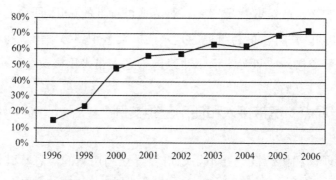

图2-1　美国成年人互联网普及率

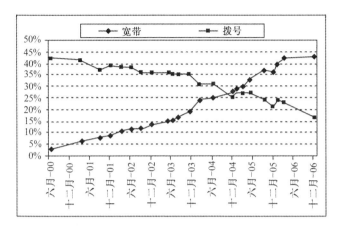

图 2-2　家庭宽带和拨号上网普及率

家庭宽带的推广十分迅速，较之其他消费类电子技术的推广而言尤为如此。若我们将有线调制解调器广泛应用的开端定为 1995 年，数字用户线路（DSL）服务定为 1997 年，再加入 1996 年作为另一个起始点，那么宽带只用了 5 年多的时间便覆盖了 10%的人口，与个人电脑（4 年）和光盘播放机（4.5 年）相当，但较之手机（8 年）和录像机（10 年）却更为迅速。彩色电视达到 10%的人口普及率用了 12 年[33]（见表 2-1）。

表 2-1　新型消费类技术的推广时间

	覆盖 10%人口所用年数	覆盖 50%人口所用年数
录像机	10	14
光盘播放机	4.5	10.5
彩色电视	12	18
手机	8	15
个人电脑	4	18

资料来源：联邦通信委员会，罗伯特•佩珀(Robert Pepper)讲演，《宽带迁移政策》，2002 年 4 月

50%的人口推广率往往被看作为一个转折点，人们并未料到能够快速达到这一水平。尽管个人电脑达到 10%的推广率所花时间相对较短，完成 50%的人口推广却花了整整 18 年。另一方面，尽管 VCR 和彩色电视

花了较长的时间才达到 10%的推广率，但由于这些技术是对已有家庭技术的加强，其随后迅速实现了 50%的覆盖；此外，已有的用户群也起到了作用。宽带互联网有着类似的特点，同样以家庭互联网和个人电脑用户为基础。早几年间，皮尤互联网和美国生活项目（Pew Internet and American Life Project）的调查显示，80%的互联网用户拥有家庭连接，剩下的 20%则在其他地点接入网络。截至 2006 年，近 90%的美国互联网用户在家中上网，5%仅能在工作地点上网，5%在其他地点（如图书馆）上网[34]。预计之后两年将有一半的人口拥有家庭宽带，如此想法不可谓不合理。

（二）新旧媒体在新时代共存

互联网是否取代或替换了旧媒体？传统观点认为，通过互联网获取的信息取代了通过传统媒体获取的信息，这一现象对旧媒体造成了威胁。根据这一观点，我们所知的民主也因公民向喧嚣的网络世界臣服、漫无禁忌大写各种博客而岌岌可危。然而，现实中存在乐观因素。下文各表（2-2、2-3 和 2-4）对新闻的获取行为进行了说明，虽然人们可以通过互联网获取信息，但传统媒体的重要性仍在延续。

表 2-2　在特定日获取新闻（受访者通过特定来源获取"昨日"新闻占比）

	全部受访者	非网民	家庭拨号	家庭宽带
当地电视台	59%	57%	65%	57%
全国性电视台	47%	43%	50%	49%
广播	44%	34%	52%	49%
当地报纸	38%	37%	41%	38%
互联网	23%	—	26%	43%
全国性报纸	12%	8%	12%	17%
平均来源数	2.22	1.80	2.45	2.52
案例数	3011	1080	633	1014

资料来源：皮尤互联网项目 2005 年 12 月调查

不论如何，对家庭宽带用户而言，互联网在新闻消费中扮演着重要角色，对 36 岁以下的人群而言尤为如此。年轻人往往被认为对新闻事件毫无兴趣，但在拥有高速家庭连接的年轻人中互联网起到了提高新闻消费的作用，与电视在提供新闻来源方面一较高下。

表 2-3 在特定日获取新闻：年龄段和连接速度比较

（受访者通过特定来源获取"昨日"新闻占比）

	36 岁以下		36～50 岁		50 岁以上	
	宽带	拨号	宽带	拨号	宽带	拨号
当地电视台	51%	54%	60%	72%	61%	71%
全国性电视台	40%	35%	49%	52%	62%	61%
广播	41%	43%	53%	57%	57%	54%
当地报纸	28%	27%	41%	40%	52%	55%
互联网	46%	21%	40%	30%	43%	26%
全国性报纸	17%	2%	12%	10%	23%	21%
案例数	307	141	360	215	347	265

资料来源：皮尤互联网项目 2005 年 12 月调查

尽管上互联网查找新闻的人大多倾向于访问主流媒体的站点，有三分之一的家庭宽带用户亦会访问国际新闻机构的站点、新闻博客（如 Drudge Report）和其他新闻站点（如 Slate 或 Salon）。因此，除了通过"时刻在线"的宽带连接方便地获取新闻之外，高速家庭连接也让用户接触到琳琅满目的消息来源和观点。

表 2-4 消费品的持有情况

	拥有有线或卫星电视	收看当地电视新闻（特定日期）	收看全国性电视新闻（特定日期）	阅读当地日报（特定日期）	上网获得消息（特定日期）	受访人平均消息来源数（特定日期）
全体受访人	85%	59%	47%	38%	23%	1.8
家庭宽带用户	92%	57%	49%	38%	43%	3.2
白人	86%	60%	49%	40%	24%	1.9
黑人	83%	60%	42%	25%	16%	1.4

续表

	拥有有线或卫星电视	收看当地电视新闻（特定日期）	收看全国性电视新闻（特定日期）	阅读当地日报（特定日期）	上网获得消息（特定日期）	受访人平均消息来源数（特定日期）
18～29 岁	82%	48%	30%	23%	28%	4.3
30～49 岁	87%	60%	46%	35%	27%	2.3
50～64 岁	87%	68%	59%	46%	22%	1.7
65 岁以上	83%	60%	52%	48%	9%	0.6
低于 3 万美元	77%	53%	39%	33%	13%	1.1
3～5 万美元	84%	63%	48%	36%	24%	1.8
5～7.5 万美元	90%	64%	52%	41%	31%	2.5
7.5 万美元以上	93%	63%	53%	45%	38%	2.9
高中以下学历	81%	47%	32%	25%	6%	0.6
高中毕业	84%	61%	45%	35%	14%	1.3
大学	88%	62%	51%	38%	28%	2.2
大学以上学历	87%	61%	535	46%	39%	2.8

对于担心互联网将影响民主对话的人而言，互联网显然改变了原有的媒体模式；但它同时促使人们，特别是对传统媒体依赖较少的年轻人等群体，更广泛地融入当代的政治辩论之中。

（三）宽带推广差距

下文表 2-5 和表 2-6 中的数据反映出各个时间段宽带在不同人群中的推广程度。就互联网和家庭宽带的推广而言，有四个主要的分水岭：

1. **收入**。家庭年收入低于 3 万美元的受访者互联网普及率长期低于成年人中的平均水平。6 年的数据显示，"低于 3 万美元"组的总体互联网普及率为平均值的三分之二，自 2002 年起，其家庭宽带普及率为平均水平的一半。较低的普及率使这些宽带用户无法享有动态的网络外部性，令低收入人群雪上加霜。在皮尤互联网项目的随机数字电话抽样访问中，约有四分之一的美国成年人表示其家庭年收入低于 3 万美元。

2．**教育**。是否接受过一定程度的大学教育是一道明显的分水岭。约有一半的成年人接受过大学教育或拥有大学文凭，另一半则至多拥有高中学历。2006 年底，拥有高中或以下学历的人群中仅有 50%使用过互联网，上过大学或拥有大学学历的人群中使用互联网的人数则高达 90%。在表 2-4、2-5、2-6、2-7 和 2-8 中，接入和使用情况差异最显著的因素在于教育程度的不同。

3．**年龄**。处于退休年龄，即 65 岁以上的美国人几乎不上网，互联网普及率也不足总体水平的一半，宽带普及率仅为总体水平的三分之一。互联网接入水平最为显著的下滑出现在 70 岁以上的人群中，互联网成为主流之时这些人可能已不再工作。65～69 岁人群中将近半数使用互联网，70 岁及以上人群中使用互联网的仅为四分之一。考虑到政府将基本信息不断迁移至互联网之上，此类趋势将使老年人进一步与社会脱节。

4．**种族**。美国将各大种族人群归入"少数族群"的倾向引起了全国人民的大讨论。但在互联网推广和应用方面出现的种族差异仍旧值得关注。

（1）非洲裔美国人。部分原因在于白种美国人和非洲裔美国人之间不断缩短的差距。尽管 2006 年的数据显示，白人中互联网的普及程度比非洲裔美国人高出九个百分点，种族已不再成为网络接入的重要统计指标。换言之，非洲裔美国人中普及率较低的原因在于其较低的教育程度和收入，而非种族差异。

（2）拉美裔。占美国成年人口 14%的拉美裔人群中上网人数过半（56%）。非拉美裔的白人和黑人中使用互联网的人数则分别为 71%和60%。拉美人中，语言和血统均对接入水平产生影响。仅说西班牙语的拉美人群中上网人数仅为三分之一，主要说英语的拉美人群中上网人数则高达 78%，说双语的拉美人有 76%上网。拉美人群中墨西哥人占比最高，

上网人数却最少：墨西哥裔拉美人中仅有 52%使用互联网。实际上，即
使在年龄、收入、语言、时代和出生地皆相同的条件下，墨西哥裔人群
中的上网人数仍旧少于其他拉美裔族群。教育程度和英语熟练度的高低
是拉美裔人群和非拉美裔人群在互联网使用方面出现差距的主要原因[35]。

表 2-5　互联网推广趋势，2000—2006 年

	2000	2001	2002	2003	2004	2005	2006
全部受访人	48%	55%	57%	63%	61%	69%	71%
白人	50%	57%	59%	65%	63%	71%	72%
黑人	36%	39%	45%	56%	54%	55%	63%
18～29 岁	65%	75%	72%	83%	75%	82%	87%
30～49 岁	58%	64%	67%	73%	69%	80%	82%
50～64 岁	41%	50%	55%	59%	60%	68%	70%
65 岁以上	13%	16%	20%	26%	26%	28%	31%
低于 3 万美元	31%	34%	36%	43%	44%	50%	51%
3～5 万美元	52%	61%	62%	67%	66%	74%	77%
5～7.5 万美元	67%	78%	80%	81%	80%	86%	85%
7.5 万美元以上	78%	87%	85%	89%	83%	91%	92%
高中以下学历	17%	19%	19%	28%	26%	37%	40%
高中毕业	35%	42%	46%	52%	52%	60%	64%
大学	63%	72%	74%	78%	76%	80%	83%
大学以上学历	75%	83%	80%	87%	85%	91%	92%

表 2.6　家庭宽带推广趋势，2000—2006 年

	2000	2001	2002	2003	2004	2005	2006
全部受访人	3%	9%	12%	19%	26%	36%	43%
白人	3%	9%	13%	20%	27%	39%	44%
黑人	1%	4%	5%	13%	16%	24%	33%
18～29 岁	6%	12%	17%	28%	36%	46%	54%
30～49 岁	4%	11%	14%	25%	32%	45%	52%
50～64 岁	2%	5%	11%	14%	22%	34%	39%

续表

	2000	2001	2002	2003	2004	2005	2006
65 岁以上	0%	2%	3%	4%	7%	11%	14%
低于 3 万美元	0%	3%	5%	9%	13%	20%	22%
3～5 万美元	1%	7%	12%	16%	25%	30%	42%
5～7.5 万美元	3%	10%	16%	25%	33%	50%	51%
7.5 万美元以上	4%	23%	27%	41%	54%	64%	72%
高中以下学历	0%	3%	3%	9%	8%	14%	17%
高中毕业	1%	4%	7%	12%	16%	27%	31%
大学	2%	11%	15%	25%	31%	44%	52%
大学以上学历	3%	17%	23%	31%	42%	55%	66%

（四）差距的意义所在

在一个能够提供如此丰富内容的媒体中，差距确实关系重大（表 2-7）。毕竟，在关键领域，互联网接入代表了对社会契约的承诺。正如霍里根（Horrigan）在从事皮尤互联网项目时所记录的那样，造成互联之人和未互联之人的种种结果的正是人们通过接入所为之事。

1. 互联网降低了重要背景下用户的不确定性。利用在线医疗和保健信息可以给人们的一些疑难问题提供帮助。许多医疗或健康问题除去自身病因外，还会因其所造成的不确定而令问题雪上加霜。在线信息至少可在两个方面为此提供帮助。首先，互联网提供的信息令人们得以通过自己习惯的方式了解有关问题的更多情况，在与医护人员面对面的交流过程中能了解更多的信息，能够提出更多问题。其次，互联网便于相似病情的人们相互联系，他们之间可以相互安慰并了解有关新的治疗方案及信息。

2. 作为一种信息设施，互联网鼓励民众参与。人们日益转向互联网寻找政治新闻，了解自己所在州、当地政府或联邦政府的近况。2006 年年中竞选期间，三分之一的美国人上网获取有关新闻和信息，与 2002 年年中竞选期间相比,将互联网作为竞选消息主要来源的人数翻了一番。很难说这与较高的投票数是否相关,但网络政治信息和网络贡献无疑对政治对话产生了影响。

3.互联网令社会资本得以被创造,令社交网络得到利用和维护。博斯(Boase)、霍里根、威尔曼(Wellman)和莱尼(Rainie)调查了美国社交网络的规模和构成,用于保持联系的技术以及社交网络在个人财务、职业培训和求职等决策问题上扮演的角色。大多数互联网用户表示,他们更乐于将电子邮件作为培育社会资本的工具,即并非仅用于同家人和朋友分享日常琐事,同样用于征求建议或分享重要消息[36]。

4.互联网用户通过用户生成内容塑造了网络空间。以动态的网络外部性为例,许多拥有高速家庭互联网之人将互联网作为与他人分享自身近况的平台。在拥有高速家庭网络连接的美国人中,有 44%将用户生成内容上传至互联网[37],其形式为:每天在博客写网络日记,在其他博客或新闻网站发表评论,或是发布照片,以及视频。用户通过这些方式产生了新的思想,体现出网络内容人人共享的本质。他们证明了用户对互联网的使用并不是只限于被动的信息消费。人们在网上进行的这些普通活动起先以消费为目的,但一旦融入其中,人们便开始塑造网络。

表 2-7　网络行为

	下载视频	搜索健康信息	获取竞选新闻/信息	访问州、地方、联邦政府网站	用户生成内容	学习	娱乐
全部受访者	14%	56%	31%	45%	27%	8%	8%
家庭宽带用户	26%	86%	53%	72%	44%	14%	15%
白人	13%	57%	33%	47%	27%	8%	8%
黑人	15%	23%	46%	36%	22%	8%	9%
18～29 岁	30%	67%	39%	47%	45%	14%	11%
30～49 岁	15%	67%	37%	59%	31%	12%	10%
50～64 岁	8%	54%	28%	45%	21%	4%	9%

续表

	下载视频	搜索健康信息	获取竞选新闻/信息	访问州、地方、联邦政府网站	用户生成内容	学习	娱乐
65 岁以上	3%	21%	13%	14%	1%	6%	2%
低于 3 万美元	12%	38%	16%	31%	18%	6%	7%
3～5 万美元	14%	57%	32%	50%	28%	8%	11%
5～7.5 万美元	17%	74%	35%	55%	29%	11%	8%
7.5 万美元以上	19%	79%	54%	69%	41%	11%	15%
高中以下学历	11%	23%	11%	18%	11%	1%	4%
高中毕业	11%	42%	18%	31%	19%	3%	7%
大学	17%	65%	34%	54%	34%	12%	11%
大学以上学历	17%	81%	57%	72%	39%	13%	10%

七、全球新兴信息秩序下美国的竞争力

文中数据将收入和教育的影响表露无疑。同样明显的还有宽带互联网接入为社会带来的向上流动性。所有这些均突出了普遍服务政策的重要性。人们在 20 世纪 90 年代初便意识到这一点，120 年的部署和 60 年的普遍服务政策实施后，仍有 7% 的美国家庭未能用上电话，这开始引起决策者的关切[38]。随着个人电脑开始普及（1992 年 22% 的家庭拥有个人电脑），是否拥有个人电脑成为政策辩论中的分水岭[39]。到 20 世纪 90 年代中期，互联网的家庭普及率达到 15%（图 2-1），辩论的焦点亦转为互联网接入。正当美国人辩论得如火如荼之时，其他国家的宽带政策和宽带普及情况将人们的注意力引向美国同别国在普及率上的差距。此过程中的每一次转折都让我们更加了解获取社会各个层面信息的重要性，从日常琐事到全球新闻，皆是如此。

不论如何看待宽带普及的差距和缺乏高速家庭接入的社会影响，美

国在前进的道路上面临着三大挑战。

1．美国农村覆盖。无任何公开数据对美国的宽带基础设施分布加以图示。但 2004 年皮尤互联网调查表明，美国农村地区的宽带接入尚不及非农村地区的一半。这也是 2006 年美国农村地区宽带普及程度落后其他地区 25～45 个百分点的原因之一（见表 2-8）。

2．网络带宽。此方面的数据亦甚少，但美国（大部分）有线或数字用户线路家庭高速网络的带宽显然要远远低于亚洲和欧洲的部分国家[40]。

3．国际地位。尽管种种措施带来的赶超势头迅猛，美国在家庭宽带普及方面仍不及其他国家。

表 2-8 不同人群中互联网的使用情况

	家庭宽带用户	家庭拨号用户	互联网用户	一般人群（全部受访者）
性别				
男性	52%	47%	50%	48%
女性	48%	53%	50%	52%
年龄				
18～29 岁	26%	19%	24%	20%
30～49 岁	47%	43%	45%	39%
50～64 岁	22%	26%	24%	24%
65 岁以上	5%	11%	7%	17%
种族				
白人（非拉美裔）	73%	74%	74%	73%
黑人（非拉美裔）	8%	9%	9%	11%
拉美裔（说英语）	10%	11%	11%	10%
教育				
高中以下学历	5%	9%	7%	13%
高中毕业	28%	36%	32%	37%
大学	26%	28%	26%	23%
大学以上学历	41%	27%	34%	27%

续表

	家庭宽带用户	家庭拨号用户	互联网用户	一般人群（全部受访者）
家庭收入				
低于 3 万美元	12%	21%	17%	24%
3～5 万美元	21%	24%	22%	20%
5～7.5 万美元	16%	19%	16%	14%
7.5 万美元以上	36%	18%	28%	22%
未说明情况	15%	19%	17%	20%
社区				
城区	30%	27%	29%	28%
郊区	58%	48%	54%	53%
农村	11%	25%	16%	19%

资料来源：皮尤互联网和美国生活项目 2006 年 4 月调查

N=4001；全体样本误差范围±2%

互联网用户组中，n=2822；该组误差范围±2%

家庭宽带用户组中，n=1562；该组误差范围±3%

家庭拨号用户组中，n=933；该组误差范围±3.5%

八、总结

本章开篇便讨论了存在 200 年之久的、承诺信息基础设施将推动参与式民主的社会契约在 21 世纪仍旧十分有意义。文章接着对网络价值在互联网环境中呈现动态性增加表示认可，在此环境下，全球竞争力成为经济制胜的关键。

至于政策实施方面，文章介绍了四个 C：连通性、能力、内容和背景。作为社区层面参与的因素以及在无法一刀切的情况下判断接入政策成功与否的标准。文中的各项数据对接入类型复杂贡献的意义进行了说明，这对决策者而言可谓挑战重重，进一步显示出政策需因地制宜的重要性。

最终利益是巨大的，因为国际秩序正随着全球宽带互联网的普及而浮出水面。过去依赖公路网和电报线路的工业经济已转型，取而代之的是因网页和高带宽互联网干线而蓬勃发展的经济。与此同时，大众媒体的民主性和单向通信亦不断受到来自博客和互联网杂志的冲击。美国在这些舞台上将扮演何种角色尚属未知。但有一点是明确的，即宽带互联网将成为 21 世纪的伟大产业，而美国在全球的经济和政治地位将取决于其全国范围内的宽带互联网普遍接入能否成功。

注释：

1. 本文参考 2009 年在美国出版的由 Amit M. Schejter 主编的《. . . And Communications for All》一书中的第一章（Broadband, Internet, and Universal Service: Challenges to the Social Contract of the 21st Century），本文经由作者修订、扩展和更新并同意在中国再次翻译出版。该文章经由金晶和张彬翻译。

2. Jorge Reina Schement，博士，教授，新泽西州立大学（Rutgers）通信、信息与图书馆学院院长。他的学术研究方向为信息政策、全球通信、信息时代的社会学、西班牙语言媒体、信息消费者行为。他特别关注社会和政策对于信息产品和消费的重要意义，特别是当政策涉及到种族弱势群体时。他是哥伦比亚电信信息研究中心的特聘研究员。他为七本学术杂志担任编委会委员，是《Macmillan Encyclopedia of Communication and Information》的主编，是《Information Society》的助理编辑，是 Aspen 研究所《Annual Review Technology》的编辑。他曾经在宾州州立大学、斯坦福大学、得克萨斯大学奥斯汀分校、南加州大学和加利福尼亚大学洛杉矶分校等处任职。他曾是福特基金会研究员和富布赖特基金会高级研究员。1994 年，他还是 FCC 信息政策项目的主任。他主编了十多本书，还有两本书正在编写。而且发表了上百篇文章和报告，以及很多合作文章和会议论文。完成了一系列企业和基金会的项目。

3. James Madison, "Federalist No. 14: Objections to the proposed Constitution from extent of territory answered," *New York Packet* (New York City: 30 November, 1787). 詹姆斯·麦迪逊，美国第四任总统，在制宪辩论中起到了主要作用，帮助制定了《权利法案》的框架，为《联邦党人文集》做出了贡献。1812 年战争期间，英军火烧首都，总统麦迪逊成为临时难民。

4. 社会契约的概念在美国开国者当中影响甚广。尤其以托马斯·霍布斯、约翰·洛克、让·雅克·卢梭和托马斯·潘恩的学说为基础。See Thomas Hobbes, *Leviathan* (Oxford:

Oxford University Press, 1651/1998); John Locke, *Two Treatises of Government : and a Letter Concerning Toleration* (New Haven, CN: Yale University Press, 1689/2003); Jean-Jacques Rousseau. *Social contract and Discourse on the Origin of Inequality* (New York: Pocket Books, 1761/1989); T. Paine, *Common Sense* (New York: Viking Penguin, 1776/1982).

5. David H. Fischer, *Albion's Seed: Four British Folkways in America* (Oxford University Press, 1989).

6. 详例见: Hamilton, et al., *Federalist Papers*, and Alexis d. Tocqueville, *Democracy in America* (New York: Washington Square Press, 1835/1964). 以及: Roland Marchand, *Advertising the American Dream: Making way for Modernity* (Berkeley, CA: University of California Press, 1985). Carlton Rochell and Christina Spellman, *Dreams Betrayed: Working in the Technological Age* (New York: Lexington Books, 1987). And, Gary Cross *An All-Consuming Century: Why Commercialism Won in Modern America* (New York: Columbia University Press, 2000).

7. 本文中，我们遵循将这一社会称为信息社会的传统。

8. 此处所用为宽带的相对含义，指承载一系列频率的、有时被划分为不同信道的信令方式——带宽越宽，信道的信息承载量越大。在政策话语中，宽带有时也指宽带网络或宽带互联网，但大多数情况下指的是能够传递更大信息量的通信技术。谈及宽带之词的普遍特点在于"宽"一词的运用，与之相对的则是"窄"，如"窄带"。

9. "一连串的通航水域形成了一个链条并围绕在其周围，紧紧汇聚成一体；而世上最宏伟的河流则以高速公路的形式呈现，在方便的距离内便捷人们的互助沟通，令人们相互运输和交换各类商品。" John Jay (October 31, 1787) "Concerning Dangers from Foreign Force and Influence," FEDERALIST No. 2, in *Federalist Papers*, Alexander Hamilton, et al. (New York: Bantam Books, 1982).

10. 在 19 世纪，"小径"用于指代能够通行马车的路径或小道。最为著名的纳齐兹小径自田纳西州的纳什维尔向密西西比的纳齐兹绵延 400 英里，连接了坎伯兰、田纳西和密西西比河，令密西西比南部河谷迎来了贸易和居民。"小径"源于拉丁语"tractus"，通过古法语中的"trace"一词（名词）进入英语之中。See C.T. Onions, Ed. *The Oxford Dictionary of English Etymology* (Oxford, UK: Clarendon Press, 1966).

11. 详例见: Denise Anderson and Jorge Reina Schement "Information infrastructure and development in the USA: The role of government," *Industrial and Corporate Change* 4(4) (1995): 727-735. Alfred D. J. Chandler, *The Visible Hand: The Managerial Revolution in*

American Business (Cambridge, MA: Harvard University Press, 1977). Richard B. Du Boff, "Business Demand and the development of the telegraph in the United States, 1844-1860," *The Business History Review* 54(4) (1980): 459-479.

12. Roberta Capello, *Spatial Economic Analysis of Telecommunications Network Externalities,* (New York: Ashgate Publishing, 1994). Patrick Cohendet, Gisele Umbhauer., et al., Eds., *Economics of Networks: Interaction and Behaviors* (New York: Springer-Verlag, 1999). Michael L. Katz and Carl Shapiro, "Network Externalities, Competition and Compatibility," *American Economic Review* 75(3) (1985): 424-440. Hal Varian, "Versioning Information Goods," in *Internet Publishing and Beyond: The Economics of Digital Information and Intellectual Property*, Brian Kahin and Hal R. Varian eds. (Cambridge: MIT Press, 2000).

13. "第三,值得关注的是,新的发展将促进全美范围的沟通与交流。各地间的道路将距离更短、秩序更好;游客的住宿设施将成倍增加、条件改善;我国东部地区的区内导航将全面开放,或几乎全面开放,覆盖全部十三个州。大自然恩赐予我们众多相互交织的运河,人们运用技术可以轻而易举地将其贯通、互联,令西部地区与大西洋地区之间以及地区内部不同区域之间的交通日益便捷。" James Madison (November 30, 1787) "Objections to the Proposed Constitution From Extent of Territory Answered," FEDERALIST No. 14, in *Federalist Papers,* Alexander Hamilton, et al. (New York: Bantam Books, 1982).

14. Thomas I. Emerson, "Toward a General Theory of the First Amendment," *72 Yale Law Journal* 877,883 (April, 1963).

15. 有关社区和民主间关系的论述,见:Robert D. Putnam, *Bowling Alone: The Collapse and Revival of American Community* (New York: Simon & Schuster, 2000). For an analysis of the failure of universal service policy for those at the margins of society, see, Jorge Reina Schement, "Beyond Universal Service: Characteristics of Americans Without Telephones, 1980-1993," *Telecommunications Policy* 19(6) (1995): 477-485. Jorge Reina Schement, "Telephone Penetration at the Margins: An Analysis of the Period Following the Breakup of AT&T, 1984-1994," in *Progress in Communication Sciences, Volume XV: Advances in Telecommunications*, Harmeet Sawhney and George A. Barnett. (Stamford, CN: Ablex, 1998), 187-215.

16. "上帝身处天堂——现世一切安好!"罗伯特·勃朗宁《皮帕经过》中的皮帕之歌,1841年发表于《铃铛与石榴》诗集第一卷。皮帕是维多利亚时期生活在犯罪猖獗地区的一名年轻、天真的女孩。

17．James R. Beniger, *The Control Revolution* (Cambridge, MA: Harvard University Press, 1986). Michael K. Buckland, "Information as thing," *Journal of the American Society for Information Science* 42(5) (1991): 351-360. Manuel Castells, *The rise of the network society* (Malden, MA: Blackwell, 2000). Chandler, *The Visible Hand.* Jorge Reina Schement and Terry Curtis, *Tendencies and Tensions of the Information Age* (New Brunswick, NJ: Transaction, 1997).

18．该句需引用 OECD 有关各国宽带普及率排名的一份近期报告。

19．Capello, Spatial Economic Analysis; Cohendet,Umbhauer, et al., eds., Economics of Networks and Varian, "Versioning Information Goods."

20．François Bar and Annemarie M. Riis, "Tapping User-Driven Innovation: A New Rationale for Universal Service," *The Information Society* 16 (2000): 99–108. Harmeet Sawhney. & Seungwhan Lee, "Arenas of Innovation: Understanding New Configurational Potentialities of Communication Technologies," *Media, Culture & Society,* 27(3) (2005): 391-414. Krishna Jayakar and Harmeet Sawhney, "Universal Access in the Information Economy: Tracking Policy Innovations Abroad," *Benton Foundation Universal Service Project,* Jorge Reina Schement, (Washington DC: Benton Foundation, 2006): 12.

21．Daniel K. Correa, "Assessing broadband in America: OECD and ITIF broadband rankings." *Washington DC, The Information Technology and Innovation Foundation* 10 (April 2007). OECD Directorate for Science, Technology, and Industry, "Broadband Statistics to December 2006," www.oecd.org/sti/ict/broadband (April 2006) OECD Directorate for Science, Technology, and Industry, "Multiple Play: Pricing and Policy Trends," www.oecd.org/dataoecd/47/32/36546318.pdf. (April 2006) OECD Directorate for Science, Technology, and Industry, "Multiple Play: Pricing and Policy Trends," www.oecd.org/dataoecd/47/32/36546318.pdf.

22．P.L. No. 104-104, 110 Stat. 56 (1996). Sec. 254 (c), (1).

23．Jorge Reina Schement and Marsha Ann Tate, *Rural America in the Digital Age* (Columbia, MO: Rural Policy Research Institute, 2003). Lynette Kvasny, Nancy Kranich, et al. "Communities, Learning and Democracy in the Digital Age," *The Journal of Community Informatics [online]* 2(2) (2006).

24．Lee Raine, "Internet: The Mainstreaming of Online Life," *Internet 4* (Washington DC: Pew

Internet & American Life Project, 2005): 14.

25．自《公共图书馆资金和技术来源研究，2006－2007》图 24，《ALA 研究系列》整理而成(Chicago, IL: American Library Association And Information Institute, College of Information, Florida State University, 2007): 215。

26．截至 2008 年 3 月 18 日，总数达 7 830 万，表明 YouTube 每日发布 15 万至 20 万个视频。见：http://mediatedcultures.net/ksudigg/?p=163, accessed 5 May 2008。

27．Leigh Estabrook, Evans Witt and Lee Rainie, "Information Searches That Solve Problems: How People Use the Internet, Libraries, and Government Agencies When They Need Help," *Pew Internet & American Life Project and Graduate School of Library and Information Science* (University of Illinois at Urbana-Champaign, 2007): 34.

28．*American fact finder*: 110th Congress, Congressional Districts. US Census Bureau, (2008).

29．1925 年，拥有收音机的家庭占 10%，1940 年美国参与第二次世界大战前夕增加至 82%，当时收音机产量下滑至最低水平。H 878-893，R 93-105，R 1-12 （1975）。美国历史数据，殖民时期至 1970 年的华盛顿哥伦比亚特区：GPO。

30．Cross *An All-Consuming Century*; Jorge Reina Schement, "Three for Society: Households and Media in the Creation of 21st Century Communities," *Center: Architecture and Design in America* 11 (1999): 75-86. Gary A. Steiner, *The People Look at Television: A Study of Audience Attitudes* (New York: Knopf, 1963).

31．电磁物理表明其速度不发生任何变化，即一切电磁波的速度皆为光速（每秒 30 万公里）。然而，"高速"一词普遍用于区分"高速"宽带互联网接入和"低速"拨号互联网接入。本文所用的"高速"一词亦指代相同含义。

32．来源于皮尤互联网和美国生活项目开展的国家随机数字电话访问结果中整理而成。欲了解更多该项目和数据的信息，请见：www.pewinternet.org。

33．John B. Horrigan, Jorge Reina Schement, "Consuming Information More or Less: An Examination of Information Consumption Behavior as a Strategy for Replacing, Displacing, or Supplementing the Consumption of Other Information Goods," Telecommunications Policy Research Conference, Washington, DC, (2002).

34．解读数据时注意：一般的互联网普及数据采集并不区分使用地点，即受访者被询问是否为互联网用户时，不在家中上网的受访者亦可回答 "是"（事实情况也确实如此）。

35．Susannah Fox and Gretchen Livingston, *Latinos Online* (Washington DC: Pew Hispanic

Center and Pew Internet Project, 2007), 18.

36．Jeffrey Boase, John B. Horrigan, et al. *The Strength of Internet Ties* (Washington, DC: Pew Internet & American Life Project, 2006).

37．为数 44%的这些在互联网发布过"用户生成内容"的家庭宽带用户至少做过以下事项：创建个人博客，参与、创建个人网页或以此为业，参与小组博客或网页，在新闻组中发布评论，分享个人创作（如艺术作品、故事或视频）或将网络内容重新加工，编入自身艺术创作中。

38．全美的电话家庭普及率为 93.4%。A. Belinfante, "Telephone Subscribership in the United States, Federal Communications Commission," Wireline Competititon Bureau, Industry Analysis and Technology Division, (2007, May).

39．U.S. Census Bureau, Current Population Survey, October 1993.

40．M.J. Copps, "America's Internet Disconnect," *Washington Post,* November 8, 2006, Washington DC, A27.

第三章　美国 PSTN 的"落幕"[1]
——演变趋势与挑战

Richard D. Taylor[2]

内容提要：美国正依照 FCC 的国家宽带计划，部署 PSTN 的"落幕"和宽带 IP 网的"日出"。这是一项复杂且兼具重要的经济、社会意义的项目。美国在开展 PSTN 向国家宽带网络过渡的过程中有许多必须解决的问题，本文针对这些问题进行论述，包括编号、互联互通、服务质量、频谱、淘汰对象以及过渡管理等。这将带来技术、商业、管制困境。因此本文指出，从商业角度看，电信运营商需要定义新的模式，在三维宽带生态系统框架下运营。而从管制角度看，FCC 面临一个重要挑战，即是否对 IP 主导业务还有管辖权。看来不论是继续对运营商进行类似 PSTN 时代的监管，抑或接近全面放松监管的做法，无一有望占优。随之出现的是建议制定一套原则，FCC 以此为基础颁布一般性政策，酌情灵活实施。

美国联邦通信委员会（FCC）在国会指导下于 2010 发布美国宽带计划（NBP），该计划展望 2020 年之前在美国建立无处不在的宽带网络，完成由传统电话技术（模拟电路、TDM 交换以及相关的基础设施元素）向以 IP 为基础的国家宽带网络过渡。由旧网络向新网络的过渡路径还有待明确，谁来解决这个问题？是 FCC 还是市场机制？现在正在处于激烈讨论中。

过渡并不是一个抽象计划，它是旧设备达到退役年限和大量用户由传统有线语音通信向移动、VoIP 和其他通信迁移的必然产物。当用户基础坍塌，而维持旧网络成本不变（或扩大）、每个用户的成本上升和利润率减少时，则产生语音 "恶性循环"。逃避现实不是一个好的选择。几个主要电信运营商已经迅速远离传统业务而走向 IP。

这带来技术、商业和管制困境。因为 IP 网络与 TDM 网络相比其运作模式完全不同，存在很多问题，如拨号系统、互联互通、协同运作、服务质量，以及一些其他问题，如频谱。从商业角度看，电信运营商需要定义新的模式，在三维宽带生态系统框架下运营。而从管制角度看，FCC 面临一个重要挑战，即是否对 IP 主导业务还有任何管辖权。

尽管 FCC 还需要最终由国会或法院来界定其管辖范围到底是什么，但 FCC 根据其目前法定的管辖范围，已经发布了一个对此进行研究的程序。 同时，AT&T、Verizon、时代华纳和 Comcast 这些主要运营商也发起了要求：对基于 IP 的所有业务（信息业务）解除管制，脱离 FCC 的监管。一些文明社会/公众利益组织则对此表示反对，致力于维护传统的视共用通信为 "公众利益" 的 "社会契约"。

最终的结果是不确定的，但似乎哪一边都有一定的政治影响力以获得绝对胜券。当然，也有一些政策建议者提出 "折中方案"，认为宽带网络所冲击的并不是规则的细节，而是一系列保证竞争和保护公众利益的一般性原则。如果历史主导一切，这个事情被解决之前将会有一场政治和法律上的持久战，但是有一点是明确的，"衰落" 即将到来，很多事情都会改变。

一、背景

（一）国会呼吁制定国家计划

2010 年 3 月 16 日，美国联邦通信委员会（FCC）公布《联通美利坚：国家宽带计划》[3]。该计划诞生于美国国会在 2009 年《美国复苏与再投资法案》（ARRA）[4]中的一项要求。计划旨在描绘一幅战略蓝图，令美国的电信体系在 2020 年转型为基于 IP 的宽带网络，供全美人民访问。尽管 ARRA 要求 FCC 制定计划，但却并未赋予其实施计划的权限。

NBP 主要依靠市场力量实现普及宽带的目标。私营企业对光纤、同轴缆线、宽带 DSL 和宽带移动系统的投资可为全国大多数地区提供覆盖。政府可提供一些支持；但仅限于市场无法负担的价格提供最低水平宽带接入的情况。在此情况下，主要用以支持农村通话、高成本通话和低收入人群的传统电话接入补贴转变为支撑宽带接入补贴。

FCC 根据要求向国会递交了 NBP，但是因为不能确定委员会是否具备法定管辖权，特别是对宽带网络的管辖权，国会还需采取额外行动来实施 NBP 计划。下文对此展开了进一步探讨。过去若干年间，美国的国家政治局面一直过于分化，使得立法陷入僵局，即便是必要的立法也难以通过，从而令此类行动的未来前景不甚明朗。

国会尚未参与其中，但技术和市场却在迅速前行，令诸多现行的结构和政策（技术政策、市场政策和监管政策）趋于过时。面对如此情形，FCC 试图在已有的职权范围内尽其所能，做好准备迎接一种不同的信息基础设施——国家宽带网络。如何令基于 TDM 的现有模拟交换电话系统，及其附带的全部（可能现已搁浅的）投资向技术基础完全不同（但所用设施可能相同）的、基于 IP 的系统过渡成为一大挑战，更别提对此系统的监管权尚存疑义。

美国历史上，一旦立法出现僵局，法院便介入其中（如 AT&T 的拆分），不论是出于 FCC 在权限范围之外有所动作，还是出于 FCC 在其权限范围之内被要求有所作为之处却无所作为。监管规定的制定程序及随后而来的诉讼过程都是耗时甚久的拉锯战，有时甚至事与愿违。

当然，国会和（或）FCC 在有限的少数领域内还是有所作为的。频谱就是其中之一，FCC 批准了数量有限的所谓"激励性拍卖"，允许地面电视广播牌照持有人拿出频谱竞拍，并可获得收益的一部分[5]。FCC 正继续推进此事以令移动宽带有更多可用频谱。目前也有提案建议对部分联邦频谱进行重新指配[6]。

此外，传统电话服务补贴项目"普遍服务"也在改革之中。重新定义，改写相关规则，通过一项名为"联通美利坚"的新项目[7]，推动利用普遍服务基金的收益为建设宽带设施（有线或无线）提供支撑。同时，改变规定，促进获取和利用联邦土地及设施建设宽带设施[8]。互联互通和运营商相互补偿的部分规定也进行了改革，以实现更为接近对等互联的模式——"挂账不结算"[9]。最为重要的是，委员会正式考虑 TDM PSTN 向全新 IP 宽带网过渡的管理问题，做足准备以遵循或贴近 NBP 的要求。

（二）美国公共交换电话网（PSTN）的衰落

美国传统固定语音家庭接入数逐年下滑（见图 3-1）

将近 70% 的家庭语音用户已不再使用 POTS 业务（"普通老式电话服务"）。所有 35 岁以下的成人中，有半数居住的房屋中无固定电话服务。随着更多"VoIP"非电话呼叫类应用的出现，企业受到的冲击大同小异。由于呼叫数量减少，企业所需的连入 PBX 的干线亦随之减少。终有一天，办公桌上的电话机将仅存在于人们的记忆之中。2010 年 6 月至 2011 年 6

月期间，IP 电话和 VoIP 连接的使用人数从 2 900 万上升至 3 400 万，增长了 17%；交换接入线路的零售数量却从 1.22 亿下降至 1.12 亿，减少了 8%。

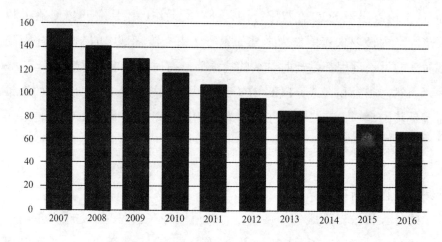

图 3-1　全美接入线路[10]，2007－2016 年

这一局面为消费者带来了更多选择，对原有的商业模式却意味着巨大挑战。如今，传统的语音电话须同 VoIP（基于互联网协议的语音）和其他语音业务竞争，如 Vonage、Skype、Magic Jack 和 Google Voice。连 Facebook 都能让用户打语音电话了。以上还只是对传统语音业务的冲击。若再加上视频电话会议，人们的选择更多，包括类似 Skype、思科 WebEx、谷歌 Hangouts 和花样繁出的"统一通信"。

根据移动电信行业贸易协会 CTIA 的预计，全美 1.1 亿家庭中有 31%（约 3 500 万户）未使用固定线路。预计到 2022 年，全美固定线路数将仅余 5 500 万条，比 2012 年的 9 800 万条减少了 4 300 万条。

终有一天，服务提供商会发现维护老化系统和交换机的成本过高，进一步实现效率最大化（即减少员工数）日益困难，甚至无能为力。CTIA 2011 年的最新数据显示，移动用户数为 3.316 亿。这意味着在网语音用户达 4.436 亿，其中无线用户占全美在网语音用户数的 75%（见图 3-2）。

图 3-2　2007 年秋—2010 年冬，美国无线对固定线路的替代

资料来源：花旗投资研究与分析部门

供图：Business Insider[11]

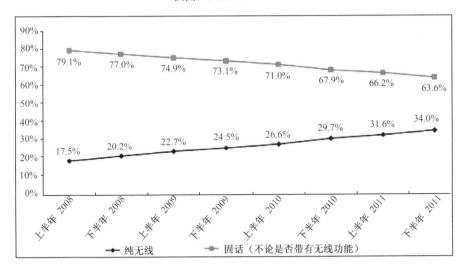

图 3-3　美国家庭电话市场（占总户数的百分比）2008 年上半年—2011 年下半年

资料来源：美国疾病控制与预防中心（CDC）[12]

图 3-3 反映了移动和 VoIP 业务逐步替代传统 PSTN 业务的趋势。

PSTN 的维护成本仍旧相对稳定。但随着用户数的减少，人均成本上升，不断增加的成本和资费日益加重现存用户的负担。随着时间的推移，这一商业模式越发站不住脚，对原有网络的投资使得可用于升级或建设新 IP 宽带网的投资水平下降。因此，美国运营商，特别是 AT&T，正寻求从监管政策上摆脱维系过时的 PSTN 的部分或全部现行监管义务。但在某些情况下，还计划呼吁 IP 宽带网络全部或部分利用现有的铜缆（DSL）[13]。

无线方面的数字更为令人吃惊。2011 年，美国无线连接数超过 3.17 亿，相当于总人口的 102%，是固定连接的两倍之多。同年，美国 34% 的家庭"切断线缆"，即超过 3 900 万户家庭选择放弃固定电话业务，转而投奔无线。

很快，FCC 和电信行业将开始时分复用（TDM）和七号信令系统（SS7）向全 IP 技术的过渡，该过程通过泛在的国家宽带系统和全 IP 互联互通实现，包括 911 应急服务等关键遗留业务。被称为"PSTN 的落幕"的这一过渡过程极为复杂，数百亿美元的现有基础设施将退役，取而代之的是能够打造多功能、实时通信网络的数字技术。

二、PSTN 向国家宽带网络过渡期间存在的问题

美国在开展这一过渡的过程中有许多必须解决的问题，这些问题目前尚无最终答案。需要对此给予更多实质性的考量[14]。本文旨在对一部分主要问题予以强调，在多数案例中亦给出了可选方案。本文并非意图回答有待解决的全部问题，甚至不欲将这些问题一一找出。只希望提供一个有益框架，推动探讨继续深入。泛而言之，要管理 PSTN 向未来宽带网的过渡，主要存在三类相互重叠的挑战：技术挑战；商业挑战；监管挑战。现在分别进行简要探讨。

（一）技术挑战

网络中现有的 PSTN 设备预计退役年限（EOL）为 25 至 30 年，显然，这些设备的运行时间已远远超过上限，零部件和软件补丁的采购难度日益加剧。网络失灵的风险和公共安全的隐忧正日益引起关注。

从实际角度而言，现有的固网运营商拥有的 TDM/SS7 交换/信令基础设施已达实际 EOL 年限。这些设备大多无法改良或升级，也无法为未来的 IP 互联互通战略效力。大量实例表明，TDM 设备的零部件已缺货，二手零部件的次级市场业已兴起，经过培训、了解 POTS 基础设施的人员不断退休。在某一天，这些资源将会不复存在[15]。

由传统的 PSTN 过渡至全 IP 网络，要求终止七号信令系统和为其提供支撑的全部基础设施。这是一项庞大的工程，人们对其后果的理解尚不充分。例如，SS7 网络传输的多类数据目前在 SIP/IMS 网络配置中尚无对等匹配。基于 SS7 的各项功能是否能由宽带 IP 网代替？"语音级"电路的对等内容是什么？SIP 连接是否与 SS7 交换机关键功能对等？短信又将如何？[16]是否会有基本的"标准"服务？是否会有通用设备？是否会有标准化的 CPE？内部布线？此类问题不胜枚举。

1. 编号

电话编号系统提供了一种方式，令世界上任意电话服务的使用者得以相互呼叫。这一系统的替代系统是什么目前尚无定论。以下是部分问题。

何为"电话号码"？在 IP 网络中，编号的定义和号码可携带会是何种形式？H.164 的部分版本是否会保留？ENUM 最终是否会被全球采纳？[17]是否存在统一的"电话号码"？若存在，此号码与人相关还是与设备相关？若与人相关，其是否等同于一种新的个人 ID？与目前的电话号码有何联系？是否所有平台皆适用？是否需要对编号的治理和分配过程进行修改？

E.164 标准是否沿用？若沿用，对 ITU 的角色有无司法含义？尤其令人关切的是 E.164 号码翻译和服务发现的相关问题。E.164 电话号码是国家通信系统的重要内容。北美依靠两大关键编号数据库完成每一语音呼叫或彩信/短信会话。其一为本地交换路径指南（LERG），此为 PSTN 的中央路径数据库。另外则是号码可携管理中心，技术上称"例外数据库"，原理在于其数据重写 LERG 信息，发现所携的本地路径号码和相应的目的地点代码，有了这些，SS7 便可为网络提供准确的信令以完成呼叫[18]。

此外，随着基于 SIP 的 IP-PBX 系统和 SIP 干线业务的快速普及，由于服务提供商之间缺乏协商一致的数据库，企业无法根据 E.164 号码确定 IP/SIP 终结点，故并未从其系统中完全受益。

VoLTE 和其他高级服务被引入后，更有必要在呼叫/会话起始地确定终结点有无 IP 功能，以通过 IP 提供端到端服务。由于当中包含整个 800/服务管理系统，更可能纳入 311、411 等专门的 N11 型业务，其重要性更为突显。[19]

从业界了解到，有必要设计一个或多个新数据库，将 E.164 号码翻译为 IP 统一资源标识符（URI）或电话号码相关元数据的 IP 查询模式[20]。

尽管现有的 IP 互联互通系统可行且行之有效，该系统的基础却是运营商间数据的直接双边交换，往往通过简单的电子数据表进行。当运营商数量有限时，系统可继续发挥作用；但若 IP 互联互通在全美 1200 家授权运营商间部署，系统则无法扩展。最终，IP 互联互通将要求业界就一个或多个包含 IP 数据的集中编号新数据库达成一致。部分人士认为，通过运用网关，令各类网络在过渡期间共存，可解决有关互操作的大部分问题[21]。

现有的"IP 语音"产品模式仍旧将号码同服务和接入捆绑。然而，进入新格局后，将发生变化：开放的多业务目录、联邦身份捆绑，以及"互联网"云通信平台。每一项皆为云端运行的"水平"功能，无需占据更多网络中的资源[22]。

2. 互联互通和互操作

有关互联互通和互操作的诸多问题尚未得到解答。需要进一步开展工作解决 IP 互联互通异于 TDM 互联互通问题，包括决定互联互通数量和互联互通点充足性的经济和技术原则。会否有 IP 到 IP 互联互通的统一技术标准？互联互通的技术标准/要求为何？会否有关于"语音"服务（如 SIP）的统一、连贯、兼容且可互操作的技术定义？若有，以何种技术为基础？若无，又有没有可替代选项？路由控制是否将从低级协议转为利益攸关方之间（基于财务考量）的高级协议？基本语音之外的语音服务（如高清语音）互联互通技术标准的可行性如何？

一直以来，互联互通市场为传统语音电信运营商提供了端接收入的重要来源。自然，人们不免会假设，基于互联网的语音以及对等互联造成的互联互通收入损失将削弱现有电信服务提供商的收益（即目前获利的运营商将因对等互联而遭受损失）。

3. 服务质量/可靠性/恢复力

至于语音业务和关键的紧急服务，是否同样存在"五个九"（99.999%）的可靠性？会否有任何服务质量（QoS）整体衡量模式？若 QoS 可变，何种服务的优先级较高？基本服务的 QoS 是否会高于"最佳努力"？如何判定？

如何测量、评估 QoS？语音业务 IP 互联互通需要何种技术标准以确保其优质、可靠，包括呼叫完成率和安全性（如呼叫方 ID 可信度）？如何确保网络性能的可靠性、互联互通的可靠性、互操作的可靠性？有无一套关于"核心服务"的定义？

"中断"的构成因素为何，应如何采集和评估"中断"数据？有无备用动力标准和（或）要求？若有，为何而设，适用于何种情况？应急服务、无障碍服务的维护和下一代 911 应急服务的实施又将如何？除通信法案外，还需确保其他法律中也对有关义务予以规定，如 CALEA 和国土安全（《爱国者法案》）合规。需要对基础设施完整性和安全保障问题给予严肃考虑。

4. 淘汰什么？

问题之一在于人们对于保留某些"老" PSTN 基础设施中的元件存在争议，包括将其用于目前完全由 PSTN 提供的部分服务及基于 IP 的服务（xDSL）[23]。除此之外要考虑的便是退役、淘汰或停止支撑：

- 基于传统的 4kHz 模拟信道或通过数字采样和时分复用（TDM）进行仿真，运用电路交换为电话服务和相关服务提供支撑的设施。
- 包括网络深层的本地环路卡、复用交换设备等电话相关设施。某些情况下可继续使用本地环路提供其他服务，如 DSL[24]。
- 电话服务提供商自身或相互支撑交换互联互通的协议和机制。尽管目前的信令系统（SS7）可能沿用，其对于普遍互联互通的促进作用终将消失。

固定网络在许多方面仍旧类似于一种基本设施。固定线路是应急响应等诸多公共服务的平台。固定网络的维护提供了数以千计的就业岗位（固网运营商支撑的养老金受益人甚至超过汽车业）。固网的税收则是庞杂的补贴体系的基础，确保了普遍服务，令人人皆用得起电话。电话网并非只是一种技术基础设施，更是社会经济基础设施，方方面面均需要纳入考虑之中。因此，部分人士倡议过渡应循序渐进，在确保技术延续性的同时确保公众利益[25]。

5. 频谱问题

在美国开始出现一种共识,未来典型的网络连接形式将是通过移动设备,即最广泛群众所拥有并使用的设备将形成"通用媒介",成为通过消息同时与最广泛人群进行接触的最佳途径。若移动宽带上的 VoIP 成为这样的新型通用媒介(代替电话和电视),频谱将成为核心的问题。

首先,FCC 须决定无线是否能有线真正替代。一方面,评论认为没有一种无线系统能够最终媲美光纤的传输能力。另一方面,美国并非人人能用光纤,甚至并非人人能用高速宽带。对于偏远地区、农村和高成本服务区而言尤为如此。若无线是有线 PSTN 的功能替代,必须有充足的有益频谱可用。这一过程正在进行之中,涉及到方方面面。

经国会批准,FCC 已开始了"激励性拍卖"程序,允许有牌照的电视广播商拿出其频谱进行拍卖并可获得部分收益。与此同时,FCC 和主管部门正努力令更多的联邦频谱可用。显然,各联邦机构并不急于放弃自己的任何频谱,故进展较为缓慢。最终将逐步引入有助提高频谱效率的新技术(如软件定义无线电等)。

6. 过渡管理

考虑到以下情形:

- PSTN 网络中 TDM/SS7 系统技术退役年限步步逼近;
- 传统固定 PSTN 用户数逐年下降;
- PSTN 用户人均成本上升和 PSTN 商业模式的崩溃;
- 全 IP 宽带网的优势及公众对该网络的期待和需求。

FCC 在 NBP 中描绘了 IP 宽带网络的可喜前景。问题在于如何从现有局面过渡至 NBP 所设想的愿景。目前主要有三大选择可供考虑。

选择一:明确 PSTN "落幕"的具体日期,即运营商终止 TDM 网络支撑之日,允许原有的 TDM 交换机退役,不将传统的电信监管规定适用于 IP 宽带网络。美国从模拟向数字电视的过渡便是遵循了这一模式。一拖再拖的政治谈判最后确定过渡日期，之后通过若干举措展开公众宣传教育，最终在 2009 年 6 月 12 日晚 11 点 59 分实施这一强制性转变。那一刻，数字电视传输将模拟电视传输取而代之。有人认为将此做法用于 PSTN 过渡有助推动规划工作，有人则持反对意见。

这一做法得到了 FCC 技术顾问委员会（TAC）的倡议，TAC 建议将时间定在 2018 年的某日。如此将带来一连串有关 TDM/铜缆的问题。是否其部分仍将继续使用基于 IP 的 DSL？其会否被拆除？其会否供潜在的替代功能和用户所用？交换机何时退役，如何开展？铜缆是应移除还是留作他用，如用于竞争性功能？

选择二：同 IPv4 向 IPv6 转换一样，由市场逐步解决过渡问题，政府对此不施加干预。PSTN 的过渡极为复杂，远超过模拟向数字电视的转换，更有各种流程和设施需要按照一系列时间表加以延续。试图一步到位完成转换将引发骚乱。运营商清楚自己不得不过渡，也有如此做的经济动机。他们最为清楚应何时开展、如何开展，故应留待运营商自行解决。FCC 不应插手此事。

选择三：政府监督以维持稳定、保护消费者、鼓励竞争，但不对过渡进行微观管理。过渡过程极为重要，不适合完全交由市场处理。过渡的社会影响亦需予以考虑。但掌握最佳技术经验的是运营商，政府不应一刀切强行过渡，而应对过渡进行监督，确保这一过程不仅在技术上协调统一，亦不违背大众的利益。

各选择皆存在潜在的成本和效益。各选择亦有其政治支持者和反对者。步步谨慎的 FCC 更为倾向于选择三[26]。

（二）语音业务的商业挑战

上文已指出，传统固定"语音"模式不可持续。基本而言，作为一种独立的 PSTN 业务，语音正日益难以维系。将通话时长和消息作为主要收入来源的企业，以及仅参与此传输的中间方——运营商，正加速进行多样化。对语音业务而言，向 IP 过渡带来了种种复杂的问题。当一切皆基于 IP 时，电信产业和 IT 产业基本合二为一。这便引发了如下问题。

IP 网络中，"打电话"指什么？"语音"是否为独立的产品？有无标准的"语音"产品？是否应有不同级别的语音产品，如高清语音？是否应继续宣传"纯语音"产品？社会契约中是否强制规定继续为所有人提供传统语音？纯语音产品应如何定价？要求 PSTN 语音用户先订购宽带、之后为"语音"应用额外付费，这是否实际构成了二次收费？"语音"是否应同信息服务自动捆绑？是否仍有语音"分钟数"的衡量标准？所有这些难以回答的问题均需要以全新的方式加以思考。

1．寻求新的商业模式

传统语音运营商如今面对的问题在于如何避免落入成为纯商品传输和"纯管道"的陷阱。新兴的新模式涉及通信、"云"、内容和连接。传统 PSTN 的运营企业正不断演化，身兼运营商、应用提供商、内容提供商、云服务提供商、后台、内容分发网络、OTT 提供商、零售商伙伴等多重角色。对于直面顾客的企业而言，可选的范围甚广。

新的价值链与旧价值链不同，它更像三维的格式结构而非链式结构。它复杂、非线性，融合了宽带/互联网生态系统中的各家企业，这一生态系统中，各层面参与方的需求相互依存（垂直和水平皆有），有赖多家种类丰富但互为补充的企业予以满足。大型 PSTN 运营商正在新的价值网格中不断前行、延伸，特别是当大多数价值如今存在于内容和应用而非传输之中，基本形成了商品业务。

若以最简单的语言描述，传统电话业务中存在着运营商和顾客，产品是语音分钟数（价格因时段、距离等不同）。运营商的经营受到监管，价格被征税，传输为非歧视性传输。作为回报，运营商免于竞争，投资回报也有相当的保障。运营商的投资者提供全部资本，网络产生的全部价值回报亦基本落入投资者手中。

电话提供了基本的语音通信服务，"使用分钟数"是该服务收费的充分标准。当时，人们不会去通过电话观看影片。人们不会去搜索电玩或打电玩。人们没有个人和商务的电话"主页"。人们也无法即时访问成千上万的应用、内容和其他非通信类服务。如今，运营商仍旧为全部网络基础设施进行投资，但网络的价值却大多被各类第三方用户所蚕食，这些用户几乎不投资于基础设施或造福社会的普遍服务。

2. 宽带生态系统

多层的宽带网络世界中并非仅有运营商，更有在多层（设想在 IP 或 OSI 层）提供价值的生态系统，从最底层的"管道"所有者到顶层的内容和应用提供商，无一遗漏。拥有"管道"并从传输的比特数中收费，这好比商品业务中的干线。"一个比特就是一个比特"，这就是说，"干线上充斥着沙砾还是钻石并不重要"，其价值并无区别。因此，对投资者而言，那些单纯作为运营商、受限于用户收费上涨的竞争、多数情况下被监管机构禁止向"上游"基于价值收费的企业越发无利可图、吸引力日益下降。

对此，可预测的反应自然是进行纵、横向的多元化和结盟。因此，运营商向邻近市场扩张，如数据业务、数据中心和"云"业务、内容分发网络、互联网服务等。以美国为例，有 Comcast、时代华纳、Verizon 和 AT&T。这些企业正转向 VoIP 和移动业务，以及基于 IP 的内容和应用。在诸多的宣传中，"语音"不再是"唯一"产品，仅是比特流中新增的又一应用,且面临成为零收入应用的风险。

然而,"语音"作为一种单独的产品在美国历史、科技和社会政策中根深蒂固。但展望未来,由于提供成本属象征性且提供方式不胜枚举,语音的经济价值逐渐萎缩。然而,用于传统"打电话"的"语音"并非只是一种普通的服务。就社会和监管目的而言,其所代表的是全民在同等条款下共享泛在、廉价服务的传统。无疑,存在压力迫使我们延续并"保障"人人享有该服务。这并非毫无意义的老生常谈,因为它提供了一部分基本的安全服务,但随着时间的推移,未来的趋势是不存在"标准"语音服务供人人在同等条款下通过任意平台随处使用。可能有数百种"语音"选择。因此,传统语音运营商正尽快向生态系统的其他层面迁移:硬件、软件、内容和应用、服务。

新商业模式的特点在于灵活、非线性、响应性和适应性。资本流经宽带生态系统的过程中,存在非传统企业的新杠杆点:不妨想想苹果、思科、英特尔、谷歌、亚马逊和 Facebook 等。这些企业将产品、服务、内容和应用、技术和强势品牌相结合,同 Verizon、AT&T、Comcast 和时代华纳竞争用户的时间、关注和金钱,寻求合适的产品和定价模式。将通过多种定价模型对终端用户进行试验,如统一资费、层级式、以价值为基础、峰值负载、拍卖、设置上限等。究竟是层级式、以价值为基础、峰值负载还是设置上限?(价格和消费之间将是何种关系?)同时,亦将不断努力抓住从"上游"逃逸的价值。

将互联网想象成"管道"或"管子"仍旧是可能的[27]。当然,它是众所周知的"万网之网",将规模和能力各异的运营商互联互通,对等互联和过境协议可能成为收入机遇,但若仅将新兴的宽带业务看作比特的传输,即便其有利可图,亦非商品业务向多面的一体化宽带信息企业过渡的应有之义。这既反映出新机遇,又带来了新的竞争形式。

（三）监管挑战

1. "社会契约"

美国当代电信政策话语中，"社会契约"一词往往用于描述对整个社区普遍享有基本通信服务的一套既定期望。一直以来，美国有关语音通信的传统"社会契约"是通信运营商在全部位置以可负担的价格提供可比服务。不论你住在大城市、郊区、农村或是颇为偏远之处，你都能以基本类似于他人的价格得到同样的基本服务。作为提供这一公共服务的回报，运营商被保护在竞争之外，可轻松获得资本，收益亦有保障（基本如此）。数十年来一直如此，直到 20 世纪 60 年代，这一局面开始被打破，最终由 1996 年电信法案所取代，以建立一个竞争性的、很大程度上不受监管的市场。在这整个过程中，"社会契约"的历史始终延续。但很快，这种情况将不复存在[28]。

国家宽带计划带来一个新愿景，不再有"基本"服务的定义（尽管仍存在最低速度的目标）、不再要求以相同价格或相同质量在全国范围内提供服务，对所用技术亦无特别要求。某些地区将享有更高速的"有线"服务，其余则享有低速移动服务、固定无线或卫星服务。对于最有需要的，政府将为最低水平服务的获取提供支持，但基本上，市场将定义服务、确定价格和条款。

另一项有历史意义的公共政策是 FCC 将出于"公众利益"对通信进行监管。这一术语无固定含义，历届 FCC 主席对此的解读亦各不相同，但其独特之处在于其为 FCC 提供了一个对自身使命作广义阐述的机会，不同于其他机构有狭义、特定的执法权限。随着国家网络向 NBP 中的宽带网络推进，人们并不确定"公众利益"定义的哪部分将发挥作用，或是有无任何部分将被保留。

另一个基本概念是通信运营商鉴于其准公共职能,有基本的通用法律义务不采取价格歧视、条款歧视和互联互通歧视。这一切可追溯至电报时代。如今,这些义务开始引起人们的质疑。尽管互联互通失败会对服务和顾客产生重大影响,但宽带互联网运营商是否有互联互通义务、或在何种条件下有该义务,这一问题远未明朗化。

2. 新的监管指令?

FCC需要从国会得到新的法定权限,明确定义其对宽带IP网络的管辖范畴。由于互联网比PSTN的功能更复杂也更具动态性,FCC需要应对一系列特定问题,或是制定一套广义原则。有必要对FCC应具备何种权限这一问题(或其是否应具备权限,部分人士建议彻底放松监管)予以澄清。FCC是否仅应负责"语音"?若如此,如何定义?"统一通信"将如何?语音相关应用又将如何?"普遍服务"的要求应到何种程度?基础服务为何,谁适用,为谁提供支持,资金问题如何解决?是否应包容全部网络相关功能(如基于云的语音服务)?对互联互通和运营商间相互补偿的司法管辖为何?是否应仅覆盖"运营商",还是应将范围扩大至应用、内容和整个互联网生态系统?

3. FCC监管权的终结?

FCC面对的核心问题在于其管辖范畴。根据美国法律,FCC的权力仅限于国会在通信法案中赋予其的权力。尽管1934年国会设立FCC以对通信进行监管,FCC的司法权限并非毫无止境。

数十年间,有关"电信服务"和"信息服务"的区分浮出水面。尽管其中不乏历史原因且在当时看来亦属合适,最终结果导致FCC仅对"电信服务"(如"电话"/TDM)而非"信息服务"(如互联网/IP)拥有管辖权。因此,互联网及通过互联网提供IP服务被看做是"信息服务",FCC对此无管辖权,无权监管或制定规则。

解决方案之一只需 FCC 将"信息服务"重新分类,作为"电信服务"的一个子集,但从政治、法律和实践角度而言全无可能,亦会导致事态延期、令未来产生不确定性。另一个办法则是请求国会扩大或澄清 FCC 在宽带方面的权限。但至少在 2013 年年初前,国会中任何党派皆不会对此予以高度重视。

鉴于此,FCC 采取的办法是等待法院决议,通过额外程序澄清其职权范围,寄望于扩大管辖权限,或是迫使国会对 FCC 丧失对国家基础电信网络的整体监督权给予关注。尽管拖字诀在一定时间内有效,运营商已着手自行解决问题,通过转换 IP 网、出售或停止支撑其铜网/TDM/SS7 网络,宣称其为"信息服务",不受监管。

主要运营商已从 TDM 技术向 IP 技术(基于光纤、同轴缆线和铜缆)迁徙,这会带来何种改变?FCC 必须回答一个根本问题,即在原有的铜网中运用 IP 技术是否令其从受监管的"电话"系统转变为不受监管的"信息服务"? [29]

4. FCC 对 PSTN "落幕" 的举措

2010 年 10 月 21 日,FCC 成立了一个为期两年的电信顾问理事会(TAC),理事会于 2011 年 6 月 30 日向委员会发布了一份报告,建议加快从现有的基于 TDM 的 PSTN 技术向全 IP 基础设施的过渡,设定 2018 年为 PSTN 寿命终止之时[30]。TAC 目前业已解散,欲了解其完整的工作成果,可在线访问 FCC 百科[31]。

2012 年 12 月 10 日,FCC 宣布成立新的技术过渡政策任务组(TTPTF),采用三大原则[32]:

- 竞争;
- 普遍服务;
- 公共安全。

TTPTF 的任务在于解决服务提供商脱离 TDM 转向全 IP 网络所带来

的问题。小组领头人为 FCC 总顾问肖恩·列弗（Sean Lev）和有线竞争处副主管丽贝卡·古德哈特（Rebekah Goodheart）。要求任务组推动创新和投资的良性循环，促进竞争并保护消费者[33]。委员会主席格纳科夫斯基（Genachowski）称，任务组将"协调委员会在 IP 互联互通、21 世纪通信网恢复力、商业宽带竞争和消费者保护方面的努力，着重关注语音服务。"[34]

TTPTF 于 3 月 18 日召开了一次有关过渡的公共研讨会。FCC 主席格纳科夫斯基在开幕致辞中介绍了任务组的职责在于理解三大过渡：从 TDM 到 IP 的网络协议演进、以光网替代铜网、纯有线业务向无线业务的广泛运用转移。[35]

5. 主要运营商/ISP 推波助澜，要求放松监管

2009 年 12 月，FCC 发布通知，就电路交换网向全 IP 网的过渡征集意见，同时确定提交反馈的截止期限[36]。

作为对 FCC 的回应，AT&T 恳请 FCC 就传统电话网的退役和向全 IP 电信企业过渡做出规划。AT&T 采纳了 FCC 技术顾问理事会关于在 2018 年左右淘汰 PSTN 的建议[37]。

AT&T 请求允许在一定数量的线路中心展开试验，称"AT&T 相信，此监管试验将表明传统的公用事业型监管对新兴的全 IP 生态系统而言不再必要或合适。"AT&T 进一步称，"垄断监管义务在竞争性市场，即互联网市场上已不合理"[38]。

AT&T 称 PSTN 和 POTS 是上一个时代的遗留产物。"在上一世纪维系电路交换语音业务的商业模式正在死亡。"在一个向 IP 业务演进、更重要的是向移动和高度 IP 化演进的产业中，传统的监管不再有意义。AT&T 认为，全 IP 网络令大部分的类似规定失去意义，称"若语音业务仅成为高速包交换网上的又一应用，那么交换接入费、互惠补偿和运营商间其他任何形式的补偿都将消失，伴随此类费用的低效率、监管不一致和套利机遇亦将一并消失。"[39]

2012 年 8 月，AT&T 向 FCC 提交了一份清单，列明其认为委员会需要解决的过渡问题，包括如下内容[40]：

- 确定 TDM 业务正式落幕的明确日期，在此日期之后便不再要求运营商建立和维护 TDM 业务/网络，此类服务的购买方须转向 IP 网。
- 将基于 IP 的全部服务归类为信息服务，仅受限于联邦层面的最低监管。优先于州政府监管规定。
- 消除服务准入和退出监管。
- 改革有关合格电信运营商（ETC）的规定，为高成本提供支持。
- 互联互通改革。委员会应采取行动，维护延续数十年的以市场为基础、不受监管的 IP 互联互通体制。
- 批发义务改革。
- 消除"监管障碍"。以技术中立为基础，将其余监管规定平等地适用于各方面。
- 进一步改革 USF，将范围扩大至非公共运营商。
- 推动顾客从现有网络向 IP 网络转移。
- 实施码号改革，允许 VoIP 服务提供商获取码号资源。
- 采取必要行动，为全 IP 平台/生态系统建立下一代 911 应急服务业务。[41]

部分人士并不欢迎 AT&T 的想法，认为其总体而言不利于竞争，对消费者无益，不符合公众利益[42]。

FCC 规范的未来合法性同样遭到其他运营商的质疑。Verizon 认为国会并未赋予 FCC 向国内 ISP 强加网络中立规范的权力。Verizon 针对 FCC 发起诉讼，声称"网络中立"规范违背了《第一修正案》赋予他的作为发言人的权力（以有线电视为例，美国最高法院判定其拥有《第一修正案》中的权利），此外，其在《第五修正案》中的财产权亦遭政府"夺走"，因政府要求将这些财产用于承载第三方项目，这与 Verizon 的意愿相违背[43]。

2013 年 2 月，Comcast 就此向 FCC 致意见函，明确建议未来取消 FCC 对电信服务的任何监管。Comcast 称，将现有的第二条规定强加于 IP 生态系统无益于公众利益，反之，应由行业标准制定机构和市场力量一马当先，应对和解决出现的技术问题及其他问题[44]。

在当地现有运营商的敦促下，部分州已率先放松对 TDM 语音业务的监管，如加利福尼亚州放松了 IP 业务监管；堪萨斯亦追随加州脚步[45]。

为在全球推进此事（对其有利的方式），2013 年 2 月 25 日，美国电信协会向 FCC 请愿，望其宣布当地独立交换运营商（ILEC）在本地语音市场不再行使市场权力，从而失去主导地位且仅受象征性监管[46]。

6. "落幕"对运营商而言喜忧掺半

显然，美国主要电信运营商对将迎来"信息服务"新地位后，到来的监管放松表示大力支持。但这对其而言并非全无潜在的负面影响。对运营商而言，"PSTN 的落幕"既有正面意义，亦不乏负面后果。

PSTN 规范的消失将带来服务、定价和互联互通方面更大的竞争力和灵活性，这是运营商所乐见的。然而，政府监管的益处亦会丧失：竞争保护；优先通路权；税收优势；征用权的使用和公共运营商受监管时期享有的其他传统优势；受部分保护，对网络中传输的内容免责[47]。

7. 基于原则的途径

在美国当代政策论调中，有人支持继续将运营商作为准公共运营商加以监管，也有人寻求全面或是普遍放松监管。当然，还有第三种观点认为情况太过复杂、双方政见偏离且愈演愈烈，前两种做法无一能够全面占据上风，建议国会和 FCC 制定一套一般性原则，按需酌情执行，而非制定详细的监管规定。名为"公共知识"的一家非营利倡导团体给出了一些原则的范例。该团体提出五大总体基本原则：

（1）服务全美人民。不论种族、性别、收入水平或地理位置，美国人民人人参与电信网络的任何升级并从中受益。

（2）互联互通和竞争。FCC 必须确保 IP 市场支持竞争并要求提供商互联互通。

（3）消费者保护。消费者不因电话技术的变革而丧失已有的保护。

（4）网络可靠性。不论如何，电话网络确实发挥了作用。日复一日，年复一年，皆以可预测且可靠的方式运转。这一点需要保留下去。全 IP 网络必须与传统电话网同样可靠。

（5）公共安全。下一代技术不得扰乱 911 应急服务或其他应急通信。[48]

"公共知识"注意到，"这并非工程问题，而是政策选择。"这些基本原则源自电话时代，进入宽带网络时代仍需我们继续传承。

除"公共知识"的建议外，FCC 委员阿吉•派（AjitPai）近期亦提议了一套规定，内容包括：

（1）消费者保护必须落实到位；

（2）废除/撤销联邦政府和州政府的过时规定；

（3）打击间断出现的市场失灵；

（4）允许 VoIP 提供商直接获取电话号码。

对 AT&T 要求允许在特定地点开展 TDM 向 IP 转换的试验，派委员表示支持[49]。

三、结论

美国正依照 FCC 的国家宽带计划，部署 PSTN 的"落幕"和宽带 IP 网的"日出"。这是一项复杂且兼具重要的经济、社会意义的项目。截至

2013 月 3 月，总体政策措施和具体实施方面均存在严重分歧。FCC 进展缓慢，表示倾向于循序渐进而非划定日期一刀切，当然，两种做法均有强力的政治支持。看来不论是继续对运营商进行类似 PSTN 时代的监管，抑或接近全面放松监管的做法，无一有望占优。随之出现的是建议制定一套原则，FCC 以此为基础颁布一般性政策，酌情灵活实施。这一切仍有待法院结论和国会行动，最终选择可能背道而驰。但有一点是明确的，NBP 启动实施后，需要以全新方式设想宽带生态系统的多重实际。这是一个旷日持久的过程，从历史经验看，未来走入诉讼不可避免。

注释：

1. 共包括两篇文章，两篇文章各有侧重。第一篇文章探讨美国"PSTN"正在发生的演变以及业界所面临的挑战；而第二篇文章则探讨"PSTN"落幕后的市场结构与监管问题，进而构建启动 NBP 后的宽带生态系统。本文为第一篇文章。该文章经由金晶和张彬翻译。

2. 理查德·泰勒，法律博士（J.D.）及教育博士（Ed.D.），美国宾夕法尼亚州立大学帕默基金会首席教授，通信学院电信学和法律学教授，信息政策研究所创立人和名誉所长，《信息政策》杂志社主编，研究方向为信息技术投资影响分析（特别关注亚太地区）。

3. FCC (2010).The National Broadband Plan: Connecting America. Accessed March 20, 2013 at http://www.broadband.gov/.

4. U.S. (2009).*American Recovery and Reinvestment Act of 2009.*Public Law 111-5, 111th Congress. Accessed March 20, 2013 at http://www.gpo.gov/fdsys/pkg/PLAW-111publ5/html/PLAW-111publ5.htm.

5. FCC (2013).*Commission Launches New and Improved Incentive Auction LEARN website.*Official FCC blog. Accessed March 25, 2013 at http://www.fcc.gov/blog/commission-launches-new-and-improved-incentive-auction-learn-website.

6. U.S. Dept. of Commerce (2012). *Department of Commerce Takes Next Step in Unleashing Wireless Broadband Revolution*. NTIA Press Release, March 27, 2012, accessed March 22, 2013 at http://www.ntia.doc.gov/press-release/2012/department-commerce-takes-next-step-unleashing-wireless-broadband-revolution.

7. Connected Nation (2012).FCC Begins Implementation of Connect America Fund. Connected Nation Policy Brief, April 27, 2012. Accessed March 21, 2013 at http://www.connectednation.

org/sites/default/files/bb_pp/connected_nation_usf_update_2012_04_27.pdf.

8. U.S., The White House (2012). *Accelerating Broadband Infrastructure Deployment – Executive Order*. Press release, dated June 14, 2012. Accessed March 21, 2013 at http://www.whitehouse.gov/the-press-office/2012/06/14/executive-order-accelerating-broadband-infrastructure-deployment.

9. Fletcher, M. (2011).*FCC TAC Predicts PSTN Extinct by . . .* Avaya Connected blog, July 1, 2011. Accessed March 24, 2013 at http://www.avaya.com/blogs/archives/2011/07/happy-independence-day-everyone-i.html.

10. http://ipcarrier.blogspot.com/2012/08/will-fixed-network-voice-connections.html.

11. http://www.switched.com/2010/08/19/one-third-of-u-s-families-live-without-landline-phones-report/.

12. http://www.marketingcharts.com/direct/landline-phone-penetration-dwindles-as-cell-only-households-grow-22577/cdc-us-household-phone-status-h12008-h22011-jul2012png/.

13. Crook, J. (2012). *The FCC Will Tackle Old-School Communication Network Policies with a Brand New Tack Force*. Techcrunch.com, December 10, 2012. Accessed March 4, 2013 at http://techcrunch.com/2012/12/10/the-fcc-will-tackle-old-school-communication-network-policies-with-a-brand-new-task-force/.

14. Evslin, T. (2011).*TAC to FCC: Set a Date Certain for the End of the PSTN*. Fractals of Change blog, July 26, 2011. Accessed March 23, 2013 at http://blog.tomevslin.com/2011/07/tac-to-fcc-set-a-date-certain-for-the-end-of-the-pstn.html.

15. See Brodkin, J. (2013.) *The telephone network is obsolete: Get ready for the all-IP telco.* ArsTechnica. January 7, 2013. Accessed March 11, 2013 at http://connectedplanetonline.com/independent/news/PSTN-phase-out-workshop-endeavors-to-separate-the-baby-from-the-bath-water-1215/; and Shockey, R. (2012). *Technical Challenges in the PSTN Transition from Plain Old Telephone Service (POTS)*. Paper delivered at "The End of the Phone System". Penn State IIP/Wharton Experts Workshop. Held at Wharton School, University of Pennsylvania, Philadelphia, PA May 16-18, 2012.

16. Kemmerer, F. (时间不明). *Shedding Light on the 'Sunsetting' of the Public Switched Telephone Network.*Telecom Review.Undated. Accessed March 25, 2013 at http://www.telecomreviewna.com/index.php?option=com_content&view=article&id=179:shedding-light-on-the-sunsetting-of-the-public-switched-telephone-network&catid=41:issues&Itemid=82.

17. Engebretson, J. (2011). *PSTN phase-out workshop endeavors to separate the baby from the bath water*. Connected Planet, Dec. 15, 2011. Accessed March 10, 2013 at http://connectedplanetonline. com/independent/news/PSTN-phase-out-workshop-endeavors-to-separate-the-baby-from-the-b ath-water-1215/.

18. Shockey, R. (2012). *Technical Challenges in the PSTN Transition from Plain Old Telephone Service (POTS)*. Paper delivered at "The End of the Phone System". Penn State IIP/Wharton Experts Workshop. Held at Wharton School, University of Pennsylvania, Philadelphia, PA May 16-18, 2012.

19. 同注释 17。

20. Quinn, R. (2013). *The Availability of Numbers and the IP Transition*.AT&T Public Policy blog, March 11, 2013. Accessed March 22, 2013 at http://attpublicpolicy.com/fcc/ availability-of- numbers-and-the-ip-transition/

21. 同注释 16。

22. Geddes, M. (2012).*PSTN Sunset, Cloud moonrise: a Map of the Emerging Night Sky*. Presentation at "The End of the Phone System" workshop.Penn State IIP/U.Penn-Wharton Policy Experts Workshop. Held at Wharton School, University of Pennsylvania, Philadelphia, PA May 16-18, 2012.

23. 同注释 12。

24. 同注释 12。

25. 同注释 15。

26. Gillett, S. (2012).*The End of the Phone System*. Journal of Information Policy 2(2012): 242-247. Accessed March 23, 2013 at http://jip.vmhost.psu.edu/ojs/index.php/jip/article/ view/95/63%20Sharon.

27. Blum, A. (2012). *Tubes: A Journey to the Center of the Internet*. New York: HarperCollins.

28. Turner, S. D. (2013). *How AT&T is Planning to Rob Americans of an Open Public Telco Network*. Wired.com, February 28, 2013. Accessed March 12, 2013 at http://www.wired.com/ opinion/2013/02/the-latest-sneaky-plan-to-rob-americans-of-a-public-telco-network/.

29. See Feld, H. (2012). *Shutting Down the Phone System Gets Real: The Implications of AT&T Upgrading to an All IP Network*. Public Knowledge blog, November 13, 2012. Accessed March 4, 2013 at http://publicknowledge. org/blog/shutting-down-phone-system-gets-real-implicat; and Feld, H. (2013). *Shutting Down the Phone System: 'IP' Does Not Equal 'Fiber', 'Fiber*

*Does Not Equal IP'.*Wetmachine: A Group Blog on Telecom Policy, Software, Science, Technology and Writing. February 1, 2013. Accessed March 10, 2013 at http://tales-of-the-sausage-factory.wetmachine.com/shutting-down-the-phone-system-ip-does-not-equal-fiber-fiber-does-not-equal-ip/.

30. 见注释 8；以及：FCC Technological Advisory Council (2011)."*Status of Recommendations, June 29, 2011*" . Presentation. Accessed March 10, 2013 at http://transition.fcc.gov/oet/tac/TACJune2011mtgfullpresentation.pdf.

31. FCC Encyclopedia (2013). *Technological Advisory Council.* Accessed March 23, 2013 at www.fcc.gov/encyclopedia/technological-advisory-counc.

32. Katz, Z. (2013). *Policy Making in a Time of Transition.*Official FCC blog. February 22nd, 2013. Accessed March 4, 2013 at http://www.fcc.gov/blog/policymaking-time-technology-transitions.

33. Buckley, S. (2012). *FCC unveils technology transition task force.* Fierce Telecom, December 11, 2012. Accessed December 12, 2012 at http://www.fiercetelecom.com/story/fcc-unveils- technology-transition- task-force/2012-12-11.

34. Maisto, M. (2012).*FCC Creates Tech Task Force to Address AT&T Upgrade.* EWeek.com, December 11, 2012. Accessed March 4, 2013 at http://www.eweek.com/mobile/fcc-creates-tech-task-force-to-address-att-upgrade/.

35. FCC (2013).*Genachowski Remarks at Technology Transitions Policy Task Force Workshop.* March 18, 2013. Accessed March 23, 2013 at http://www.fcc.gov/document/genachowski-remarks-technology-transitions-policy-task-force.

36. FCC (2009). "*Comment Sought on Transition from Circuit Switched Network to All-IP Network*". NBP Public Notice #25, "Pleading Cycle Established". GN Docket Nos. 09-47, 09-51, 09-137. Released Dec. 1, 2009. Accessed March 10, 2013 at http://www.meningrey.net/%5C/home/mig/documents/legal/DA-09-2517A1.pdf.

37. AT&T (2012).*Petition to Launch a Proceeding Concerning the TDM-To-IP Transition.* FCC, WC Docket No 12-___, In the Matter of AT&T Petition to Launch a Proceeding Concerning the TDM-to-IP Transition, November 7, 2012. Accessed March 22, 2013 at http://www.att.com/Common/about_us/files/pdf/fcc_filing.pdf2.

38. 同注释 36。

39. Karpinski, R. (2010). *AT&T and the end of POTS.*Connected Planet, Jan. 4, 2010. Accessed March 10, 2013 at http://connectedplanetonline.com/residential_services/commentary/att-ends-pots-0104/.

40．Quinn, R. (2012). *Re: Connect America Fund, WC Docket No. 10-90: A National Broadband Plan for Our Future, GN Docket No. 09-51.* Letter sent to Ms. Marlene H. Dortch, Secretary, Federal Communications Commission, August 30, 2012. Accessed March 10, 2013 at http://vcxc.org/documents/ATT_August30_2012 ExParte.pdf.

41．Quinn, R. (2012). *Building a Network for the* 21st *Century.*AT&T Public Policy Blog. November 7, 2012. Accessed March 4, 2013 at http://attpublicpolicy.com/fcc/building-a-network-for-the-21st-century/

42．See Ettinger, J. (2013). *FCC Should Ignore AT&T's Bullying.* Free Press, February 13, 2013. Accessed March 22, 2013 at http://www.freepress.net/press-release/102300/free-press-fcc-should-ignore-atts-bullying；以及：Kushnick, B. (2013). *Regulatory Capture of the FCC – Time to Clean House.* Huffington Post blog, March 25, 2013. Accessed March 23, 2013 at http://www.huffingtonpost.com/bruce-kushnick/regulatory-capture-of-the_b_2936693.html.

43．Lee, T. (2012).*Verizon: net neutrality violates our free speech rights.* ArsTechnica, July 3, 2012. Accessed March 10, 2013 at http://arstechnica.com/tech-policy/2012/07/verizon-net-neutrality-violates-our-free-speech-rights/.

44．See Eggerton, J. (2013). *FCC Collects Comments on IP Transition.* Broadcasting & Cable, February 25, 2013. Accessed February 26, 2013 at http://www.broadcastingcable. com/article/492016-FCC_Collects_Comments_on_IP_Transition.php；and Feld, H. (2013). *Comcast's Very Scary PSTN Filing.* Public Knowledge, February 14, 2013. Accessed March 10, 2013 at http://publicknowledge.org/blog/comcasts-very-scary-pstn-filing.

45．See Brammer, J (2013). *Bill deregulating land-line phone service clears Kentucky Senate.* Kentucky.com, February 14, 2013, accessed March 22, 2013 at http://www.kentucky.com/ 2013/02/14/2517295/bill-deregulating-land-line-phone.html；and Vickrey, Rep. J. (2013). *Legislative Update: Snow Blankets Kansas.* Louisburg Herald, February 27, 2013. Accessed March 22, 2013 at http://www.herald-online.com/news/local_news/article_47d74bcf-6552-57ef-8c5f-cb2dff4b546e.html.

46．U.S. Telecom Association, (2013).*Comments of Internet Innovation Alliance.*FCC, GN Docket No. 12-353, In the Matter of Technological Transition of the Nation's Communications Infrastructure.February 25, 2013. Accessed March 23, 2013 at http://apps.fcc.gov/ecfs/ document/view;jsessionid=h7yRRs4DLmDKNRgqJ8RH49 TLG1Qv1H2CyS7MhHnlJXQXryQfrQJ1!-1705390101!NONE?id=7022124789.

47．Frieden, R. (2012). *The Mixed Blessing of a Deregulatory Endpoint for the Public Switched Telephone Network.* Paper presented at Paper delivered at "The End of the Phone System" workshop.   Penn State IIP/U.Penn-Wharton Policy Experts Workshop.   Held at Wharton School, University of Pennsylvania, Philadelphia, PA May 16-18, 2012.

48．See Feld, Harold (2013). *Five Fundamentals, Values for a New Phone Network*. Public Knowledge blog, January 29, 2013. Accessed March 23, 2013 at http://publicknowledge.org/blog/five- fundamentals-framework-successful-transi; and Griffin, J. (2013). *The FCC Needs a Framework for the Phone Network Transition First*. Public Knowledge blog, February 25, 2013. Accessed March 24, 2013 at http://publicknowledge.org/blog/fcc-needs-framework-phone-network-transition-.

49．Eggerton, J. (2013). *FCC's Pai: Commission Should Approve IP Transition Pilot Program*. Broadcasting & Cable, March 7, 2013. Accessed March 10, 2013 at http://www.broadcastingcable.com/article/492219-FCC_s_Pai_Commission_Should_Approve_IP_Transition_Pilot_Program.php.

第四章　PSTN 落幕后的竞争与监管[1]

Richard D. Taylor[2]

Joshua Auriemma[3]

内容提要：本文就 PSTN "落幕后"应对宽带生态系统（BE）竞争、消费者保护和公共利益等问题提出了新的框架——宽带生态系统的新模型，以便更为准确地反映市场现实，克服以垂直化行业划分为基础的监管模型或以协议栈框架为基础的"层级式"模型所具有的部分内在缺陷。本文提出美国的决策部门需采用一种新的方式思考宽带生态系统，将规范性原则和推动竞争原则结合考虑。首先，需要一套基于原则的、有规范可依的政策，在全新的背景下对通信政策的历史价值进行审议和更新。其次，需要重新理解"市场"，以竞争最大化为基础，将整个宽带生态系统纳入其中。为实现这一目标，应鼓励竞争，对不必要的现存监管规定应予以废除、放宽或在过渡期间保持克制，但监管权在该期间仍应保留。本文还提出了在范畴上与宽带生态系统相匹配的"宽带监管空间"模型。文章采用了较为广阔的视角，围绕市场的正常运作、消费者保护和"公共利益"等不同情形下可采用的监管"工具"进行了论述。

本文就 PSTN "落幕后"应对宽带生态系统（BE）竞争、消费者保护和公共利益问题提出了新的框架。宽带生态系统中，各企业纵横相联。本文将这些企业视为三维点阵中的点，以此为模型探索在竞争缺失的情况下，通过一系列治理政策平衡对竞争的推动措施。这回应了监管机构当前所面临的困境，即谷歌、Facebook、亚马逊、苹果、微软等公司如今亦进入了 AT&T、Verizon、时代华纳、康卡斯特（Comcast）等过去主要扮演运营商角色的公司所在的诸多市场，这些运营商现正进行着快速的多元化，涌入不受监管的全 IP 市场。

FCC 的国家宽带计划（NBP）旨在实现宽带在美国的泛在接入，同时将传统的电话技术（模拟电路、TDM 交换机、相关基础设施组件）向基于互联网协议（IP）的国家宽带网络过渡。然而，NBP 中并未明确旧网络向新网络过渡的特定路径，关键的技术、业务和监管问题仍悬而未决。在对这些问题的回答上，FCC 将与市场一较高下。

老旧 TDM 设备的使用年限即将到期、大量顾客从传统固定语音通信向移动通信、VoIP 等其他替代技术转移，迫使该过渡势在必行。用户群在减少，但原有网络的维护成本却并未变化（或与日俱增），使得每用户成本上升、利润率下降，形成了语音的"死亡漩涡"。主要电信运营商已加快从"旧有"电信业务转型的步伐，迈向多元化 IP 服务。

从技术角度看，过渡存在着编号、互联互通、互操作、服务质量、频谱等问题。从业务角度而言，传统运营商面临着找出新商业模式、在包含宽带生态系统亚结构的三维点阵中正常运转的挑战。监管层面也存在着根本挑战，即现行规定下，FCC 对基于 IP 的服务究竟有无任何管辖权。解决这些问题的长远之计在于采用新的思维方式看待市场结构，以符合 NBP 的实施内容。

FCC 当前已在其自认的管辖范围内发起程序以考虑该问题，但最终可能需要国会或法院对此类管辖范围予以定义。与此同时，AT&T、Verizon、时代华纳、康卡斯特等主要运营商也展开了雄心勃勃的行动，希望将基于 IP 的全部服务视为"信息服务"而取消监管。对此持反对意见的则为公民社会/公共利益组织，其致力于维系通信为公共利益服务的传统"社会契约"。

最终的结果尚不明朗，但似乎不论哪一方皆不具备大获全胜的政治影响力。有鉴于此，部分政策专家建议采取"折中方式"，令宽带网络依据一套一般性原则演进，在确保竞争的同时保护公共利益。这可能涉及预先的反托拉斯/消费者保护措施，或稍带传统监管的色彩。然而，目前尚无适用的理论框架，可供决定何种行动（或克制），对于何种条件而言是合适的。本文中的三维点阵模型朝此方向迈出了一步。

一、引言

美国的通信网络正在经历划时代的过渡。有些人可能仅仅将此看作是"另一个信令协议"[4]，但实际上它对于业务、监管和社会的影响是广泛而深远的，甚至可能是变革性的。这些变化还带来了一系列尚无明确答案的难题[5]。本文关注的是政策和监管领域。这个新兴的宽带生态系统并不能完全归类到此前的任何一种监管模型中（如"筒仓式"模型、"层级式"模型），它要求我们回顾过去，考虑根本的规范性原则，同时展望未来，超越已有的法规，迎接新的政策格局。

在开篇中，本文呼吁重申通信政策的规范性基础（即"社会契约"或"公共利益"），接着试图在竞争与监管之间寻求一个平衡。文中提出了宽带生态系统的一个新模型，即"点阵结构化模型"，还有一个与此共同演化的"宽带政策空间"新模型。随后，本文提议在《通信法案》中增加一项新条款，即第八项"宽带网络"，并提供了具体的实施方法。

二、重申规范性环节

FCC 和电信行业已开始从时分复用（TDM）和七号信令系统（SS7）向全 IP 技术的过渡，该过程通过泛在的国家宽带网络和全 IP 互联互通实现。这一过渡过程非常复杂，需历时数年方能完成，将涉及大量的投资，淘汰上百亿美元的现有基础设施并以数字技术将其替代。除这些技术变化外，随之而来的还有 FCC 在电信和广电领域管辖权的传统地位的根本变化。

鉴于此变化的规模不仅在于金钱方面，还在于社会影响方面，非常有必要停下来回顾一下支撑美国电信系统的基本价值观。

（一）美式价值观

"规范性"这一概念与价值观相关。它告诉我们事物应该是什么样的，哪些是好的，哪些是坏的[6]。它可以是绝对的，试图寻找适用于不同文化、放诸四海皆准的价值观，以期实现最终目标。它也可以是社会性的，以特定文化或国别价值观为基础，试图断言该社会的最高理想。在本文的论述中，"规范性"指的是后一种含义。它关注的是我们美国人做出了何种选择。其他国家在此方面可能与我们存在重大差异[7]。它考虑的是我们在美国文化中重视什么，以及我们在通信政策领域是如何对其加以表达的。

过去，美国通信政策中已纳入了一系列（不基于市场的）规范性目标。这些价值观随着社会、文化、科技和媒体的演变而演变。但是，承认这些价值观为适应新的社会和技术形式而发生演变绝非等同于认为这些价值观不存在。在发生重大、根本性变革的时代，思考那些基本的规范性价值观尤为重要。但在美国的通信政策中，规范性的意义已日渐衰落。目前的政策话语主要关注少数问题和部分人的利益，并未将其放于社会的大环境中进行整体考虑。因此，我们面临着规范的危机，即我们会否将传统社会价值观完全摒弃？[8]

规范性价值观通常用非经济词汇表达：自由、民主、公平、正义和平等是长久以来深入人心的众多价值观中的几个；但是，这些价值往往并不以具体的金钱数额来度量。在通信领域，我们同样看到了类似的社会价值观在公共政策方面的体现，这亦是我们从电子通信诞生之初便一直孜孜以求的。从历史的角度看，美国通信政策的基础始终是创建更美好的社会这一愿景[9]。

政治的意义在于规范性。价值观优先于政策抉择。国会的作用和职责在于做出规范性的判断，并通过政策、预算和专业机构来执行。因此，政策本身便具有规定性；政策要符合规范。社会科学和经济学可追踪这些策略的成功之路，但却无法为其设定方向[10]。当权利和价值观在民主国家出现冲突时，我们应通过民主程序来令两者得到平衡。

美国历史上已认可了一系列通信领域的规范性目标。然而，目前关于宽带生态系统方面的主流政策话语仍围绕着经济学展开，或者更准确的说，以经济论证为中心。有人曾说经济学不存在规范性方面的问题，但经济学家却有，而新古典经济学"知道一切事物的价格却对其价值一无所知"[11]。如果缺少了规范性的判断，人们便会先入为主地认为政策制定仅仅以经济学为基础。但政治并非仅从经济学考虑。有人仍然认为民主社会通过政府来表达其偏好，其他人则认为政府不应设定任何框架，而应将一切交由市场来解决。后者从根本上而言是一种完全的反民主概念。国会对以上观点的抉择将决定宽带政策的未来走向，即是否存在规范性的社会愿景和价值观。

若要在规范性的基础上前进，便需要分析过去的做法，弄清之前的通信政策到底包含了哪些价值观，若我们认为这些价值观没有过时且仍然合宜，还应考虑怎样在一个全新的通信环境中将其继续传承下去。

过去以来，国会在立法中用广义的语言体现了规范性的目标。1934年，国会为通信行业和通信监管机构提供了一个有关本国通信未来的简单而强有力的目标："要尽可能地通过充足的设施、以合理的价格为所有美国人民提供快速、高效的国内/国际有线和无线电通信服务[12]。"为执行这一总体指导意见，FCC 开始创建全球最大、最先进的通信系统并对其进行监管。委员会各项决定的指导原则为"公共便捷性、利益或必要性"[13]。

电话和电报被归类于《通信法案》"第二项——公众运营商"之下，广播电视则归入"第三项——无线电"。1984年，国会在法案内增加了第六项，以便对当时新生的有线电视行业做出规定。第六项中并无"公共利益"的相关规定，但声明了"确保并鼓励有线通信为公众提供尽可能广泛且多样化的信息来源和服务"的目标。

美国电信法规将公共利益置于核心地位。在现行的《通信法案》中，公共利益一词出现了近 100 次。国会要求 FCC 的所有规定都必须为公众利益服务[14]。根据该指示，委员会不断对其规定进行修订以实现上述目标。然而，不断变化的通信格局提出了一个问题，即当前的规定如何（或是否）适用于未来？美国国家宽带规划的主要设计师之一布莱尔·莱文（Blair Levin）如此表示：

> 一个世纪以来，我们的国家因电话、广播电视及多渠道视频方面的通信社会契约而受益，在此契约中，服务提供商通过法律、法规和特许经营协议履行有限的部分公共义务，以此换取公共利益。但在 21 世纪下一代世界级 IP 通信基础设施的建设中，我们将如何书写社区与通信运营商之间的社会契约条款呢？[15]

他接着提出，过去公共利益的某些执行方式和未来的宽带生态系统及明日的社会需求之间存在不匹配的情况。

(二) 公共利益

"公共利益"的原则曾被人批评、贬低，甚至嘲弄。举例而言，FCC 前主席迈克·鲍威尔（Michael Powell）在任命时未被"公共利益天使"造访一事众人皆知[16]（尽管他在对"奔驰鸿沟"的关切中确实表达了自己的规范性价值观）。前主席马克·福勒（Mark Fowler）认为"公众的利益定义了公共利益"[17]。其他人认为公共利益就是公众定义的他们自认为是公共利益的任何东西，是"数以百万计的不同利益和主体在自由市场上的互动"[18]。若坚持这一观点，实则破坏了任何词汇的意义，并假设国会纳入该词并无任何所指。FCC 前委员艾尔文·达根（Ervin Duggan）的说法更为合适，他认为标准在不同时代包含的内容各不相同。它取决于一种共识，这种共识必须由互相冲突的各种价值观和利益不断刷新[19]。不论在何时间点定义"公共利益"，都是集思广益、就公共价值观展开有益辩论的过程。

文学中对"公共利益"这一概念有几种不同的解释，大体上可分为三种流派：1.它是"有号召力的"，代表了"最高标准"[20]；2.它是"空洞的"、"可操纵的"、"难以辨别的"，是"一种哑谜猜字游戏"[21]；3.它是一面伪旗，企业以此为隐蔽以推动其经济利益[22]。比如，通信学者本·康帕宁（Ben Compaine）说标准是空洞的，因为不存在统一的"公众"：事实上公众有很多种，有其各自的利益[23]。也许"公众"确实有很多种，但这并不能驳斥我们在很多事物上具有共同利益这一事实（如洁净的空气、清洁的水源）。"少数公共利益"的想法看来似乎确实有些自相矛盾。尽管有些选民质疑政府是否应介入此类共同关切，国会却发现"公共利益"是切实存在的。

经济学家罗纳德·科斯（Ronald Coase）注意到，公共利益一词缺乏"明确的意义"且无固定标准[24]。然而，"公共利益"无需狭隘、精确、墨守成规；它是我们理想中的一种行为标准。因此也无怪乎它的执行会随着不同时代社会、文化、经济、政治和商业模式的变化而变化了。《通信法案》承认了政策演变的可能性，如"普遍服务"和"高级服务"的标准就处于不断变化之中。

政策本身还存在着另一个问题，即如何调和商业压力与民主需求之间的竞争关系。这不仅涉及到经济理论，还涉及民主理论。美国作为审议式民主国家的理念一直是公共利益标准的核心（尤其是在广播电视业）[25]。国会已认识到，市场满足了很多民主需求但并非全部需求均得到满足，也认识到个人必须作为公民而非消费者参与市场。因此，通信的传输不仅仅被看作为经济活动。

总统数字广播企业义务顾问委员会回顾了历史，并展望了未来：

尽管公共利益标准的某些具体应用引起了争议，人们还是广泛认为公共利益标准对于广播电视而言不可或缺。这一标准提供了法律基础，令节目更为多元化、政治讨论更为健全、候选者得以使用广播电视节目、节目更多地为当地社区服务、儿童教育节目得到推动、美国残疾人能够收看节目、广播电视行业就业机会更为平等……，时代要求对公共利益标准的意义进行深刻的再思考。有关公共利益作用的很多现有原则可能需要在新的科技、市场条件和文化需求的背景下进行新的解读。[26]

委员会总结称"决策者们面临着挑战，需要在理解根本公共利益价值的同时，不盲目地将过时的框架运用到新的情况中。他们还必须摆脱对政府干预从本质上便劣于市场力量的担忧。一个全面的宽带生态系统媒体政策应做到既照顾公共利益义务，又能促进健康行业内的竞争[27]"。

一般而言，以下内容完全足以纳入 FCC 在当前管辖范围内所列的任何传统"规范性"要求：

1. 电信。普遍性（无处不在）；互联互通（单一网络）；无歧视；竞争；全民以可负担的价格享受基本服务；用户的无害设备能够接入；农村及高成本地区补贴；消费者保护；网络安全和可靠性；公共安全；残疾人服务；传播和获取所有合法内容的能力。

2. 无线电。"公共信托人"频谱管理和牌照发放；保留"免费电视"；地方特色；多样性；所有权和控制限制；不雅言论；广告；政治选举言论；儿童教育节目；残疾人可获取性；机会均等。

此清单并未穷尽所有可能，还可有其他适合纳入的内容。在新的国家宽带网络中，以上哪些由来已久的政策应该采纳？哪些又应该放弃呢？

三、竞争与监管

（一）效率与政策

竞争有许多优点，亦能令消费者在诸多方面受益，如价格更低、选择更多、创新更多、服务更好。竞争还能带动投资。在真正的竞争中，所有买家都能得到充足的信息，能够在众多提供相同或可替换产品的卖家中做出选择，这样的竞争可解决很多监管问题。然而真实世界中并不常出现这样的情况，且很少有人会认为这是对当前电信市场的正确描述。像信号优先一样，通信政策必须促进并维持最高水平的竞争；不论竞争出于何种原因出现"失灵"（如未能符合市场和（或）政策目标），要能够以干涉最小、对竞争危害最低的方法解决失灵现象。

市场监管对于避免形成垄断、促进市场的整体稳定、避免破坏环境和确保各类社会保障而言非常重要。看似相互冲突的政策目标之间存在着微妙的平衡。布朗温·豪厄尔（Bronwyn Howell）教授称：

> 从经济角度而言，效率是任何行业或领域（不仅仅是电信行业）判断业绩的决定性标准。对某些经济学家而言，"效率"是唯一的"规范性"标准。因此，法律和政策制定的主要规范性目标在于通过消除市场的低效率以提高经济效率（以静态和动态的形式）。少数经济学家及许多消费者倡议主要通过法律和政策的制定权来实现分配方面的目标，不论其对整体效率的影响如何。有些人称经济效率是制定公共政策的唯一标准。决策者们不断向人们展示其在政策的制定过程中还有其他的目标。[28]

举例而言，公正、公平和民主参与通常是公共政策的目标。但是，我们不由得怀疑很多现有的政策能否通过经济学家的成本效益分析。当然，任何社会安全网都能够通过经济效率测试是不可能的。很多经济学家理所当然地认为公正和效率不可能同时实现[29]。与此同时，决策者们表达的规范性目标也许无法令效率最大化，但却反映了社会价值观[30]。

在市场出现以下情形时，引入经济监管以作为可用的最后措施，如：市场力量确实无法实现竞争结果；偏离经济效率是社会希望看到的；社会效益和私人利益截然不同，包括最低安全标准增加了社会福利的情况；在技术标准或市场平衡方面得以协调[31]。

（二）经济学和政策形成

经济学研究给社会带来了诸多益处，经济学家也为社会理解市场和经济行为作出了重要贡献。为了尊重丰富且多样化的传统，我们提出了与民主政策程序、尤其是电信政策相关的下述条件。

除作为独立学者进行客观、以证据为基础的判断外，经济学家还扮演着多种角色。亦有经济学家在政府、媒体、企业或某行业任职，通常是以顾问的形式。因此，人们有理由怀疑他们的经济判断有时可能是为了倡导其赞助者的观点。这也无可厚非，在思想百家争鸣之时，"思想市场"也随之繁荣，但这一角色需要得到承认，在政策话语方面尤为如此。政策制定过程中有很多"声音"，如律师的声音，但他们在主张客户理念之时往往表现得更为透明。

如果要做的判断仅与经济有关，一批经济专家便可完成所有决策。我们将不再需要政治家和选举，有经济学家足矣。但若经济学家们不能达成一致意见（如何为挽救美国经济的最佳方法），我们又该如何？是否不需要退回到规范性判断呢？量化的方法可否取代价值观？"市场"到底是目的还是手段？"国家之船"应自动驾驶（由市场说了算）还是应反映社会价值观？这些都是核心的规范性政策问题。

在监管的问题上从不缺少学术批评。有时学术批评可能遭受那些仅仅出于意识形态而反对监管的人"绑架"[32]。这令我们在对不尽完美的监管体制的经济优点，进行正当的学术审查时遭遇挫败，那些出于意识形态而反对任何监管理念之人将此类审查视为对"自由"的根本性强制妨碍。因此，尽管许多经济论断中并未将建立一个更以市场为主导、监管度更低的环境作为明确陈述的核心内容，意识形态的微妙（或不甚微妙的）摇摆可能存在于诸多经济论断的背景之中[33]。这就是拥护某个客户、事业或决定与拥护社会总体政治模式之间的区别。

经济学家的许多（且通常不同的）意见是公共政策及通信政策的重要参考。但是，如果问这样一个问题，即作为收费顾问的经济学家能否不受他们口中那些影响立法和监管机构的经济刺激的影响，是否不恰当呢？谈及"特殊利益"造成的"监管俘获"或"政治俘获"，他们可以滔滔不绝，但由此而来"经济学家俘获"又是如何呢？相应的，当此种经济政策建议超出了描述性作用并给出偏向性的补救方案时，人们可能对此抱有看法，甚至怀疑。对某些人而言，面对规范性，所有问题都可由经济学和"市场"来回答；但正如谚语所说的那样，如果你手里唯一的工具是锤子，那么每件物品看起来都像钉子[34]。

在经济问题之外还存在着互联网对社会的影响。保守主义者将高速互联网看作个人赋权的工具，认为互联网令人们追求自身利益并实现自身成就、获取知识和技能、创业或在别处寻求机会、制定计划并承担风险以获取回报。而政治赋权的进步概念则将宽带互联网看作消费者、公民或劳动者中无组织选民的补偿力量来源。两者都以自己的方式承认互联网对社会的重要性。

史蒂芬·舒尔茨（Stephen Schulze）说：

> 我们站在媒体政策的一个十字路口。一方面，我们可以完全放弃通信政策而采用竞争政策。这条道路的前方是很大的不确定性。什么构成了公平竞争？我们怎样定义市场？什么能保障用户接入宽带以获得更多福利并保障用户对网络的使用？另一方面，我们可以纳入几十年来一直指导通信政策的公用利益原则，同时留意市场刺激。这条道路并不会令我们因经济算式的量化作用而高枕无忧。但它也不会引导我们认为我们在通信领域所重视的一切总是可以严格量化的。毕竟，"公共利益"一直以来都较为灵活完全出于一个原因，即媒体的变化。

罗宾·满沙尔（Robin Mansell）教授提醒我们，即便是在一个全新的环境中，中介机构也会保持很强的积极性来人为制造一种稀缺假象以保护其一贯的经营方式。他们可能认为自己知道消费者需要什么或认定某一些应用的利润更高，然后利用其优势地位来控制结果。满沙尔教授解释说，没有什么内在的原因能保证新技术的出现能够控制这种出于自身利益制造稀缺假象的趋势。这也是竞争法日益重要的原因，但其自身亦存在弊端[35]。

很多人认为反垄断可成为不作为的借口。经济学家和律师似乎提出了无尽的方法来切分相关市场以支持特定结论。"自由市场"成了"永不监管"的委婉语[36]。对有些人来说，取事后执法而舍事前定规的提议相当于完全无所作为。即便是"轻触式"政策体系也需要充分知情，不仅了解过去，亦知悉潜在问题，并能以有意义的方式对此作出反应。

有些人也许会说，把这个问题留给司法部反垄断部门吧。在对微小的反竞争行为的判定上，也许监管机构并不比反垄断机构强，他们其实可能更弱。但与反垄断机构相比，监管机构试图以更全面的角度来看待市场和社会因素。如果要在宽带政策中保留反垄断，无论通过反垄断机构还是监管机构来执行，都必须考虑宽带市场的多边性、动态性和以平台为基础的特点。也许与某些反垄断机构相比，能考虑市场这一总体特点的监管机构更适合评估和控制裁判员行为对经济的有害影响[37]。

四、基于原则的宽带生态系统解决方案

（一）当前通信监管模型的弱点

一般说来，通信政策目前提供两种基本监管模型，在宽带生态系统的环境下均存在严重局限。一是基于技术的行业模型，一是基于传输算法"协议栈"分层的"层级式"模型（如：IP、OSI）[38]。

1. 行业模型：（"筒仓式"）。此为当前美国《通信法案》和 FCC 法规中使用的模型。行业监管主要以技术作为分类的基础，如：电信、无线电、有线、卫星、无线等。宽带生态系统将完全模糊这类区分。比如，广播电视牌照的发放是建立在频谱稀缺性的基础之上的，但若未来的"广播电视"不使用频谱，监管（如有）的基础为何？若"信息服务"（几乎包括所有传统服务）不属于电信业务，监管（如有）的基础又为何？旧的筒仓式模型在宽带网络时代中变得相对无意义。

2. 层级式模型：（"协议栈"）。该模式建议，监管部门的管辖范围及执行范围应以不同技术能力为基础，"协议栈"不同的"层"代表了每一层的不同功能（如链路层、网络层、传输层、应用层，也就是我们所说的 OSI 模型的 7 层）。这在经济、技术和公共政策层面受到了批评，认为其太复杂、太僵化且与市场实际情况不符。

下文提出了第三种方法，即"点阵结构化模型"。由于（就我们所知）这是全新的模型，我们认为应该对其进行详细的解释说明，如下文所述。但首先，让我们简要地看一下作为过渡期指导思想的基于原则的监管。

（二）基于原则的过渡期提议

尽管广泛的规范性标准目前尚未应用于过渡后的整个宽带生态系统，其对于过渡期监管的价值现已逐步得到认可。在宽带生态系统政策的讨论中，对统揽全局的规范性条款的需求已经十分明显。一方面，有人支持将运营商作为准公共运营商继续加以监管，另一方面，有人试图寻求广泛乃至全面取消监管。对于过渡，已出现第三种思路，它观察到了情况的复杂性，发现上述两者的政治格局十分紧张且充满分歧，以至于哪一方面都不可能完全占据上风。它建议国会和 FCC 与其采用具体法规（可能时机过早），不妨采用一套一般性原则，在需要之时根据具体情况具体执行。

"公共知识"组织便是其中一个例子，该非营利性倡议组织提出了五大基本原则：

1. 服务全美人民。所有美国人，无论种族、性别、收入水平或所在地，都应参与美国电信网络任何升级并因此受益。

2. 互联互通和竞争。FCC 必须确保 IP 市场支持竞争，要求服务提供商互联互通。

3. 消费者保护。消费者不因电话技术的变化而失去其当前享有的保护。

4. 网络可靠性。除此之外，电话网络须切实运转。它须日复一日地以同样可预测且可靠的方式不停运转，永无止境。全 IP 网络必须与传统电话网络同样可靠。

5. 公共安全。下一代技术不得扰乱 911 应急服务或其他应急通信的畅通。[39]

公共知识组织注意到，"这并非工程性问题，而属政策抉择"。这些电话时代的基本原则需要在我们进入宽带网络时代后继续秉承。不论公共知识组织的五大原则是否全面正确，无疑都会引发争论，五大原则的执行方式亦不例外。但基本思路在于，令宽带生态系统在不受现行监管规定不当约束的前提下自行演进。

无独有偶，在宽带用户一般性权利方面，FCC 推行"四大自由"：

- 消费者有权获取其所选择的合法的互联网内容。

- 消费者有权运行其所选择的应用并使用其所选择的服务，但需配合执法的需要。

- 消费者有权将其所选择的、对网络无害的合法设备加以连接。

- 消费者有权对网络提供商、应用服务提供商和内容提供商加以挑选。[40]

据称，这些原则受"合理网络管理"的约束。如今，这些原则连同 FCC 对其的执行力一并受到质疑。

FCC 前主席威廉·肯纳德（William Kennard）曾提出过有关"新" FCC 的设想，包括以下核心职能："普遍服务、消费者保护和信息；实行并推动国内外市场竞争；频谱管理。"[41]

2013 年 3 月，FCC 委员阿吉特·派（Ajit Pai）就一系列规定提出建议，内容包括：

1. 消费者保护必须继续落实；

2. 废除/撤销过时的联邦规定和各州规定；

3. 应对互不相关的市场失灵现象；

4. 允许 VoIP 提供商直接获取电话号码[42]。

FCC 总顾问肖恩·列夫（Sean Lev）在 FCC 博客中注意到，未来 5 年到 8 年，再到 10 年的演进过程中，FCC 需要提升《通信法案》的核心价值：消费者保护、普遍服务、竞争和公共安全[43]。

Verizon 公共政策副总裁克雷格·西里曼（Craig Silliman）的做法则稍有差异，2013 年 5 月，西里曼称"宽带生态系统"需要一个新的政策框架。他表示，"公共利益、便捷性和必需性"等基于 19 世纪铁路监管的老旧做法已过时，FCC 监管模式的响应速度过于迟缓，难以跟上技术的进步。西里曼认为，应将商业监督局与联邦贸易委员会相结合，令多个利益攸关方参与治理，这样一种灵活且重视技术千变万化的管理方能最好地保护消费者[44]。尽管该模式所针对的正是新兴的宽带生态系统，其采取的却是极简式的做法，忽略了业已明确的政策重点，将整个行业隔离于监管范畴之外。

这些以原则为基础的做法为过渡管理指明了有益的方向，亦都含蓄地承认了一个事实，即在现有的监管规定中，不再适宜者即便不是绝大多数，也为数不少。然而，过渡之后的时期需要更为一致和全面的政策角度，这便是我们在下文中所建议的"宽带政策空间"模型。但首先，有必要来看看"宽带生态系统"一词中所用类比的实际结构。

五、点阵结构化模型

（一）"宽带生态系统"类比

"生态系统"一词往往用于描述有生命的有机体群落与其环境的互动（如池塘中的生命体群落）[45]。该词被作为类比，用以描述在整体宽带环境中运转的各部分所组成的群落。较早运用此含义的为 Verizon 执行副总裁汤姆·陶克（Tom Tauke），他在 2010 年 3 月的采访中称：

> 由于互联网生态系统的特定性质，许多公司携手合作或是欲
> 在他人地盘上与之一较高低。电脑公司卖起了电话，还做得相当
> 成功。搜索引擎卖起了开放式操作系统。网络提供商建立了自己
> 的应用商店。这意味着对消费者的价值主张实际上是多家公司在
> 与其传统业务几乎毫不相关的领域内共同作用的结果。因此，没
> 有哪一类公司应当被排除在严密审查之外。[46]

他的观点是，这些公司高度互联，以至于其在新的市场，"互联网生
态系统"市场，出于同等的参与和竞争地位，因此应对其一视同仁，他
认为这意味着取消监管。但若要采纳该类比，需对其审查得更为深入一
些，以找出合宜的政策回应。

（二）宽带生态系统建模

通过几个词便可相对容易地抓住"宽带生态系统"的含义，即"接
触、使用宽带网络并在网络中竞争和（或）对其产生影响的一切事物"，
但要进行与此相符的视觉呈现则困难得多。图 4-1 和图 4-2 是对此的两
种不完全呈现。

图 4-1 仅在主要市场主体中选取三家对其之间的关系加以展示。图 4-2
则更为全面，涵盖了设备供应商、运营商、内容开发商、内容分发商和
应用服务提供商。

因此，从上文中可以看出，由于"宽带生态系统"中传统产业类别
相互交织，难以找到与其概念相一致的呈现方式。但我们相信，可通过
某种方式对其重新组织，在代表各类企业的同时反映出其相互之间的关
系。

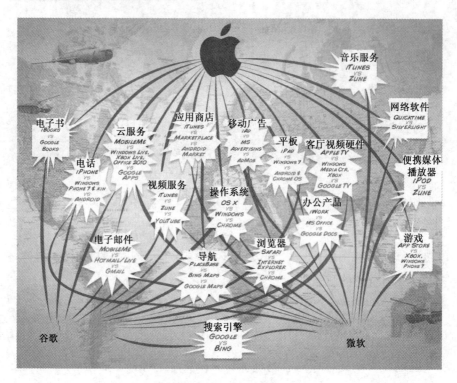

图 4-1 互联网生态系统战争——苹果 vs 谷歌 vs 微软

资料来源：引用科技博客网站 Gizmodo.[47]

（三）点阵结构化模型（LSM）

若想真正理解宽带生态系统的含义，存在的挑战是显而易见的。该系统极其复杂，在各市场之内和之间产生作用，每个市场上的主要参与者在其传统领域外竞争的同时又相互合作。这包括从设备、物理基础设施到内容开发、分发网络、在线服务和应用所涉及的一切。在这样的价值链集合中，有许多创新和增长的新机遇，也不乏潜在的新杠杆点，企业利用其在某领域的优势获得在相邻领域的竞争力。我们提出宽带生态系统"点阵结构化模型"以便更好地说明这一点。

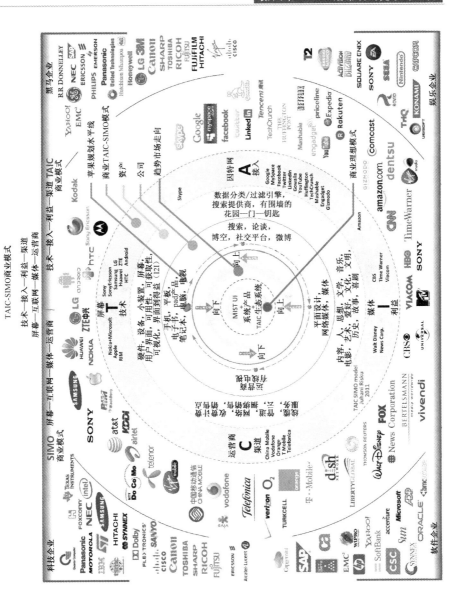

图 4-2　技术——接入——利益——渠道商业模式

资料来源：Risku 已发表文章[48]

点阵是自然界中一种常见（甚至可谓基本的）形式。它是晶体结构的基础，常出现在物理、化学、建筑和结构分析中。甚至能在妈妈做的苹果派（点格形派皮）上找到它。图 4-3 介绍了一个很容易记住的例子。

图 4-3　点格形苹果派

资料来源：Haedrich 已发表文章[49]

若稍严肃而论，我们认为三维点阵式结构有助于我们尝试对宽带生态系统做更准确的呈现。我们的宽带生态系统模型建立在三维点阵的设想之上，如图 4-4 所示：

三维点阵常用分子结构表示。为力求简洁、清晰，文中图片所示的均为简易型点阵结构。点阵的各层为一个"平面"。各平面内（水平）和不同平面间（垂直）的关系均可呈现。在物理学中，物理学家可计算出每个分子对相邻各分子所施加的作用力。有了同层分子和跨层分子间分子（或我们模型中的公司）相互作用的这一基本微积分，便有机会在宽带生态系统的背景下建立反竞争模型。我们对模型这一维度的探索工作刚刚起步，处于十分初级的阶段，详见下文所述。

思考一下图 4-5 中复杂度稍高的点阵，该点阵是将图 4-4 中的简易点阵堆叠若干次后得到的。在点阵结构化模型中（LSM），点阵的每一个二维平面都代表下文宽带生态系统中的一个主要行业。注意，公司可以（也往往会）

出现于 LSM 点阵的多个平面中，如苹果和康卡斯特都出现于多个平面，但在各平面所具有的影响程度不同。有意思的问题是：这种影响将以何种方式跨平面延伸？

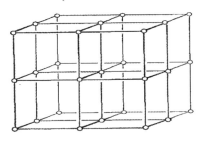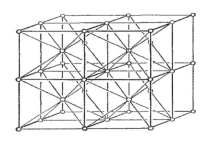

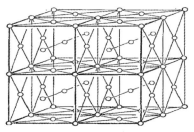

图 4-4　三维点阵简易结构

资料来源：Ewald 等已发表文章[50]

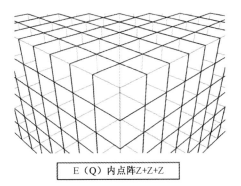

E（Q）内点阵Z+Z+Z

图 4-5　稍具复杂性的三维点阵

资料来源：Delbourgo 已发表文章[51]

现在设想一个复杂的三维点阵，点阵中的平面代表宽带生态系统的主要行业，如图 4-6 所示。

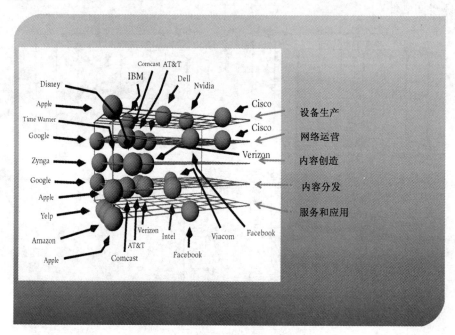

图 4-6　宽带生态系统点阵模型

下文对点阵中的五层平面做了进一步描述。

网络平面：包括令网络运转的物理设施的所有权和（或）操作、设备以及指令。主要参与者包括 AT&T、VZ、时代华纳、康卡斯特及其无线部门；本地交换运营商；还包括骨干及中间运营商（如第 3 级企业）；服务器群组（包括"云"），如谷歌、IBM、亚马逊；相关设备和中间件，如思科；任何关键软件生产商或相关专利所有人（如微软、IBM、高通）；Neustar（编号）。这些企业每一个都是网络平面上独立的"集群"。

设备平面：生产组成网络的各部分的公司。包括路由器、交换机、移动手持设备、互联的移动设备。IBM、思科、爱立信、华为、阿尔卡特、朗讯、诺基亚、西门子、瞻博网络、中兴、苹果、三星、LG、索尼、联想、微软。

内容创造平面：电影电视制作基地（"好莱坞"）；电视网；大型独立制作公司；唱片公司；电玩游戏公司；制作原创内容的任何大型公司；Viacom；有线电视网（许多由网络运营公司所有，如康卡斯特、时代华纳）。

内容分发平面：分发创意内容的公司，如全部有线电视公司、VZ 和 AT&T 负责此业务的部门、DirecTV 和卫星公司；Hulu、Netflix、YouTube 等在线服务。还可扩大至亚马逊、苹果，最近英特尔等公司也可能开展此业务；电玩游戏网络。

服务和应用平面：谷歌（搜索）、Facebook（社交）、亚马逊（购物）；（企业）云服务；单独管理的语音服务（SIP，如康卡斯特）；不受管理的语音服务（如 VoIP）；应用商店及各应用。

运用该模型，可在同平面内和各平面间定位各公司并将其加以联系。这应对了监管行业筒仓式模型带来的诸多问题。对同平面和跨平面市场影响的范围进行划分和跟踪成为可能，有助于明确需确保更多关注的潜在瓶颈领域，牢记市场影响既可在单一平面内水平延伸，亦可跨平面垂直延伸。

大多数平面上只有 3～7 家占主导地位的公司。我们并不想将可能存在的每家公司均加以呈现，仅希望帮助确定可能存在的瓶颈领域或市场主导领域。此并非精准的反托拉斯工具，仅仅是将公司关系可视化的一种方法，就决策者应密切留意之处提出建议。

此模型最直接的优势在于其认识到传统上被其他模型忽视之处。将这一前提要素加入 LSM 模型的情境中后，可以说传统模型所考虑的只是同一平面内的联系，未能认识到不同平面间的联系。

（四）挖掘 LSM 的分析潜力

尽管对该模型数学运算方面的思考还处于十分初级的阶段，我们探索的其中一个方向已包括了运用物理学上点阵的基本数学原理对 LSM 模型进行研究。在测试案例中，我们将康卡斯特和苹果作为样本数据集，研究了此模型可能的运算化操作。可能的市场影响力指标有许多，如市场份额、规模、收入等。由于数据有限，出于方便之故且为单纯研究该模型可能的作用，我们选择将资本支出和其他各类货币指标作为市场力量的代表，为确保模型的简洁，我们仅关注两家公司，即康卡斯特和苹果。我们认为值得继续进行研究，也注意到可能存在并行做法，能够得出更为有益的结果。我们鼓励他人对这些方法进行探索和进一步发展。

六、宽带政策空间模型

（一）"宽带政策空间"模型范畴

有人称，宽带生态系统如此庞大多元而极具竞争性，无需任何监督。这是否意味着政策对于宽带生态体系而言毫无用武之地？这些人是否假设不存在任何瓶颈、无市场主导领域、同平面内无杠杆力、无消费者滥用、无公共利益和服务问题？是否无需为宽带生态系统制定任何政策？这显然是荒谬的，于是便带来一个问题——政策在此空间中的恰当角色为何？为使宽带生态系统的概念保持统一、确保并推动竞争、继承国会的规范性目标，需要相对统一的政策概念。我们将此称为"宽带政策空间"模型。

"宽带政策空间"与宽带生态系统是共同延伸的。它们是硬币的两面。这一统率性概念既有目标又有工具，涵盖了接触、使用或影响宽带网络或其用户及内容的一切，包括其物理组件、软件、应用或内容。其司法权有据可依，为（拟提议修订的）《通信法案》，属州级商贸权。其权限仅受《第一修正案》等宪法约束制约，范畴由国会决定。

为解决宽带政策空间问题，国会需要采用比以往更为宽泛的眼光加以看待。实际上，这是将所有媒体和通信合而为一予以对待。国会需将宽带生态系统视为一个整体，明确并制定其欲颁布的规范性政策，取消过时且不合宜的现行政策和监管规定，推动增长、创新和竞争，为未来广泛的政策监管建立框架。

（二）何为"宽带政策空间"？

为实现这一点，我们提出了"宽带政策空间"这一概念。在宽带政策空间内，存在着基本的和共享的宽带生态系统监督。它被专门称作"宽带"政策空间而非"互联网"政策空间，因为许多宽带网络资源、用途、应用可能不适于被描述为"互联网"或"万维网"，甚至可能并非基于"IP"。它包括受控网络、专网和"暗网"。FCC 将维持其独一无二的"公共利益"总体使命。这是一项关键要素，因为法院（仅就向其提起的案件进行审判）和其他机构（FTC、司法部）的义务更为明确，无法处理含义较为宽泛的"公共利益"。

若有人将宽带生态系统看做单一的综合（即高度复杂的）市场，各类公司以种种方式在此市场上的各个层面相互竞争（如我们所看到的Verizon 与其他公司的做法），那便需要采用认识且注重此复杂性的广泛政策途径。其涉及面必须广，足以将影响网络的一切纳入其中；但又需足够灵活，以推动竞争、保护消费者、提升社会价值。

怎样的政策空间才能在承认规范价值的同时，应对由各类瓶颈和反竞争行为的复杂性及潜在反作用所造成的竞争和互联并存的多元化新格局呢？该空间与传统监管又有何不同呢？

"宽带政策空间"概念认识到政策监督权限将不由某正规部门单独把持，而是分散于空间内的任何公私实体之中。这样一来，最大程度避免了公共利益与私人利益背道而驰的问题。"政策空间"这一比喻令仅适用于新兴宽带生态系统的、更为复杂的政策与监管活动组合成为可能。它涵盖了从市场到自我监管的一系列政策和监管工具，令司法得以对相似的政策对象采取不同反应。[52]

宽带政策空间的概念转变了市场的含义，令市场规律不再独立于政策之外。它将市场视作空间内的又一政策工具，可在适当时加以利用。政策的目标是确保并促进宽带生态系统中的竞争。其指导原则为，如非必要则应克制并不予干涉。其主要工具应为市场透明度，特别是对消费者透明。

（三）宽带政策空间工具

宽带政策空间模型所呼吁的是司法权限最大化以及妨害竞争和国会规范性政策目标时的干预最小化。"一揽子政策"工具包括但不限于以下内容。对负责执行国会意愿的机构的指示要求为，选择有望合理完成所述目标的、干涉度最低的工具：

- 积极推动竞争；
- 取缔不合宜的现行监管规定；
- 克制；
- 消费者保护；
- 透明公开；
- 调解/"斡旋"；
- 消费者/公民教育；

- 自我监管；

- 共同监管；

- 私人（契约性）监管；

- 行业行为准则；

- 行业自我评级体系和过滤器；

- 超前的事前市场指令；

- 事后有助推动竞争的市场行动；

- 公共利益（如普遍服务、教育支持）；

- 联邦法优先于各州监管规定（消费者保护、警察权利等少数内容除外）；

- 监管性立法的终结。

可将联邦宽带政策空间看作国会指导下各机构的组合，如 FCC、FTC 和司法部（包含自我监管和共同监管、取消监管和促进竞争）。它围绕着市场点阵模型而建立，必须足以将未来的任何发展纳入考量。FCC、FTC 和司法部间已有了共享的监管空间。各机构的司法权限应根据需要扩展，以在符合各自立法使命的前提下纳入整个宽带生态系统。对于空间中特定部分的特别问题，可适当量身定制补救措施。

（四）《通信法案》第八项和新 FCC

我们的拙见如下。《通信法案》应新增名为"宽带网络"的第八项。该项规定应伴随现行安排带来的向泛在宽带网的过渡逐渐推行。宗旨在于令该项规定逐步超越并取代第二、三、六项（继承其中有关公共利益的内容）。过渡期间，绝大多数现存监管规定的执行应保持克制，但出现不可预见的复杂情形或问题时则可对政策和监管工具全面放行。

这意味着随着竞争日益兴起，逐步取消以下现存的监管规定和义务（此列举旨在说明，并未穷尽所有情况）。

1. 电信：互联互通、最终运营商、有关费率和服务期限的全部监管规定；真正取代各州关于宽带网络的全部监管规定（消费者保护、路权和各地类似的传统监管规定除外）。

2. 广播电视：电视播放许可；各类所有权和混合所有权限制；与内容有关的全部监管规定（政治性言论、猥亵内容），有独立司法基础的除外（广播电视、儿童保护）；地方主义。

3. 有线电视：各市有线电视特许权以及有关现行特许制度失效的监管规定；各州监管规定的基础仅与有关其他宽带运营商的规定相同；当地规定仅限于路权、建设。

重组 FCC 的总体目标在于促进宽带生态系统的有效运转，保护公共利益。这包括确保宽带生态系统竞争；频谱管理；实施公共利益政策（如普遍服务；推动多元化；隐私；安全性和可靠性）；消费者保护。在适当之时，FCC 下的新分支机构将在上述范围内诞生，如"宽带消费者保护机构"、"宽带并购审议委员会"、"宽带公共安全办公室"、"宽带普遍服务部"等。

FCC 工具包中将纳入透明度、消费者和公民教育。它应是积极的，涉及数据采集、召开听证会、要求行业进行汇报；发布行业和竞争力数据（并要求提出"商业秘密"保护申诉的任何公司在赋予数据保密性前展示实际损害后果）。其可如当前一样发布 NOI 和 NPRM，但在过渡期间，应主要关注数据采集和分析，尽量避免对市场进行任何干预并对此保持谨慎态度。在认为竞争受到非法妨碍的情况下，其可根据需要采取干预措施。

七、结论

　　美国的决策部门需要以一种新的方式思考宽带生态系统，将规范性原则和推动竞争结合考虑。首先，需要一套基于原则的、有规范可依的政策，在全新的背景下对通信政策的历史价值进行审议和更新。其次，需要重新理解"市场"，以竞争最大化为基础，将整个宽带生态系统纳入其中。为实现这一目标，应鼓励竞争，对不必要的现存监管规定应予以废除、放宽或在过渡期间保持克制，但监管权在该期间仍应保留。

　　除此之外，对于过渡之后的时期，本文提出了呈现宽带生态系统的新模型，旨在更为准确地反映市场现实，克服以垂直化行业划分为基础的监管模型或以协议栈框架为基础的"层级式"模型所具有的部分内在缺陷。之后，本文建议采用在范畴上与宽带生态系统相匹配的"宽带监管空间"模型。文章采用了较为广阔的视角，围绕市场的正常运作、消费者保护和"公共利益"，对不同情形下可采用的监管"工具"做了论述。

注释：

1. 本文是探讨美国"PSTN"落幕一事的第二篇文章。选自 2013 年 9 月 27—29 日在美国弗吉尼亚州阿灵顿市乔治梅森大学法学院举办的 TPRC（电信政策研究学会）第 41 届通信、信息和互联网政策研究会议录用文章。该文章经由金晶和张彬翻译。

2. 理查德·泰勒，法律博士（J.D.）及教育博士（Ed.D.），美国宾夕法尼亚州立大学帕默基金会首席教授，通信学院电信学和法律学教授，信息政策研究所创立人和名誉所长，《信息政策》杂志社主编，研究方向为信息技术投资影响分析（特别关注亚太地区）。

3. 约书亚·奥利玛，法律博士，现为美国宾夕法尼亚州立大学在读博士研究生。

4. Bookman, S. (2013). *Telecom leaders, analysts debate IP transition regulations in Senate hearing*. Fierce Telecom, July 25, 2013. Accessed July 27, 2013 at http://www.fiercetelecom.com/story/telecom-leaders-analysts-debate-ip-transition-regulations-senate-hearing/2013-07-25.

5. Taylor, R. (2013). *Issues in the Transition of the U.S. PSTN from TDM to IP*. Paper presented at International Telecommunications Society 6th Africa-Asia-Australasia Regional Conference, Perth, Australia. Accessed August 12, 2013 at http://psu-us.academia.edu/RichardTaylor.

6. Duff, A. (2012). A Normative Theory of the Information Society. New York: Routledge Research in Information Technology and Society.

7. Fourie, P. (2007). *Moral philosophy as the foundation of normative media theory: The case* of African Ubuntuism. Communications, Volume 32, Issue 1, Pages 1-29, 10.1515/COMMUN.2007.001/. Accessed June 27 at http://www.degruyter.com/dg/viewarticle/j$002fcomm.2007.32.issue-1$002fcommun.2007.001$002 fcommun. 2007.001.xml; jsessionid=22085CE4CE483A7AB9F7575141534E39.

8. 同注释 6。

9. Bauer, J. (2002). *Normative Foundations of Electronic Communications Policy in the European Union.* Chapter 6 in Governing Telecommunications and the New Information Society in Europe, Jordana, J. ed., Elgar online, Edward Elgar Publishing, accessed June 15, 2013 at http://www.elgaronline.com/abstract/1840647574.00015.xml/.

10. Jordana, J., ed. (2002). Governing Telecommunications and the New Information Society In Europe. Edward Elgar Publishing. Selections accessed July 25, 2013 at http://books.google.com/books?id=Agfc4CYk9isC&pg=PA112&lpg=PA112&dq=normative+information+society&source=bl&ots=M-ej__071v&sig=tdbnxcW3rZznNnEOVri7yIzF_rg&hl=en&sa=X&ei=HkvoUaKIOLWp4AO3lIDICQ&ved=0CGEQ6AEwCQ#v=onepage&q=normative%20information%20society&f=false.

11. 同注释 10。

12. Cate, Fred (1993). *Communication Policy Making, Competition and the Public Interest: The New Dialogue.* Indiana Law Journal, Volume 68, Issue 3 Article 5. Accessed June 25 at http://www.repository.law.indiana.edu/cgi/viewcontent.cgi?article=1501&context=ilj.

13. Schulze, S. (2008). *The Business of Broadband and the Public Interest: Media Policy for the Network Society.* M.S. Thesis, Massachusetts Institute of Technology. Accessed July 15, 2013 at http://cms.mit.edu/research/theses/StephenSchultze2008.pdf.

14. 同注释 13。

15. Levin, B. (2012). *Now it gets interesting: How to build a social contract for broadband.* Aspen Institute: Washington, D.C., cited in GigaOm at http://gigaom.com/2012/10/19/

now-it-gets-interesting-how-to-build-a-social-contract-for-broadband/?utm_source=feedburner &utm_medium=feed&utm_campaign=Feed%3A+OmMalik+%28GigaOM%3A+Tech%29.

16. 同注释 13。

17. 同注释 13。

18. CATO Institute (2003). CATO Handbook for Congress, Policy Recommendations for the 108th Congress. Policy Recommendation 41: Telecommunications and Broadband Policy. Cato Institute Washington, D.C. Accessed June 25 at http://www.cato.org/sites/cato.org/files/serials/ files/cato-handbook-policymakers/2003/9/hb108-41.pdf.

19. 同注释 13。

20. Lefevre-Gonzalez, C. (2013). Restoring Historical Understandings of the "Public Interest" Standard of American Broadcasting: An Exploration of the Fairness Doctrine. International Journal of Communication 7 (2013), 89–109 1932–8036/20130005. Accessed July 15, 2013 at http://ijoc.org/index.php/ijoc/article/viewFile/1434/841.

21. 见注释 18；以及注释 13。

22. 同注释 20。

23. Lehman, D. (2005). *Ten Myths That Could Destroy Universal Service*, Myth No. 10, p. 16. Accessed June 27, 2013 at http://www.w-t-a.org/downloads/011906TenMythsUSF.pdf.

24. 见注释 23；以及：Thierer, A. (2008). *Is the Public Interest Standard Really a Standard?* The Technology Liberation Front Blog. Accessed July 14, 2013 at http://techliberation.com/2008/08/28/is-the-public-interest-standard-really-a-standard/.

25. Advisory Committee on Public Interest Obligations of Digital Television Broadcasters (2008). *Charting the Digital Broadcasting Future: Final Report on the Public Interest Obligations of Digital Broadcasters*. Accessed June 15, 2013 at http://www.current.org/wp-content/uploads/2012/08/piac-report-19981.pdf.

26. 同注释 25。

27. 同注释 25。

28. Howell, B. (2010). *From the Pursuit of Efficiency to the Pursuit of Competition in New Zealand.* Chapter 8 in Regulation and the Telecommunications Industry Evolution the Global Telecommunications Industry, Gentzoglanis, A., and Henten, A., eds. Elgar Publishing. Accessed (date) at http://books.google.com/books? id=MuVZTkzQgoUC&pg=PA167&lpg= PA167&dq=normative+telecommunications+regulation&source=bl&ots=ecDsjpzDAd&sig=C6 ZeO9kg0ZPyv8RxIcnoWSz4lWA&hl=en&sa=X&ei=2wXoUb7NDIzj4AOlvoCwCw&ved=0C

CkQ6AEwADge#v=onepage&q=normative%20telecommunications%20regulation&f=false.

29．Blank, R. (2002). *Can Equity and Efficiency Complement Each Other?* Adam Smith Lecture, European Association of Labour Economists, Sept. 15, 2001, Jyvasklyla, Finland. Accessed July 17, 2013 at http://www.fordschool.umich.edu/research/papers/PDFfiles/02-001.pdf.

30．作者注：一个有意思的例子就是吸烟，有证据显示，吸烟者因吸烟而早逝实际上为社会节省了金钱，但国家仍要继续支出公共资金以劝说吸烟者戒烟。

31．Economides, N. (2004). *Telecommunications Regulation: An Introduction.* NET Institute Working Paper No. 04-20, NYU Working Paper No. EC-04-10. Accessed June 25 through SSRN at http://papers.ssrn.com/sol3/papers.cfm?abstract_id=465020.

32．Mayo, J. (2011). *The Evolution of Regulation:* 20th *Century Lessons and* 21st *Century Opportunities.* Paper. Accessed June 28, 2013 at http://www.gcbpp.org/files/Academic_Papers/AP_Mayo_Evolution Regulation_62011.pdf.

33．同注释 32。

34．Maslow, A. (1966). The Psychology of Science. Quoted in "Maslow's Hammer: The Curse of Tool Blindness," July 17, 2012 by Eric Minick. Accessed Aug. 10, 2013 at http://blogs.urbancode.com/agile/maslows-hammer-the-curse-of-tool-blindness/.

35．同注释 13。

36．同注释 13。

37．同注释 13。

38．作者注：如《TCP/IP vs OSI 协议栈》，地址为 http://bpastudio.csudh.edu/fac/lpress/471/hout/netech/tcpvOSI.htm。

39．Griffin, J. and Feld, H. (2013). *Five Fundamentals for the Phone Network Transition.* Public Knowledge: Washington, D.C. Accessed July 28, 2013 at http://www.publicknowledge.org/ files/PKThinks5Fundamentals.pdf.

40．Powell, M. (2004). *Preserving Internet Freedom: Guiding Principles for the Industry.* Remarks of Michael K. Powell, Chairman, FCC, U. of Colorado School of Law, Feb. 8, 2004. Accessed May 26, 2013 at http://hraunfoss.fcc.gov/edocs_public/attachmatch/DOC-243556A1.pdf.

41．Ehrlich, E. (2013). *Shaping the Digital Age: A Progressive Broadband Agenda.* Progressive Policy Institute: Washington, D.C. Accessed July 25, 2013 at http://www.progressivepolicy.org/wp-content/uploads/2013/07/07.

2013-Ev-Ehrlich_Shaping-the-Digital-Age_A-Progressive-Broad-Agenda.pdf

42．Eggerton, J. (2013). *FCC's Pai: Commission Should Approve IP Transition Pilot Program.*

Broadcasting & Cable, March 7, 2013. Accessed March 10, 2013 at http://www. broadcastingcable.com/article/492219-FCC_s_Pai_Commission_Should_Approve_IP_Transiti on_Pilot_Program.php.

43．Lev, S. (2013). *Moving Forward with Technology Transitions Trials.* FCC blog, May 10, 2013. Accessed June 5, 2013 at http://www.fcc.gov/blog/author/Sean%20Lev.

44．Silliman, C. (2013). *Prepared Remarks for Craig Silliman.* Speech at the Media Institute Luncheon, Washington, D.C. May 16, 2013. Accessed June 5, 2013 at

http://about.verizon.com/index.php/about/leadership-team/the-media-institute.

45．设想一下池塘的例子：空中的昆虫；池塘浮藻；水中的食肉动物、猎物和食底泥动物；池底淤泥，其中生活着水蛭、水生昆虫和小龙虾等。这一总体概念中充满着潜在的商业类比。

46．Thierer, A. (2010). *Verizon's Tom Tauke Calls for Congressional Overhaul of the TelecomAct; New Regime.* The Technology Liberation Front, March 24, 2010, accessed November 20, 2012 at http://techliberation.com/2010/03/24/verizons-tom-tauke-calls-for-congressional-overhaul-of-telecom-act-new-regime/.

47．Krebs, V. (2011). *Ecosystem Wars* (cites chart to Gizmodo). The Network Thinkers, May 11, 2011. Accessed July 9, 2013 at http://www.thenetworkthinkers.com/2011/05/internet-ecosystem- warsapple-vs-google.html

48．Risku, J. (2012). *Ecosystem in the Internet, Media, Screen and Communication Business.* Abstractionshift, Feb. 19, 2002. Accessed July 8, 2013 at http://abstractionshift.wordpress.com/ 2012/02/19/mobile-internet-ecosystems-apple-google-microsoft/.

49．Haedrich, K. (2013). *Old－Fashioned Lattice-Top Apple Pie.* Bon Appetit online. Accessed August 5, 2013 at http://www.bonappetit.com/recipe/old-fashioned-lattice-top-apple-pie.

50．Ewald, P., ed. (1999). *Chapter 3: Crystallography, in 50 Years of X-Ray* Diffraction. International Union of Crystallography. Accessed June 28, 2013 at http://www.iucr.org/publ/50yearso fxraydiffraction/full-text/crystallography.

51．Delbourgo, D. (2011). *Millennium Prize: The Birch and Swinnerton-Dyer Conjecture.* The Conversation: Latest Ideas and Research, Dec. 1, 2011. Accessed May 12, 2013 at http://theconversation.com/millennium-prize-the-birch-and-swinnerton-dyer-conjecture-4242.

52．Hitchens, L. (2011). *Media Regulatory Frameworks in the Age of Broadband: Securing Diversity.* Jrn. Inf. Pol. 1 (2011): 217-240. Accessed June 20, 2013 at http://jip.vmhost. psu.edu/ojs/index.php/jip/article/view/43/28.

第五章　通过国际比较看美国通信政策危机[1]

Amit M. Schejter[2]

内容提要： 关于宽带部署中国家政策重要性的辩论主要包括两个关键问题，一方面是关于市场导向比政府导向是否更好的辩论，另一方面则是关于宽带是公共物品还是消费品的辩论，实际上，没有适用所有类型政治文化系统或适用所有类型宽带服务的答案。本章表明在宽带发展政策上，美国和其他国家存在差异，可以归因于对上述两个基本问题的不同看法。本章简单描述并讨论了美国失去世界领先优势的原因。首先，描述美国过去的发展轨迹以及怎样的决策将美国推向领先的地位。然后，描述近期通信技术是如何在全球范围扩散，并解释亚洲和欧洲国家是怎样开展更具改革精神的政策从而超越了美国。接着，分析美国政策失败的原因。最后，本文为美国的重新振兴提出了几点建议。文章指出，美国需要的是一种在公有和私有、消费者和公民以及市场和政府之间保持巧妙均衡的能力。

一、引言

　　曾经有一段时间，美国是世界广播及电信领域的标杆，是很多国家学习的榜样。其在全球范围内的主导地位不仅仅是民族自豪感的来源，还是其经济繁荣的基础。许多人以为这种状况可以永远继续下去。事实上，即使一些革命性的新技术挑战了原有的全球通信秩序，人们还是设想美国仍然是世界管制政策和新技术应用的弄潮者。

二十世纪通信大变革开始 15 年后，许多美国人震惊地发现，美国不仅不再是宽带互联网和移动电话普及率的世界领先者，甚至在这些技术的接入人数上也落后于其他国家。今天，欧洲的使用互联网和先进 3G 手机的人口比率高于美国，而中国在接入世界最先进信息网络的人数上也超过了美国——所有这一切发生在不到十五年的时间里。

二、历史背景

美国长期在信息和通信技术（ICTs）的接入和普及水平上领先世界其他国家。对这一领先地位的理解上人们常常模糊了一件事实，即该领先地位并不是通过市场和市场力的绝对优势获得的。事实上，电话家庭用户普及率从 1921 年低于 40% 升至 1984 年高于 90% 的几十年间，本地服务主要是由贝尔公司提供，该公司也是独一无二的长途服务提供商[3]。当时，政府通过管制来控制垄断势力，保证最终惠及顾客。

在本地交换技术形成期间（1894 年至 1920 年），美国本地交换竞争对电话的普及起到显著作用，即使与其他相关影响因素（如扩散效应和经济增长）相比较也是如此[4]。欧洲国家提供电话服务起初也实行"私营电话系统间自由竞争；私营系统与国有系统间自由竞争；政府对私营垄断公司实施管制；政府垄断公司归地方和国家所有"等政策[5]。在日本，政府在十九世纪中叶开始建设电信行业，对其进行大规模投资，同时资助一些重要企业提供所有电信服务[6]。虽然起初各国建设构想各不相同，但是随着进一步发展，除了电信垄断的所有权不同（在有些国家是私营垄断，而其他则是国家垄断）外，电信系统逐渐趋同。但是，美国电信的发展有别于其他国家，垄断在美国不断加深。先后在 1913 年的金斯伯里（Kingsbury）承诺和 1921 年威利斯-格雷厄姆（Willis-Graham）法案里准予了 AT&T 的垄断。但是，在 20 世纪 50 年代，AT&T 利用新技术（虽然并不先进）通过垄断获利，其表现似乎是在滥用它的垄断权力，这使得垄断第一次受到质疑。美国随后采纳了 "hush-a-phone"[7]政策，而后，20 世纪 60 年代又采取了 "卡特风（Carterfone）"[8]政策，逐步开放客户端设备市场的竞争。在 20 世纪 60 年代末，当 AT&T 公司再次滥用垄断权力时，MCI 决议[9]和 "电脑质询（Computer Inquiries）[10]" 触发了本地业务与长途业务、基本业务与增值业务的功能分离。到 1984 年，由于没有一个更好的解决办法，美国对 AT&T 进行了拆分。

直至 20 世纪 80 年代中期，尽管电信市场由于技术、政治和商业的压力引入了竞争，但是大多数国家的电信市场仍然是垄断占主导地位。打破电信垄断，各国需要应对同样的三个挑战：如何确保电信服务的所有潜在消费者[11]享受竞争带来的收益（以及避免 "歧视"、"摘樱桃" 和 "撇奶油"）；如何确保所有消费者享受通过引入竞争性运营商带来的网络外部性，并能连接到不断扩大的网络；以及如何降低新运营商面临的进入壁垒(该进入壁垒来源于现有垄断者根深蒂固的市场地位和主导优势)，能够从资本市场获利并扩张其网络。

面对这些同样的挑战，所有这些引入电信市场竞争的国家，采取了三管齐下的方法（三途径模式），包括三方面内容：确保最基本服务能够以低廉的价格为所有大众提供服务，即 "普遍服务"；对所有电信供应商强制实行普遍互联义务，即 "互联互通"；提供一种机制消除最主要的进入壁垒，避免在没有客户基础的条件下重复基础设施建设，即 "分拆" 义务等。美国通过了 1996 年电信法，为其他国家提供了一个榜样。

几十年来，普遍服务虽然没有在法律中明确提到，但却是电信系统中的 "潜" 规则[12]，而至少自 1969 年 MCI 诉 AT&T 案裁定后，互联互通和分拆相结合就已经是美国电信市场的一大特征[13]。在 20 世纪 60 年代，

MCI 开始提供长途点对点业务,它需要通过 AT&T 的接入网为客户提供服务。事实上,法院授予 MCI 公司这项称为"互联互通"的接入权利是分拆的一种形式[14],可以帮助 MCI 的客户连接到 AT&T 公司的客户,但为了实现互联互通,MCI 也需要允许 AT&T 的网络接入自己客户的居所。该法院当时裁定,AT&T 公司的接入网络是一个"基础设施"。

美国和世界范围内纷纷采用分拆政策的第二个因素是贯穿20世纪60年代至 80 年代的"电脑质询",旨在区分电信和计算机服务。结论是数据业务竞争的必要条件是建立一个"开放的网络架构",这是一项确保数据业务提供商接入电话垄断企业客户的政策[15]。在韩国,始于 19 世纪的政府拥有和经营的垄断企业[16]在 20 世纪 80 年代由五个基础运营商所取代,并分别指定提供一个特定种类的电信业务[17]。而 1997 年欧洲议会的指导方针则将三者融为一体,称为"通过应用开放网络协议(ONP)以确保普遍服务和互通性的电信互联互通指导方针"[18]。

三、欧洲和亚洲市场的分拆本地环路和普遍服务

分拆本地环路(LLUs)定义为"在公共固定电话网络中可将消费者居所的网络终端连接到主配线网或类似设备的物理双绞金属对电路",是上世纪 90 年代和本世纪初欧盟政策制定者提出的新管制框架的主要特征之一。《对本地环路分拆接入的管制》提出了拆分本地环路这一概念,并在序言中用一段文字加以说明:

● 本地环路是接入客户端所必需的;
● 本地环路长期由主导运营商(在位企业)以垄断者的身份经营和控制;
● 非主导运营商(竞争者)在规模经济和网络覆盖方面远不及主导运营商。

基于上述理由，我们必然会得出下述结论：如果希望为客户提供有竞争力的接入服务，必须让主导运营商与非主导运营商共享本地环路，同时对主导运营商所收取的费用进行管制。该政策的实施是网络经济发展的基础，因为该政策可以帮助非主导运营商跨越主要壁垒进入电信市场。在采用 LLU 指导方针时，欧盟创立了"基础设施"学说，并使其成为电信法规的一个重要组成部分。

欧盟政策创立时，普遍服务并不是其核心组成部分。正如 Garnham 所指出[19]，欧洲政策出台的目的是保证服务的连续性，而不是普遍性，同时保护电话垄断巨头免于未提供服务的法律诉讼。普遍服务，作为泛欧洲的目标，1992 年首次在"回溯电信部门发展"中被提到；在 1997 年的指导方针[20]中，普遍服务的概念才被接受，认为普遍服务必须不断发展，跟上技术和经济变革的步伐，并将其定义为"根据具体国情，为所有用户以可承受的价格提供一系列具有特定质量的基本业务，该服务不受地理位置限制"。这与前一年美国颁布的电信法中的定义相一致，该电信法确定普遍服务是"由委员会根据电信信息技术与业务的发展而依法提出的一种逐步提升的电信业务水平"。当时，因为普遍服务的定义相当狭窄，这使得大多数会员国不需要政府补贴就能履行普遍服务义务，只有两个会员国（即法国和西班牙）例外，需要为普遍服务建立基金机制[21]。

1985 年，日本国有电信运营商 NNT 私有化，曾尝试直接在电话公司引入竞争，而不采用"三途径模式"[22]。由于竞争市场发展缓慢，所以到上世纪 90 年代后半叶，日本改变了电信市场规则，在新电信市场规则中引入了互联互通和分拆政策。

韩国的发展过程有所不同，但是本质是一致的。在 20 世纪 90 年代后半叶，经过历时 15 年的市场自由化和主导运营商私有化的实践，韩国政府制定了基于互联互通和分拆系统的机制。韩国政府还指定主导运营商（即韩国电信）提供普遍服务[23]。

当决策者采取一项政策，其执行过程以及执行成果可为其他产业和其他国家的政策制定者提供信息[24]。正如 Levi-Faur[25]指出，自上世纪 80 年代以来，国际管制变革一直在酝酿中，各个国家管制思想的广泛传播也加快了这种变革进程。在某些情况下，一个国家借鉴其他国家的管制变革需要根据环境不同进行适当调整；而在其他情况下，一个国家在管制上的解决方案可以被其他国家学习并复制[26]。例如，美国在电信领域一直引领潮流，其影响已超越了意识形态，成为其他国家开放市场的直接驱动力[27]。然而正如下一节所陈述的，所产生的结果却是自相矛盾的，那些国家受美国影响而采取了美国制定的政策，却获得了比美国本土更好的成果。

四、全球信息与通信技术使用水平

20世纪90年代的两个最具革命性的信息通信技术是移动电话和互联网。移动电话颠覆了个人通信和移动获取信息的规则，互联网则使得信息本身比以往任何时候更容易获得，互联网协议也正迅速成为所有传统通信模式（特别是那些使通信构成产业的模式，即语音和视频）的传输手段。将二十世纪前八十年中电话和电视扩散趋势与八十年代中期以来移动电话和宽带互联网的扩散趋势相比，应该可以得出一些有启发性的结论。

首先要提及的是其数量惊人。1960 年美国平均每 100 名居民有 27.3 部电话，相比之下，法国 8.4 部，德国 5.8 部，英国 6.9 部。这种差距一直持续到 80 年代。而后随着美国电话普及率接近饱和，以及欧洲邮电运营商公司化，差距才开始缩小。在二十一世纪初，韩国宽带互联网普及率已大幅领先。截至 2001 年，韩国平均每 100 人已有超过 16 人订购服务，而在美国和日本不到 5 人，英国和法国不到 1 人。截至 2007 年，美国落后于所有这些国家（见图 5-1）以及其他国家（见图 5-2），世界排名仅第二十四位。这些数字都源于国际电信联盟（ITU）的报告，报告中的数据是由各个国家上报得到的。近年来，美国对这种落差的主要认识是怀疑在接入水平上的统计不足[28]。

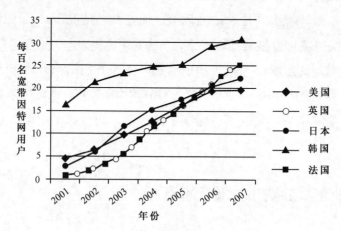

图 5-1　2001 到 2007 年宽带普及率发展趋势

资料来源：ITU

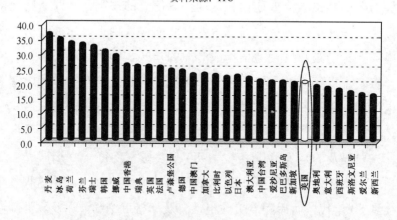

图 5-2　2007 年排名前三十的经济体的宽带普及率

资料来源：ITU

尽管移动电话是在美国发明的，但是根据一则欧盟报告[29]，截至 2006

年, 移动电话在欧盟的普及率已接近 93%, 有八个成员国已经达到 100%。截至 2008 年, 移动电话普及率在 30 多个欧洲国家已经达到 100%[30]。据一家美国研究公司估计, 在 2007 年末, 84% 的美国人拥有手机, 其中包括普通消费者、企业用户和双重使用者, 这一比率在 2013 年才会超过 100%。[31]

目前电信政策界正在辩论 LLU 是否促进宽带接入, 并可因此解释美国和其他国家之间在宽带普及率方面的差异。一项欧洲研究[32]认为, 美国的宽带市场正在形成主导电信运营商和有线电视网络运营商的双寡头垄断, 而 "LLU 和接入义务对整个欧洲发挥着重要作用, 并促使在缺乏基础设施可替代性的国家引入竞争, 最终达到高部署率"[33]。线路共享 (一种 LLU) 也被确定为日本国内 DSL 业务迅猛增长的幕后推手, 在 2000 年底日本引进线路共享后的短短三年内, DSL 用户数量从 15.2 万激增至 800 万人[34]。与此同时, 在韩国引人注目的突破性进展中, LLU 的作用却并不明显[35], 而是源于基础设施的激烈竞争, 以及由此导致的质高价廉的服务[36]。然而应当指出, 正如下面将要讨论的, 这种竞争的形成需要积极的政府干预。

显然, 管理 LLU 接入和定价需要集中管制手段[37]。有人认为, LLU 应该仅作为临时政策采用[38]。同时引进 "日落条款", 从而激发新进入者强有力的投资意向, 同时允许新进入者进入市场。这样新进入者可在开展竞争 (仅限于服务) 的同时获取新市场相关的重要知识[39]。另一些人则认为 LLU 可能阻碍基于业务的竞争, 而这种竞争是发展经济所需的[40]。"日落条款" 不会改善社会福利[41]。LLU 这一政策也会因为执行不力而彻底失败[42]。然而数据似乎对 LLU 政策的支持者有利, 而且相当令人印象深刻。Bauer, Berne 和 Maitland[43]得出结论, 欧盟对 LLU 采取了更为积极的政策, 这有助于解释为什么在欧洲不同地区会存在互联网接入水平的差异。Marcus[44]指出, 在 2003 年 8 月至 2004 年 7 月, 欧洲 1200 万新增互联网用户中,约有四分之一是接入竞争带来的。所以政府引入接入竞争是正确的,这里所谓接入竞争概括起来就是所有那些使得欧洲联盟实现 LLU 机制的方法,包括完全分拆线路、共享访问、比特流接入或简单的转售。Garcia-Murillo[45]断言,分拆对宽带业务的可获得性产生了重大而积极的影响,并有助于切实提高宽带在中等收入国家的部署,而不是高收入国家的部署。De Bijl and Peitz[46]得出如下结论,语音电话市场盈利水平低,所以 LLU 可能不能带来市场竞争,但"LLU 是新进入者的终端用户日后得到宽带服务的潜在可能途径,因为新进入者没有本地网络资源[47]"。Fransman[48]也得出结论,虽然分拆本身并不是市场表现的最终决定因素,但是不能排除它的影响。

Jeong-Yoo Kim、Sang Taek Kim 和 Dong-Ju Kim[49]认为,事实上,主导运营商或许可能从强制性 LLU 得到好处,因为拒绝竞争对手的请求可能会使对手迫不得已建立自己的设施,从而使主导运营商损失了租金收入。Gideon[50]则主张,正如一些经营者经常声称的那样,强制性分拆旨在降低成本,不损害创新性投资的积极性。她的判断得到一些同行的支持,像早期 Jeong-Yoo Kim、Sang Taek Kim 和 Dong-Ju Kim 的研究[51],最近的经合组织(OECD)数据也对这个观点有利。正如图 5-3 所示,全部宽带用户中,光纤连接所占比例最高的国家是日本、韩国和瑞典。所有这些国家都强制执行 LLU,普及率也显著高于美国。瑞典甚至考虑强制执行对其主导电话运营商进行结构性分离,这是一种极端的 LLU 政策。欧洲联盟报告指出,由于新的监管措施(尤其是针对定价的监管措施)以及新运营商对基础设施增加投资,共享线路和分拆式本地环路的市场在 2003—2004 年期间增加了 110%[52]。至于日本,2007 年 10 月纽约时报的报导中引用了一位日本分析家[53]的观点,认为日本显然是在"从长计议"。

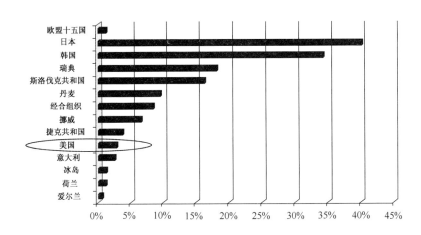

图 5-3　全部宽带用户中光纤连接所占比例
资料来源：OECD

五、政府在发展中的作用

我们已经积累了很多电信总体领域和宽带特殊领域的经验，关于如何通过竞争提高宽带普及率的新想法已经浮出水面。例如，Schechter[54]指出，如果用户拥有自己的本地环路，"实际上所有与定价和互联网互通相关的难题都会消失[55]"。当本地环路所有权问题仍然受到学术界最高关注时，另一种值得学术界和监管者注意的政策建议出现，它是更深层次的本地环路分拆，强迫实施本地环路从主导运营商母公司网络中的结构性分离。实际上，也有人诽谤享誉国际的概念"环协同"（"Loopco"），认为它的好处是有限的，并有"潜在的不利影响"，是一种"高风险的赌博"[56]，其风险大于它的好处[57]。然而，其他人则认为结构性分离很可能会带来更多创新，并不是一种干扰性管制[58]。

一些欧洲国家（以及欧洲联盟）的宽带普及率水平已经十分喜人。为了防止可能的观望态度，他们推出了促进本地环路结构性或功能性分离的政策，以便进一步提高宽带普及率。2007 年 8 月，欧洲联盟发言人宣布，英国监管机构为加强竞争提出的结构性分离有可能被其他欧洲监管机构和运营商效仿[59]。欧洲联盟采取的最终途径是不那么极端的功能性分离[60]，而其他会员国则遵循了英国的做法，并在网络元素之间进行不同程度的分离，以进一步推动竞争。这些国家包括在光纤渗透和部署上具有领先地位的瑞典[61]，以及在宽带领域相对落后于其他欧洲国家的意大利[62]。

为实现更高水平的宽带普及率，人们不断寻求创新的思想被根深蒂固于各种各样的制度，这些制度虽然涉及各个领域并在许多方面不同，但却拥有一个共同的信念，即政府凭借他们代表公众利益这一事实，拥有确定目标并采取措施来实现这些目标的权力。事实上，存在着虽不普遍也不鲜见的现象，即最发达国家的政府往往采用普遍适用的信息和通信战略。

韩国

这方面我们可以通过对韩国的研究得到更为清晰的认识。政府带领韩国从朝鲜战争破坏中复苏，并成功转变为工业经济，并在工业化建设的第一阶段发起了一个广泛的扫盲运动，在此过程中政府政绩卓著[63]。此外，政府还积极参与国家电信部门的发展和开放[64]。实行部分开放之后，韩国政府实施了更深入的渐进性的自由化政策[65]，并随着经济和国际环境的变化而经常适时调整[66]。事实上，政府是韩国采用下一代技术的主要驱动力，这是一致公认的。"韩国信息和通信长期战略作为一系列结构化程序中的一部分已经实施了20年，电信是ICT战略的一部分，在全国范围内实施统一政策[67]。"

宽带应用是该计划中的一个关键实例。韩国政府早在上世纪九十年代初期就制定了信息结构的规划蓝图，并将高速网络全覆盖设定为目标。政府投资并实施竞争政策，从而驱动这些早期目标的实现。原计划是到2015年完成光纤到户（FTTH）全覆盖，但后来根据其他技术的演进做了调整。尽管如此，韩国仍然在宽带应用上居世界领先地位，仍然在国际电信联盟的数字机遇指数（DOI）排名榜上独占鳌头。数字机遇指数 DOI 通过使用机会（可供性及可接入性）、基础设施（电话、互联网、计算机和手机设备普及率）和应用（使用和服务质量）等常规指标测量信息和通信技术在各国的发展（见图 5-4）。

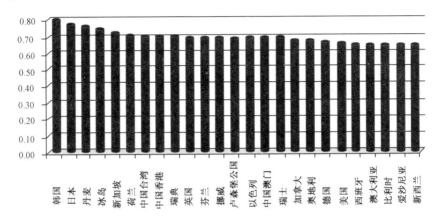

图 5-4 2007 年数字机遇指数

资料来源：ITU

尽管在信息和通信技术指标上领先世界，但是韩国在 2006 年又提出了另一具创新意义和雄心壮志的倡议，即"U-韩国总计划"，旨在使其成为世界上第一个"无所不在的社会"。该计划提倡建立一个基于 4U 的社会，在这个社会里，每个人都被"热情接纳"（普遍）和可以方便地使用服务（可用），同时，技术之间和谐互动（协调）以及新价值观念不断产生（升级）[68]。政府筹建了信息促进委员会，总理担任该委员会主席并亲自领导该项目。

日本

人们通常将韩国和日本归为一类称为亚洲超级大国，但是他们的发展道路已经明显不同：日本是一个传统意义上的先进工业经济体，而韩国则属于新兴工业化经济体（NIEs），同样的经济体还包括中国台湾、新加坡和中国香港[69]。然而，韩国和日本在经济上的成功都可以归因于国家干预政策[70]。

日本的自由化和私有化经历了与其他西方工业国家类似的历程，同样始于 20 世纪 80 年代[71]。上个世纪九十年代，数字技术为欧美国家电信政策带来了挑战，日本也受到同样的影响[72]。虽然日本最初落后于欧洲和美国，到 2005 年还没有提出适当的政策方向，但现在它已成为世界上宽带服务最便宜和发展最快的国家。日本获得这一主导地位归功于由政府控制中心 PTT 控制的权力集中和一项严格的开放准入政策[73]。如前所述，日本还拥有世界最高水平的光纤到户服务。

但是，日本的决策者并不会满足于既有的成绩而不思进取。 2001 年 1 月，内部事务和通信部发起了一项雄心勃勃的新战略，改变了已有信息和通信技术政策的目标。根据该计划，到 2005 年，日本将成为世界上最先进的 IT 国家。这项新政策被随即命名为 U-日本，目的是"实现任何人随时随地享受 IT 的社会 "，这是一个"无处不在的网络社会"[74]。

欧洲[75]

欧洲的政策制订也是随时不断调整的。欧洲联盟每两到三年都会重新审查和调整其政策，以应对不断变化的技术和市场状况。在 1988 年才推出第一个跨欧洲的自由化政策，但到 1990 年，欧洲联盟就认识到了信息部门和全球范围内经济竞争力的联系，并将它与自由化政策联系在一起。到 1993 年，欧盟规定 1998 年为全面开放语音电话的截止日期，为会员国和主导运营商的 PTT 提供了一个漫长的调整期[76]。1995 年 1 月，一本《电信基础设施和有线电视网络自由化绿皮书》出版，因此在当年 9 月，欧洲理事会敦促欧洲联盟委员会建立一个管制框架，并在 1997 年颁布实施了一系列指导方针。

颁布后的两年中，这个最初的欧盟管制框架不断地被评审[77]，在 2003

年，新管制框架最终确立，并成为一部法律[78]。新管制框架认定最急迫需要解决的问题是强制性本地环路分拆机制。早在 2000 年 12 月 31 日就通过了一项法律，要求电话主导运营商分拆他们网络。1998 年自由化的重点是语音电话，而到了 2003 年，管制的目的已经是加强互联网接入服务。

2006 年对管制框架[79]的审查工作旨在评估 2003 年管制框架的效率，是构建 i2010 的第一步，i2010 是另一个积极进取的电信政策，旨在促进信息和通信技术的接入和速度的提升。

这一连串欧洲联盟的活动并没让会员国无动于衷。如前所述，最领先和最落后的两个国家开始尝试不同层次的功能性和结构性分离，以进一步提高宽带普及率、速度及其接入。其他会员国，尤其是那些拥有很高普及率的国家，都为自己确定了宏伟的目标，如图 5-2 所示。如果亚洲的主题是无处不在，那么欧洲就是"所有人的信息社会"。因此，在 2003 年，在宽带普及率世界排名第九的瑞典，政府任命了 IT 政策策略小组。正如《宽带带动经济增长、创新和竞争》[80]中所规定的，该小组负责向政府提供意见，并作为实现"所有人的信息社会"[81]这一 IT 政策目标的推动力量，协同其他团体一同保持瑞典的"在 IT 领域的先锋地位"。战略小组设立了比瑞典国会[82]期望值更高的标准作为自己的使命，即为了发挥信息社会所有潜力，政策目标应该包括缩小数字鸿沟、实施一项电子民主和以既技术中立又保障未来的方式制定政策。该小组还在报告中强调了政府在缩小数字鸿沟中的重要保障作用。

法国位于世界排名第 11 位，在 2006 年宽带普及率已超过美国。2008 年 5 月也宣布了自己的目标，即 2012 年前实现"全民宽带"[83]。这项计划呼吁政府支持数字内容创作。这些举措可以被看作是类似欧洲联盟 i2010（促进经济增长和人民就业的欧洲信息社会）的战略，以加速建设先进宽带通信和在欧洲联盟内建立一个适应信息社会和媒体服务的、开放的、有竞争力的单一市场。欧洲联盟委员会 i2010 设定目标为：欧洲各地在 2010 年之前都可以使用高速宽带线路。与此同时，鼓励各会员国采用和实施国家宽带战略。正如以上讨论，各国目标不尽相同。

不属于欧洲联盟成员的欧洲国家也已设立类似的目标。挪威政府管理和改革部门给挪威议会发布了一份报告，题为"人人共享的信息社会"[84]，报告说明其在宽带普及率的领导地位（全球排名第 7 位），报告也指出："现任政府认为，那些通过推行政策而挖掘信息和通信技术潜力，并从中得到回报的国家都能成功地对付或减轻其不利影响，同时获得了比未能应对变革需求的国家更快的增长和更高的福利"[85]。报告提出其工作目标是到 2007 年底为所有挪威人提供宽带互联网连接，"并设立公共资金用来帮助将宽带推广至商业运作不可实现的地区[86]"。

六、美国怎么会落后？

这可能是不言自明的，促进宽带接入是为了国家利益，而不仅仅关乎公共和个人的利益。国际宽带发展趋势和宽带普及的数据检验非常明确地表明，当欧洲和亚洲正在大阔步前进的时候，美国这个曾经的监管先行者和互联网技术应用先驱正在渐渐落后。美国与他们的不同在哪里？美国可以从其他国家的经验中学习到什么呢？

当欧洲和亚洲的监管机构不断制定和调整政策，努力促进竞争、惠及消费者和为所有国民提供宽带接入的时候，美国监管机构却在法庭花了 9 年时间，仅仅是为了有效消除分拆制度[87]。这段时间，美国没有制订目标，也没有设定标准，因此未能推动宽带向农村和贫困地区部署。而亚洲和欧洲各国政府不但制定了这方面的具体明确的计划，而且确定了雄心勃勃的目标拟在不久的将来实现普遍连通性。这导致美国失去了全球霸主地位。

关于促进竞争政策，欧洲和亚洲的政策只针对本地环路，并只要求对本地环路进行分拆，而美国法律要求强制分拆 FCC 认为应该分拆的所有网络元素。当欧洲国家委托自己的监管机构确定是否主导运营商有着"重要市场力量"进而确定应该分拆的网络元素时，美国法律则先规定应该分拆的主导运营商，然后授权监管部门确定应分拆哪些元素。由于方式上的差异，在与主导运营商利益相冲突的情况下，欧洲能够通过小巧、分散的管理机构制定促进竞争的政策。集权"管制"是为了服务公共利益和加快先进技术的渗透，而美国的方法则一直停滞不前。

即使人们期望取消分拆要求可以加速光纤到家庭的部署，但是美国的表现一直令人失望。至 2003 年，光纤提供者被免除了分拆义务[88]；至 2004 年，多用户居住单元也被免除了分拆义务[89]。但是，正如图 5-3 所示，美国远远落后于其他对光纤部署采取更严格竞争机制的国家。

2008 年 6 月，FCC 起草了一项战略计划草案，从中我们可以领略美国电信政策的危机程度[90]。亚洲和欧洲的战略计划提出了具体目标和时间表，FCC 却从不提供类似信息。正如在该计划中所描绘的那样，FCC 的远景是"所有美国人都应该以负担得起的价格得到强大、可靠的宽带产品和服务"，进而得出的目标是"委员会应当提升所有美国人的宽带服务可得性"。显然，根本没有提及详细信息。

七、结论

以上关于宽带部署的文献回顾已经指出了国家政策辩论中的两个关键问题：1）市场导向的政策比国家主导的政策更好吗？2）宽带是公共物品还是消费品？实际上，没有适用所有类型政治文化系统或适用所有类型宽带服务的答案。但是，沿着这些线索可能有助于外界观察者至少了解一些美国通信帝国衰退的原因。

本章表明在宽带发展政策上，美国和其他国家存在差异，可以归因于对上述两个基本问题的不同看法。如果说日本、韩国和欧洲联盟不理解市场在部署通信技术中的作用，或者说他们不明白使消费品具有吸引力的方法，这些都未免夸大其词。同时，如果说美国政策决定者已经放弃了政府在促进发展国家通信网络（公共物品）中的作用，这却基本属实。

亚洲和欧洲的政策考虑到可以利用公共和私人利益交叉促进国家利益。因此，这些政策一方面包括技术中立，同时另一方面也包括公平竞争原则的坚决贯彻执行。他们把宏大的国家目标和时限结合在一起，同时鼓励创新，并确保平等。美国政策却恰恰相反，倒向一边：严重受公司利益的影响，在其所有目标中，唯独放弃了"为所有公民提供公平服务"这一目标。而最令人不安的是，它使政府逃避了为所有人确保通信的责任。

平衡必须打破，我们需要的是一种在公有和私有、消费者和公民以及市场和政府之间保持巧妙均衡的能力。正如其他国家已经表明的那样，打破这种平衡对政策的成功实施是至关重要的。

注释：

1. 本文参考 2009 年在美国出版的由 Amit M. Schejter 主编的《. . . And Communications for All》一书中的第四章（International Benchmarks: The Crisis in U.S. Communications Policy through a Comparative Lens），本文经由作者修订、扩展和更新并同意在中国再次翻译出版。该文章经由白如雪和张彬翻译。

2. Amit M. Schejter 博士是宾夕法尼亚州立大学通信学院副教授和信息政策研究所主任。他的研究主要集中于制度和技术的关系（看制度是如何跟进技术的变化），重点研究社会不平等以及由此带来的通信畸形发展，并从理论上解释有利于公平的政策制定方法。他的研究被广泛刊登在通信和法律期刊上，观点曾在国会和以色列国会的听证会上引用。他对以色列、美国、韩国和欧盟等国家在电视、电缆、因特网、移动电话以及数字化等方面面临的挑战进行了研究，并做了跨国比较。他的履历很丰富：在以色列的电信行业担任过 10 年的高级执行官；先后又担任过以色列公共广播的总顾问、以色列最大运营商的副总裁等。另外，他还参加了各种公共委员会，还被委任过主席职位；为以色列和巴勒斯坦民族权力机构的媒体和电信企业做过顾问；出任过特拉维夫大学的副教授。他的书籍包括《The Wonder Phone in the land of Miracles》（与 Akiba Cohen 和 Dafna Lemish 合著，2008 年出版）和《Muting Israeli Democracy》（同样与 Akiba Cohen 和 Dafna Lemish 合著，2008 出版）。

3．Claude S. Fischer, "The Revolution in Rural Telephony: 1900-1920," Journal of Social History 21, no.l (1987): 5-6.

4．Krishna P. Jayakar, "Local Exchange Competition in Early U.S. Network Development: Considerations for Developing Countries," Telecommunications Policy 23 (1999), 375-87.

5．A. N. Holcombe, Public ownership of Telephones on the Continent of Europe (Cambridge, MA: Harvard University Press, 1911), ix.

6．Marie Anchordoguy, "Nippon Telegraph and Telephone Company (NTT) and the Building of a Telecommunications Industry in Japan," The Business History Review 75, no.3 (2001): 507-41.

7．这是一起 Hush-A-Phone 公司因为一种电话机的销售与 AT&T 之间的法律诉讼。FCC 最后认为，只要不对公众造成危害，电话公司不能限制用户使用什么样的设备。法院的决定，实际上打开了用户设备市场竞争的一扇窗户。

8．从 1968 年开始，美国联邦通信管理委员会 FCC 决定 AT&T 不再有垄断电话终端设备的资格。这就是所谓的 Carterfone 决定。

9．1978 年，美国联邦通信管理委员会 FCC 允许联合微波通信公司 MCI 自由进入本地电信市场。

10．1980 年 FCC 完成第二次电脑调查，将电信业务分为两类，一类为基础业务，另一类为增值业务。

11．在这里，运用"消费者"而不是公民是刻意的，因为我们所描述的是引入竞争形成市场机制的过程。确实，正像我在后面将会明确的那样，大众接受的 "消费者第一"等固有观念也带来了政策的局限性。

12．Milton Mueller, Universal service (Cambridge, MA: MIT Press, 1997).

13．MCI Communications Corporation and MCI Telecommunications Corporation v. American Telephone and Telegraph company, 708 F.2d 1081 (Seventh Cir.) (Cert. denied).

14．Amit M. Schejter, "From All My Teachers I Have Grown Wise, and From My Students More Than Anyone Else': What Lessons Can the U.S. Learn from Broadband Policies in Europe?" International Communication Gazette（forthcoming）.

15．Robert Cannon, "The Legacy of the Federal Communications Commission's Computer

Inquiries," Federal Communications Law Journal 55, no.2 (2005): 168-206.

16. Kenji Kushida and Seung-Youn Oh, "The Political Economies of Broadband Development in Korea and Japan," Asian Survey 47, no.3 (2007): 481-504.

17. Shin Cho, Byung-il Choi, and Seon-Kyou Choi, "Restructuring the Korean Telecommunications Market: Evolution and Challenges Ahead," Telecommunication Policy 20, no.5 (1996): 357-73.

18. Official Journal L 199, 26/07/1997, 32-52, europa.eu. int/ISPO /infosoc/telecompolicy/ en/dir97-33en.htm.

19. Nicholas Garnham, "Universal Service," in Telecom Reform: Principles, Policies and Regulatory Practices, ed. W. Melody (Lyngsbury: Technical University of Denmark, 2001), 199-204.

20. Official Journal L 199, 26/07/1997, 32-52, europa.eu. int/ISPO /infosoc/telecompolicy/ en/dir97-33en.htm.

21. Maria Michalis, "The Debate over Universal Service in the European Union: Plus ca Change, Plus c'est la Meme Chose:" Convergences, no.2 (2002): 80-98.

22. Hidenori Fuke, "The Spectacular Growth of DSL in Japan and its Implications," Communications and Strategies 52, no.4 (2003): 175-91.

23. Chang-Ho Yoon, "Liberalization Policy, Industry Structure and Productivity Changes in Korea's Telecommunications Industry," Telecommunications Policy 23 (1999): 289-306.

24. David Lazer, "Regulatory Capitalism as a Networked Order: The International System as an Informational Network," Annals of the American Academy of Political and Social Science 598 (2005): 52-66.

25. David Levi-Faur, "The Global Diffusion of Regulatory Capitalism," Annals of the American Academy of Political and Social Science 598 (2005): 12-32.

26. Zachary Elkins and Beth Simmons, "On Waves, Clusters, and Diffusion: A Conceptual Framework," Annals of the American Academy of Political and Social Science 598 (2005): 12-32.

27. See Yoon, "Liberalization Policy"; Kushida and Oh, "Political Economies".

28. 正如前面说明的那样，例如，David Gross（美国国际通信和信息政策调解员和经合组织的总秘书）在其官方信件中为经合组织宽带普及率调查结果争辩，引用了这样的"事实"：美国是全世界拥有最多的因特网和宽带用户以及 Wi-Fi 热点的国家。见：www.state.gov/documents/organization/86519.pdf。

29．www.fabtech.org/content/view/1278.

30．Directorate-General for the Information Society and Media (2008)。E-Communications Household Survey（can be accessed at ec.europa.eu/public_pinion/archives/ebs/ebs_293_full_en.pdf).

31．www.snl.com/press/20070823.asp.

32．Arnold Picot and Christian Wernick, "The Role of Government in Broadband Access," Telecommunications Policy 31 (2007): 660-74.

33．See Picot and Wernick，"Broadband Access"，672.

34．See Fuke "Spectacular Growth"．

35．See Picot and Wernick，"Broadband Access"．

36．Heejin Lee，Robert M. O'Keefe and Kyounglim Yun，"The Growth of Broadband and Electronic Commerce in South Korea: Contributing Factors," The Information Society 19 (2003): 81-93.

37．Maria Michalis，"Local Competition and the Role of Regulation: The EU Debate and Britain's Experience," Telecommunications Policy 25 (2001): 759-76.

38．Chris Doyle，"Local Loop Unbundling and Regulatory Risk:"，Journal of Network Industries l (2000): 33-54.

39．Kostis Christodoulou and Kirlakos Vlahos, "Implications of Regulation for Entry and Investment in the Local Loop," Telecommunications Policy 25 (2001): 743-57.

40．Marc Bourreau and Pinar Dogan, "Service-Based vs. Facility-Based Competition in Local Access Networks," Information Economics and Policy 16, no.2 (2004): 287-306.

41．Marc Bourreau and Pinar Dogan, "Unbundling the Local Loop," European Economic Review 49 (2005): 173-99.

42．Pablo T. Spiller and Ulset, Svein, "Why Local Loop Unbundling Fails?"(paper presented at the Nordic workshop on Transaction Cost Economics in Business Administration, Bergen, Norway, 20-21 June 2003), mora.rente. nhh.no/conferences/TCEWorkshop2003/papers/UlseteeSpiller.pdf (8 July 2008).

43．Johannes Bauer, Michel Berne and Carlene Maitland, "Internet Access in the European Union and in the United States," Telematics and Informatics 19, no.2 (2002): 117-37.

44. Scott J. Marcus, "Broadband Adoption in Europe," IEEE Communications Magazine, 2005, www.comsoc. org/cillPublic/2005/apr/(8 July 2007).

45. Martha Garcia-Murillo, "International Broadband Deployment: The Impact of Unbundling:

Unbundling Facing New Challenges," Communications and Strategies 57 (2005): 83-105.

46. Paulw J. DeBijl and Martin Peitz, "Local Loop Unbundling in Europe: Experience, Prospects, and Policy Challenges," Communications and Strategies, no.57 (2005): 33-57.

47. De Bijl and Peitz "Local Loop Unbundling," 54.

48. Martin Fransman, Global Broadband Battles: Why the U.S. and Europe Lag While Asia Leads (Stanford, CA: Stanford Business Books, 2006).

49. Jeong-Yoo Kim, Sang Taek Kim, and Dong-Ju Kim, "Local Loop Unbundling and Antitrust Policy," Information Economics and Policy 12 (2000): 393-412.

50. Carolyn Gideon, "Technology Policy by Default: Shaping Communications Technology Through Regulatory Policy," in Shaping Science and Technology Policy: The Next Generation of Research, ed. D. Guston and D. Sarewitz (Madison: University of Wisconsin Press, 2006), 256-72。

51. 同注释 47。

52. Tenth Report on European Electronic Communications Regulation and Markets can be accessed at europa.eu/scadplus/leg / en/lvb/l24217e.htm, accessed on 22 August 2006.

53. NKen Belson, "Unlike U.S., Japanese Push Fiber Over Profit," New York Times, 3 0ctober 2007。

54. P. B. Schechter, "Customer ownership of the Local Loop: A Solution to the Problem of Interconnection," Telecommunications Policy 20, no.8 (1996): 573-84.

55. Sdiechter, 584.

56. Martin Cave, "IS LoopCo the Answerer," Info: The Journal of Policy, Regulation, and Strategy for Telecommunications 4, no.4 (2002): 25-31.

57. Patrick Xavier and Dimitri YPsilanti, "Is the Case for Structural Separation of the Local Loop Persuasive?" Info: the Journal of Policy, Regulation, and Strategy for Telecommunications 6, no.2 (2004): 74-92.

58. Cadman, Richard and Helen Carrier, "Market Structure and Innovation in the Telecommunications Sector: A Framework for Assessing the Impact of Structural Separation of the Incumbent," Info: The Journal of Policy, Regulation, and Strategy for Telecommunication, 4, no.6 (2002): 9-15.

59. Laitner, Sarah and Philip Stafford, "EU Drops a Broadband Bombshell," The Financial Times, 30 August 2007.

60. Morgan, Kevin, "The European Debate About Structural Separation: Possible Implications

for Australia," Telecommunications Journal of Australional Encyclopedia of the Social and Behavioral Sciences, eds. N. Smelser and P. Bates (Amsterdam: Elsevier, 2004), 3957-62.

61．www.telecompaper.com/news/Printartide.aspx?Id=199782&yr=2008.

62．www.marketwatch.com/news/story/regulator-wants-more-powe...73-BOED-7D6F88A29B0C%7d&siteid=aolRss&Print=true&dist=printTop.

63．V. Chibber and D. Guthrie, "East Asian Studies: Economics," in International Encyclopedia of the Social and Behavioral Sciences, eds. N. Smelser and P. Bates (Amsterdam: Elsevier, 2004), 3957-62.

64．Eun-Ju Kim, "Telecommunications Development in the Republic of Korea: Alternative Model," Telecommunications Policy 17, no.2 (1993): 118-38.

65．See Yoon, "Liberalization Policy".

66．Dal Yong Jin, "Political and Economic Processes in the Privatization of the Korea Telecommunications Industry: A case Study of Korea Telecom, 1987-2003," Telecommunication Policy 30 (2006): 3-13.

67．Simon Forge and Erik Bohin, "Managed Innovation in Korea in Telecommunications—Moving Towards 4G Mobile at a National Level," Telematics and Informatics 25 (2008): 292-308.

68．U-Korea Policy: www.ipc.go.kr/ipceng/policy/enews_view.jsp?num=2146.

69．See Chibber and Guthrie, "East Asian Studies: Economics".

70．Dwight H. Perkin, "There Are At Least Three Models Of East Asian Development," Word Development 22, no.4 (1994): 655-61.

71．Hajime Oniki, Tae Hoon Oum, Rodney Stevenson, and Yimin Zhang, "The Productivity Effect of the Liberalization of Japanese Telecommunication Policy", The Journal of Productivity Analysis 5 (1994): 63-79.

72．Mitsuo Igarashi,"Outlook on the Second Reform of Info-Communication in Japan", Japan and the World Economy 9 (1997): 431-39.

73．Takanori Ida,"The Broadband Market in Japan", in Japanese Telecommunications: Market and Policy in transition, ed. R. Taplin and M. Wakui (London and New York: Routledge, 2006), 37-64.

74．U-Japan Policy : www.soumu.go.jp/menu_02/ict/u-japan_en/new_outline01.html.

75．A major part of this analysis appears in A. Schejter (forthcoming), "From All My Teacher."

76．Leonard Waverman and Esen Sirel, "European Telecommunication Markets on the Verge of Full Liberalization," Journal of Economic Perspectives 11, no.4 (1997): 113-26.

77. See 1999 Communication Review (europa.eu.int/ISPO/infosoc/telecompolicy/review99/com2000-239en.pdf, accessed on 21 August 2006).

78. 2003 年监管框架总体介绍可以参见：europa.eu.int/information_society/topics/telecoms/regulatory/new_rf/text_en.html#Introduction，访问于 2006 年 8 月 21 日。构成新框架的五个独立规章是欧洲议会的 Directive 2002/21/EC，以及 2002 年 3 月 7 日召开的理事会通过的电子商务网络和服务总监管框架：OJ L 108/33, 24.4.2002 (又称 "the Framework Directive")；欧洲议会的 Directive 2002/19/EC，以及 2002 年 3 月 7 日召开的理事会通过的电子通信网络和相关设备的接入和互联互通监管框架：OJ L 108/7, 24.4.2002 ("Access Directive")；欧洲议会的 Directive 2002/20/EC，以及 2002 年 3 月 7 日召开的理事会通过的电子通信网络和服务授权的监管框架：OJ l 108/21 ("Authorization Directive")；欧洲议会的 Directive 2002/22/EC，以及 2002 年 3 月 7 日召开的理事会通过的普遍服务以及电子通信网络和服务相关的消费者权利的监管框架：OJ l 108/51, 24.4.2002 ("Universal Service Directive")；欧洲议会的 Directive 2002/58/EC，以及 2002 年 7 月 12 日召开的理事会通过的电子通信行业中的个人数据管理和隐私保护的监管框架 ("Data Privacy Directive")。

79. COM(2006)68 final, Brussels, 20.2.2006.

80. www.sweden.gov.se/download/9a39e612.pdf?major=1&minor=76048&cn=.

81. 见《宽带带动经济增长、创新和竞争》的第 7 页。

82. 见《宽带带动经济增长、创新和竞争》的第 11 页。

83. www.telecompaper.com/news/printarticle.aspx?cid=621337.

84. www.regjeringen.no/upload/FAD/Vedlegg/ikt- politikk/stm17_2006-2007_eng.pdf.

85. 见《宽带带动经济增长、创新和竞争》的第 3 页。

86. 见《宽带带动经济增长、创新和竞争》的第 20 页。

87. See FCC decision,hraunfoss.fcc.gov/edocs_public/attachmatch/FCC-05-150A1.pdf, and accompanying news release,hraunfoss.fcc.gov/edocs_public/attachmatch/DOC-260433A1.pdf.

88. hraunfoss.fcc.gov/edocs_public/attachmatch/DOC-231344A1.pdf,and hraunfoss.fcc.gov/edocs-public/attachmatch/FCC-03-36A1.pdf.

89. hraunfoss.fcc.gov/edocs_public/attachmatch/FCC-04-191A1.pdf.

90. www.fcc.gov/omd/strategicplan/.

第六章　有线宽带竞争和投资[1]

Marvin Ammori[2]

内容提要： 在过去十几年中，美国放弃了鼓励竞争的管制政策，其结果就是本地电话主导运营商和主导当地有线电视的垄断运营商之间的竞争是有限的，或者说是无效。这些被遗弃的政策包括"分拆"以及其他"开放接入"和"批发接入"等政策。实际上，这些政策有助于新进入者完成过去几乎不可能完成的事业，白手起家，从服务一个客户到建设完整本地网络，同时还能够与老牌主导运营商进行竞争。本章说明如何在美国增加私有投资，如何鼓励竞争、建设有线网络，以提供开放、高速的互联网或宽带接入服务。包括为确保强劲宽带竞争局面，建议重新贯彻分拆和批发接入政策，而且还要加强贯彻力度。

一、引论

在有线宽带业务领域中引入刺激竞争的政策，将会加大投资额，改善网络基础设施，降低价格，促进创新，以及提高宽带普及率[3]。如今每一个美国人平均有一到两个宽带接入选择，速率在2～8Mbps。本章提出的政策建议将确保美国人在四年时间内可以获得多样化的、竞争的、可扩展的和负担得起的连接，在美国大城镇提供至少100 Mbps的对称速率；

十年内，这一可扩展的基础设施应能提供对称的、竞争的、光纤到户的连接，提供不低于 1 000Mbps 的速度。

在过去十年中，美国放弃了鼓励竞争的管制政策，其结果就是本地电话主导运营商和主导当地有线电视的垄断运营商之间的竞争是有限的，或者说是无效。这些被遗弃的政策包括"分拆"（这项政策能够使市场新进入者租赁主导运营商的部分有线网络，为自己的客户提供服务）以及其他"开放接入"和"批发接入"政策（允许新进入者以批发价格购买网络容量并以零售价格转卖给最终用户的政策）。这些政策有助于新进入者完成过去几乎不可能完成的事业，白手起家，从服务一个客户到建设完整本地网络，同时还能够与老牌的、有足够能力建设自有网络、从不担心竞争、并享有投资回报率保障的主导运营商进行竞争。虽然主导运营商认为分拆及类似政策是注定要失败的，而来自其他国家的证据表明，事实并非如此。

由于放弃了促进竞争的政策，美国失去了在互联网渗透方面的世界领先地位。现在我们的全球竞争者一方面已经超越我们，另一方面，已经成功地采用了促进竞争的政策。例如，OECD 三十个国家中的二十八个国家已经采取了分拆政策[4]。这些国家的运营商积极投资，因而可以提供更高速率、更大容量、更便利、零售价格更低的网络。所以为了同样的网络连接速率，一个生活在纽约的人需要比生活在巴黎的人每月多支付一百美元，而且能够选择的公司数目也少得很多。[5]

为了解决这一问题，本章提出几点建议，包括为确保强劲宽带竞争局面，建议重新贯彻分拆和批发接入政策，而且还要加强贯彻力度。无线政策、地方竞争与投资以及合作等这些问题也是非常重要的，但这些将在其他章节讨论[6]。本章只关注自由竞争。

二、投资和竞争

所有美国人都应该能够以多种的方式、富有竞争力的价格得到高速、中立、系统化的网络接入[7]。与公路、运河、卫生设施和公共教育机构类似，提供因特网功能的网络应该属于基础设施。这些基础设施有着多种用途并为国家的经济和民主做出各种贡献[8]。与大多数政府提供的基础设施不同，通信服务是由自由竞争的市场提供的。政府可以且必须通过适当构造这些自由竞争市场，保证市场竞争是有效的，且符合既定的社会目标。本章提出的建议致力于解决与自由市场相关的两个问题：投资匮乏和竞争无力。

首先涉及投资问题。即便是在我国最大城市，宽带容量和速度也落后于很多全球竞争对手，包括日本，韩国，法国和英国。我们的农村部署（几千万家庭没有有线网络）、应用（近半数人口没有宽带接入）、价格（我们为每兆比日本多付出大约 20 倍的费用）[9]以及网络容量和速度（我国一半的网络所能提供的连接速率在任何一个地方都不超过 2.5Mbps）等方面也都已经落后。当然，这与美国国情有着很大的关系，因为美国有着大量的农村人口[10]，而且贫困率也相对较高[11]。但是，即便是生活在美国最大城市中的富有人群也没有得到像在东京、首尔和巴黎一样规模的宽带基础设施。

为此，我们需要建设能够入户的光纤网络。我们不应该限定所采用的技术，而应该设置目标，努力确保多种不同的技术都可以用来实现这些目标。中期目标应该是技术中立的。在四年时间内，美国人可以以有竞争力的、负担得起的价格，在美国最大的城市和城镇，得到至少 100 Mbps 的对称速率的连接。依据瑞典通信监管者所述，瑞典应用电话通信"光纤到大楼"技术辅以同轴电缆技术可提供 100Mbps 的连接，以及应用

"光纤到路边"技术可提供 40Mbps 的连接。40Mbps 远高于美国现有平均速率，并且这种速率应该是美国普遍的连接速率[12]。如果有线电视公司停止将几乎所有的容量[13]（有人估计为总容量的 124/125）和货币投资提供给电视服务，而开始划分更多的容量和资金给用户需要的开放式宽带，那么有线电视技术可以提供 40Mbps 的速率[14]。

长期目标则应该是建立一个几乎可以无限升级的开放式网络，所能提供的对称速率将远大于 100Mbps。现在能够满足这一目标的唯一技术就是光纤到户，可以提供的连接速率达到 1 000Mbps 或以上[15]。虽然部署费用高（部分原因是铺设线路费用高），但一旦建成后光纤维护和升级费用却比其他技术少[16]。事实上，在网络的任一部分进行光纤投资，都可以提高网络的容量和适应性，从而有助于实现目标[17]。由于光纤的诸多益处，以及光纤的几乎无限可扩展性，政府政策应当鼓励光纤到户的建设，但是同时也应该对其他技术开放[18]。

其次，我们不仅缺乏世界级的网络，我们还缺乏宽带服务提供商间的竞争性选择。使用拨号业务时，消费者拥有相当多的拨号因特网服务提供商（ISP）可供选择。借鉴传统电话公司的这种规则，消费者应该可以选择（或拨号）非本地电话公司使用其提供的服务，如美国在线（America Online）、地球连线（Earthlink）、Juno、NetZero 和数百个小本地 ISP 中的任一公司。然而，对于宽带服务，消费者通常只能选择那些本地垄断电话或有线电视公司下属的 ISP，这是因为法律没有要求任何一家垄断公司为竞争 ISP 公司提供接入[19]。大多数企业只能接入电话网络。其他方式提供的宽带（如卫星、无线移动电话、无线本地环路或者通过电力线）订购数量很少，因为这些连接方式不是太慢就是太贵，或者完全无法连接[20]。例如，卫星和电力线方式合在一起总共占不到 1%的市场份额。这样，垄断有线电视和电信公司为大约 99%的居民提供宽带连接[21]。无论竞争是怎样定义的，只存在两个（或者一个）公司就是高集中度市场。当进入壁垒高又没有政策强制他们向新进入者开放市场时，情况更是如此[22]。

我们同样需要通过分拆和开放式连接的方式，将竞争引入到电话和有线电视这两个平台[23]。竞争应该提供消费者更多的选择、更低的价位、更大的实用性、更多样的产品、更少的无谓损失以及更多的投资[24]。

三、历史背景

在过去的十年中，美国错误地放弃了一些促进竞争的重要政策。在现在通信历史上最具重要意义的立法事件就是 1996 年的电信法，这部法是在 1934 年通信法的基础框架上修改颁布的。1996 年电信法旨在推进互联网和其他双向技术的发展。1996 年电信法的第 706 条授权 FCC 和各州管理委员会为了所有美国人都能够得到"先进通信能力"或宽带，"鼓励合理、及时地部署基础设施"。法案中的另一条例规定，"美国要依靠政策……促进因特网的持续发展"，"保护现有充满活力和竞争的自由的因特网市场"，以及"鼓励发展允许用户控制所接受信息的技术。这里指的用户可以是使用因特网和其他交互计算机服务的个人、家庭和学校[25]"。

这部法案试图通过几个途径促进本地电话网络的竞争，特别值得一提的是，所提及的途径中有实施分拆（或者强制出租网元），同时还有批发接入数据[26]。

国会将关于分拆的几乎所有具体事宜交予 FCC 全权负责。FCC 必须确定哪些网元将被分拆（如果新进入者不能接入这一网元，其提供服务的能力将会被"削弱"）和以什么价格分拆（FCC 定价的指导方针是"依据提供该网元需要耗费的成本定价，而不是参考利润率或者其他现行比率"制定价格）[27]。而且，国会并没有特别说明如果一个有线电视公司提供因特网服务时，有线电视设备是否必须被分拆。

分拆被认为是竞争所必需的，因为为社区首批用户铺设线路的费用是非常高的，而后为每一个新增用户提供服务的费用却非常小[28]。如果没有分拆，即使新进入者想为社区内一个顾客提供服务时，该企业还是要进行大量投资以使自己可以为该社区所有用户提供服务，即便该社区大部分成员已经得到服务。对于网络而言，这并不稀奇，但是对于其他商品来说这样的成本结构是不寻常的。例如，设想一个农民不能向任何个人出售农产品，直到拥有足够为市场中的所有顾客提供的农产品，即使这些顾客中的大多数已经与其他农民签订了合同。

分拆可以改变这种成本结构，它使得新进入者可以只建设一部分网络，其他网络则可以靠租用已有网络（通常建造这一部分网络成本特别高昂），从而为自己的用户提供服务[29]。就像农民可以只种植预期要卖掉的农产品，新进入者就以这种方式逐步地追加投资和扩大生产。耗资最大的部分通常是所谓的"本地环路"——将网络提供者的本地"中心局"与每个驻户相连的网络的"最后一公里"。分拆政策的经济含义是新进入者将通过提供全新和改进的服务获得一定数量的消费者，并随着消费者数量的增多，新进入者将租用越来越少的网元，转而投资基础设施建设，开展全方面的竞争[30]。

四、分拆能起作用吗？

分拆在美国是失败的，或者更确切地说，从未被真正推行过[31]。致使在1996年法案生效的十余年间，本地网络间仍然没有什么竞争。

分拆政策的反对者认为分拆政策必然失败，因为它通过定价和其他接入方法控制竞争，而这种促进竞争的方法是不可行的[32]。他们说，分拆是不可能执行的，因为它要求主导运营商与新进入者共同努力，但是激烈竞争的对手怎么会合作？他们认为分拆还会进一步减少投资和竞争。

主导运营商将不再投资，因为他们必须要将投资成果按一个确定的基于成本的比率与竞争对手共享，新进入者也将不会投资，因为他们总在等待主导运营商去创新，而后租用这些创新成果。关于竞争，批评者认为，唯一可持续的竞争是基于基础设施的竞争，而分拆将推迟这种竞争，因为竞争对手可以共享主导运营商的基础设施[33]。

他们认为，更为重要的是（甚至在原则上）竞争的增加会降低投资和消费者福利。因此，他们需要某种确定的"投资回报"收益，而任何会削减他们利润的措施（从网络中立原则到竞争）都会减少他们的投资意图[34]。

但是市场势力和确定回报并不会激励投资。依照基础经济学，市场势力使企业减少输出，通过人为短缺来提高产品价格，从而增加利润。市场势力也会减少对创新的投资。没有激烈的竞争，企业缺乏将利润再次投资到创新或者响应消费者需求的意愿。确实，美国宽带市场有着所有集中市场的特征：高价位、低利用率、缺乏创新。此外，电话和有线电视公司已经有着丰厚的利润。例如，Comcast 在宽带服务上的利润率为80%，是石油和制药公司利润率的五到十倍[35]。对利润率的威胁将迫使主导运营商进行投资和降低价格，而新进入者必须投资和创新，从而超越主导运营商的既定收益。

今天，电话和有线电视主导运营商并没有受到分拆制度的有效控制，而且他们很少投资[36]，投资金额少于曾经受到分拆影响的时期[37]。没有竞争，电话公司会推迟开展 DSL 服务，有线电视公司会缓慢升级[38]。除了1999—2000 年（这期间是这些公司面临竞争的时间），在 15 年间资本消耗几乎持平[39]。

相比之下，竞争政策通常被证明是有效的，其中分拆在很多全球竞争对手那里也被证明是有效的。1996 年以后，主导运营商致力于取消美国分拆政策，而克林顿管理下的美国贸易代表则鼓励其他国家采取分拆政策，这些国家都已实施分拆政策。一些由消费者团体、学术界、新进入者以及欧洲和其他国家政府权威的研究都已验证，分拆会增加全球宽带竞争和投资[40]。

举例而言，日本光缆铺设几乎是普遍覆盖的，他们提供富有竞争力的 100Mbps 接入，而且每兆价格是美国同速率价格的四分之一[41]。法国的宽带市场也有竞争，法国宽带提供 50～80Mbps 的接入，而且竞争者们得到的利润足够支付自身网络建设经费。一家法国新进入者将 DSL 产品渗透达到 15%的区域作为目标，并试图通过加大投资将 DSL 用户转变成光纤用户[42]。

五、为什么分拆在其他地方有效而在美国失败了呢？

并不是分拆注定要失败，而是主导运营商在努力阻挠这个政策。了解其中原因有助于制定促进有效竞争的方案，也有助于反驳类似分拆失败是由于美国自身内部经济机制造成的观点。

主导运营商在国会、法院、FCC、学术界和其他地方抵制竞争。检讨过去，我们可以从政治党派、主导运营商、新进入者、法官和委员们在事态发展过程中所犯的错误中汲取教训。

六、国会：未能明确分拆细节

在 1996 年法案中，未能定义关于分拆的诸多重要细节，使得 FCC 和法院在没有国会清晰定义的条件下开展工作，带来了很多纠纷。Antonin Scalia 法官曾写到："总体上，我们可以含蓄地说，1996 年电信法并没有给出一个清晰的模式，在很多重要的方面，该模式都是模糊的，甚至是自相矛盾的[43]"。结果，产业集团一遍又一遍地与 FCC 针对一些细节问题进行争论[44]，并可以通过法院提出争议拖延最后的裁定，因为行政管理机构显然比国会更严格按照司法标准行事[45]。拖延对主导运营商是有益的，因为新进入者不能轻而易举地产生利润，并且资金来源更加不稳定。另外，拖延可以避免社会舆论的转移，防止偏向新进入者使其从中获利。尽管 FCC 是一个专业部门，可以处理大多数技术细节问题，但是国会有太多未被处理的问题，所以在整个发展过程中，新进入者处于劣势地位，而这使主导运营商获益匪浅。

（一）主导运营商的诉讼

当 FCC 采纳网元拆分的判断原则时，主导运营商则到处游说，并在第八巡回法庭得到了顺和自己意愿的裁定，这一裁定后来被最高法院驳回[46]。FCC 还设定了分拆费率，却同样被主导运营商在最高法院质疑[47]。每次 FCC 试图执行关于分拆的国会意图时，电话公司都会出来阻挠[48]。与此同时，有线电视公司也在游说 FCC 不要按照电信业务来规制有线电视宽带业务（因为电信业务受到分拆和开放式接入的限制），并相应地在试图执行该规制法案的城市进行诉讼[49]。特别是"放松管制"特区环路公司（DC Circuit）之后，法院否决了很多 FCC 的决定。当 FCC 试着为分拆确立全国批发价格时，却因为管制涉及面过宽而被制止。当把确立批发价格事宜转交到各州，以便建立更适合当地情况的各自的批发价格时，又因不能转交给各州而被制止[50]。最后，特区环路公司有效地瓦解了 1996 年电信法的分拆制度。事实上，FCC 因为执行 1996 年电信法而受到法院判决达 37 次[51]。除此之外，还有很多 FCC 重要规定在法律禁地搁置数年之久[52]。

（二）主导运营商拖延运营

主导运营商用很多方式拖延甚至阻止新进入者运营，如对其提供迟缓的和有名无实的服务，为新进入公司及其雇员制造麻烦，包括对一些类似共享位置[53]、浴室特权[54]、延期付款以及其他事物提起的诉讼[55]，这些可以延缓其失去市场势力的速度[56]。

（三）FCC 的迈克尔·鲍威尔（ Michael Powell ）和凯文·马丁（ Kevin Martin ）

迈克尔·鲍威尔是乔治·布什任期期间的首任 FCC 主席，他取消了很多分拆制度。他在任期间致力于彻底地消除分拆政策[57]。在他的任期内，FCC 将 1996 年电信法案中的一个重要组成部分即折中方案打入冷宫，该方案允许本地主导运营商进入长途电话市场与长途电话运营商竞争，前提条件是在其所在区域展开本地市场竞争，并承诺在本地竞争发生之前允许他们先进入长途市场[58]。鲍威尔还规定在提供宽带业务的时候，有线电视公司将不受任何分拆和批发接入等条件的影响[59]。

鲍威尔的继任凯文·马丁对 DSL 宽带，以及持有牌照的无线宽带，甚至对运行不久的电力线宽带，都取消了分拆和批发接入的要求，完成了鲍威尔的工作[60]。马丁甚至通过批准"遏制"请求（有时通过管制漏洞）排除了一些市场的分拆要求，并从而遏制了此类呼声[61]。

（四）FCC 早期分拆范围过大

除了鲍威尔反对分拆和开放式接入，其前任 Reed Hundt 和 Bill Kennard 也都做过错误的决定。在鲍威尔结束分拆之前，前几任委员会要求对几乎所有的网元和网元组合进行分拆，他们甚至允许存在转售业务的分拆平台，可能将分拆范围扩展得过大[62]。这一举动不仅震惊了最高法院（相比上诉法院，最高法院对 FCC 还是相当恭顺的[63]），而且也使得新进入者并不满足于仅对最基本网元的租用，进一步要求租赁整个网络[64]。结果，新进入者并不急于建立自己的网络，而是努力争取转售服务[65]。

（五）国会议员反对竞争

1996 年电信法案达成的折中方案出台后不久，电话和有线电视主导运营商就开始通过自己在国会中的关系瓦解这些方案。反对 1996 年法案中促进竞争条款的几位有影响力的参议员为主导运营商提供了政治保护伞，这些参议员反复提出能够消除所有分拆和其他相关地方法规的法案[66]。

（六）FCC 考虑并强调本地语音业务

当美国努力促进本地语音电话业务竞争的时候，其他大部分国家已经将促进竞争政策聚焦到宽带业务。由于本地语音业务只是宽带的一种应用，而且是一个夕阳业务，所以聚焦本地语音业务现在已经证明是错误的。

（七）FCC 拒绝监管有线电视宽带

FCC 监管电话公司，但却拒绝监管有线电视公司，尽管有线电视公司提供的是同样的高速因特网服务。在 Kennard 在任期间，FCC 一直对将有线电视宽带进行分类一事进行推托，即使遭到全国各地的诉讼以及地方政府和联邦法院的质疑[67]。确实，Kennard 曾向国会提交了一份报告，报告中未界定有线电视产业须承担普遍服务义务，从而为有线电视宽带不受分拆和开放式接入政策的管制奠定了基础[68]。对电话和有线电视产业进行非对称管制，而他们却提供几乎同样产品，这种管制显然是不合情理的，所以最终对两者都不再管制。

（八）复杂的仲裁和司法权共享

1996 年电信法假设：1.主导运营商和新进入者有同样的讨价还价能

力；2.司法权共享有效。该假设的基本前提是主导运营商和新进入者可以谈判决定事宜，如果无法通过谈判解决问题就由仲裁者进行仲裁。但是由于主导运营商并没有谈判的意图，故蓄意拖延时间，让仲裁变成漫长的过程。显然，谁都知道，在动态市场中，"拖延是创新的坟墓"[69]。

另一个问题就是 FCC 必须与当地州政府共享司法权。这就意味着 FCC 只能通过自己支配的管制杠杆影响市场，而在开放市场中，这通常不如州政府控制下的杠杆更有效（与其他事情相比）。FCC 管制效率不高的部分原因是本地电话价格受管制，而宽带价格不受管制[70]。另外，各州政府对网元的选择和定价影响力很大，可以为主导运营商阻挠新进入者进入市场提供方便。此外，由于 FCC 没有直接执行某些特定裁决的权利，FCC 不得不使用与这些裁决无关的政策杠杆发挥作用[71]。

（九）新进入者：兼并缺陷、会计丑闻和企划缺失

新进入者不能将所有责任推卸给主导运营商。这里有两个最著名的本地电话和宽带市场新进入者的案例，即前长途公司 AT&T 和 MCI。AT&T 购入一家有线电视公司，变成美国最大的有线电视公司[72]。而后，很多分析师认为，AT&T 的购价过高，而且其维护费用和后期投资也比预先估计的更高[73]。MCI 和 WorldCom 合并后，因涉及财务欺诈，最终申请破产[74]。

（十）主导运营商：兼并和拆分市场

主导运营商并不愿意到其他地理区域的市场参与那里的竞争。SBC 拒绝用分拆和任何其他竞争战略与在密歇根州或者伊利诺斯州的 Ameritech 公司竞争，同样 Ameritech 公司也不想与在德克萨斯州的 SBC 公司竞争。实际上，在 1996 年以前，电话公司确实能够以 ISP 公司的身

份通过批发的方式接入其他地方市场，但是却都不愿意那么做。相反，德国主导运营商已经利用分拆与法国主导运营商进行竞争，促进了法国市场的竞争[75]。

美国主导运营商不但不去竞争，反而要兼并[76]。他们不断强调只有通过兼并才可以使他们获得到其他地方与当地主导运营商竞争的资源。为了得到 FCC 的批准，希望进行兼并的公司承诺，自己将会到其他区域参与竞争，但是日后他们搁置了这一承诺，而且不会受到任何惩治[77]。

（十一）观念之争

虽然想法不足以构成"政治纲领"，但是这些想法在政策辩论中却非常重要。电话和有线电视主导运营商能够在观念之争中胜出，在很大程度上是因为他们能够资助一大批说客、大学学者和智囊团，通过出版书籍和在引用率最高的法律和经济期刊上发表论文，为他们的提案提供支持[78]。这些学者认为，分拆损害投资，破坏各方之间的竞争，通常实施起来不能做到公平和有效[79]。有些学者还说，虽然其他国家采用了分拆，但因为分拆在美国如此惨败，所以应该制止分拆。这些学者预测，美国将不再是监管创新的典范[80]。并还预测说，国外采用了分拆的新进入者（尤其是在日本）将走向破产[81]。不管这些学者们是否真的相信他们在写什么[82]，但这些已经成为华盛顿方面的常规做事风格。

这些手段之所以有效是因为国内外宽带网络方面的信息匮乏。宽带已接入哪些地区？以怎样的速率？以什么价格？这些信息由主导运营商控制。同时，美国不存在一个机构提供有益的国际间宽带政策比较，因此无法最好地指导实践。

（十二）网络和电信泡沫

20 世纪 90 年代后期和 21 世纪初的美国证券交易市场（纳斯达克）

和互联网泡沫出现的时候正值 1996 年电信法实施的最初几年，投资者的非理性热情，尤其对科技股的狂热，使得新电信公司的股票价格疯狂上涨。市场过高估计了很多新进入者的股票。美国证券交易市场的崩盘则终结了很多新进入者[83]。

七、这次实施分拆应该有所不同

美国首创的分拆在国外获得成功，但在国内却遭遇失败，极具讽刺意味。主要原因是主导运营商极力反对。现在，美国政府应该再次采用分拆，而这次应该坚定执行并持续下去。为了使分拆在美国起效，政府应该解决信息不对称、管制俘获和执行缓慢等诸多问题。同时应该充分借鉴其他国家的经验，优化分拆政策。

八、细化政策提案

为了鼓励本地电信网络的投资和竞争，美国应该遵循如下原则：

（一）收集国内外宽带建设案例和政策措施，形成最优实施方案

FCC 应该收集、整理和分析国内关于宽带竞争的详细数据，以更好地了解国内外哪些政策措施对美国有效而哪些是无效的。FCC 应该设立专门的办公室去分析和报告国际宽带政策及其实施效果。信息交流在国外起到了关键作用，例如，英国管制负责人曾声称，自己"充分借鉴 ARCEP（法国管制机构）在本地环路分拆上的成功政策"[84]，从而制定了批发接入价格，并在其他欧洲国家广泛采用[85]。值得一提的是一些国家现在又正在借鉴英国在功能性拆分上的成功经验。

（二）对有线电视和光纤宽带采用分拆和批发接入

美国应该将政策聚焦在有竞争力的、高速的、通用的互联网，而不是本地语音或其他业务。语音只是一种应用，使用 G-Chat 或 Skype 等软件就可以提供这样的业务。而互联网却是能够服务于所有应用和终端用户的通用基础设施。分拆最成功的国家是那些关注宽带竞争而不是语音竞争的国家[86]。当年，美国在因特网渗透率上拥有世界领先地位，原因是"FCC 对通信网采取了有效而明确的监管措施，使计算机网络受益匪浅[87]"。后来，当政府取消了在宽带接入领域的竞争政策后，美国开始落后。在提供宽带接入方面，政府应该对有线电视系统也实行分拆，因为有线电视系统和电话公司在宽带接入方面其实是旗鼓相当的。

政府同样也应该要求分拆光纤和暗光纤[88]。当主导运营商声称分拆会降低他们对本地网络的投资意愿时，他们是假定不会被功能性拆分。如果一个主导运营商已经被拆分成零售和网络两个部门，则无论零售部门是否会租用分拆后的网元，网络部门都会有意投资。实际上，功能性拆分后，执行分拆将增加新进入者业务模式中的确定性因素，为网络部门提供有效零售顾客，也就有可能增加网络部门的投资意愿。现在有多种光纤到户的工程方案，最大容量的方案也是最容易分拆的，尽管方案成本也是最高的[89]。政府应该确保企业选择最容易分拆且容量最大的方案。

分拆光纤在国外已经奏效。在法国，新进入者 Iliad 已经建造自己的光纤到户的网络，并自愿批发[90]。在日本，主导运营商被要求分拆光纤环路和办公室间光纤[91]。一位欧盟电信委员认为，任何对光纤的放松管制都会减少竞争和投资[92]。另外除了考虑本地环路的分拆，FCC 需要考虑对骨干网和暗光纤的分拆，这是因为骨干网运营商的市场势力正在提高，而且尽管有需求，一些光纤仍然未被启用。

（三）国会应该精细定义网络元素并确定一个低价计算公式

为了避免 FCC 的决策受到大量诉讼和明争暗斗的影响，最好是由国会来确定哪些网元需要分拆以及分拆公式。国会无需涉及每个细节，需由 FCC 按照国会决定来确定网元和成本公式，但是国会应该采纳欧洲委员会的做法，至少要选定需要分拆的网元以及总定价公式。

国会应该只选择对进入壁垒影响最大的网元（比如本地环路中的网元）纳入分拆。那些运用分拆最成功的国家通常将本地环路（及相关）网元界定为最高级别需要分拆的网元。确定需要分拆哪些网元并不容易。有些人认为几乎所有网元都应该被分拆才能有效展开竞争。反对者则认为如果新进入者可以租到所有需要的网元，他们将不会进行任何其他网络建设。还有一部分人认为，应该分拆满足"基础设施原则"的网元，在此原则下，主导运营商必须共享那些不能重复建设的设施和新进入者进行竞争所必需的设施。FCC 需要列举出重复建设成本最高的网元（比如本地环路）以及可能成为重要进入壁垒的网元[93]。并且所有主导运营商都应被分拆[94]。

国会应该要求参与全本地环路分拆的运营商将其所有网元提供接入。这些网元通常包括：新进入者安放在用户终端和安装在主导运营商本地局的设备；DSL（又称线路共享）本地环路的高频设备[95]；包含主导运营商本地局 DSLAM 设备的宽带基础设施（又称比特流接入）[96]；以及批发传输接入[97]。国会应该也对有线电视设备和光纤环路进行分拆（而不是免除分拆）[98]，多产品共存能够激发竞争。

在日本，低价线路共享促进了竞争和投资[99]。国会还应该设置接近于成本的分拆网元费率公式。确定成本犹如确定无市场竞争情况下的特许牌照费。此时不需要精确的定价。事实上，骨干网市场的对等互联

（Peering）已经做出示范，企业并不总是精确定价[100]。当某些地方（例如城区）的价格比其他地方（例如乡村）相比更具有竞争力时，国会应该加紧修订定价公式，或者授权 FCC 来改变费率。这个基于成本的低费率不应该促使新进入者获得不正当利益，这样新进入者只能租用费用最大的网元，像本地环路，而不是可以租用所有网元，而后致力于转售。由于主导运营商在网元上具有经济规模，这点新进入者无法租用，所以主导运营商仍然有价格优势。另外，主导运营商很可能已经收回了所有网元的资本投资，所以校准新进入者的费率，可能更多是为了保证新进入者的进入，而不是保证主导运营商的投资回收。

如果国会定义好这些网元，诉讼将不太可能成功，而且 FCC 的政治压力也可能会减少。如果国会起初不想自行定义这些网元，应该指示 FCC 就此提交一个报告。

（四）修改免除分拆和批发的遏制程序

根据美国电信法第 10 章，美国国会应该取消 FCC 遏制分拆和批发的权利，应该阻止 FCC 界定宽带概念时取消分拆和批发的要求。美国国会曾经最终允许了对分拆和批发政策的遏制，但是这种行动不应该再次发生[101]。

这样可避免主导运营商施压 FCC 管制官员取消竞争，也希望这可能会激励主导运营商积极投资，用于应对竞争和网络升级，而不是致力于到处游说。

（五）结构性分离的同时也可考虑功能性分拆

政府应该设置结构性规则在制度上激励主导运营商实施分拆，弱化其采取反竞争行为的意愿，通过管理透明使得管制更有效力。结构性分离将主导运营商拆分成独立且互不从属的若干公司，其中一家统一控制网络资产（拥有对 ISP 销售容量的批发业务），另一家控制 ISP 资产（拥有对商业用户和大众用户提供服务的零售业务）。另外，有线和无线资产应该被拆分，因为一家公司通常同时拥有无线和有线网络，提供无线宽带是对有线接入的补充而不应该是替代。

相反，功能性拆分要求主导运营商在公司创建一个部门（或部分所属子公司），它将控制网络资产或者业务中的"自然垄断"部分，包括某些最后一公里和环路网络资产[102]。如果一个子公司而不是一个部门拥有这些资产，子公司少数比例的股票甚至可以单独的在股票证券交易所进行交易[103]。功能性拆分要求该新部门向所有行业参与者提供批发容量和网元与为本公司下属 ISP 提供的条款和条件相同（有时也称为"对等投入"）[104]。此外，政府可以要求：两家公司处于不同的办公楼里办公；经理主管将依据本部门效益得到绩效奖金；分离品牌身份；限制信息共享；以及建立各自遵守的透明的委员会等等[105]。功能性拆分可以帮助防止价格歧视（包括利润挤压）和非价格歧视的出现，这些做法已经在瑞典和其他国家出现过[106]，如拖延处理订单、不提供有关信息和规划偏向自己 ISP 的网络构建[107]。

专家和政策制定者针对哪种拆分形式更为有效等问题没有达成共识[108]，而美国两种方式都尝试过[109]。完整的结构性分离后，网络公司则没有理由支持一个特定的 ISP，而且，从长远来看，管制成本可能会更低，因为较之功能性拆分人们更容易察觉到反竞争行为。该网络公司不再是一个大公司的一部分，它将不会像对待一个公司分部那样有意偏向附属 ISP。此外，网络公司能够像一个基础设施公司那样得到资助并参加交易，同时，ISP 公司能够独立应对市场[110]。功能性拆分在一些方面优于结构性分离。结构性分离的初始成本非常高并不可逆转，因为他们既包括投向剥离公司的经济成本，也包括投向政府的政治成本[111]。此外，结构性分离后，网络公司将要立即开始游说进入不受监管类业务。例如，在 AT&T 公司剥离后，地方贝尔公司只允许提供本地业务，但他们不断游说希望进入长途和其他市场。

尽管有一些理论缺陷，但功能性拆分在国外表现得相当不错[112]。功能性拆分让英国的分拆反败为胜[113]。英国的功能性拆分被认为是"一个巨大的成功"，其原因之一是它没有抑制投资[114]。功能性拆分政策得到英国监管人员[115]和英国主导运营商总裁的赞誉，后者说，拆分"对行业和顾客都有益[116]"。 在历数功能性拆分在财务方面的一些好处时，一个英国电信（BT）主管指出，"投资者的信心并没有受到影响。……（BT 的功能性拆分）提供了更清晰的关于不同业务财务状况的描述；有可能让英国电信扩大分析范围和从金融市场获得更多的资金[117]"。虽然功能性拆分"引发宽带市场更大的价格战"和"新一轮的投资"[118]，但是英国电信的股票价格立即上涨[119]，并随着英国监管部门对零售价的放松管制而继续上升[120]。有趣的是，网络部门吸收了非歧视"文化"，将其摆在与遵从特定规则一样重要的位置[121]。包括意大利、新西兰和瑞典在内的几个国家现正考虑模仿英国模式[122]。

美国应该采取完全结构性分离，从而最终降低长期管制成本，而且网络公司没有理由支持特定零售 ISP。设定特例以鼓励竞争，例如，政府可以允许网络运营商建立一个 ISP 子公司，当且仅当该子公司在其他主导运营商的线路上提供服务。这项规定可以鼓励竞争，虽然过去主导运营商一直拒绝利用这项例外规定带来的好处。

关于有线电视行业，政府应该要求对有线电视通道公司和互联网服务供应商（ISPs）的物理网络进行结构性分离。换言之，时代华纳有线电视公司（Time Warner Cable）应该从 HBO 和 Road Runner 的 ISP 中分理出来。此外，有线电视的机顶盒产业也应该被分离。新宽带业务的一个主要的障碍是终端设备控制[123]，这对有线电视网络和电话网络而言是一样的[124]。

无线通信方面，像 AT&T 和 Verizon 有着相当数量的有线和无线网络资产的公司，应该要求分离他们，从而两个网络能在提供接入、价格和业务方面展开竞争。

考虑到主导运营商在美国的政治影响力，他们有着击败结构性分离的良好机会，即使没有，他们也可以游说以消除任何业务约束。当英国威胁其顽固不化的主导运营商进行结构性分离时，主导运营商（英国电信）却同意了功能性分离，采用了成立子公司而不是剥离的方式（还包括降价高达 70%）[125]。所以功能性拆分更有可能达成一个有效的政治谈判共识，是一个必要的底线。

即使分拆没有实施，分离也应该进行。通过分离，网络公司将采取一些奖励措施应对与其无关联的 ISPs 和其他零售供应商。FCC 将必须监控网络公司并颁布轻微监管条例以确保网络公司不支持附属（或以前附属）的 ISP，但分离本身应提高透明度并加强竞争和促进竞争的管制。

（六）业务运营"仲裁员"

美国也应从英国任命电信仲裁员的做法中得到启示，电信仲裁员要拥有博深的运营专业知识和广泛的权威和职权，从而可以应对主导运营商日复一日的运营拖延。英国曾任命过一个仲裁员，他有着在世界各地建设卓有成效且利润丰厚网络的丰富经验，所以有能力成功制止英国电信在运营上的拖延。在美国，如果有了这样的运营办公室，也可减少主导运营商的运营拖延。

（七）接入通路权

由主导运营商和地方政府控制的接入通路权也应赋予新进入者，以确保它们能够建立和连接网络。在法国，一个新进入者能够进行基于基础设施的竞争，包括利用市政排水系统提供光纤到户服务[126]。在韩国，新进入者可以通过电力基础设施提供服务[127]。在美国，在运营仲裁员监管下，新进入者应能获得主导运营商的导管、管道、电线杆以及基本通路权[128]。地方政府也应努力确保新进入者获得接入通路权。国会应该建立快速联邦审查程序，以确保主导运营商无法在地方一级行使自己的游说势力妨碍新进入者。

（八）需要剥离铜缆或有线电视电缆

主导运营商应在铺设光缆的四年内剥离其现有本地网络。在建成光纤到户网络后，主导运营商的旧铜缆或有线电视电缆网络将搁置。主导运营商更愿意切断旧线路，一方面是由于两个网络的维护费用较高，另一方面则是因为来自旧网络所有者和租用者的潜在竞争将降低主导运营商的光纤投资效果[129]。政府应要求剥离这样的线路从而增加竞争，为消费者提供更多的选择。但是，政府没有必要要求立即剥离，因为几年后主导运营商可能才能立足市场，消费者才能感受光纤带来的好处，才能确保软件程序创造可以充分利用光纤速度的产品。四年后，大多数用户应当习惯了光纤的速度，但旧线路的竞争依然存在[130]。在这 4 年，光纤线路显然需要分拆。

（九）融资支持

尽管光纤投资最终会得到回报，但光纤需要长期投资，而股市往往专注于短期回报，因此对这样的公司不予理睬。例如，法国运营商 Ilaid 宣布建立光纤到户的计划后，当天股票价格下跌 12%[131]。Verizon 宣布将建立光纤到户后股票也下降了。但私人企业可能负担得起大部分资金。

完成家庭光纤连接将耗费供应商 600~2000 美元，或者根据某些特定因素会下降[132]。每月收取 50~100 美元租金，投资回收期可能只需几年。

如果竞争无法鼓励光纤到户，必要时，国会可以为开放性光纤网络设定税收抵免或快速税项折旧计划。

（十）网络中立性

国会应制定一个网络中立法。几年来，FCC 和国会已经讨论了网络中立性问题。网络中立性旨在保证宽带用户可以访问所有互联网内容和应用。如果没有网络中立，互联网将类似于有线电视，谷歌（Google）或 CNN.com 这样的公司将不得不削减经由网络运营商的"运输"量，而网络供应商将会确定哪些内容是提供给美国人的。如果没有网络中立性，可获得内容和应用的种类以及创新性应用的比率都将受到限制，随着内容和创新性应用越来越少，用户会减少，这些用户所能获得的应用价值也会减少。因此，网络中立性必须得到维护。国会应该通过一项网络中立法，禁止网络运营商依据资源、所有权或者目的地，对互联网内容、服务或应用做出歧视、提速或者减速的举动。

国会也应将网络中立性应用于从有线到无线的各种互联网传输模式。

（十一）政治妥协和公众参与

政府可能必须做出某些政治妥协，但应当遵循上述原则。如果妥协是必要的，分拆不应暂时搁置，相反应该加紧实施。

一种妥协可能是去修订普遍服务基金机制，只让接受分拆和开放接入要求的宽带业务成为普遍服务基金资助对象[133]。普遍服务可以作为开放网络的报酬，这报酬在农村地区表现最佳，因为农村地区可以筹集很多高成本基金。

　　此外，政府不应该简单地将资金拨给主导运营商，而应该以购买新发行的股票的方式，这样就有了股份所有权。事实上，那些宽带发展上取得成功的许多国家，政府对基础设施运营商有一定的所有权[134]。另一种保护劳动者权利和缓和工会敌对的妥协就是要求新进入者向工人提供的福利与他们在网络运营商那里得到的相似。在英国，主导运营商得到了来自政府的一项保证，即政府将负责重新审视免除零售监管事宜[135]。作为报酬，FCC 还可放松一些非重要监管（或不实行某些新条例）。

　　从根本上说，任何"妥协"都应当考虑美国公众。FCC 和国会应召开民众听证会帮助公众了解其决定，在行业近况和游说行为上做到透明公开，并聘用非营利性、民间和学术性的组织进行决策支持。任何未来关于我们通信基础设施的妥协和协议（不应该像 1996 年发生的那样）都应公开，让公众充分参与。

注释：

1. 本文参考 2009 年在美国出版的由 Amit M. Schejter 主编的《. . . And Communications for All》一书中的第五章（Competition and Investment in Wireline Broadband），本文经由作者修订、扩展和更新并同意在中国再次翻译出版。该文章经由白如雪和张彬翻译。

2. Marvin Ammori 博士是林肯市内布拉斯加州大学法律学院副教授。自哈佛大学法律学院毕业后，Ammori 教授曾在一家芝加哥法律公司做过实习，主要负责知识产权纠纷的诉讼。随后，他在耶鲁法学院创建研究团队，负责学校的信息社会项目。此后，他又在公众申诉研究所做了两年的律师。公众申诉研究所是乔治城大学法律中心开办的公益性法律诊所，而乔治城大学法律中心久负盛名，经手案件涉及广大民众切身利益的重大法律事件。期间，Ammori 教授曾为上诉法庭、联邦通信委员会和国会处理言论自由和媒体监管事宜，包括涉及媒体政策（如广播所有权限制、网络中立、儿童媒体制度及其他制度）的几次热门公共政策辩论。2007—2008 年期间，他曾担任自由社（国家媒体改革的旗舰组织）的总法律顾问，曾组织多次涉及因特网开放、无线政策和全美高速互联网接入的运动。

3. The organization for Economic Cooperation and Development (OECD) has found "significant price effects" for deployment and that (an admittedly oversimplistic measure) the number of

years of a nation has required unbundled local loop competition is also significant. OECD Working Party on Communications Infrastructures and Services Policy, "Catching-UP in Broadband — what Will it Take?," 25 July 2007, 19. see also OECD, "Broadband Growth and Policies in OECD Countries," 17-18 June 2008, 41 (noting the connection between competition and lower prices and greater value). Other studies have similarly found a positive relationship between unbundling and both availability and access to broadband services. See, e.g., Martha Garcia-Murillo, "International Broadband Deployment: The Impact of Unbundling," Communications & Strategies 75:l, no.83 (2005): 102-3; S. Derek Turner, "Broadband Reality Check II," Free Press, August 2006 , 17. See also Sangwon Lee and Justin S. Brown, "Examining Broadband Adoption Factors: An Empirical Analysis Between Countries" (presented at the Thirty-fifth Research Conference on Communication, Information and Internet Policy, Arlington, VA, August 2007), 17 (concluding that "intra-modal competition through LLU [local loop unbundling] may be considered one of the main drivers of broadband diffusion"); Robert D. Atkinson et al., "Explaining International Broadband Leadership," Information Technology and Innovation Foundation, May 2008, 12, 14 (finding unbundling, and therefore intra-platform competition, and price to be among the most significant factors for penetration); and Robert W. Crandall, Competition and Chaos: U.S. Telecommunications since the 1996 Telecom Act (Washington, DC: Brookings Institution, 2005), 120.

4. OECD, "Broadband Growth", 53, 70-75.

5. "Open Up Those Highways", The Economist 17 January 2008; www22.verizon.com/ content/ConsumerFiOS/packages+and+prices/packages+and+prices.htm; http://gigaom.com/ 2007/ 04/24/50-mbps-for-40-but-in-france/.

6. See contributions of Sharon L. Strover and Andrea H. Tapia in part III of this book.

7. Comments of Consumers Union, Consumer Federation of America and Free Press, in the Matter of Inquiry Concerning the Deployment of Advanced Telecommunications Capability to All Americans in a Reasonable and Timely Fashion, and Possible Steps to Accelerate Such Deployment Pursuant to Section 706 of the Telecommunications Act of 1996, GN Docket No. 07-45, 16 May 2007, 9-17; Free Press et al., In the Matter of the Petition of Free Press et al for Declaratory Ruling that Degrading an Internet Application Violates the FCC's Internet Policy Statement and Does Not Meet an Exception for "Reasonable Network Management," 1 November 2007, 2-7.

8. See Brett Frischmann, "An Economic Theory of Infrastructure and Commons Management,"

Minnesota Law Review 89 (April 2005), 4. Comments of Vint Cerf, Personal Democracy Forum, 24 June 2008; Comments of Consumers Union, Consumer Federation of America and Free Press, in the Matter of Universal Service Support, WC Docket No.05-337, 2 June 2008.

9. See Atkinson et al., "Explaining," 6.

10. S. Derek Turner，"hooting the Messenger"，Free Press，July 2007, 12-14.

11. S. Derek Turner, "Universal Service and Convergence: USF Policy For the 21st Century" (presented at the Thirty-fourth Research Conference on Communication, Information and Internet Policy, Arlington, VA, September 2006).

12. Post and Telestyrelsen，"Improved Broadband Competition Through Functional Separation: Statutory Proposals for Non-Discrimination and Openness in the Local Loop"，14 June 2007, 40.

13. Crandall，Competition and Chaos，122.

14. Alan Marks, "GPON vs. HFC: The next technology battle," Lightwave online, lw.pennnet. com/display_article/298272/13/ARTCL/none/none/GPON
–vs-HFC:-The-next-technology-battle/(18 August 2008); Mike Robuck, "Comcast Eyes 100 Hours of HD VOD," Communications Technology, 15 June 2006, www.cable360.net/ct/ news/ctreports/18508.html (18 August 2008).

15. Mark Halper, "Does High Tech Require High Fiber?"，Time/CNN，15 October 2006；Richard Thurston，"Finding a Funder for Fiber to the Home"，ZDNet.co.uk，6 May 2008.该欧洲电信委员提出光纤需求是"现在电信领域最重要的议题"。

16. "Verizon Announces Savings on Fiber to the Home"，Electrical Contractor Magazine，December 2006；Verizon Communications, Inc，"FIOS Briefing Session" 27 September 2006, 42，investor.verizon.com/news/ 20060927/20060927.pdf（18 August 2008）；Crandall，Competition and Chaos，130.

17. "Video Takes Fiber Deep Using Technology from Aurora Networks," Screen-Plays, 3 July 2008; Jeff Baumgartner, "Videotron Plants 'Fiber Deep,'" Light Reading, 24 July 2008, www.lightreading.com/document. asp?doc_id=159499&Site=cdn (18 August 2008). See also David Cleary, "Is GPON the access technology for the next decade?," Lightwave Online, lw.pennnct.com/display_article/328953/13/ARTCL/none/none/1/Is-GPON-the-access-technolo g-for-the-next-decade?/ (18 August 2008).

18. Vivian Reding，"The EU Telecoms Reform 2007"，Eighth Annual ECTA Regulatory Conference, 28 November 2007, 4.

19. NCTA v. Brand X Internet Services, 545 U.S. 967 (2005)；Appropriate Framework for

Broadband Access to the Internet over Wireline Facilities, 20 FCC Rec. 14853 (2005).

20．Reply Comments of Consumers Union, Consumer Federation of America and Free Press, in the Matter of Inquiry Concerning the Deployment of Advanced Telecommunications Capability to All Americans in a Reasonable and Timely Fashion, and Possible Steps to Accelerate Such Deployment Pursuant to Section 706 of the Telecommunications Act of 1996, GN Docket No.07-45, 3l May 2007, 3-8.

21．Analysis of Federal Communications Commission Form 477，collected 30 June 2007.

22．美国宽带市场全国 HHI 指数超过 1400（参见：www.leichtmanresearch.com/press/021908release.html）。但是全国 HHI 不能真实反映现实，因为宽带 DSL 和有线运营商在各地区依赖传统电信运营商，而且他们不会相互竞争。依据 FCC Form 477 的数据，非传统电信运营商只提供不到百分之八的全国住宅和商业高速连接（假设有线连接全部是传统有线电信运营商提供的，除了部分 RCN 提供的连接以外）。这样，所得出的 HHI 将远高于 4300。这种集中程度被认为是高度集中的双寡头模型；同时参见："Broadband Deployment is Extensive throughout the United sates, but it is Difficult to Assess the Extent of Deployment Gaps in Rural Areas"，United States Government Accountability Office，Report to Congressional Committees, GAO-06-426, May 2006；James W. Friedman，Game Theory with Applications to Economics（New York: Oxford University Press, 1986）；and Jean-Jacques Laffont and Jean Tiroie，Competition in Telecommunications（Cambridge, MA: MIT Press, 2001）.

23．See Communications, Broadband and Competitiveness: How Does the U.S. Measure Up? Hearing before the United States Senate Committee on Commerce, Science and Transportation, 110th Congress, Testimony of Ben Scott, Free Press, 24 April 2007.

24．Aundreu Mas-Colell, Micahel D. Whinston, and Jerry R. Green, Microeconomic Theory (New York: Oxford University Press, 1995).

25．47 USC．§230 (b).

26．在 1996 年电信法颁布之前，美国电信公司，这个中西部传统电信运营商，曾经提议拆分，但是条件是允许该公司进入长途电话领域。See Dacid Teece, "Telecommunications in Transition: Unbundling, Reintegration, and Competition"，Michigan Telecommunications & Technology Law Review，l:47 (1995).

27．47 USC．§252(d)(l)(A)(i).

28．同样重要的是，这些成本不仅是固定成本，而且还是沉没成本，这就意味着一个停止运营的网络运营商非常有可能卖出公司的网路，且价格是建设费用的很小一部分，不成比例。

29．这些应该是"规模效益"最大、前期沉没资本最大和边际成本最低的网元。See Crandall，Competition and Chaos，10.

30．European Regulators Group, "ERG opinion on Functional Separation," 2007, ERG (07) 44, 12.

31．在（1996）电信法指导下，调整后的分拆被广泛认为是失败。See David Teece, "Telecommunications in Transition: Unbundling, Reintegration, and Competition," Michigan Telecommunications & Technology Law Review, l:47 (1995).

32．Crandall, Competition and Chaos，156-58.

33．Crandall, Competition and Chaos, 6.

34．See Comments of National Cable and Telecommunications Association, In the Matter of Broadband Industry Practices, WC Docket No.07-52, 15 June 2007, 37.

35．Vishesh Kumar, "Is it Time to Tune in to Cable?," Wall street Journal, 3 April 2008; see, e.g., Exxon Mobile Corp., finance.yahoo.com/q/ks?s= XOM; Merck and Co. Inc., finance.yahoo.com/q/ks?s=MRK.

36．他们有时也会减少支出。See Comcast, "Comcast Reports 2007 Results and Provides outlook for 2008," 14 February 2008, available at library. Corporate-ir.net/library/ll/118/118591/items/279702/Q407_PR.pdf.

37．See, e.g., Crandall, Competition and Chaos, 18-19 (noting investment boom after 1996 act); Charles Ferguson, "The United States Broadband Problem: Analysis and Policy Recommendations," Brooking Working Paper, 31 May 2002, 5-6.

38．Ferguson，"Broadband Problem"，2-3.

39．Ferguson，"Broadband Problem"，6.

40．Turner，"Reality Check"，13.

41．Blaine Harden，"Japan's Warp-Speed Ride to Internet Future"，Washington Post，29 August 2007, A0l.

42．See Wieland, "FTTH Battles." Jennifer L. Schenker, "Viva la High Speed Internet!," Business Week, 18 July 2007.

43．AT&T Corp. v. Iowa Utilities Bd., 525 US 366, 397 (1999).

44．James K. Glassman，"Is Telecom's Future The Bells, The Bells, and Only The Bells?"，Reason Magazine, 5 December 2000，www.reason.com/ news/show/36079.html，（19 August 2008）；Alan Stewart，"RRBOC slams new regs on competition — regional Bell operating company Ameritech unhappy with 1996 Telecommunications Act", Communications News，findarticles.com/p/articles/mi_mOCMN/is_n7_v33/ai_18456756/pg_l（19 August 2008）．

45．例如，对一项法规，法院通常会提出自己的论证基础。但是对一项规定，法院只能支持由工作组提出的论证基础。

46．AT&T Corp. v. Iowa Utilities Bd., 525 US 366, 397 (1999).

47．Verizon Communications v. FCC (00-511) 535 U.S. 467 (2002).

48．See: e.g., United States Telecom Association v. FCC, 290 F.3d 415 (D.C. Cir. 2002); United States Telecom Association v. FCC, 359 F.3rd 554 (D.C. Cir. 2004); Covad Commc'ns Co. v. FCC, 450 F.3d 528 (D.C. Cir. 2006).

49．See: e.g., AT&T Corp. v. City of Portland, 216 F.3d 871 (Ninth Cir. 2000).

50．United States Telecom Association v. FCC, 359 F.3d 554, 564 (2004).

51．Harold W. Furchgott-Roth，A Tough Act to Follow? The Telecommunications Act of 1996 and the Separation of Powers（Washington, DC: The AEI Press, 2006），86-87.

52．Furchtgott-Roth，A Tough Act，95.

53．出于竞争和互联互通的考虑，FCC 的法规规定（在某些情况下），本地主导交换运营商需要提供其物理设施（例如，中心局）中的空间给其竞争对手使用。一直争论不休的问题是竞争对手在主导运营商的办公设施里有什么权利（涉及如何共享的问题。例如，多大的空间？在哪里？等等）。

54．争论点其中之一是在主导运营商的办公区竞争对手的员工是否有权利使用卫生设施。

55．Crandall，Competition and Chaos，13.

56．See: e.g., Eric Bangeman, "AT&T Launches $10 DSL it Hopes No one Signs UP For," Ars Technica, 18 June 2007.

57．Separate statement of Michael K. Powell, in the matter of review of the Section 2512 Unbundling Obligations of Incumbent Local Exchange Carriers, CC Docket No.01-338；Implementation of the Local Competition Provisions of the Telecommunications Act of 1996, CC Docket No.96-98, Deployment of Wireline Services Offering Advanced Telecommunications Capability, CC Docket No.98-147, 20 February 2003.

58．See, e.g., Crandall, Competition and Chaos, 14, 41, 51, 61.

59．Federal Communications Commission, Declaratory Ruling and Notice of Proposed Rulemaking, in the Matters of Inquiry Concerning High-Speed Access to the Internet Over Cable and Other Facilities, GN Docket No.00-185; Internet Over Cable Declaratory Ruling; Appropriate Regulatory Treatment for Broadband Access to the Internet Over Cable Facilities,

CS Docket No.02-52, released 15 March 2002.

60．Federal Communications Commission, Declaratory Ruling, in the Matter Appropriate Regulatory Treatment for Broadband Access to the Internet Over Wireless Networks，WT Docket No.07-53, released 23 March 2007; Federal Communications Commission, Memorandum opinion and Order, in the Matter of United Power Line Council's Petition for Declaratory Ruling Regarding the Classification of Broadband over Power Line Internet Access Service as Information Service, WC Docket No.06-10, released 7 November 2006; Federal Communications Commission, Report and Order, in the Matters of Appropriate Framework for Broadband Access to the Internet over Wireline Facilities, CC Docket No.02-33; Universal Service Obligations of Broadband Providers; Review of Regulatory Requirements for Incumbent LEC Broadband Telecommunications Services, CC Docket No.01-337; Computer III Further Remand Proceedings: Bell Operating Company Provision of Enhanced Services; 1998 Biennial Regulatory Review — Review of Computer II and ONA Safeguards and Requirements, CC Docket Nos.95-20, 98-10; Conditional Petition of the Verizon Telephone Companies for Forbearance Under 47 U.S.C. §160 (c) With Regard to Broadband Services Provided Via Fiber to the Premises; Petition of the Verizon Telephone Companies for Declaratory Ruling or，Alternatively, for Interim Waiver with Regard to Broadband Services Provided Via Fiber to the Premises, WC Docket No.04-242; Consumer Protection in the Broadband Era, WC Docket No.05-271, released 23 September 2005.

61．See, e.g., Arshad Mohammed, "Verizon High-speed Services Deregulated," Washington Post, 21 March 2006, D05.

62．See, Crandall, Competition and Chaos, 10, 37.

63．See, e.g.，Verizon Communications, Inc. v. FCC, 535 U.S. 467 (2002); AT&T Corp. v. Iowa Utilities Bt., 525 U.S. 366 (1999).

64．See, e.g., Michael Glover and Donna Epps, "Is the Telecommunications Act of 1996 Working?," Administrative Law Review, 52:1013 (2000), 1022.

65．一些关于 UNE-P 的资料。

66．See Report of the Committee on Commerce, Science and Transportation on S.652, 30 March 1995; Telecommunications Competition Act of 1998, S.1766, 105th Congress, second session, sponsored by Senator McCain. See also Senate Report no.367, 103rd Congress, second session, 112-19.

67．See, e.g., Comstock, Access Denied, 7nl3 (citing William E. Kennard, "How to End the

Worldwide Wait," Wall St. Journal, 24 August 1999, XI 18).

68．Federal Communications Commission, Report to Congress, in the Matter of Federal-State Joint Board on Universal Service, CC Docket No.96-45, released 10 April 1998.

69．See Internet Industry Association (Australia), "Submission on Request for Proposals for a National Broadband Network," 25 June 2008, 6. see id., 5-6.

70．Crandall，Competition and Chaos，80.

71．Furchtgott-Roth，A Tough Act.

72．Mike Ricciuit, "AT&T, MediaOne Merger a Done Deal"，CNET News.com，15 June 2000.

73．See, e.g., William G. Shepherd, "Narrowing the Broadband," Economic Policy Institute, July 2002.

74．行业其他公司也纷纷做了假账。Om Malik, Broadbandits: Inside the $ 750 Billion Telecom Heist (Hoboken, NJ: Wiley, 2003); Crandall, Competition and Chaos, 4, 93.

75．Schenker，"Viva la High Speed Internet！".

76．See, e.g., Furchtgott-Roth, A Tough Act, 153-57.

77．Mark Cooper, "Broken Promises and Strangled Competition: The Record of Baby Bell Merger and Market Opening Behavior," Consumer Federation of America June 2005. See also Hearing on Internet Access and the Consumer, Senate Commerce Committee, 13 April 1999, 106th Congress, first session.

78．关于其他更新的讨论，请参见：Bruce Kushnik，"Corporate-funded Research Designed to Influence Public Policy"，Nieman Watchdog，1 October 2007.

79．See, e.g., J. Gregory Sidak, Is the Telecommunication Act of 1996 Broken? If so,How Can We Fix it?(Washington, DC: AEI Press, 1999).

80．Crandall, Competition and Chaos, 3, 128-29.

81．Crandall, Competition and Chaos, 144, 154.

82．National Cable and Telecommunications Association，"Phone Companies and the Truth: A Bad Connection" 14 March 2006，www.ncta.com/DocumentBinary.aspxZid=299 （18 August 2008）.

83．See, e.g., Crandall, Competition and Chaos, 4, 43-46, 151-52.

84．Richards，"Functional Separation"，8.

85．Graeme Wearden，"Ofcom Forces Action on Broadband Unbundling"，ZDNet.co.uk，13 May 2004.

86．Crandall, Competition and Chaos, 139、144. 讨论了欧洲、韩国和日本的情况。

87．See Robert Cannon, "The Legacy of the Federal Communications Commission's Computer Inquiries," Federal Communications Law Journal, 55:167 (2003), 180.

88．暗光纤指的是已经铺设但是没有投入使用的光缆。

89．See, e.g., Anupam Banerjee and Marvin Sirbu, "Towards Technologically and Competitively Neutral Fiber to the Home (FTTH) Infrastructure" (paper presented at Telecommunications Policy Research Conference, Arlington, VA, 2003); Ken Wieland, "FTTH Battles Loom Large in Europe," Telecom Magazine, 24 January 2008 (discussing GPON, which is point to multipoint, and Ethernet point-to-point architectures); and Richard Thurston, "Finding a Funder," noting that "Point-to-point does have virtually unlimited bandwidth, although it's 30 percent more expensive than PON").

90．Free (Press Release), "Free's Fiber-to-the-Home (FTTH) Service Will Be Opened UP to the Competition," 11 September 2006.

91．Douglas Galbi, "Ubiquitous Fiber Network in Japan", Purple Motes，15 April 2007.

92．Reding，"The EU Telecoms"，4.

93．分拆是基于那样的理念，但是还需要依赖立法，而不应该是判例法（法官法）；这也是体现电信网络竞争的立法决定的重要性，而且在现行政策环境下，该立法决定依然不明朗。

94．Cf. Comstock，"Access Denied"，8n23.提出国会不顾及参议院的提案和市场力量，要求分拆网络。

95．线路共享概念首次引入美国是在 1999 年，但是到了 2002 年，法院几乎还是不支持这个概念。USTA, 290 F.3d 415 (2002).

96．Post and Telestyrelsen，"Improved Broadband Competition"，31-34.

97．See Earl W. Comstock and John W. Builer, "Access Denied: The FCC's Failure to Implement Open Access to Cable as Required by the Communications Act," ComLaw Conspectus 8:l, 4, 5n2 (2000).

98．欧洲提出的框架和欧盟管制集团都支持分拆光纤环路，就像各地的新进入者一样。ECTA，"Press Release: New Regulatory Framework is Best Package to Deliver Europe's Broadband Future"，13 November 2007, 2. Amit 发表的文章中提及各种分拆光纤的优势等，虽然并没有以日本为例，但日本可能是做得最好的国家， GTE 和 CTC 关于分拆有线电视的论文以及荷兰的研究也对此给予肯定。

99．Galbi, "Ubiquitous"; Hidenori Fuke, "The Spectacular Growth of DSL in Japan and its Implications," Communications & Strategies 52:4, 175 (2003): 177-79. See also Atkinson et al.,

"Explaining," D2.

100．See Michael Kende, "The Digital Handshake: Connecting Internet Backbones," Federal Communications Commission, OPP Working Paper No.32, September 2000. See also William W. Fisher, Promises to Keep: Technology Law, and the Future of Entertainment (Palo Alto, CA: Stanford University Press, 2004).

101．正如一个评论员所指出的，传统电话公司"在保证大量监管自由化的情形下，才会对基础设施投资"，这会破坏竞争环境。Rob Frieden, "Best Practices in Broadband: Lessons from Canada, Japan, Korea and the United States" (paper presented at the Telecommunications Policy Research Conference, Arlington, VA, July 2004), 9.

102．See Ed Richards (CEO , Ofcom), "Functional Separation in the UK," La Lettre de l'Autorite (English Version), March/April 2007, 8.

103．英国电信提议将网络公司的 25%资产推向证券交易所。OECD Working Party on Telecommunications and Information Services Policies，"The Benefits and Costs of Structural Separation of the Local Loop"，3 November 2003, 17.

104．Post and Telestyrelsen，"Improved Broadband Competition"，67.

105．See, e.g., Alex Bowers (International Director, Office of Communications), "Functional Separation — The UK 'Openreach' Model," ANACOM Tenth Seminar, Lisbon, 9 November 2007, 13.

106．传统电信公司对零售服务的提前期较短。他们依据自己推测的需求提供交互服务，不考虑竞争者的需求，也拒绝其他运营商的访问。See Post and Telestyrelsen, "Improved Broadband Competition," 54-57.

107．See "Functional Separation: Pros and Cons," La Lettre de l'Autorite (English Version), March/April 2007, l-2，4.

108．Ferguson，"Broadband Problem"，5-6; Brett Winterford, "Structural Separation is Cheaper Way Ahead for FTTN"，ZDNet.com.au，28 May 2008.

109．See Cannon, "The Legacy."

110．See Internet Industry Association, "Submission on Request," 2.

111．功能性分离也有成本的，例如"公司重组，技术和工程人员的壮大，以及有一定程度协同效应的各种活动的拆分成本"，或许将导致"所有运营商的网络接入成本的提高"，将向这些运营商索取更高的价格。See "Functional Separation: Pros and Cons."

112．Reding，"The EU Telecoms"，2-3.

113．See, e.g.,European Regulators Group，"ERG Opinion on Functional Separation"，12-14.

114．Richard Thurston，"Finding a Funder".

115．Stan Beer, "Functional Separation Works for Broadband: UK Communications Regulator," ITWire, 6 July 2008 (discussing a report by Ofcom chief executive Ed Richords).

116．Michael Sainsbury，"BT Rebuffs Telstra on Anti-Separation"，The Australian, 7 July 2008. 英国电信首席执行官 Ian Livingston 指出，英国的宽带普及率已经超过美国和日本，他们"有着全世界几乎最低的价格"，有着 200 个不同宽带公司的竞争，使他们受益匪浅。

117．Forsyth, "Openreach," 7. See also Richard Lalande (Chairman of AFORST, French group of alternative providers), "So Why Are They So Against It?" La Lettre de l'Autorite (English Version), March/April 2007, 7.

118．See Richards, "Functional Separation."

119．European Regulators Group，"ERG Opinion on Functional Separation"，9.

120．See Richards, "Functional Separation."

121．Winston Maxwell，"Functional Separation: What We Can Learn from the British Experience"，La Lettre de l'Autorite（English Version），March /April 2007, 9.

122．Internet Industry Association, "Submission on Request," 7; "Sweden: PTS Puts Forward New Broadband Strategy, Advocates Functional Separation and Fiber Access," T-Regs, 16 February 2007. See also Post and Telestyrelsen, "Improved Broadband Competition," 64-69; OECD, "Broadband Growth," 55-56.

123．Tim Wu, "Wireless Carterfone," International Journal of Communications 1:1, 389 (2007).13 February 2008, 55-59. See also Ferguson, "The United States Broadband Problem," 6.

124．Comments of Free Press et al., in the Matter of Broadband Industry Practices, WC Docket No.07-52, 13 February 2008, 55-59. See also Ferguson, "The United States Broadband Problem," 6.

125．See, e.g., Wearden, "Ofcom Forces Action."

126．Free, "Opened UP to the Competition".

127．Crandall，Competition and Chaos，145.

128．这方面的要求已经存在，但是我们可以运作得更好。See Crandall, Competition and Chaos, 13. See also OECD, "Broadband Growth," 61-62.

129．See, e.g., Deborah Yao, "Verizon Copper Cutoff Warries Some Users, Small Rivals," Associated Press, 8 July 2007.

130．谷歌在澳大利亚的提议稍有不同，它建议在转型期继续使用现有网络。See Mike Preston, "Competition Key To Australia's Broadband Future: Google," Smart Company（3 July

2008).

131．Halper，"Does High Tech".

132．同注释 131。

133．See, e.g., "Sweden: PTS." 其他开展光纤到户工程的城市有科伦、维也纳、米兰、斯德哥尔摩和阿姆斯特丹。Wieland, "FTTH Battles." See also Turner, "Universal Service"; John Windhausen, "A Blueprint for Big Broadband," EDUCAUSE January 2008; Comments of National Telecommunications Cooperative Association, in the Matter of High-Cost Universal Service Support, WC Docket No.05-337, 17 April 2008, 3n5; and "2007-2008 Request for Proposals," Universal Broadband Access Grant Program, State of New York, 7 December 2007.

134．See, e.g.，Kenji Kushida and Seung-Youn Oh, "Understanding South Korea and Japan's Spectacular Broadband Development: Strategic Liberalization of the Telecommunications Sectors," BRIE Working Paper 175, 29 June 2006, 17-19. See also Atkinson et al., "Explaining," 23.

135．Grant Forsyth (Head of Global Interconnection at BT), "Openreach: BT's Vie," La Lettre de l'Autorite (English Version)，March/April 2007, 6.

第七章　美国有线电视向宽带过渡的政策[1]

Richard D. Taylor[2]

内容提要： 本章讨论在不断发展的视频市场的背景下有线电视的政策选择问题，提供广泛的政策观点以及具体建议，并设想是，"有线电视"业务正远离视频传输业务而向"宽带"业务发展，这种发展是广受欢迎的。这章将对悬而未决的"有线电视"政策问题提出一系列建议以推动这一转变，并概述了当前美国有线电视行业、付费视频行业的局势以及一些重要问题和面临的挑战，展望了未来的视频市场，概述了一个未来视频、宽带市场的战略愿景，然后回归到政策建议及具体的立法和管制行动，这将帮助美国在最短的、可操作的时间内通向一个开放的、非歧视性的、无处不在的宽带网络。

一、前言

有线电视的早期发展使得私人和公用事业都对其寄予厚望。能否实现这一点取决于娱乐和其他用途之间达到一种什么样的平衡是最佳效果。回想起来，有线电视当时成为了压倒一切的媒体，甚至几乎完全垄断了娱乐界。一旦出现这种情况，则情势基本不可能改变。但是，我们都知道，有线电视时代已经结束，多用途宽带网络正在兴起，这可能为国家政策制定者创造一次新机会，考虑我们寄予厚望的互联网这一新兴技术重新做出权衡。

二、背景

有线电视服务[3]受《美国 1934 年通信法》第 6 条以及 1984 年增加的《有线通信政策法案（有线电视法案）》[4]（在 1992 年和 1996 年特别加以修正）监管。在地方一级，大约 6 635 个有线电视系统由大约 33 000 家当地特许经营（LFAs）拥有者[5]经营。由于历史的原因，州一级仅发挥着有限的有线电视管理作用。但是，到了 2005 年，至少有 10 个州拥有了某种程度的控制和（或）监管权[6]。

在过去的几年里，像 AT&T 和 Verizon 这样的大型电信主导运营商已经开始提供数字视频业务（网络电视）。而这却是一个有争议的问题，即：是否这些业务在技术上可以是《有线电视法案》管制下的“有线电视业务”。笔者认为，这些业务将被视为是“有线电视”产业的一部分，尽管有些时候运营商愿意在州或地方一级寻求“有线电视”特许权[7]。“有线电视”一词将被用来代表付费业务提供商提供的、地面的、有线的视频业务（本文不涉及卫星或移动视频传输）。在提供这些业务的公司带动下，更多的州已经有兴趣建立州一级的视频专营权（以前的 LFAs），目前已有大约 28 个州正在考虑或议论这一问题[8]。

在国家一级，2006－2007 年期间，关于联邦政府和各州政府的特许经营、“网络中立性”和“宽带普遍服务”等问题，已经向国会递交了一系列的提案，这将直接和间接地影响到有线电视行业。这些问题不在本章的讨论范围内，但将对很多提议以及它们如何与有线电视产业相关等事宜提供有价值的总结归纳[9]。

目前的情况是，这些问题大部分是悬而未决的，以待进一步由国会、管制机构（FCC）和州政府批准，现在缺少的是能够联系这些主题和议题到一起的指导性规划。有线电视正在向宽带网络演变的现状暗示了某些可能性。

三、2009 年初的有线电视产业

从广义上讲，所谓的"有线电视产业"[10]实际上包括两种相关但不相同的企业：一种负责管理网络，而另一种则提供内容（主要是视频节目）。一个值得注意的发展趋势是：市场力量似乎产生一种压力促使节目内容和分销运营脱钩。该产业还提供语音业务（如网络电话）、互联网宽带连接以及其他相关业务。

（一）规模

2008 年，有线电视业总收入达 863 亿美元。我们可以做一个比较，在同一年，Verizon 的收入达到 974 亿美元，AT&T 的收入达到 1 240 亿美元，而拥有最多有线电视用户（2 440 万）[11]的 Comcast 公司则收入 343 亿美元。

截至 2008 年 12 月，居民视频产品情况[12]：

1．美国拥有电视的家庭总数：1.145 亿

2．使用"基本"有线电视服务的家庭：6 370 万（比 2007 年 6 480 万有所下降，占有线电视家庭总数的 55.6%；而 4 个最大的有线电视 MSOs 拥有所有基本有线用户的 75.6%）；

3．使用非电缆多通道视频提供商（包括 IPTV）业务的家庭：3 610 万（占有线电视家庭总数的 30.6%）；

4．全国有线电视节目网络：565 个（2006 年）；

5．有线电视（不包括网络电视）用户数是 18 年来最低水平[13]，呈现缓慢但稳步下降趋势，自 2001 年以来，已经失去了超过 200 万的基本用户。

截至 2008 年 12 月，居民高速互联网接入情况：

1．美国住宅宽带用户：6 770 万；

2．有线电视调制解调器宽带用户：3 690 万（占 54.5%）[14]；

3．DSL、光纤和无线宽带用户：3 070 万（占 45.3 %）；

4．前 5 名供应商（包括有线、电信和其他）占所有互联网连接的 48.2%[15]。

（二）有线电视产业的优势和劣势

1．优势：

几乎所有有线电视系统已经运行了很多年，享有在当地市场成为事实上垄断者的好处，也提供了作为主导运营商的所有好处。这使它们能够建立强大的品牌形象和客户关系，开发有吸引力的产品，提高其节目编制和市场营销技能，并且可以无所畏惧竞争而提高价格，拥有同轴有线电缆这个成熟的高容量技术，拥有大量在这方面的运营经验。国家有线电视公司已经和节目制作者建立了合作关系，他们巨大的用户基础可以使他们在购买节目时获得很大的折扣。在一些社区，他们还可以与 LFA 进行利润分成，以阻止那些拥有不同专营权条款的新竞争者。

2．劣势

与那些来自资金状况良好的、竞争力强的电信和卫星（可能还包括移动[16]）公司这样的竞争对手的竞争日益加剧，因此无法进一步扩大基本用户（其核心产品），致使市场 60∶40 分割并受到逐步侵蚀。

其他问题包括：

1）越来越依靠量身打造业务，这种业务遇经济疲软则销售量下降，并伴随因欠费而中断业务的情况增加[17]。

2）需要更多地依赖服务捆绑，而这是昂贵的、需要承担更多义务的。

3）年轻观众的流失[18]。

4）DSL 的增长速度很快，造成将近 50∶50 的宽带市场分割。

5）将所有网络转换为数字（最终全 IP）网络的成本和时间问题。

6）互联网上的视频内容成为他们商业模式的一个战略威胁（但也促使他们提高宽带渗透并向宽带转型）。

总体而言，股市已经觉察到负面大于正面，尤其是对拥有大型有线电视控股的企业（如 Comcast、时代华纳、Cablevision）。有线电视类股的一些关键指标表现跌到 10 年来最低点[19]。时代华纳的股票自 2007 年初以来失去了三分之一的价值，促使其发出正式公告，说明公司正在经历结构性调整，正在从有线电视领域"完全分离出来"。也就是说，对于节目制作，要想达到最大潜能，最好的办法就是独立运营，离开有线电视系统[20]。近来一些有线电视类股开始好转，但截至 2008 年 5 月 17 日，有线电视类股整体从 2007 年 2 月的高峰下跌了 47%[21]。

3. IPTV 的优势和劣势

美国主要电信运营商推出视频服务都是基于 DSL 线路和光纤线路。特别地，Verizon 已经做出重大承诺，将其主要大城市服务领域全部配置光纤线路。这样做的好处是它的高容量，但它的代价是高成本。DSL 线路成本较低，但他的容量也较低。在这两种情况下，进入市场与主导运营商竞争需要大量初始投入。然而，这种基于电信网络的视频业务，以打包的方式（视频+语音+宽带）提供服务已经取得了缓慢而稳定的进展，并且已经对传统的有线电视公司造成威胁。虽然传输技术方式是不同的（IP 技术），但服务实质与传统有线网络是相同的，因此他们将继续沿用主导运营商的商业模式。

四、视频市场的变化

（一）电视界的最新演变：一种新的视频内容分发模式

目前所有的视频分销模式，即广播电视、有线电视、IPTV、卫星，均面临巨大压力。有很多原因：多渠道和观众分化；广告流向互联网；

时间（TiVo 公司）和地点（Slingbox）不断转移；年轻观众在多种选择中来回穿梭（例如，视频游戏、Web 2.0 网站），并出现了在线视频。作为潜在竞争对手的互联网的逐渐浮现是最大的战略挑战，它们免费提供视频节目，使提供传统视频内容的"花园围墙"逐渐被吞噬并被淘汰。有线电视、IPTV 和广播电视运营商将其看作是一个真正的颠覆性技术[22]。就像时代华纳公司总裁格伦·伯瑞特（Glenn Britt）在 2008 年 5 月 NCTA 有线电视节目上所指出的那样："如果将一个（在电视播出的）节目播出当天免费放在网上，就需要改变传统的商业模式。运营商是保证（有线电视网络）收入的中间环节，所以我们必须干预这件事[23]"。

　　一些分析家认为未来将走向平衡发展。NBC 娱乐公司联合主席 Ben Silverman 说："在未来 15 年里，广播电视将只服务于高收视率直播活动，如超级杯、颁奖典礼和类似'美国偶像'等节目，其他表演将不得不依靠多个平台生存"。NBC 则试图尝试将电视观众引导到网络上[24]。"观众在哪儿我们就走到哪儿"是节目制作者的新信条[25]。至于新的视频模式，内容制作商需要尽可能多的发布方式，有时这个目标与其从属机构特别是分销网络的目标相悖。

　　新模式就是多平台内容分发。AT&T 公司将其称为"三屏战略"（电视、电脑、手机）；有线电视公司将其称为"任何流量到达任何屏幕（Any Stream to any Screen）"；微软将它称作"统一娱乐市场"。已经有各种各样的"广播电视"和"有线电视"节目可在网上和移动设备上提供，背后的原因主要是：从模拟向数字转换；为住宅用户提供互联网连接速度增长；传统"电视"节目转向互联网；屏幕融合和电视 2.0 的出现。

1. 模拟到数字

　　AT&T 的"U-Verse"视频业务是百分之百基于 IP 的[26]，Verizon 也将其 FiOS 视频业务向全 IP 转移[27]，消除模拟视频通道。有线电视业正在努力向 IP 转型，并希望 IP 网络占越来越多的比例。原来一个全模拟网络（6

MHz 的电视频道）已逐渐被引入数字技术（但不一定是基于 IP 的），这使得它在许多情况下具有混合架构（模拟、数字、IP），但它还是利用其与 DOCSIS 3.0[28]相关的技术逐渐给 IP 网络更高的配置。从模拟到全数字化并最终到 IPTV 的转型将大大提高有线电视系统的能力，以便腾出目前用于模拟视频通道的频谱，提供附加业务或扩展其服务。因此，Comcast 已经宣布，它正在转向全数字化传输[29]。

关于有线电视产业的问题，一篇华尔街日报的文章是这样描述的："随着在线视频越来越成为日常生活的一部分，消费者会希望能够从网络直接下载高清晰度视频到电视机。一旦大量的内容以这种方式提供，观众需要一种简单方法搜索，即利用其远程控制在屏幕上浏览指南。对于有线电视运营商，其风险就是这个过程可以使他们完全脱离过去的模式"[30]。事实上，有线电视运营商已经意识到，提供宽带服务有可能吞噬传统有线电视的收入，这是实实在在的威胁。

2．稳步增加传输速度

"宽带"网络发展已经逐渐提高了连接消费者的速度。Verizon 公司日前宣布，它将为其所有 FiOS 光纤用户提供 50 Mbps 的下载速度[31]，并表示已有设备到位，可提升速度超过 100 Mbps，甚至可以支持高达 400 Mbps 的速度[32]。Comcast 已经在明尼阿波利斯开始提供 50 Mbps 服务的实验。Comcast 首席执行官 Brian Roberts 最近指出，我们可以期待"高于今天 10 倍，20 倍，也许 50 倍的速度"[33]。虽然这些预测的速度肯定会改善目前（2008 年中期）的服务质量，但就所报告的提供给住宅用户的速度看，美国仍然落后于其他一些发达国家。这里有一个极端的例子：在瑞典，一名普通女子在家中连接互联网的速度是 40 Gbps[34]。

3．"电视"内容向互联网的迁移

电视已开始迁移到互联网，这里可以提供大量电视广播和网络内容（例如，Hulu、Joost、Fancast 和 Veoh）[35]。在 2007 年 10 月期间，仅 NBC

就在其网站上显示有 5 000 万次的视频流量[36]。整个网络可以转让，例如，华纳兄弟电视集团已宣布将复兴以前广播电视网络 WB，作为一个新的、由广告支持的、基于网络视频的互动网站——WB.com，从其书库中拿出最流行的节目提供在网上，很具特色[37]。2009 年 4 月，迪斯尼公司宣布将与 Hulu 谈判购买其 20%～30%股份，Hulu 仅在 2 月就有 3 500 万观众。哥伦比亚广播公司 CBS 建立 CBS TV.com，与 Hulu 进行竞争。时代华纳也就节目分发问题宣布接近 YouTube 公司（谷歌下属公司）。几乎每一个广播电视网络的节目现在都可以免费在线找到，但有线电视节目却不能在网上找到。时代华纳首席执行官 Jeff Bewkes 指出，广播电视公司将节目免费在线提供并没有充分思考过商业模式，他并不想让有线电视节目提供商犯这种错误。运营商开发自己的网站提供在线视频将会更容易些，如 Fancast，但是这可能会导致节目提供商的不满，因为他们需要自己的由广告支撑的网站。目前，大多数广播电视和有线电视网络通道并没有与他们的空中传输通道"同流"，然而欧洲 Zattoo.com 已经开始提供服务[38]。原则上，每一个电影制片厂、每一个网络、每个电视台、每个公众获取渠道都没有任何理由不能像电台（以及单纯在线"电台"）那样有一个自己的视频流网站。例如网站：http://www.chooseandwatch.com（由国家拥有），该网站声称拥有来自世界各地的 6 500 个电视/视频频道。而且，视频（包括实时的和下载的流媒体）也正在迅速向移动电话和"iPod"型设备转移[39]。

（二）Screens 和 TV 2.0 的融合

这场比赛是把"电视"变成一个开放的内容平台——一个更大的屏幕，在其上提供所有可提供的视频内容而已[40]。这当然需要一个宽带网络连接。索尼正在销售一种可以获得索尼电视产品 Bravia 在线的互联网转接器[41]，并宣布将直接发送电影到这些装置[42]。连接电脑、电视和家庭娱乐中心的线路标准预计将会很快投入市场[43]。思科公司正在生产能够上网的"转换器"机顶盒[44]。最近，Vudu[45]和 Netflix[46]可以提供用于在因特网上看电影的机顶盒。X-Box 360 的用户可以从微软在电视上提供的 X-BOX 实况服务查看节目[47]。消费电子产品制造商的目标是把家庭娱乐中心变成一个互联网门户网站。

现在已经有一种"有线电视机顶盒"混合模式，即无"有线电视"内容的操作模式。Sezmi 提供了一种置顶"盒"服务，集成了无线信号（使用强大的高清天线）和基于互联网的视频节目。它配备了 1TB 的存储，允许访问付费电视的同时获取网上内容[48]。作为一种商业模式，它可能成功也可能失败，但它无缝集成网络视频内容和广告的概念可能吸引很多顾客。

所有形式网上视频的这种提供方式被称为电视 2.0[49]。当 TV.com 清醒地认识到如何利用 Web 2.0 社交工具，提高一个网站知名度的同时让听众参与进来。在 2008 年 12 月，他们将其从一个谈论昨晚选秀节目的场所转换成一个视频流目的地。他们可以将讨论议题和吸引用户的方式紧密结合。最近 Hulu 宣布测试这一模式。据 Hearst-Argyle 电视高级副总裁 Roger Keating 称："电视 2.0 是一个有机会邀请消费者参与对话的技术，如果你在自己的公寓里，您仍可以与外面其他人通过电视 2.0 进行交流"。

有线电视主管人员正在开发一种网络视频模式，即只有使用传统有线电视和卫星电视服务的用户能够获得全方位的在线节目。据说，AT＆T 公司、Comcast 公司、华纳有线 DirecTV 公司和 Verizon 等公司正在与主流节目分销商（如 Viacom 和 Discovery）探索一种"唯一用户"办法。该项目将让有线电视和卫星电视用户通过网站（并有可能通过移动电话）连接他们的服务供应商观看最新的有线电视节目，很可能最快在 2009 年夏天实现。时代华纳有线电视公司称这是"电视无处不在"。Comcast 公司将其称为"按需在线"。有技术问题（例如，跨平台和多公司的用户授权）和业务问题（独家代理、广告收入、发行窗口时间、地点转移）尚未得到解决。运营商被要求为节目制造商提供一切附加收入以获得网上发行权，但是遭到运营商的抵制。

网络运营商强烈警告内容提供商必须谨慎与所谓的"置顶（Over-The-Top）"互联网视频服务商的合作，因为这些服务将有可能威胁广告和订阅收入。时代华纳有线公司首席运营官 Landel Hobbs 在 2009 年 3 月 18 日的数字好莱坞媒体峰会上曾经说过："我们必须与内容所有者合作，分发和内容合作是大势所趋。但是，我们必须密切关注这些服务商，像置顶或将全部视频内容放在互联网上的公司。有一种双向收入流我们也必须予以关注。只依靠广告生存是非常艰难的。"据 MTV 网络内容分发和营销资深副总裁 Denise Denson 所说："运营商和节目制作商可以利益共享，因为我们想要人们面对增加的新平台和新产品还能继续看有线电视，这将进一步促使利益共享。"

五、愿景：大约 2020 年左右的视频节目

提出一个远景目标，为美国制定未来监管政策和建议提供参考，下面则是考虑如按现有的趋势发展，美国在 2020 年左右"最可能"出现的情况。

（一）无处不在的宽带网络规范

1. 先前的"有线电视"系统将成为通用 IP 宽带网络。由于宽带接入是一种"信息服务"，而不是"有线电视服务"，因此将不再是《有线电视法》管制下的任何"有线电视系统"提供的"有线电视服务"。因为它们将是完全基于 IP 的，将不使用任何"频道"。

2．该业务"传输"部分的基本产品将是宽带网络接入、相关增值服务（如 VoIP）、捆绑服务和应用，而不是视频节目。

3．将有一个约 50 Mbps 的无所不在的国家宽带网络。议会将修订通信法，取代 1984 年的有线电视法案（修订），并产生一个国家宽带政策和一个统一、跨平台的宽带管制条例。基于有线设施的运营商（原有线电视和电信公司）将主要在联邦和州一级接受管制，所以所有宽带运营商将承担非歧视的和互联互通的义务。NCTA 和 USTA 将并入全国宽带电信协会（NBTA）（NBA 已经采用）。

（二）节目分发选择互联网模式

1．视频节目源可以位于任何地方，在任何一个地方都可以获得；

2．对于视频节目的竞争将在"管道"内蓬勃发展，而不是管道之间的竞争[50]。消费者将有机会获得种类繁多的服务；

3．有线电视节目网络将在多个平台上分布。视频产品和打包服务将主要直接由发起者或汇聚者提供。原"有线电视"业务将分为两个部分：以设施为基础的传输业务和节目内容提供业务；

4．传统的视频内容（广播和有线电视网络按照时间表播送的节目）将归入为观众提供的数以万计的视频资源中；

5．类似 TiVo 和 Slingbox 这样的设备将允许观众根据时间和距离点播视频节目。线性模式（时间表）电视节目的重要性将下降，因为今天的年轻一代要自己选择节目，其对于广告客户的价值相应地下降了。

（三）宽带政策

1．所有《有线电视法》中关于 LFAs 的条款将被取代或作废，并由美国联邦宽带法规和国家视频节目与宽带专营权取代[51]。

2. 国家 PUCs（或其他指定机构）将接管地方"特许经营"的权力。

3. 收取"专营权费"或与宽带收入相关的税收（非视频节目）。可考虑为同一地区多重付费进行调节。

4. 承担更多的消费者保护角色。

5. 创建国家本地接入和节目制作资金，为社区投资以支持节目生产和其他本地接入通道的成本（原 PEG），现在节目来源已连接到互联网。

6. 有竞争的地方规制可放松，而缺少竞争则需要加强管制[52]；在缺少民主或有可能造成管制泛滥的地方则鼓励自制。

（四）对联邦政府的政策建议

在未来几年，所有政策和规则应该被视为过渡期的临时政策，目的在于促进顺利过渡到一个国家的、互联互通的、非歧视性的宽带网络。也就是说，还有一些问题目前正等待在联邦一级做出决定。

1. 内容管理和"菜单式"节目提供

对于猥亵、暴力节目和其他节目，由于制度原因而不能按照有线电视法直接管制的内容的管制，可以替代为由有线电视运营商单独提供节目（按菜单点节目）。按菜单点节目的销售渠道带来的销售额是极为不确定的，而对以往业务模式的如此颠覆性改变应基于准确的数据收集，公共物品的管制可能还要考虑点菜模式对多样性价值观的作用[53]。

现在用过滤器、资信评级、家长控制设备、教育和父母参与等方法规范内容。对于有线电视，人们总是自然而然抱有怀疑的态度，甚至对互联网也是这样，因为网上的视频节目也是不断增加的[54]。目前有若干悬而未决的法律问题，其中包括前最高法院的一桩案件[55]，这有可能有助于澄清言论，规范电子媒体上的猥亵、暴力和煽动仇恨的内容，宪法明确了 FCC 的管辖范围和国会的权力。当前，时代华纳、Verizon、Sprint 与纽约州总检察长绕过"第一修正案"达成一种新的公私合作模式——双方协议共同限制儿童色情产品[56]。这一协议是通向 ISP 相互信任、合作的重要一步，据报道欧洲也努力实现该目标[57]。另一种办法是 FCC 在 2008 年 6 月 27 日新闻发布会上提出的"进一步关注立法提案"，要求成功拍得宽带无线频谱的运营商提供所谓的"无淫秽作品"的无线宽带，阻断"淫亵"、"色情"制品或"图像和文字"对 5～17 岁青少年的影响[58]。这一目标似乎在向运营商和 ISPs 转移审查责任。

2. 必须传送和数字过渡

这是美国国会的明确意图：不论广播电视的质量如何，不管在向数字广播电视过渡期间或之后，没有任何人能够被剥夺接入本地授权运营的基本广播电视信号的权利。显然，大约 1300 万户正在面临失去信号的风险。这就意味着该广播电视提供单一节目频道[59]。可以说，"必须传送多样化广播"改变了规则和意图，因此可能会超越法律和宪法问题。关于持有线电视运营商"必须传送"许可证的广播电视机构播出的"流量"建议[60]，并没有获得多少支持。必须传送旨在保持对观众的承诺，并不是为广播电视机构创造新的商业模式。最终，"必须传送"让任何用户都可以自由地访问任何站台的内容，让菜单模式成为历史。

3. 流量管理

电信网络的流量管理并不是一个新想法，它对保持网络的诚信和质量是必需的。总体来说，无歧视对待用户、内容、应用、服务或设备的主张是很有意义的。但是就像任何规则一样，可能都有必须考虑的例外情况。美国有线电视（Comcast）涉嫌诈骗 BitTorrent 用户的案例是众所周知的[61]。但 Comcast 公司对其认定的垃圾邮件进行阻止的行为违反了什么规则？（法院说，没有）[62]因为阻止垃圾邮件、病毒、木马和其他类型的恶意软件有可能是利于网络用户的。

对某些信息来讲能通过即时的数据流到达用户端是很重要的，相对来讲某些数据有一定的延迟也没多大关系。在法律上，相关方面正在考虑对某些类型的信息赋予优先权：包括紧急医疗信息、公共安全信息、关键的运营信息等（例如，电网控制、银行操作、空中交通管制）。有人提出一个解决方案，就是对这种服务创建虚拟专用网络（VPN）以避免传输速度被降低，或直接将他们从公共互联网上分离出来。

　　网络中立性的不确定性产生了一项技术称为深度包检测（DPI），该技术使互联网服务提供商能够进行前所未有的互联网内容控制。非营利性组织"Free Press"断言，"新兴的 DPI 商业模式，其销售的网络监控能力，及对用户收取每个互联网接入使用费的能力，对开放的互联网构成了巨大威胁"。当美国最大的有线电视公司 Comcast 公司被发现在秘密地利用 DPI 阻止 P2P 应用时，联邦电信委员会（FCC）命令它停止这种做法。如 DPI 被充分实施，那么运营商就可以对应用业务的种类进行识别和收费，也可以选择性的阻止或降低某些服务的速度，尤其是对其竞争对手的服务，这样运营商自己的服务不会受到影响。"流量控制"问题和深度包检测技术在 FCC 那里还悬而未决，而且这还关系到将要出现的视频商业模式。

　　除此之外还有一些问题。若 AT&T 公司使用"深度包检测技术"来判断"非法"内容，或者网络运营商和 ISP 采用 DRM 技术对据称的非法文件传输进行拦截，这是违法的吗？如果在特定时间网络流量超过了网络容量，到底会发生什么呢？这是一个复杂的问题。有人说，要慢所有的传输都应该同样慢，而扩大网络容量是唯一的解决方法。而另一些人则说，当提供了更多的带宽时，应用将随即增加其消耗的带宽[63]。所以，应迅速制定一些法规禁止无序竞争和反竞争的歧视行为，然而这又会激起即时的、严重的、深远的后续反应，因此对这一问题的细节进行持续的讨论自有其可取之处。至少，对网络管理手段进行充分披露是有益的第一步。

4．计量服务

Jousting 头条讲述了这样一则消息："思科项目因在线视频积聚膨胀"（2008 年 6 月 16 日）[64] 和"顶级有线电视公司尝试遏制高度占用网络的现象（2008 年 6 月 3 日）"[65]。对于快速增长的互联网流量，一些资深作者预测如果不采取措施对宽带网络进行管理将会出现"宽带列车事故"[66]。他们提出了两种解决方案：1）建立更大的容量；2）通过引入基于使用的定价方式减少用户对网络的使用。他们呼吁对使用量少的用户"公平"和对网络升级进行投资的"必要"。抓住机遇，有线电视和电信宽带服务供应商[67]正计划推出按用户下载的字节数进行收费的方式[68]。但由于这一建议很可能出现严重的、不可预知的消极后果，建议中用相当的篇幅对此进行论述。无论是"公平"还是"必要"的论点都无法阻止这些问题。以下则是这些问题当中的一部分：

（1）反竞争。基于使用量的定价将对有线电视和 IPTV 的"围墙花园"产生影响，给其带来令人窒息的初期视频竞争。通过比较，传统的 DVD 拥有约 4.7GB，一个高清 DVD 拥有 30～50GB。用户应该支付 50 美元去看在线高清电影吗？这样的网络定价方式将有利于只用网络发送邮件的人，而会阻止新的、有竞争力的应用，特别是视频。

（2）定价是随意的。在每 GB 的通信成本与建议定价之间并没有合理的联系。思科预测，到 2010 年[69]，拥有两个标准清晰度电视，一个高清电视和两台电脑的普通家庭每月每户将使用 1.1KGB 的数据。举例来说，时代华纳正在测试一种"快速"宽带服务：每月 54.90 美元的价格提供最大 40GB 的包月流量[70]，超出部分按 1 美元每 GB 进行计费。如果思科的模型是准确的，这将导致到 2010 年一个普通家庭将支付每月 1114.90 美元的网络费用。对运营商来讲，带宽是一项成本递减的产品，但他们对用户的定价却是越来越高。

（3）基于使用量的定价在缓慢增长。即使许多用户尚未达到极限，他们也很快就会达到；而其他达到的人将被阻止或害怕超过其上限。欧洲互联网最初的缓慢增长被普遍归因于基于使用的定价。"能吃多少吃多少"的模式在全球都取得了很大的成功，由于网络效应，这一模式使得网络容量得以提升，新的更好的应用得以实现。

（4）建议没有考虑到视频市场的发展状况。通过互联网在线观看视频的行为在迅速增长，尤其是在那些 30 岁以下的人群中。视频质量也在改善。马上，很多在线视频将是高清的，随着有线电视网络和光纤网络升级到 50～100 Mbps 的速度（已广泛地在韩国，日本和瑞典成为现实）人们将下载更多视频。

（5）它还造成不恰当的激励。它鼓励运营商不增加带宽，鼓励人们更少的使用互联网，开发更少的对带宽敏感的应用。这与有益的激励恰恰相反。这将使运营商获得一个收费站，在其他类型业务的通道上收取过路费。

（6）按流量计费的模式对低流量的用户未必不公平。网络容量的提高将间接给低流量的用户带来福利。高容量要求的用户如果提高了网络的容量，每月只发三封邮件的低流量用户也可能突然决定在网上观看高清电影和电视。随着网络视频的逐渐增多，使用网络富余的带宽给低流量用户带来福利，对使用形式的演变有明显的好处。

（7）这一流量也不是一个必要的收入来源。运营商还有其他可利用的手段来增加收入，如对连接速度进行收费，对服务质量进行收费，对增值服务、捆绑服务、内容提供进行收费，或对拥有合作伙伴关系的网站、对广告和计费管理服务、对公私伙伴关系等等进行收费。如上所述，宽带是一个成本递减的产品。允许运营商"按饮用量"进行计费可能会导致（在这一计费方式被叫停之前）合法竞争被抑制，用户承担潜在的高成本，互联网使用水平的增长速度放缓，以及利用高带宽提高服务水平的有益新业务的发展被减缓。

时代华纳有线公司自去年以来一直在德州的博蒙特测试一项计算互联网使用水平的计划。该公司计划不久就在奥斯汀、圣安东尼奥，以及纽约罗切斯特推出这项计划。时代华纳有线公司首席执行官 Glenn Britt 在接受采访时说："我们需要一个可以为宽带业务基础设施提供支持的可行的模式。我们早先犯了一个错误，没有界定我们的业务是基于消费层面的"。每个客户在超过每月上限之后将按 1 美元每 GB 进行收费。时代华纳有线电视公司提供了 4 个级别的包月上限 5 GB、10 GB、20 GB 和 40 GB。下载一部高清晰度的电影通常需要大约 8 GB 的流量。Sanford C. Bernstein 公司最近发布一份报告认为，一个选择 40 GB 计划的家庭，按每周在线视频流为 7.25 小时进行计算（相比美国人在电视上平均每周花费的 60 个小时来说，这只是一个零头）可能最终要每月支出 200 美元宽带费。Bernstein 分析师 Craig Moffett 说："委婉地说，可以预料限制数据消费的决定对消费者行为具有深远的影响"。AT&T 公司也在对自己的宽带定价进行审视，限定其每月家庭带宽的最高使用水平是 250 GB，Comcast 也在进行类似的尝试。

5. 竞争

为了鼓励竞争，政策制定者需要在以下方面采取措施：

（1）继续鼓励以平台为基础的宽带竞争趋势。

（2）鼓励现有的供应商跨越传统的领域相互竞争[71]。

（3）减少而非提高进入的监管壁垒。鼓励任何愿意提供视频和宽带服务的公司用任何方式、在任何地点提供这些服务。

（4）鼓励尝试新的想法，尤其是公共部门和私营部门的伙伴关系。

（5）避免对低效率技术的补贴。

（6）鼓励引进视频和宽带系统并对此提供经济激励。

6. 纵向一体化

在美国，通过一项针对渠道和内容的"结构分离"政策可能会对政治和法律造成严重挑战。然而，目前的市场力量似乎正在推动它成为一项合乎逻辑的商业决定。就目前而言，一个最优的、可行的应对方案就是：在反垄断的基础下赋予私人行动的权利[72]。如果有严重的侵权行为，就对其重新审议。然而，目前所有 565 个电视节目频道中只有 14.9%附属于一个以上的有线电视运营商[73]，或与其实施了纵向一体化，同时他们的"上网"将被进一步削弱。一个更微妙的问题值得进一步讨论，即网络专有者可以利用自己的权力，操纵 IP 网络为自己的内容服务，而降低竞争对手在"公共"互联网上的内容和服务水平。

7.宽带转换

国会设立一个"开始日期"将模拟广播切换到数字广播，同时它也应建立一个明确的截止日期开始采用全 IP 的宽带网络。国会和联邦通信委员会（FCC）应采取一些政策和规则，促进向全宽带网络的过渡，并促进从地方到国家的管制的进步。 FCC 应要求所有电视根据这个日期，尽早建立与 Internet 的直接连接。美国联邦通信委员会还应与相关专业团体一起，建立"开放互联网电视"的标准，就像他们建立的高级电视标准一样（这可能是多重标准）。标准应包括标准的遥控器和内置的媒体浏览器[74]。

（五）对州和地方政府一级的政策监管/PEG

州政府视频服务立法：应鼓励各州通过特许经营有线、地面视频传输系统的法律，在联邦法律允许的范围内取代市政特许经营权。在这方面，一个统一的示范法将有助于制定共同的标准。在可能的情况下，各州应鼓励竞争者在任何地区以任何技术进入视频和宽带服务市场。这包括（但不仅限于）促进和激励现有的运营商在对方网络基础上进行建设，例如，Verizon 公司在 AT&T 公司的基础上建设，康卡斯特则在时代华纳的基础上建设。

1. 州视频专营权不管是在事实上还是在形式上都应该是非独家的，并由像 PSC 或 PUC 这样的有行业监管经验的适当州立机构进行发布和管理。州立机构应监控被监管市场的竞争，并通过一项改进的运营商监督管理模式对不被监管的市场进行监察。

2. 扩建要求：扩建要求更是一个进入壁垒和主导运营商的挡箭牌，而不是公共利益。将市场开放到可行的程度，消除针对具体领域的要求，以防出现蓄意"圈红线"的情况。[75]

3. 消费者保护和客户服务标准：接受和回应服务供应商没有为客户解决的问题和顾虑可以由地方或州任何一级（或两者）来处理，必须有可实施的后续处理意见，将其作为州特许专营权的一部分。

4. 为 PEG 频道收集、分配特许经营费和税（如视频节目服务上的销售税）：各州应确定并收集有关视频节目的特许经营费或销售税（遵照联邦法律），并返回给社区适当数额作为群体访问（无论是通过市政府或直接地）费用。

5. 定义"技术上可行"：州视频专营权应该包括对数字 PEG 接入技术质量的强制性定义，应至少相当于以前商业模拟视频节目提供的质量，关于"技术可行性"的术语不应被滥用，否则将减少公众节目。

6. 州专营权续期和撤销：州视频专营权应该明确年限，不应该是永久的，或"自动"或"推断"更新，应包括技术、商业、客户和公众访问性能标准，要求提供不低于商业质量的服务。

（六）地方特许经营权利

1. 撤销与到期：到期通知发出后仍不提交材料履行程序将导致撤销州视频专营权；应建立撤销和到期更新的明确程序和时间期限。通行权管理加上监察权力，加上本地商业管理，再加上联邦和州的法律，还要与市政保持一致。

2. 剩余权力：州视频专营权不应该抢占领地。对于联邦或州的法律或法规没有明确涉及的领域，市政府应该可以要求任何剩余权力。

3. 特许经营费：州视频专营权应该包含与联邦法律相一致的特许经营费要求。而一些州已经选择使用销售税的做法。在两种情况下，这些州都应与市政府一起分享收入，可以与先前所得数额基本相当（但不应因多个重叠的专营权而获得暴利）。

4. 机构网络（FCC 限制）：可以为公共设施请求免费的互联网连接和服务。市政和 PEG 访问组可以与运营商或开发商进行谈判，在安装光缆时，在一个共用光纤管道中设立一个独立的"公众"线，相当于建立一个公共"暗"光纤挂靠在商业光纤上。加拿大正在实施这种方案。[76]

5. 其他相关承诺的专营权可能得到执行（也在 FCC 限制范围之内）。[77]

（七）PEG 访问和频道[78]

1. 如果"专营权费"或相当的税收被支付给州而不是市政府，偿还 PEG 接入服务提供商的要求和过程应该写入州专营权法案。

2. PEG 访问将不得不实现从模拟过渡到 IP。但是，相对于任何以前的广播、模拟电缆和网络电视频道等，过渡期间或之后不应该减少可获得性、质量或特色。此外，由于走向数字化的费用，对资金支持的需求可能会增加。需要开发与当地社区建立伙伴关系的机制，以评估需要、接收和分配资金。该机制作为州特许经营程序中的一部分，被明确植入法规中。

3. 工作室、工作人员和运营费用：与数字化、网络连接和设备相关的新费用可从州接入捐赠中获得资助。

（八）需要解决的与 PEG 有关的问题[79]

1．删除数字层。PEG 频道从易于访问的模拟"基本"层不由自主地移动到数字层，这可能需要特殊的设备（额外收费），到达观众减少，并且更难以找到。

2．PEG 频道"砰击"。从"基本"层任意搬迁 PEG 频道，和（或）在一个作为单独应用的单一频道（例如 99）下聚合 PEG 频道，需要更多的"点击"去获得内容，并使 PEG 无法进入"频道冲浪"。

3．损失字幕。当 PEG 频道从模拟层移到数字层时，频道的听觉受损字幕可能会丢失（如在 AT＆T 公司 U-verse 上的）。

4．很难用遥控器找到。一旦 PEG 频道从确定频道位置移开，迁移到数字层或其他形式的"西伯利亚电缆"，它们将被带出遥控器主要业务模式，并使用户更加难以找到它们。

5．下信号质量（数字"PEG 产品"）。数字 PEG 频道的图像质量比模拟版本更低劣，并经常比从前商业渠道的质量更低劣（以 MPEG - 4 为例，PEG 只有 1.25M 速率而标准清晰度为 2 Mbps）。

6．频道延迟。在某些情况下，一旦正确的渠道已被选中，等待 PEG 频道的内容出现可能需要至多 1 分钟的时间。

7．无力记录。已有报道称数字 PEG 频道不能与 Tivo 以及其他 DVR 录像机等设备共同工作。

8．将 NTSC 信号转换成数字的成本。PEG 频道生产者必须发生额外生产费用用于数字设备和（或）模拟到数字信号的转换。

9．运营商的互联互通成本。PEG 内容提供商通常收取互联互通的费用，将信号提供到运营商的网络。

10．公众接入。受众已经很有限，公众唯一的免费电缆"肥皂箱"

将很难找到，其赞助资金将随着其费用的上升而成为更大的问题。

11. 本地访问。本地接入组将必须适应走向数字化的概念，需要与新团体进行谈判，尤其是传统电信运营商（"电话公司"）和代替（或补充）市、自治区的州属 PUC。这将涉及一个陡峭的学习曲线和过渡中的额外努力。首先他们可能还寄希望于他们的内容。在最好的情况下，它可能是新合作伙伴、延伸的接入和由运营商提供的频道多样性的一个门户。

12. "宣传地方观念"的机会在增长[80]。正当各种传统地方媒体正在走下坡路时，也可能有机会使 PEG 接入组织开放给其他合作伙伴，或引进新的内容类型和（或）将节目兴趣对准不同目标群体。

六、结论：为明天的宽带网络建立今天的过渡政策

（一）应对今天的挑战

看来，有线电视运营商和电话公司、内容渠道和其他内容供应商正在共同开发一个多管齐下的策略，以防止竞争并使电缆模式的现状进入互联网并长期存在。这些措施包括：

1. 将受控制的内容迁移到互联网的"围墙花园"中，只有付费用户才能进入；

2. 使用排他协议以使节目内容远离竞争对手；

3. 使用"流"技术，以限制复制和存储；

4. 将内容放在"服务包"中，而服务包的定价策略是消除竞争的；

5. 使用"按流量计"的或"最高流量限制"的带宽使用水平来定价，以价格策略将竞争驱逐出市场；

6. 攻击"网络中立性"以便允许使用 DPI 技术来寻求"流量控制"，

而这些手段都只对竞争对手产生影响；

　　7．创建一个在位者联盟游说反对变革。

（二）展望未来的挑战

　　一般情况下，使用公共互联网提供视频节目，会全面地破坏视频市场的现状。因此，主导运营商（或者说"网络拥有者"）合作保护自己的利益是合理的。这包括有线电视公司、IPTV 提供商、主要的网络运营商和广播提供商。因此，我们毫不奇怪地发现这样一个报告说道：有线电视[81]和电信[82]正在讨论与澳大利亚国民银行（NAB）"共同努力，为在数字化时代提供电视服务找到一个双赢的蓝图"。一个开放的非歧视性的高速宽带网络自然地造就了虚拟的网上交流的平等，至少在视频服务的传输方面是如此的。

　　在"开放"的宽带网络上保护视频不被非法占有及遭受掠夺行为，这一问题所面临的挑战因素与在有线电视网络上的完全不同。该问题的瓶颈/平衡点不在当地运营商，而是包括了专有软件、应用、搜索引擎、数字版权管理(DRM)和广告的各方。相关"权益"方可能包括 Microsoft、Google、Cisco、SONY 等公司。他们能够潜在地平衡其对网络核心的控制。一些可能的控制点包括：

　　1．软件/电子产品消费/家庭娱乐组合[83]；

　　2．搜索引擎[84]/视频搜索控制；

　　3．聚合器/产品类别控制；

　　4．中间件/关键软件标准控制；

　　5．广告[85]/在线广告业务控制；

　　6．DRM /一个广泛的"数字版权管理"计划；

　　7．捆绑/提供综合服务的能力；

　　8．通过对等协议控制基础网络；

9. 能以更高速度向更多用户提供服务的大公司的财务能力。

（三）决策者面临的挑战

本章概述了当前美国有线电视行业/付费视频行业的局势，以及一些重要问题和面临的挑战，展望了未来的视频市场，概述了一个未来视频和宽带市场的战略愿景，然后回归到政策建议，并详细论述了立法和管制行动，这将帮助我们在最短的、可操作的时间内通向一个开放的、非歧视性的、无处不在的宽带网络。当前美国，并非所有的发展都会受到既得利益者的欢迎。本论文主张的政策将扰动这些强大的行业：电信，有线电视，广播和节目制作。只有当决策者能看到这点，这些合理方案才能最终形成一个对公众和社会有利的结果，才能给宽带运营商、视频节目内容的制作者和传输者、以及国家和社区带来新的机会，这个机会使大众能得到他们所呼唤的多样化选择。而这是他们唯一能得到的机会。

注释：

1. 本文参考 2009 年在美国出版的由 Amit M. Schejter 主编的《. . . And Communications for All》一书中的第六章（U.S. CABLE TV POLICY:MANAGING THE TRANSITION TO BROADBAND），本文经由作者修订、扩展和更新并同意在中国再次翻译出版。该文章经由陈思祁和张彬翻译。

2. 理查德·泰勒，法律博士（J.D.）及教育博士（Ed.D.），美国宾夕法尼亚州立大学帕默基金会首席教授，通信学院电信学和法律学教授，信息政策研究所创立人和名誉所长，《信息政策》杂志社主编，研究方向为信息技术投资影响分析（特别关注亚太地区）。

3. 这句话隐含着复杂的定义问题。虽然法律上有定义，但什么是"有线电视业务"还是值得重点讨论。有线电视运营商提供各种辅助业务都不在该定义范围内，网络电视（IPTV）的身份也倍加争议。

4. The Cable Communications Act of 1984, Pub. Law 98-549, 1984 98 Stat. 2779, codified at 47 U.S.C. sec. 521 et seq.

5. Jim DeMint and Dick Armey, "Perspective: An e-contract for the 21st Century," CNET News.com, 27 April 2006, news.cnet.com/An-e-contract-for-the-21st-century/ 2010-1028_

3-6065530.html/ (19 June 2008); Federal Communications Commission, in the Matter of Implementation of Section 3 of the Cable Television Consumer Protection and Competition Act of 1992, MM Docket No. 92-266, adopted 31 December 1996, released 2 January 1997, IV.A.15.

6. Gerard Lederer, "The State of the States: A Report on Franchising Legislation at the State Level," Law Office of Miller and Van Eaton, presentation, 26 July 2007 to the Alliance for Community Media Conference, www.millervaneaton.com/ACM1. ppt/ (6 May 2008).

7. Verizon 公司已经申请并获得许多本地和几个州的 Fios 视频业务的专营权。 AT&T 公司称，其 U-verse 的 IPTV 业务不是"有线电视服务"，并且不需要专营权（尽管在康涅狄格州的联邦法官宣布相反的结果），宁愿与当地社区签署"备忘录"进入市场。see arstechnica.com/news.ars/post/20070727-federal- judge-att- u-verse-cable-tv.html/), preferring to enter into a "memorandum" with local communities.

8. Gerard Lederer, "The State of the States: A Report on Franchising Legislation at the State Level", Law Office of Miller and Van Eaton, presentation, 26 July 2007 to the Alliance for Community Media Conference, www.millervaneaton.com/ACM1. ppt/ (6 May 2008) .

9. Linda Rushnak, "Cable Television Franchise Agreements: Is Local, State or Federal Regulation Preferable?" 33 Rutgers Computer and Technology Law Journal 41, Fall 2006, accessed through Lexis-Nexis Academic (15 May 2008) .

10. 最初只提供视频节目，但现在"有线电视产业"在其业务组合中又增添了语音服务和互联网连接服务。注意到该演变进程， "全国有线电视协会" （NCTA）于 2001 年将其名称改为"全国有线电视和电信协会"，维持相同的缩写。同样，美国电信协会（ USTA ）在 2008 年改为"美国电信：宽带协会"。

11. National Cable Television Association, Industry Statistics, Top 25 MSOs as of December 2007, www.ncta.com/ Statistic/Statistic/Top25MSOs.aspx/ (19 June 2008) .

12. 这里使用的统计数据来自全国有线电视和电信协会（NCTA）。对此有一些争议，尤其是对有线电视"渗透率"的计算，即电视家庭从有线电视公司接受他们的电视节目的百分比。这一争端带来了严重的管理问题，有线电视行业鼓励不公布统计数据。

13. Steve Donohue, "Cable Penetration Hits 17-Year Low," MultiChannel News online, 19 March 2007, www.multichannel.com/article/CA6425963.html/ (3 July 2008).

14. Updated statistics for all the categories are not available, but as of 31 December 2007, cable claims 37 100 000 broadband subscribers.

15. Alex Goldman, "Top 25 U.S. ISPs by Subscriber: Q4 2007," Internet.com, 10 April 2008,

www.isp-planet.com/research/rankings/usa.html/ (1 July 2008).

16．A. Sharma, "AT&T is Set To Introduce TV Service for Cellphones," The Wall Street Journal Online, 1 May 2008, online.wsj.com/article_print/SB120961037199158513. html (3 May 2008).

17. Cynthia Brumfield, "Are Cable and Phone Companies Still Recession Proof?" Gigaom.com, 14 January 2008, gigaom.com/2008/01/14/are-cable-and-phone-companies- still-recession-proof/ (19 April 2008).

18．12 至 17 岁的青少年人口平均每月视频在线 123 分钟，而 18 岁以上的用户每月平均为 99 分钟。12 到 24 岁年龄组电视在线视频娱乐的时间约占 42%，而全国平均值为 64%。这一数字有望继续增加。See Mike Shields, "Nielsen: Teens Biggest Users of Online Video," MediaWeek.com, 9 June 2008, www.mediaweek.com/ mw/content_display/news/digital-downloads/metrics/e3i32a6c4ade2dd7b238403192b9ee8b8e0?imw=Y(10 June 2008); Daisy Whitney, "Video Use Seen Hitting Eight Hours a Day by 2013," TVWeek, 10 June 2008, www.tvweek.com/news/2008/06/web_video_consumption_seen_hit.php/ (11 June 2008); Brian Stelter, "In the Age of TiVo and Web Video, What is Prime Time?" The New York Times Online,www.nytimes.com/2008/05/12/business/media/12ratings.html?partner=rssnyt&emc =rss/ (12 May 2008).

19．Douglas McIntyre, "Can Cable Stocks get back in vogue?", Bloggingstocks.com, 3 April 2008, www.bloggingstocks.com/2008/04/03/can-cable-stocks-get-back-invogue/ (19 April 2008).

20．Reuters, "Time Warner to Spin Off Cable Division," PCMag.com, 30 April 2008, www.pcmag.com/ article2/0,1895,2289553,00.asp/ (3 May 2008).

21．Robert Marich, "Cable Show 08: Cable Stock Spurt—Can Mini-Rally Last?" Broadcasting & Cable Online, 17 May 2008, www.broadcastingcable.com/article/CA6561867. html/ (1 July 2008).

22．Ryan Lawler, "At NAB: OTT vs. IPTV" Lightreading, 18 April 2008, www.lightreading.com/ document.asp?doc_id=151467/ (21 April 2008).

23．Kimberly Nordyke, "Cable Brass Debate Fee for Web content," The Hollywood Reporter Online, 19 May 2008, www.hollywoodreporter.com/hr/content_display/news/e3i9189f73c48e7dd 515d1d575b16d32c67/ (5 May 2008) .

24．Daisy Whitney, "NBC's Silverman: Broadcast to be Event-Driven," TVWeek.com, 1 May 2008, www.tvweek.com/news/2008/05/nbcs_silverman_broadcast_to_be.php/ (1 May 2008) .

25．WorldTVPC.com，"Internet TV the future for satellite and cable TV on your PC，" WorldTVPC.com Blog, posted 10 February 2008, www.worldtvpc.com/blog/Internet-tv-the-future-for-satellite-and-cable-tv-on-your-pc (5 May 2008).

26．AT&T，"AT&T U-Verse: Cooler than Cable," AT&T Media Kit, undated, www.att.com/gen/press-room?pid=5838/ (19 May 2008).

27．Lightreading, "Verizon Phases out Analog," Lightreading Cable Digital News, 7 April 2008, www.lightreading. com/document.asp?doc_id=150330/ (15 April 2008); Todd Spangler, "Verizon to Cut Off FiOS TV Analog in Massachusetts," Multichanne News Online, 29 April 2008, www.multichannel.com/article/CA6555758.html?nid=2734&rid=1361613731/ (3 May 2008).

28．Cable Television Laboratories (CABLELABS), "DOCSIS—Project Primer," Revolutionizing Cable Technology, www.cablemodem.com/primer/ (19 June 2008).

29．David Lieberman, "All-digital cable move may spark viewer ire," USA Today Online, www.usatoday. com/money/media/2008-06-12-cable-digital_N.htm/ (13 June 2008).

30．David B. Wilkerson，"Cable Plan Faces Bumpy Road," The Wall Street Journal Online, 18 June 2008, online.wsj.com/article/SB121376250538583651.html/ (18 June 2008).

31．Brad Reed, "Verizon expands 50 mbps FiOS footprint," Network World, 19 June 2008, www.networkworld. com/news/2008/061908-verizon-fios.html?hpg1=bn (20 June 2008).

32．住宅用户 100 Mbps 业务已经在日本、韩国和瑞典广泛使用。

33．Bret Swanson，"The Need for Speed," The Progress and Freedom Foundation, released 10 April 2008, www.pff.org/issues-pubs/ps/2008/ps4.10needforspeed.html (22 April 2008); Vishesh Kumar, "Is Faster Access to the Internet Needed？" The Wall Street Journal Online, 10 April 2008, online.wsj.com/article/SB120779422456503907.html?mod=todays_us_marketplace/ (6 May 2008); GigaOm，"As Broadband Growth Slows, Expect Speed Boosts," GigaOM, 29 April 2008, gigaom.com/2008/04/29/asbroadband-growth-slows-expect-speed-boosts/ (5 May 2008).

34．韩国、日本和瑞典都报告向其住宅用户提供 100 Mbps 的互联网连接。目前所报告的速度最快的连接（虽然没有广泛使用）是为瑞典家庭妇女提供 40 Gbps 速率的实验网。这表明仍然有很大的速度增加空间。See USA Today，"Swedish Woman Gets World's Fastest Internet Connection，" Technology, 19 July 2007, www.usatoday.com/tech/webguide/Internetlife/2007-07-19-swedish-woman-fast-Internet_N.htm?csp=34 (19 June 2008).

35．www.hulu.com/, www.joost.com/, www.veoh.com/, www.fancast.com/home.

36. Nick Wingfield, "The Internet. The TV. Here's how to finally bring them together," The Wall Street Journal Online, 11 December 2007, online.wsj.com/article/SB119706406 734417529.html (2 May 2008).

37. Sergio Ibarra, "The WB, Kids' WB Live Again Online," TVWeek.com, 28 April 2008, www.tvweek.com/news/2008/04/the_wb_kids_wb_live_again_onli.php/ (28 April 2008).

38. Zattoo, "Your Channel on Zattoo," Zattoo.com, zattoo.com/en/broadcasters/ (6 May 2008).

39. Reuters, "SONY to Show Films on MediaFlo Mobile TV," PCMag.com, 31 March 2008, www.accessmylibrary.com/coms2/summary_0286-34240851_ITM/ (15 April 2008).

40. Steve Rubel, "The Future of Cable TV in an Open World," Micropersuasion Online, 9 February 2007, www.micropersuasion.com/2007/02/the_future_of_c.html/(5 May 2008).

41. Sony, "YouTube Content Now Available on Sony Bravia Internet Link," Sony Electronics: News and Information, news.sel.sony.com/en/press_room/consumer/television/release/35397.html/ (19 June 2008).

42. Leo Lewis, "Sony to stream movies to its Bravia LCD TV sets," Times Online, 27 June 2008, business.timesonline.co.uk/tol/business/industry_sectors/media/article4221214.ece/ (1 July 2008).

43. Reuters, "Chip, CE Makers Launch New Wired Network Standard," PCMag.com, 29 April 2008, www.pcmag.com/article2/0,1895,2288936,00.asp/ (29 April 2008).

44. Cisco, "Cisco Reveals 8500 DHC Set-to-Box Series," 14 January 2008, www.engadgethd.com/2008/01/14/cisco-reveals-8500hdc-dvr-set-top-box-series/ (19 June 2008).

45. See www.vudu.com/.

46. Danny Dumas, "Review: Roku Netflix Set-Top Box is Just Shy of Totally Amazing," Gadget Lab, 19 May 2008, blog.wired.com/gadgets/2008/05/review-roku-net.html/ (1 July 2008).

47. Nick Wingfield, "The Internet. The TV. Here's how to finally bring them together," The Wall Street Journal Online, 11 December 2007, online.wsj.com/article/SB11970640673441 7529.html (2 May 2008).

48. Harry A. Jessell, "Sezmi May be on to Something, Sez Me," TVNewsday Online, 2 May 2008, www.tvnewsday.com/login/error=access&url=aHR0cDovL3d3dy50dm5ld3NkYXkuY29tL2FydGljbGVzLzIwMDgvMDUvMDIvZGFpbHkuNi8%3D/ (5 May 2008); Mark Hachman,

"New Sezmi Set-top Blows Away the TV," PCMag.com, 1 May 2008, www.pcmag.com/article2/0,1895,2289653,00.asp (3 May 2008).

49. See, for example, Ed Horowitz, Jef Graham, and Blake Senftner, "Television 2.0," Forbes, 5 June 2007, www.forbes.com/opinions/2007/06/04/television-new-lookoped-cx_eh_0605tvnewlook.html/ (19 June 2008); Kevin Ohannessian, "Television 2.0: Coming to a (Computer) Screen Near You,"Fast Company.com, August 2007, www.fastcompany.com/articles/2007/08/future-of-tv.html/ (19 June 2008).

50．可以说，这将创建一个等同于共享线路或"分拆"的虚拟功能，缓解了在竞争和纵向一体化上的一些压力。

51．为此，国家"视频"特许经营将成为一个令人满意的"宽带"专营权代理。关于国会和（或）独立监管机构授权或建立运输规则的权力范围，与历史上的天然气管道行业进行比较可能有所启发。See, for example, FERC Order 636, "The Restructuring Rule" (1992), discussed at www.eia.doe.gov/oil_gas/natural_gas/analysis_publications/ngmajorleg/ferc636.html.

52．竞争可以定义多种方式。可以有一个可探讨的基于一个或多个竞争的假定：供应商的数量；市场份额的比例；传统的计算市场力量/竞争/集中度的模式。

53．Matthew Lasar, "Civil Rights Groups Blast a la carte cable," Arstechnica.com, 30 May 2008, arstechnica.com/news.ars/post/20080530-civil-rights-groups-blast-a-lacarte-cable.html/ (2 June 2008).

54．International attempts to resolve this problem include the EU's 2007 Audiovisual Media Services Without Frontiers Directive (eur-lex.europa.eu/LexUriServ/Lex-UriServ.do?uri=OJ:L:2007:332:0027:0045:EN:PDF), which, in effect, abolishes the distinctions between broadcast, cable, and Internet content regulation.

55．John Eggerton, "ABC Stations Challenge FCC Fine, Not Authority," Broadcasting and Cable Online, 21 June 2008, www.broadcastingcable.com/article/CA6572207.html/ (23 June 2008).

56．Danny Hakim, "3 Net Providers Will Block Sites with Child Sex," The New York Times Online, 10 June 2008, www.nytimes.com/2008/06/10/nyregion/10Internet.html?_r=1&ref=todayspaper&oref=slogin (10 June 2008).

57．Ian Scales, "Swedes Protest Eavesdropping Law as the European Parliament Drifts Towards Ending 'Mere Conduit' Status for ISPs," Telecom TV One, 1 July 2008, web20.telecomtv.com/pages/?newsid=43428&id=e9381817-0593-417a-8639-c4c53e2a2a10/ (1 July

2008).

58．Matthew Lasar, "FCC Moves Ahead with plan for Smut-free Wireless Broadband," Ars Technica, 22 June 2008, http://arstechnica.com/news.ars/post/20080622-fcc-starts-proceeding-on-smut-free-wireless-broadband-plan.html/ (3 July 2008).

59．Paul J. Gough, "Digital TV Switch will hit 13 million Households," Reuters, 18 February 2008, www.reuters.com/article/televisionNews/idUSN1448533020080220/(19 June 08).

60．Ted Hearn, "Martin Unveils New Must-Carry Plan," Multi-Channel News, 13 March 2007, www.multichannel.com/article/CA6424141.html?display=Breaking+News (19 June 2008).

61．hraunfoss.fcc.gov/edocs_public/attachmatch/FCC-08-183A1.pdf.

62．Todd Spangler, "Comcast Wins Ruling Against 'Spammer,'" Multichannel News Online, 14 April 2008, www.multichannel.com/index.asp?layout=article&articleid=CA6551411/ (15 April 2008).

63．这有些类似关于流量拥塞的争论。看来，关于拥挤问题的答案很明显是建立更多的高速公路，但经验表明，当您建立更多的高速公路，您得到的是更多的汽车。See also Gary Kim, "Broadband Train Wreck," IP Business News, 15 June 2008, www.ipbusinessmag.com/departments.php?department_id=5&article_id=12 (15 June 2008).

64．Bobby White, "Cisco Projects Growth to Swell for Online Video," The Wall Street Journal Online, 16 June 2008, online.wsj.com/article/SB121358372172676391.html?mod=dist_smartbrief&apl=y&r=690717.

65．Kenneth Li, "Top Cable Companies try reining in heavy web use," Reuters, 3 June 2008, www.reuters.com/article/InternetNews/idUSN0335796120080603/ (19 June 2008).

66．Gary Kim, "Broadband Train Wreck," IP Business News, 15 June 2008, www.ipbusinessmag.com/departments.php?department_id=5&article_id=12 (15 June 2008) .

67．America's Network, "AT&T may charge more for heavy Internet usage," 19 June 2008, www.americasnetwork.com/americasnetwork/article/articleDetail.jsp?id=524922#Top1/(20 June 2008).

68．Brian Stelter, "Charging by the Byte to Curb Internet Traffic," The New York Times Online, 15 June 2008, online.wsj.com/article/SB121358372172676391.html?mod=dist_smartbrief& apl=y&r=690717 (16 June 2008). See also Peter Svensson, "Time Warner Cable tries metering Internet use," Yahoo! Finance, 2 June 2008, biz.yahoo.com/ap/080602/tec_time_ warner_cable_Internet.html (19 June 2008).

69．Chris Albrecht, "Cisco: Average Home to Use 1.1 Terabytes by 2010," NewTee-Vee, 10

June 2008, newteevee.com/2008/06/10/cisco-avg-home-to-use-11-terabytesby-2010/ (2 July 2008).

70. Peter Svensson, "Time Warner Cable tries metering Internet use," Yahoo! Finance, 2 June 2008, biz.yahoo.com/ap/080602/tec_time_warner_cable_Internet.html(June 19, 2008).

71. See, for example, Matt Stump, "Verizon (FiOS) begins overbuilding AT&T (Uverse)in Texas," Onetrak, 9 June 2008, www.onetrak.com/ShowArticle.aspx?ID=3487&AspxAuto DetectCookieSupport=1 (3 July 2008).

72. K. C. Jones, "Lawmakers Eye Net Neutrality As Anti-Trust Issue," Information Week Online, 9 May 2008, www.informationweek.com/news/Internet/policy/show-Article.jhtml? articleID=207601715 (10 May 2008).

73. Adam Thierer, "Where is the FCC's Annual Video Competition Report?" The Progress and Freedom Foundation, Release 4.11 May 2008, pff.org/issues-pubs/ps/2008/ps4.11whereis FCCvidcompreport.pdf/ (15 May 2008).

74. Jeremy Allaire and Adam Berrey, "Open Internet Television: A Letter to the Consumer Electronic Industry," Brightcove, 2008, www.brightcove.com/about_brightcove/perspectives/ open-Internet-television-letter-to-ce-industry.cfm(17 April 2008).

75. 不幸的是，"圈红线"一词主要来自银行界，即"靠不住"的意思，因为它可以指经济、地区、种族、风险或任何形式的歧视。在宽带网络建设方面的定义需要非常谨慎。它有时也与"扩建"的要求相混淆，"扩建"要求一些家庭所占的百分比，或地理区域所占的百分比，必须界定在特定的时间范围内。可能存在技术和（或）财政原因表明为什么以特定顺序和在一定时限内为这些领域提供服务。这是一个公共利益的概念，而且必须精确地阐述，以避免今后发生误解。

76. See, for example, www.mels.gouv.qc.ca/lancement/Villagesbranches/Village-Branche_a.pdf.

77. Cecilia Kang, "Court Upholds FCC Rule on Video Service," WashingtonPost.com, 28 June 2008, www.washingtonpost.com/wp-dyn/content/article/2008/06/27/AR2008062703343.html? hpid=sec-tech/ (3 July 2008).

78. The various problems listed below with the digital delivery of PEG access channels are documented at reclaimthemedia.org/broadband_cable/comcast_and_at_ts_poor_showing%3D5764/, www.ourchannels.org/wp-content/uploads/2008/07/harm-surveyreport-final.pdf/, and app-rising .com/2008/07/reviewing_atts_peg_system.html.

79. 对于这些问题的例子出现在获取频道连接数字转换方面。See Community Media Workshop, "AT&T Access Plan Challenged," Newstips, 5 June 2008, www.newstips.org/

interior.php?section=Newstips&main_id=882/ (11 June 2008) .

80．虽然它不是监管的直接主题，但往往表达了对地方新闻未来的关注。的确，当地媒体的经济性正在发生变化，但对本地内容的愿望并没有改变。这很可能导致以较低的成本收集和生产地方新闻、信息和在线事件的新伙伴关系，大家分摊费用。这是一个探索机会的领域。 See, for example, Jeffrey Chester, "Progressive Internet Entrepreneurs," The Nation Online, 30 May 2008, www.thenation.com/doc/20080616/chester/ (3 July 2008).

81．John Eggerton, "V for Vendetta," Broadcastingcable.com, 10 December 2007, www.broadcastingcable.com/article/CA6510927.html/ (15 April 2008).

82．Carol Wilson, "NAB: Top Telcos Want Closer Ties with Broadcasters," Telephony Online, 14 April 2008, telephonyonline.com/iptv/news/telcos-content-broadcasters-0414/ (15 May 2008).

83．该软件控制互联网络和家庭娱乐中心之间的连接点，如果它不是一个开放的标准，传输和转换居室内的各种数字流有被控制的可能，提供了一个传输"阻塞点"，由此可获取价值。

84．没有哪个"计划指南"将大到足以列出所有可能的视频源，信息收集将严重依赖于搜索引擎。根据一份报告，"传统的搜索引擎如谷歌和雅虎正准备主宰视频搜索业务，因为几乎有三分之一来自在线视频网站的流量由搜索引擎引起"，"百分之二十是来自谷歌的"。 See Daisy Whitney, "Video: Search Giants to Rule Web Video," TVWeekNews, 1 July 2008, www.tvweek.com/news/2008/07/video_search_giants_to_rule_we.php/ (2 July 2008) .

85．已经明显看出，广告对网络视频未来业务模式是至关重要的。如果任何一个公司具有销售和安插在线广告的优势，它将与广告客户和节目制作商都具有很好的讨价还价的能力。

第八章　美国频谱政策议程[1]

Jon M.Peha[2]

内容提要： 本章讨论关于促进频谱充分利用的长期政策以及可以保证行动效果的近期机遇。在长期政策方面，文章对美国关于频谱产权"对抗"频谱共享的争论阐述了独到见解，认为两者均有价值。本文还提出了在改善频谱利用充分性上很有吸引力的新机会，包括首要许可证持有者与一个或者多个不允许对首要使用人产生有害干扰的次要系统进行分享。本文还判定了四个值得在短期内重点注意的领域。其中一个机会是充分利用在电视频谱里的"白色空间"；另一个值得注意的领域是公共安全通信系统；以及必须找到充分利用目前分配给联邦政府频谱的有效办法；最后，本文还推荐一种在频谱拍卖政策上的改变，即允许拍卖获胜者每年为频谱支付比较适度的款项而不是一次性付清巨款。

一、引言

在近乎一个世纪的时间里，从富兰克林罗斯福的无线电演讲，到连接全国偏远农村地区的无线电话线路，无线系统在美国的民主进程、经济和生活质量方面扮演着必不可少的角色。新技术和新应用的不断涌现使得无线系统的重要性持续增长，然而，无线技术只有通过在频谱管理政策上的重大改变才能实现它的潜能。

互联网是这些年来出现的最重要、变革能力最强的通信媒体。最初的互联网只是一种在固定地点提供服务的有线基础设施。后来依托于无线技术，人们可以通过移动掌上设施使用互联网，截止 2007 年 6 月，3 500 万美国人可以移动上网。这标志着美国在普及率上比 18 个月前增长 10 倍，令人瞠目结舌[3]。比移动性更为重要的很可能是其他一些无线技术的潜能，能够实现为那些社区和大约 1 000 万现在还没有宽带的家庭提供宽带连接[4]。

广播电视技术已经为变革做好了准备。在观众将其注意力转向有线电视后，传统广播电视的重要性持续下降，但是未来仍旧不明确。将来过渡到数字电视，广播电视公司因而可以将传送频道扩展多达六倍。加上通过互联网能够更加自由地获取消费者信息，这可能导致一个不被现在的电视观众所知道的通信媒体的出现。而且，将电视带向移动掌上设备的技术已经出现了。

很明显，短程无线技术也可以改变我们的生活方式。无绳电话和Wi-Fi 已经将有线部分搁置一旁了。更多这样的创新可能正在不断出现。

不幸的是，由于缺乏可使用的频谱，新无线产品和服务的发展被完全阻碍了。另外，如果供应商可以轻松使用更多的频谱，那么无线服务会便宜许多。许多人认为频谱缺乏是物理定律的必然结果，但事实上它是由现在过时的法律和联邦政府的传统惯例造成的[5]。许多测量研究表明，在给定的任意时间和地点，很多珍贵的频谱是被闲置的[6]。如果我们采用了合适的频谱政策，新技术会使频谱能被更充分地利用，从而解开更多创新产品和服务的束缚。

下一个部分会讨论关于促进频谱充分利用的长期政策，而且也会由此引入目前在关于频谱政策基本变革争论中处于统治地位的话题：产权和频谱共享。接下来的讨论会集中在一个下一届政府值得关注的话题上，因为它们可以保证近期行动的效果。

二、一个关于频谱共享的长期政策

无线技术的进步改变了我们能够和应该管理频谱的方式[7]。一些人说，前方有两条路，一个是以"产权"为基础，而另一个则基于"频谱共享"。这是不对的。事实上，这两个概念都是有价值的，需要制定有效频谱政策加以实施，因为这两个概念会在被极端实行时变得非常无效率。只关注这两个方法又会阻碍一系列不同但是很有希望的变革：推动频谱在主要许可人和次要使用人之间的共享。

（一）频谱财产

在一个中心监管部门分配频谱资源时，处在市场经济体制下的这个国家也在通过定义产权和允许财产自由交易的方式分配其他的资源，比如土地。在近 50 年的时间里，一些经济学家一直在讨论一个话题，即频谱应该像那些处于市场机制体制下的财产一样被看待[8]。正如我们下面将要讨论的那样，虽然授予频谱使用人的权利不能像授予土地使用人的权利那样深远，但是，许多基于市场机制概念的财产系统可以在频谱管理中得到很好的使用。

目前，当财产问题的对象是频谱时，还没有一个统一的意见来说明究竟财产拥有者到底有什么样的权利。定义上的模糊造成了这样的困扰[9]。一个对产权的定义是持有、分配、转让、使用和允许或不允许他人使用某个给定物品的权利[10]。这些权利中的一些（而非全部）对于频谱是适用的。

在市场经济下，土地通常会流向那些最珍视它并且愿意为它付钱的人。这种情况会发生的原因是土地拥有者可以以任何形式细分他们的土地以此来增加它的价值，并且保留、出售或出租这些细分部分。当频谱使用人拥有了能够覆盖地理范围、频率范围和时间范围这些他们最珍视的许可权时，和土地相似的现象也会发生。另外，财产拥有人有充分使用财产的激励因素，因为他们想要提取财产中的所有利益。当频谱使用人有专有的权利时，这一点也同样适用。因此，可以得到一个结论：许可证持有者应该有能力再分、转让、使用和允许或不允许他人使用自己频谱的一部分。

一些人认为，在定义里，产权也包括许可证持有者通过任意自己喜欢的方法来使用频谱而不受到监管者干预的灵活性，而且这样的产权没有期限。毫无疑问，灵活性可以优化频谱的价值[11]。这可以让许可证持有者将频谱投放到最有价值的应用中去，或者如果其他市场机制存在，将频谱转让给其他愿意这么做的人。但是，将所有频谱的产权带到这样的极端境地会有危险。在某些情况下，监管部门强加统一会很有价值[12]。如果所有的电视台使用同样的技术标准，并且在相同的频率带宽里运营，那么消费者可以在任何地点看电视。如果电视出现在一个频谱使用完全灵活性盛行的时代，不同的地区会有不兼容的标准和不同的频率范围。另外，增加许可证持有者的灵活性也会降低管制部门适应新需求和选择技术的自由度，这有时会对创新造成损害。比如，联邦通讯委员会（FCC）允许在已占用的频谱上使用一种基于超宽带技术的新设备，但要求功率必须足够低，以避免造成有害干扰[13]。如果现任的许可证持有者享有完全的频谱灵活，而且产权是无期限的，另外在众多许可证持有者中只有极少数人反对，那么这种在管制中的有益变革将变得不可能。当频谱应用只在一个大的区域里具有成本效益时，相似的情况就会发生。如果在这个地区有一个许可证持有者持拒绝态度，这个过程也会变得不可能[14]。在这样的情况下，许可必须有期限，这样管制部门才会有机会引入变革。

（二）频谱共享

曾有一些呼声要求广泛使用"频谱共享"，将其作为一种缓解频谱缺乏和鼓励创新的方法。在任何一种共享模型中，频谱是被分享的，没有人被给予特别的优先权。从这个意义上来看，大家可以把共享视作产权的反义词。

共享可以用不同的形式来实现。设备之间可以协作或者仅仅只是共存。在"共享"这个模糊的标题下协作和共存有时可能会被混淆，实际上他们是完全不同的[15]。共存模型在如今的美国是以开放频谱的形式存在的，它衍生出了很多成功的产品，比如 Wi-Fi 和无绳电话。当系统仅仅只是共存时，未加密的通信变得没有意义；无绳电话和 Wi-Fi 卡并不对传播进行相互解密（虽然某一方在传输时仅仅为了避免干扰可能试图对另一方进行检测）。相反，在协作共享的模式下，设备必须在同一协议下交流而且一起工作。比如，所有的设备可以自行组织以形成一个网络。

共存模型使在别处不会发生的创新成为可能。比如，在 1993 年，卡内基梅隆大学（CMU）开始开发一个实验性的无线系统[16]，该系统设计用于让宽带地毯式覆盖整个校园的室内和室外。CMU 使用了一个后来成为 Wi-Fi 标准的别人未曾使用过的模式，即使用开放频谱。CMU 原本可以有三种选择。第一，CMU 需要去获得一个使用本地区专用频谱的许可证（但这会很昂贵），而且必须获得这个许可。但单独使用频谱是相当低效的。计算机通信呈现出高度爆炸式发展趋势，一些频谱冲突是可以接受的，因此位于一个区域的大学、医院、企业和居民都愿意频谱共享。第二，CMU 也可以尝试去为所有发射机获得高度本地化场地的许可证，并且与邻居和（或）FCC 协调好它们的位置。然而，这将要求校方在部署或移动他们 800 个发射机中的任意一个时必须联系监管部门，沟通协调的事务处理成本将超过系统的价值。第三，CMU 还可以和一个持有许可证的无线服务提供商合作，该提供商提供基于运营商的第三代移动业务，然而，这项服务将会更加昂贵，带来更少灵活性，更小实用性，以及更低频谱使用效率。CMU 系统只是一个在开放频谱条件下兴盛起来（最终成为一项新技术）的例子，不管是否存在市场机制，如果要求持有频谱许可证，该系统将很可能无法成功。

开放频谱有许多优势。由于许可证持有者在没有进行传输时频谱通常都是被闲置的，所以在频谱分享下，会导致比专用使用权更高的频谱效率。开放频谱对于移动系统的支持是必需的，比如一组笔记本电脑，不管出现在哪里，基于开放频谱都可以形成一个自适应无线本地局域网。而开放频谱对于那些便宜且低功耗的消费产品也是很有用的，例如无绳电话，因为本来对邻居的干扰影响就很小，而用于协调和取得频谱许可证的成本将占据系统大部分成本，这是没有必要的。

在发放开放频谱时，监管部门必须防范两种与资源相关的无效率。一个是开放频谱会吸引进来那些在授权频谱中运营更有效果和效率的应用。另一个则是工程师会设计"贪婪"设备，这些设备在传输时会比正常情况下需要耗用更大的功率，花更长的时间，占据更多的频带宽度，这主要是因为这些工程师觉得没什么必要节约被分享的频谱。在极端情况下，当许多设备呈现浪费现象时，在这个频带内的所有设备最终都可能出现性能不足的情况[17]。这两种危险可以通过建立适当的技术规则用以管理开放频谱带宽得以解决。这些规则可以包括限制功耗或传播时间、部署费用、宽带分配，或者制定能够间接对频谱节约进行奖励的分享机制[18]。

和市场原则一样，实行基于共存的共享可以收益良多，但是这个方法也不应该实行到极端，绝不能像用公共公园替代私家住房一样用开放频谱来替代授权频谱。有许可的频宽对于一些应用是更为适用的，比如广播电视和公共安全通讯，因为这些服务的质量应该得到保证。

基于协作的共享特征是相当不一样的[19]。在这种类型的共享中，即使设备服务于不同的拥有者，这些设备都要进行协作。这些设备可能自动配置成网络，并且相互承担传输业务量。因此，如果足够多的消费者购买了相互协作的设备并且将这些设备放置在他们家里，这个网络可能会覆盖整个地区。这从根本上改变了无线宽带的经济状况，可能还会让那些如今不具有服务经济效益的地区拥有宽带服务成为可能[20]。这在理论上称为协作导致合作收益。换句话说，系统的性能实际上会随着运行设备数量的增多而增强[21]。随着设备的不断增多，设备之间的平均距离就会减小，使得设备之间的传输能耗变得更少，因此节约了频谱。也因此基于协作的共享用户不用像基于共存的共享用户那样担心过度消费。这些系统由于其潜在优势巨大，值得深入考察。但是，这是一个相比基于共存的共享稍显稚嫩的技术。基于协作的共享在安全和网络管理这些必须解决的问题方面还面临巨大挑战[22]。而且，为了能够定义和持续更新协作协议，必须建立一些有效的程序[23]。

不管是共存还是协作，频谱共享可以由许可证持有者建立而不需通过监管部门。目前这种情况还没有出现，但是应该可以出现，监管部门也应该严肃考虑这个问题。有了这种方法，一个私人实体可以得到一个许可，并且建立它自己的运作规则，让设备在这个频谱里工作，而不是使用开放频谱[24]。

（三）首要—次要分享

需要保证服务质量的应用可以通过发放牌照来授予频谱专用使用权。由于在通常情况下，在某个时间或地点，其他设备可以实现不造成有害干扰的传输，所以，这种专有权分配方式不能保证频谱被完全利用。在首要—次要分享中，一个系统拥有保证服务质量的首要使用权，以及一个或多个系统拥有不会对首要使用造成有害干扰的次要使用权。因此，通过首要—次要分享可以很大程度上提高频谱效率。正在问世的很多技术为此提供了很多方法，制定频谱政策时需要很好利用这一点。

一个次要使用者可以从拥有许可的主要使用者那里获得频谱使用权。这既可以通过监管部门也可以通过许可证持有者实现。在后面一种情况下，许可证持有者可能会收取费用。这两种方式会导致两种不同的频谱政策，如果监管部门构建合适的法规，这两个方式都会有重要应用领域。

和共享一样，从技术的角度来说，首要—次要分享可以采用以下两种形式中的一种：协作和共存[25]。协作意味着在首要和次要系统之间有一个明确的通信和协调，共存则没有。当分享是基于共存时，次要设备对于首要系统而言基本上是隐形的。因此，分享的所有复杂性都被次要系统承担了，而对于首要系统是没有改变的，这对于那些难以改变的遗留系统是十分有利的。尽管这个研究充满挑战，而且这些挑战的变化很大程度上取决于系统的种类，但依托于大量正在涌现的技术，比如认知无线电、全球定位系统和传感网络，在没有协作的情况下伺机利用频谱正在变得越来越实用。

另一方面，协作也为次要传输创造更多的机会。比如，一个次要设备可能在传输前向首要方要求使用频谱的许可。这样的交换为首要方向次要方保证服务质量提供了一个机会，这对次要设备来说比共存更具优势。这对许可证持有者来说也是一个收取费用的机会，也是首要系统采取协作模式的一个优点。如果费用被收取了，这便是一个次要频谱市场机制，在现实中是可以运行的[26]。FCC 现在已经为这种分享形式打下了坚实基础[27]，尽管在普遍应用之前还有必要采取附加标准[28]。

在最近的争论中，经常假设次要频谱使用人是没有许可的。事实上，次要使用人可以有许可也可以没有许可。有许可和没有许可的次要使用人都会被防止对首要使用人造成有害干扰。不同的地方是，有许可的次要系统不需要担心来自其他次要系统的干扰。因此只有首要系统的活动没有对次要系统产生阻碍时，次要系统的服务质量才可以得到保证。比如，一个有许可的次要系统可以和首要系统进行协作。一个公共安全通信系统在紧急时刻可以通过明确声明分享频谱来增加容量，但在其他时候则会把频谱留给次要使用人[29]。在其他环境下，次要使用人可以不和首要使用人合作进行独自运营，一般是在首要使用人没有动作时乘机使用频谱。

三、近期机遇

这个部分将会给出几个在未来的四年里出现重大进步领域的例子。

（一）电视频谱

由于从模拟电视到数字电视的过渡，在美国，2009 年会被作为对频谱使用的转折点而被记住。当无线电广播最终中断了模拟传播时，它们会释放大量有价值的频谱。该频段的物理属性决定了它将特别适合为一个单一传播者在广大地理范围内使用。当然，这对电视是有用的，同时也适用于其他业务，从蜂窝移动电话到宽带互联网。由于数字电视过渡而引起的第一个频谱分配是对所有电视频道的重新分配，这主要是发生在 2008 年的一个拍卖会上，其他的机会仍旧保留着。

向数字电视过渡的另一个好处是数字电视会比模拟电视具有更强的抗干扰能力，而这推动了频谱分享。因为这个原因，在一个电视的"白色空间"部署无线系统是可能的，而这个"白色空间"是一个频带，可用于一个特定电视频道，但只限于在当地该电视频道还没被使用。这些"白色空间"被作为缓冲区来避免不同城市的广播相互干扰。技术上的进步使得使用部分白色空间只对很少电视观众构成影响成为可能。尽管还没有付诸实施，FCC[30]还是表示向数字电视过渡之后将支持利用白色空间，此外，许多特定问题仍有待解决。

目前争论集中于一种形式的无许可设备在白色空间进行运营，而同时它对电视和其他无线设备又没有额外干扰，这是否在技术上是可行的。下一届管理层应该继续讨论这个问题但要避免无休止的争论。领先的高科技公司已经投入了很多精力用于研发在这个频宽上使用且相对低能耗的设备，而且 FCC 也对此进行了评估[31]。这样的设备可以用认知无线电来找寻附近有没有活跃电视广播的频道，甚至是可以移动的。因为自己发现跟一个电视传播者非常接近时可以进行自我调整。这些都是有价值的努力，这样的设备是值得关注的。另一个值得注意的电视白色空间的可能使用方式是，把宽带服务带到那些在使用固定无线技术时没有被服务到的团体[32]。如果这样的系统被建立了，那么他们会要求（至少在很大程度上会得益于）一系列不同的频谱管理。对于这样的系统，允许一些电视频道（并不是所有的都需要）有高功耗的传输，以至于让一些面积庞大的区域能够用低成本的基础设施来覆盖是更为重要的。同时，支持移动服务就不那么重要了，并且移动性的去除可以极大地简化为保护电视不被有害干扰而出现的技术挑战。当然了，如果制造商和服务提供商展示出了他们使用这种频谱的企图，FCC 就应该使得只有高功耗的设备能够使用到频谱，而这样的需求到底有多大还有待观察。

（二）公共安全频谱

另一个解放频谱的巨大机会是在公共安全领域，例如，那些被警方、消防人员、紧急医疗服务、国民警卫队和其他紧急事件应急部门所使用的系统。当然，解放频谱不是唯一目标，甚至不是最重要的目标。美国公共安全通讯基础设施趋于失败，因为它已经牺牲掉了众多生命。这些失败中的一些是由于不合适的相互协作，换言之是由于失败的跨组织分享和交流信息的能力。其他的一些失败是由于系统设计不能容忍差错，一个系统组成部分的小错误就会拖垮整个系统。许多紧急事件应急系统也缺少商业和军事使用者认为理所当然可以用来帮助拯救生命的能力，比如宽带服务和定位移动设备的能力。讽刺的是，这个用途受限系统的成本甚至比理想系统更加昂贵[33]，这意味着美国的纳税人为了这个低质量的系统花了冤枉钱。

有很多来自于公共安全机构的请求都是关于要得到更多频谱。这可以理解。考虑到公共安全频谱和公共安全基础设施被管理的方法，每一个机构都需要大量的频谱。从这些机构里剥夺出他们的频谱会在重大紧急事件发生时导致十分危险的拥堵。但是，要用远远少于他们要求的频谱来满足公共安全通讯要求，并且通过新的政策来解决以上的问题是可能的[34]。确实，根据最常被引用的公共安全频谱要求估计（虽然有些过时），如果被分享的基础设施被设计成可以服务于更广大的地理区域，并且使用现代的技术来对频谱实现再利用，那么对频谱的要求会减少一个数量级[35]。

公共安全通讯的问题并不是来自于设计者或者运营者的错误，因为他们已经在已有限制下做到最好了。问题在于美国的政策把公共安全通讯视作当地政府的问题，这曾经是有意义的，但是放在今后便不行了。通过建立服务于当地机构的全国系统，将会使结束互相协作问题、提高安全性和可靠性、引进宽带容量成为可能。一旦可以满足公共安全短期和长期需要的系统被设计出来，这些机构可以在转移成新系统的过程中放弃他们的现存系统和现存频谱。这会解放大量初始频谱，从长期来看，会节省一大笔钱。

国会要求一些现有的电视频谱在向数字电视过渡后被分配到公共安全中去。这是一个构建以上所述的全国宽带网络的特别机会。在这一点上，这是否可能发生还并不清楚。一个问题是，除开 FCC，目前的管理机构并没有对全国系统表现出兴趣，除非这个系统能够专门服务于为联邦政府效力的部分紧急事件回应系统[36]。下一届管理机构中的联邦机构领导会有很大的作为。

为了建设出满足公共安全需要的全国范围网络，这里有两个切实可行的方法。一个方法是专门为公共安全建设一个系统。这会花数十亿美元[37]，虽然国土安全部最近几年在支持旧的地方系统花了相当数量的钱，并没有将其花在构建新的全国系统方面[38]，但是这个钱必须出自某个地方。而且，让那些在拍卖中为电视频谱筹得的超出国会预算部门预期的钱打上新全国系统的烙印，就像我前面所说的那样[39]，那么在初始阶段的重要成本和一些运营成本就有着落了。

另一个方法是建设一个为同时满足公共安全和消费者的需求而设计的系统。FCC 在 2007 年的时候做过这样的选择[40]，按照 FCC 主席的说法[41]，他们之所以这样做是因为这是在没有与其他机构合作的前提下唯一有用的选择。FCC 的政策是给一个不盈利、代表公共安全的组织分配一个全国频宽，分配另一个频宽给一个商业公司。这个商业公司会和那个没有盈利的组织通过协商定义规格，并根据这个规格来建立一个系统。在随后的拍卖中，没有商业公司愿意投最小的标。当 FCC 因为试图解决这个问题而获得了高度的信任时，被定义的规格已经失效了。许多要求仍旧没有得到解决，以至于不确定性阻碍了一些明智的公司进行投标。如果一个公司进行了投标但却不愿意满足那些仍旧没有被指定的要求，那么这些公司就会被迫支付一笔不菲的罚金。同时，这些被建立的要求并不满足公共安全的要求。因此，即便新系统已经问世了，公共安全机构的那些英明的领导者也不会愿意把他们自己现有的系统转成新的系统[42]。在这时，谁也不知道将会发生什么。

下一代管理层大概会有机会确定是否建立全国系统以满足公共安全的长期需求，以及是否有足够资金维持这个系统。如果真是这样，便可以节约频谱、节约纳税人的美元和拯救生命。

（三）联邦政府频谱

有许多额外的频宽可以有新的用途，不论是专用还是共享。让频谱变得更为可用的压力落在了 FCC 身上，FCC 是为目前全美最大的频谱使用者即非政府使用者管理频谱的机构。联邦频谱由国家电信和信息管理局（NTIA）来管理，但是这个管理过程并不利于频谱的充分利用。希望减少珍贵频谱使用量的联邦机构必须接受一次性的过渡成本负担，并且当这个过程结束时这些机构得不到任何补偿。当然也可以建立机制，让那些获得频谱的机构来支付那些放弃频谱的机构的成本，就像 20 世纪 90 年代个人通信服务（PCS）频宽案例一样。但是，政府机构缺少对这样行为的激励，而且那些想要得到频谱的人也缺少找到机会的方法。

第一步就是去除对联邦频谱的管理。下一任总统应该索要一份关于联邦频谱的详细目录以及一份关于这些资源是怎样被使用的报告。除了那些因为国家安全原因必须被保护的频宽，其他在目录中的记录都应该公开。这将使得现有的公司、企业家和研究员有可能寻找到能更充分利用频谱的机会。那些找到机会的人可以把自己的诉求上报给 NTIA、目前的许可证持有者以及国会。

（四）改革频谱拍卖

除了让更多的频谱能够被使用，也可以通过在拍卖中进行改革的方法，让那些可以被利用的频谱被更多的潜在许可证持有者使用。在目前的政策之下，拍卖获胜者向美国一次性付款，付款数等同于赢标时的标价。但是，更好的方案是拍卖获胜者在其许可期里每年付款，然后总额和标价相等。这可以极大地减少拍卖获胜者需要的初始资金，也因此让那些比较弱小的企业有了和那些实力强大的企业进行竞争的机会。这个安排也鼓励了许可证持有者在他们的计划失败时放弃频谱，让频谱可以有机会被别人使用。

这个政策将更好地兼顾充分使用频谱的目标与国会常常要平衡联邦预算的目标。这将会创造一个每年都会有的收入流，可以非常稳定地用来抵消每年的开销。对频谱的一次性付款促使国会操纵频谱拍卖的时间以至于对双方都造成损失。比如，即使对社会造成的成本远远超出了这个预算的收益[43]，一些参议员还是为了增加在即将到来的拍卖中筹到的收入而推迟向数字电视的过渡。另一方面，在 20 世纪 90 年代，向数字电视过渡的时间被提前，这样可以使未来拍卖的收入能够尽早用来抵消联邦政府的开销。如果一次性付款被每年付款所替代，那么将会有更多的激励因素将频谱设定到一个对频谱使用者最有意义的时间。

四、总结

无线系统在美国社会中扮演着日渐重要的角色，而频谱又是无线系统的命脉。缓解当前可用频谱的缺失可以减少无线服务的成本，并且为新的无线产品和服务创造机会。这可以通过鼓励频谱使用者减少频谱需求、允许和鼓励频谱分享和减少使用频谱的初始成本这些新的政策来实现。

关于美国长期频谱政策的争论有时转移到了关于产权"对抗"共享的争论上了。这两个方面都是有价值的。在说到以市场为基础的机制可以提高频谱在技术和经济上的充分性时，对产权的提倡是对的。美国在这方面已经有了很大的进步，为了能够让频谱被那些最珍视它的人以最佳的使用量以及以最迫切的目的所使用，仍旧还有很多事可以做。但是，也有一些不能在产权上走得过远的合理理由。我们需要能够改变频谱使用方法的监管部门。比如，为了回应新技术，一个监管部门可能会为了频谱分享或确保频谱可以在一个很大的相互接壤的区域被使用而建立新的规则。因此，频谱许可证持有者应该在使用权上有期限限制。

当然，对于共享的讨论也是有价值的。因为 FCC 很清楚基于共存的开放频谱的、有价值的产品和服务已经出现了。我们有足够的理由希望在未来有更多的成功。在对开放频谱的需求增长之时，对这样频宽的需求也增多了。这种对频谱的管理方法对于那些在传统许可机制下没有很好被服务到的应用是很有效率的，它包括这些情景：有大量低能耗的设备；或者整个无线系统是便携式的；或者有适当的高效率服务。但是这种共享方法不应该用到极致。有些应用是要求服务质量的，以及通过许可能够更好被服务的。基于协作的共享也是很有希望的，但政策制定者采取有效措施之前仍面临巨大挑战，特别是在安全领域。

有一些在改善频谱充分性上很有吸引力的新机会，包括首要许可证持有者与一个或者多个不允许对首要使用人产生有害干扰的次要系统进行分享。许多这样的模型是可行的。次要系统可以有许可证也可以没有许可证。他们可以从监管部门或许可证持有者那儿获得使用频谱的许可，但是要支付使用费。他们可以和首要使用者合作，也可以以一种首要使用者看不见的形式与之共存。再者，不同的频谱分享模型都有自己特别有效的应用领域和环境，因此所有的模型都有他们自己的用途。

总的来说，各种各样的频谱使用模型正变得更加实用。不同的模型对应不同的应用。监管部门应该给那些设计和使用无线设备的人提供更多的选择，而不是试图找到"最好的"方法。

考虑到这些一般的长期目标，我们判定了四个值得在短期内重点注意的领域。其中两个领域是需要特别及时关注的，因为他们创造了向数字电视过渡的机会。其中一个机会是充分利用在电视频谱里的"白色空间"。当认真考虑过怎样避免对电视信号和其他系统的额外干扰后，一些措施应该被采取。更大的挑战将会决定哪种应用需求最高以及相应地制定出规则。比如，频宽应该都用于窄频的移动消费者设备还是用于为宽带互联网接入的宽频系统？当规则在理论上应该是技术中立时，他们在一些应用上无疑会更加适用。

如果我们想要充分利用向数字电视过渡带来的频谱的话，另一个值得注意的领域是公共安全通信系统。下一代管理层可以建立频谱政策来引领服务于公共安全的全国宽带网络。这会节约频谱，同时这会给首先回应者宽带带宽以及其他容量，甚至可以给它最为可靠的系统。从长期来看，这也会节约金钱。相反，如果处理不当，政策制定者可能会浪费掉这次机会，在不满足公共安全要求或其他要求的情况下占据价值数十亿美元的频谱。

我们还必须找到办法充分利用目前分配给联邦政府的频谱。没有简单快捷的办法来实现它，但是最明智的第一步是通过收集详细的联邦频谱的信息以及将这些信息公开化来给这个过程带来高透明度。最后，我们推荐一种在频谱拍卖政策上的改变，即允许拍卖获胜者每年为频谱支付比较适度的款项而不是一次性付清巨款。这会让比较弱小的竞争者能够在拍卖中充分参与竞争，这也会为财政部提供可靠的收入流。

注释：

1. 本文参考 2009 年在美国出版的由 Amit M. Schejter 主编的《. . . And Communications for All》一书中的第七章（A Spectrum Policy Agenda），本文经由作者修订、扩展和更新并同意在中国再次翻译出版。该文章经由熊冶垆和张彬翻译。

2. Jon M. Peha，博士，教授，就职于卡耐基大学工程和公共政策系以及电子和计算机工程系，任无线和宽带网络中心的副主任，他的研究方向为计算机和电信网络的技术和政策问题，包括：频谱、宽带互联网、无线网络、基于 IP 的视频和语音、应急通信、普遍服务、互联网安全付费系统、电子商务和网络安全。他经常为世界范围的企业和政府机构提供咨询。他还在美国国会立法参谋团工作，处理有关电信和电子商务事宜，并帮助发布一个美国合作机构程序，支持发展中国家的信息基础设施建设。他还担任三个高科技新兴公司的首席技术官，并担任一些公司的技术参谋团成员，如：SRI 国际、AT&T 贝尔实验室和微软。他是 IEEE 委员会会员和 AAAS 外交团成员。他在斯坦福大学取得电子工程学博士。

3．Federal Communication Commission, Wireline Competition Bureau, Industry Analysis and Technology Division, High-Speed Services for Internet Access: Status as of June 30, 2007, March 2008. http://hraunfoss.fcc.gov/edocs_ public/attachmatch/DOC-280906A1.pdf.

4．Jon M. Peha, "Bringing Broadband to Unserved Communities," Brookings Institute Report, July 2008.

5．Federal Communications Commission, Spectrum Policy Task Force Report, ET Docket No. 02-135, Nov. 2002, www.fcc.gov/sptf/reports.html; Jon M. Peha, "Spectrum Management Policy Options," IEEE Communications Surveys, Fourth Quarter 1998, www.ece.cmu.edu/~peha/wireless.html; Jon M. Peha, "Emerging Technology and Spectrum Policy Reform, "Proceedings of United Nations International Telecommunication Union (ITU) Workshop on Market Mechanisms for Spectrum Management, Geneva, Jan.2007; Jon M. Peha, "Sharing Spectrum through Spectrum Policy Reform and Cognitive Radio," to appear in Proceedings of the IEEE. www.ece.cmu.edu/~peha/wireless.html.

6．US Federal Communications Commission Spectrum Policy Task Force, Report of the Spectrum Efficiency Working Group, Nov. 2002, www.fcc.gov/sptf/files/SEWGFinal Report_1.pdf.

7．Peha, "Sharing Spectrum through Spectrum Policy Reform and Cognitive Radio".Peha, "Emerging Technology and Spectrum Policy Reform".

8．Ronald H. Coase, "Federal Communications Commission," Journal of Law and Economics 2, (Oct. 1959): 1-40; Gregory L. Rosston, Thomas W Hazelett, et al, Comments of 37 Concerned Economists, in the Matter of Promoting Efficient use of Spectrum Through Elimination of Barriers to the Development of Secondary Markets, WT Docket No. 00-230, Feb. 7, 2001 http://aeibrookings.org/admin/authorpdfs/redirect-safely.php?fname=../pdffiles/fcc1075290771.pdf.

9．Jon M. Peha, "Approaches to Spectrum Sharing," IEEE Communications, Feb. 2005, www.ece.cmu.edu/~peha/wireless.html.

10. Howard A. Shelanski and Peter W. Huber, "Administrative Creation of Property Rights to Radio Spectrum," Journal of Law and Economics 41, no. 2 (Oct. 1998): 581-607.

11. Peha, "Spectrum Management Policy Options".

12. 同注释 11。

13. Federal Communications Commission, First Report and Order, Revision of Part 15 of the Commission's Rules Regarding Ultra-Wideband Transmission Systems, ET Docket 98-153, February 14, 2002, http://hraunfoss.fcc.gov/edocs_public/attachmatch/FCC-02-48A1.pdf.

14. Michael A. Heller, "The Tragedy of the Anticommons: Property in the Transition from Marx to Markets," Harvard Law Review 111, no. 3 (Jan. 1998): 621-88.

15. Peha, "Approaches to Spectrum Sharing;" Peha, "Emerging Technology and Spectrum Policy Reform;" Peha, "Sharing Spectrum through Spectrum Policy Reform and Cognitive Radio".

16. Alex Hills, "Wireless Andrew," IEEE Spectrum 36, no. 6 (June 1999): 49-53; Douglas Philips, "Wireless Andrew: Creating the World's First Wireless Campus," 2007, www.cmu.edu/corporate/news/2007/features/wireless_andrew.shtml.

17. Durga P. Satapathy and Jon M. Peha, "Spectrum Sharing Without Licensing: Opportunities and Dangers," in Interconnection and the Internet: Selected Papers From the 1996 Telecommunications Policy Research Conference, ed. Greg L. Rosston and David Waterman (Mahwah, NJ: Lawrence Erlbaum Associates, Inc., 1997), 49-75, www.ece.cmu.edu/~peha/wireless.html; Peha, "Sharing Spectrum through Spectrum Policy Reform and Cognitive Radio".

18. Satapathy and Peha, "Spectrum Sharing Without Licensing: Opportunities and Dangers," 49-75; Peha, "Sharing Spectrum through Spectrum Policy Reform and Cognitive Radio".

19. David Reed, "Comments for FCC Spectrum Task Force on Spectrum Policy," July 10, 2002, www.reed.com/OpenSpectrum/FCC02-135Reed.html; Yochai Benkler, "Overcoming Agoraphobia: Building the Commons of the Digitally Networked Environment," Harvard J. Law & Tech, (Winter 1997-8).

20. Jon M. Peha, Beth E. Gilden, Russell J. Savage, Steve Sheng, Bradford L. Yankiver, "Finding an Effective Sustainable Model for a Wireless Metropolitan-Area Network: Analyzing the Case of Pittsburgh," Proceedings of 35th Telecommunications Policy Research Conference (TPRC), Sept. 2007, http://www.ece.cmu.edu/~peha/wiman.pdf.

21. Reed, "Comments for FCC Spectrum Task Force on Spectrum Policy;" Feng Xue and

Panganamala R. Kumar, "Scaling Laws for Ad Hoc Wireless Networks: An Information Theoretic Approach," NOW Publishers, Delft, The Netherlands, 2006, http://black.csl.uiuc.edu/~prkumar/ps_files/06-07-18-scaling-laws.pdf .

22．Hyun-Jin Kim and J. M. Peha, "Detecting Selfish Behavior in a Cooperative Commons," in press, www.ece.cmu.edu/~peha/wireless.html.

23．Peha, "Sharing Spectrum through Spectrum Policy Reform and Cognitive Radio".

24．Peha, "Spectrum Management Policy Options;" Peha, "Sharing Spectrum through Spectrum Policy Reform and Cognitive Radio;" Peha, "Emerging Technology and Spectrum Policy Reform".

25．Peha, "Sharing Spectrum through Spectrum Policy Reform and Cognitive Radio;" Peha, "Emerging Technology and Spectrum Policy Reform".

26．Jon M. Peha, Sooksan Panichpapiboon, "Real-Time Secondary Markets for Spectrum" Telecommunications Policy 28, no. 7-8 (Aug. 2004): 603-18, www.ece.cmu.edu/~peha/ wireless.html.

27．Federal Communications Commission, Promoting Efficient Use of Spectrum Through Elimination of Barriers to the Development of Secondary Markets, Report And Order And Further Notice Of Proposed Rulemaking, WT Docket No. 00-230, Oct 2003, http://hraunfoss.fcc.gov/edocs_public/attachmatch/FCC-03-113A1.pdf; Federal Communications Commission, Promoting Efficient Use of Spectrum Through Elimination of Barriers to the Development of Secondary Markets, Second Report And Order, WT Docket No. 00-230, Sept.2004, http://hraunfoss.fcc.gov/edocs_public/attachmatch/FCC-04-167A1.pdf.

28．Jon M. Peha, "Business Implications of Dynamic Secondary Markets," Wireless Technology, (August 2005) .

29．Jon M. Peha, "Fundamental Reform in Public Safety Communications Policy" Federal Communications Bar Journal 59, no. 2 (March 2007): 517-46, www.ece.cmu.edu/~ peha/safety.html.

30．Federal Communications Commission, FCC 06-156, First Report and Order, In the Matter of Unlicensed Operation in the TV Broadcast Bands, ET Docket No. 04-186, Oct. 18, 2006, http://hraunfoss.fcc.gov/edocs_public/attachmatch/FCC-06-156A1.pdf.

31．Federal Communications Commission, Office of Engineering and Technology, Initial Evaluation of the Performance of Prototype TV-Band White Space Devices, Report FCC/OET 07-TR-1006, July 31, 2007, http://hraunfoss.fcc.gov/edocs_public/attachmatch/DOC-275666A1.pdf.

32．Peha, "Bringing Broadband to Unserved Communities".

33．Jon M. Peha, "How America's Fragmented Approach to Public Safety Wastes Spectrum and Funding," Proc. 33rd Telecommunications Policy Research Conference (TPRC), Sept. 2005, http://web.si.umich.edu/tprc/papers/ 2005/438/Peha_Public_Safety_Communications_TPRC_2005.pdf.

34．Peha, "How America's Fragmented Approach to Public Safety Wastes Spectrum and Funding".

35．同注释 34。

36．US Department of Justice, Integrated Wireless Network, http://www.usdoj.gov/jmd/iwn.

37．Ryan Hallahan and Jon M. Peha, "Quantifying the Costs of a Nationwide Broadband Public Safety Wireless Network," Proc. 36th Telecommunications Policy Research Conference (TPRC), Sept. 2008.

38．Michael Chertoff, Remarks by Homeland Security Secretary Michael Chertoff at the Tactical Interoperable Communications Conference, May 8, 2006.

39．Jon M. Peha, "The Digital TV Transition: A Chance to Enhance Public Safety and Improve Spectrum Auctions," IEEE Communications 44, no. 6 (June 2006) (released in 2005), www.ece.cmu.edu/~peha/DTV.pdf.

40．Federal Communications Commission, Second Report and Order, in the Matter of Service Rules for the 698-746, 747-762 and 777-792 MHz Bands, WT Docket No. 06-150, August 10, 2007, http://hraunfoss.fcc.gov/edocs_public/attachmatch/FCC-07-132A1.pdf.

41．Kevin J. Martin, House Energy and Commerce Committee, Subcommittee on Telecommunications and the Internet, Hearing on Oversight of the Federal Communications Commission – the 700 MHz Auction, April 15, 2008.

42．Jon M. Peha, "A 'Successful' Policy for Public Safety Communications," Comments in the Matter of Implementing a Broadband Interoperable Public Safety Network in the 700 MHz Band, Federal Communications Commission PS Docket No. 06-229, May 26, 2008, www.ece.cmu.edu/~peha/safety.html.

43．Peha, "The Digital TV Transition: A Chance to Enhance Public Safety and Improve Spectrum Auctions".

第九章 无线未来之路[1]

Rob Frieden[2]

内容提要：无线网络可以为传统有线网络提供一个非常有必要的竞争对手，也有助于推动以较低的价格实现普遍服务目的的进程。但是，只有当无线市场保持竞争力，并且不是现有主要主导运营商有线业务计划的附属或从属品时，这种进程才能实现。文章首先对在无线电信管制特性和类型方面普遍存在的混淆进行了澄清。之后提出有助于促进基于设施的无线和有线技术之间有效竞争的具体建议：1. FCC 应将其 Carterfone 政策平等地应用于无线和有线技术。2. FCC 应当意识到技术和市场的融合将导致无线运营商提供集电信、信息和视频为一身的综合业务。3. 在其他有能力与其进行基于设施竞争的企业出现之前，FCC 都不应当继续克制对 CMRS 运营商的电信业务管制。4. FCC 在设立以普遍服务为目的的基金时，应当将无线网络与有线网络同时列在考虑范围内。5. 鉴于 Wi-Fi 和其他无线业务的成功应用，FCC 应当分配更多的无线频谱用于共用的、不需频谱执照的无线业务。6. 鉴于 FCC 不涉及执行消费者保护法规，国会应当明确说明州公共设施委员会和州法院可以判决涉及到服务质量和服务协定的纠纷。

一、导言

无线电信提供了提高生产力和无地域限制地获得信息、通信和娱乐（ICE）服务的机会。越来越多的多功能手机提供了第三方访问互联网的内容，成为电视机和计算机终端的补充或潜在的部分替代物[3]。越来越多的人依赖于无线通信，使之成为他们获得电话服务的主要媒介。下一代网络则承诺以几乎无处不在的接入方式提供基本语音和增值信息服务。

随着无线通信成为 ICE 市场上一个更基本的组成部分，管制措施仍将是必要的，以确保竞争有效和可持续进行。促进竞争需要智能管制政策，这种政策应当可以校准政府监管范围使其刚好弥补市场力的不足，如选项不够充分、歧视性定价、使用无线手机的不合理限制以及其他一些运营商不顾公众利益的所作所为。此外，主管部门和国会需要从获得更有效使用的角度重新审视政府需要多少无线电频谱，这样政府就可以共享或重新分配未使用频谱供私企使用。

在过去的 15 年里，美国联邦通讯委员会（FCC）只获得来自国会有限的指导和监督。基于科技创新可以激励竞争的前提，FCC 已经着手提出实质性的管制举措。FCC 已经在很大程度上取消蜂窝无线电话服务提供商作为传统公共服务运营商的管制需求，蜂窝无线电话服务提供商通常也被称为商业移动无线服务（CMRS）提供商[4]。FCC 也开始重新考虑其频谱管理政策，通过竞标开放部分频谱分配以促进更有效使用，为租赁现有牌照持有者并不需要的频谱建立二级市场，并允许在相同频率上提供多种互不干扰的应用。

基于市场力量可以保证无线运营商之间有效竞争的观点，FCC 认为应该减少或消除一些管制措施，从而防止任何一家或几家运营商做出不符合公众利益或损害消费者的行为。人们对现在的以及未来的竞争给予了极高的评价，为此，FCC 还制定了一些政策支持尚未成熟的放松管制机制。此外，FCC 还支持通过兼并已获得许可证的运营商实现所有权和控制权的集中，FCC 已经放弃或拒绝制定通过向市场进入者提供频率来刺激基于设施竞争的法规。FCC 甚至都不再强制实施那些还没有正式废除的法律法规。

在过去的几年里，FCC 已经放弃了关于限制独立 CMRS 运营商可支配无线频谱数量的法律[5]。此外，FCC 还要求运营商将空闲网络时间通过非附属公司进行转售[6]，并在价目表中说明提供服务的具体条款和条件。同时，FCC 还批准了若干个数十亿美元的合并[7]，这些合并使得美国 CMRS 运营商的数量减少到 4 家，前三大运营商拥有超过 77% 的市场份额[8]。当 FCC 抓紧时机制定法规鼓励有能力使用新得到的频谱建立竞争性网络的新公司进入市场时，FCC 也允许主导运营商获得或购得额外频谱[9]。FCC 还决定，州政府管制机构在处理无线运营商定价和运营这类事情以及制定无线政策时，通常 FCC 拥有决策优先权。FCC 关于优先权的声明将阻止州级法院做出具有约束力的决定[10]。

美国无线通信市场在某些方面取得市场成功，甚至可称为全球最佳运作，而在其他方面结果明显不尽如人意。一方面，美国运营商为用户提供价格低廉的接入，并提供手机补贴和包含较长网络使用时长的套餐，FCC 还开始推动频谱使用和租赁的灵活性，从而使得频谱许可证持有人可以使用一些不需要许可的频段为低功率设备提供服务，使其能够瞄准不同类型的客户并为其提供不同的服务，例如家庭 Wi-Fi 网络路由器。

另一方面，FCC 则已允许无线市场兼并和收购，致使市场集中，危害到 FCC 放松管制行动的未来，而该放松管制行动寄希望于市场竞争来取代政府管制[11]。同时，FCC 没有做出任何举措，以增强用户使用无线手持设备的易用性，或确保无线运营商能够在非歧视的环境中提供电信、信息或视频服务。

大多数 CMRS 用户同意使用业务捆绑套餐，用户获得手机补贴的同时还必须缴纳两年的使用费用，该费率可以弥补运营商补贴手机的损失，但同时也为用户转网设置了强有力的障碍。如果用户提前转网，则需被迫支付一定数额的提前终止赔偿金。由于为客户提供补贴手机，CMRS运营商则可以控制终端操作功能和使用特性[12]，并经常限制客户接入与该运营商无关公司提供服务的自由。

在移动电话普及率上美国落后于许多其他国家，尤其是在提供低廉的预付费服务上[13]。美国低收入者使用付费电话越来越少，他们并不像在许多其他发达或发展中国家那样，有很多低廉的、非住宅性的无线服务可供选择。美国无线运营商可能每分钟收取的使用费率最低，但他们通过与服务捆绑，设置拥有大量每月使用分钟的业务套餐和收取相当高的月租费，也获得了最高的 ARPU 值。

美国的运营商也没有像欧洲和亚洲运营商那样为大多数用户提供一些尖端业务。在美国用户所使用的一般手机只有接打电话、发短信、存储铃音、图片和音乐的功能，而其他国家的无线用户已经可以将手机用于廉价而高速的互联网宽带接入，以及多种电子商务和基于位置的应用，包括让用户查询具有附近商家导航信息的数据库。

无线运营商高级主管和行业代表贸易协会认为，激烈竞争和提高消费者福利要求进一步放松管制。关于下一代视频和互联网业务，他们则希望运营商远离 FCC 的管制，以信息服务提供商（ISP）的身份运营，仍然包括基本公共利益、反垄断、网络中立[14]和消费者保护措施等。从巩固市场的角度来看，同时考虑到可能只有少数几个全国性运营商主导 CMRS市场，以智能的"巧妙手段"进行监管仍然是必要的。而且，FCC 应当考虑无线通信网络如何通过提供比有线技术更低的价格和更广泛的接入来实现普遍服务的目标。

二、在无线电信管制特性和类型方面普遍存在的混淆

人们可能会惊奇的发现，CMRS 企业以普通运营商的身份运营，遵守 1993 年通过的旨在促进增长和竞争的法律中管制宽容条款[15]。这意味着虽然 CMRS 运营商在开展或停止一项业务时无需提交税务备案和对 FCC 权力机构做出保证，但这些运营商仍然受到许多法律义务的限制，包括无歧视运营的职责，避免进行不合理的、导致与其为公众利益服务的义务相悖的运营，同时还要与其他运营商的网络互联，从而使得用户随时随地都能使用其终端接通任何有线或无线电话号码。

看来，无论是运营商还是 FCC 都在试图淡化这一事实：无线运营商必须遵守对大部分传统电信运营商的管制要求。不管怎样描述无线通信市场已经变得如何具有竞争性，法律还是要求 FCC 按照传统电信、普通运营商对其监管来保障公众利益。

FCC 选择关注 CRMS 市场已趋向竞争性以及无线运营商提供宽带互联网接入时也提供信息服务的现状[16]。因为无线运营商提供多种服务，那种单一的、放之四海皆准的管制类型在这种情况下是不适用的。科技创新带来市场融合，这使得 FCC 不可能将无线运营商仅作为提供电信服务的一般运营商或者仅作为提供信息服务的私营运营商来对待。FCC 将视线集中在无线运营商所能提供的新信息服务上，似乎并不想加强维护消费者利益，或者拒绝将会导致行业进一步集中化的兼并和收购。

FCC 必须开始设法识别产业进一步集中的危险以及对无线运营商实施不同程度监管的需求，因为不同业务对应不同程度的监管。对于传统的无线电信业务，FCC 应当沿用对普通运营商的管制方式并不断改进，在可持续的、基于设施的竞争不断加强的情况下，不断调整监管力度，进一步放松管制。

关于信息和视频服务，为了确保无线运营商运营可接入的网络，FCC

应该进行干预。要求建立明晰的服务条款和条件，并举证说明在哪些地方为了促进服务价格和质量多样化需要更多竞争，对于普通运营商来说，这种管制是不必要的，但是对于无线运营商来说则是必需的。

无线运营商似乎想利用目前对它们监管的混乱现状。他们的大多数客户并不是很理解监管措施的有用性。但是，用户似乎可以得出结论，对于那些没有丝毫回旋余地的"要么接受，要么离开"的服务契约，用户能够得到的来自监管的保障是非常有限的。事实上，CMRS 为用户所拟定的服务协议中包含极少运营商所应承担的义务和用户可追索的补偿。更糟的是，大多数这种协议强迫用户放弃合法的、有监管机构保障的选项，取而代之的是强制性的不必通过法律公正仲裁的选项。

近期，FCC 需要提醒 CMRS 运营商履行他们正在承担的普通运营商的义务。一个 CMRS 运营商必须为其用户提供对任何电话号码的接入，包括要求运营商接收来自另一家运营商的来话话务量，或传递流向其他运营商的去话话务量，当用户在所在服务区域之外需要拨打或接听电话时也是如此[17]。但是，FCC 并无意强迫无线运营商将其服务承诺对用户告知清楚，并写明其在不能提供适当服务时向用户提供的补偿或其他赔偿。

三、锁定手机即锁定内容接入

FCC 从未明确表示无线运营商必须服从该委员会的"Carterfone"[18]政策，这一政策要求有线运营商将电话服务与手机销售互相分离。因此，大多数无线消费者不能充分体验到这一政策的重要性，以及这一政策强制实施的必要性。运营商已经成功地说服消费者使用越来越复杂的手机，并极力吹捧其好处，对手机给予补贴，使消费者能够接入多种 ICE 业务。但消费者的代价是，签署一个两年服务合同，承受提前终止合同的高额惩罚，在自由选择手机上受到了极大限制，无法拥有多功能手机和其他手机可提供的所有功能。

尽管无线用户拥有接入互联网服务的手机，但运营商们通过以下方法控制和限制手机的自由：

1．锁定手机，使用户无法访问竞争对手的网络（通过频率、传输格式、硬件或软件）；在美国，运营商甚至锁定手机设计，替换掉简单的 SIM 卡插入手机方式，从而阻止手机接入多个运营商网络。

2．通过"硬件升级"使手机无效或使第三方硬件和软件无法使用。

1）使蓝牙、Wi-Fi 接入、互联网浏览器、GPS 服务以及电子邮件客户端等手机功能失效；

2）为音乐、铃声和图片等内存访问指定格式；

3）创建"围墙花园"，使接入子公司和合作伙伴的视频内容受到青睐；

4）使用专用的、非标准的界面使得第三方难以开发兼容的应用程序和内容。

无线业务用户已经开始意识到运营商设法限制手机是如何限制合法网络管理和客户服务目标。当手机主要提供语音电话、文本短信和铃声这几种基本功能时，用户可以容忍（或很少考虑）对于一些复杂功能和第三方软件、应用或内容使用的限制。最近手机用户才开始意识到这种限制所带来的伤害。例如，一大部分苹果 iPhone 使用者，冒着损失保修服务以及可能变手机为"昂贵的镇纸"的危险，去冲破运营商（AT&T）强加给他们的这种限制，包括无线运营商、软件、应用和内容等限制[19]。

几乎 40 年前，FCC 颁布了其 Carterfone 政策，这一政策要求有线电话公司允许用户附加任何技术兼容的设备。这一简单的政策节省了消费者的开支，促进了创新，刺激了更加多样化和广泛的网络应用，并且网络运营商没有任何财务或运营上的损失。Carterfone 决议有效地将电信业务与手机的出售或租赁分割开来。FCC 最初拒绝这样做，但随后又热情地拥护法院的裁决，支持消费者拥有在网络上附加任何设备的这种"对私人有利而对公众无害"的权利[20]。

无线用户确实为了得到补贴手机签订契约放弃了一些自由。但是一项无线 Carterfone 政策，则将给用户提供使用非补贴手机，而不受运营商任何附加条件限制的选择。那些批评将 Carterfone 应用于 CMRS 网络的人们认为，附加设备的自由颠覆了运营商商业运营惯例。但是作为被管制的普通电信运营商，CRMS 经营者有义务遵守对不符合公众利益的限制用户的不必要行为的法律约束。

无论是否同时提供较少管制的互联网接入和其他信息服务，无线运营商仍然是被管制的普通运营商。换句话说，无线运营商普通运营商的职责并不因为其在提供常规电话业务时享受的一些管制宽容而简单地取消。当无线运营商同时提供信息接入和视频服务时，运营商就不仅仅像一个普通运营商那样运营。同样，他们也不应当被鼓励对由其子公司，或向其购买优惠待遇的企业所提供的内容给予特别照顾。

四、夸大竞争范围

根据法律，FCC 每年都要向国会提交一份关于 CMRS 市场状况的报告[21]。FCC 使用这份报告和统计数据作为主要证据来源支持放松管制和消除对产业合并的顾虑。像大多数 ICE 产业一样，由于合并和收购减少了基于设备竞争者的数量，无线产业也已经变得越来越集中。另外，AT&T 和 Verizon 作为国内四大运营商中的两家，也在本地和长途有线电话服务和宽带互联网接入市场中拥有主导性的市场份额。

提供捆绑业务的能力带来了规模经济并使价格下降。但是像 AT&T 和 Verizon 这样的公司拥有巨大的市场力，FCC 轻率地忽略了这一点。FCC 不想承认统计数据所显示的 AT&T 和 Verizon 正在增长的市场力，却选择强调消费者从更低的资费和包含大量网络使用时长的月套餐中所得到的利益。这里，FCC 再一次似乎没有意识到有必要保持警惕，而是选择强调利好消息以支持放松管制，几乎忽略了新趋势中所蕴含的潜在危险。

五、频谱管理改革

政府对无线电频谱的管理没有考虑技术创新对于许可证分配带来的更大灵活性，尤其是在使用同一频段运营多个互不干扰的应用方面。传统的频谱管理模式包含一个多边进程，这一流程最初是由联合国的一个专门机构国际电联（ITU）发起的，随后各国监管机构遵循了这一流程，例如 FCC。ITU 和 FCC 都将频谱根据特定服务频段进行分配，通常是指定一个特定的频段用于一个单一应用。技术创新使得多用户使用相同频率以及多种不同类型业务共享同一频带逐渐成为可能。

FCC 已经开始小心翼翼地支持两种关于频谱灵活使用和分配的方法：1）在同一频段中识别一种类型以上的业务；2）鼓励使用能够更高效利用频谱资源的新技术。联邦政府拥护 ITU 对于无线频谱进行再分配的主张，允许运营商在地面、空中和国际水域共同分享频谱资源。而过去 ITU 和 FCC 通常给不同类别的应用分配互相独立的频段。

关于这种灵活性，最近地面商业广播提供商与卫星广播运营商 Sirius 之间展开了一场争论，Sirius 正渴望安装地面信号中继器以增强地面接收能力[22]。FCC 允许牌照持有者进行频道带宽窄带化，并允许使用压缩技术和新传输格式以减少潜在干扰，说明 FCC 正在努力推动新频谱保护技术的发展[23]。

主管部门可以通过接受新频谱保护技术来支持 FCC 这一努力和为频谱开发的成功商业运作做出贡献。联邦政府已经预留了大量未被使用的、节省出来的或可以更有效使用的频谱资源。当政府设法应付频谱资源匮乏时，就有可能重新分配频谱用于私人和商业用途。CMRS 和其他无线运营商声称，由于可用频谱资源短缺，造成了掉线并且使得服务质量达不到理想值。通过分配预留但未被使用的政府频段，可以得到更多可用的频谱资源，这样可以提升私有商业无线运营商的服务质量。更加可喜的是，为下一代无线通信服务提供更多的频谱将会促进更多的竞争，并为公众提供在性能和类型上更加多样化的服务。国会可以通过督促 FCC 只向新市场进入者提供一些新频段来帮助 FCC 实现这个目标，而不是满足主导运营商渴望阻止更多竞争者进入市场。

六、结论和建议

除了电话、短信、彩铃和音乐存储外，无线技术可以为用户接入很多高级 ICE 业务。不幸的是，在美国并没有广泛开展最前沿的业务，例如，真正的互联网宽带接入。在所提供业务的特点、类型和定价方面，国内运营商也没有做到全球最佳。无线运营商似乎在推迟下一代网络的投资，因为它们正想方设法利用资金获得市场份额和收购竞争对手。尽管如此，FCC 继续沿着一条完全放松管制的道路缓慢前行，而从不担心 CMRS 市场已经变得过于集中。

市场集中似乎可以使四大 CMRS 运营商同时提供几乎相同的业务条款和条件，以避免严重的价格竞争。例如，无线运营商不会为那些不选择新补贴手机的现有用户或者试图激活旧手机的新用户提供优惠业务。虽然 Verizon 已经表现出提供一个更加开放网络的意愿，但大多数无线运营商继续实施违反 Carterfone 政策的各种限制。即使是备受追捧的苹果公司的 iPhone，也因为 AT&T 和苹果公司强加的限制条款而使得用户遭受损失。估计达到 25%的苹果公司 iPhone 购买者以某种形式对手机进行未经授权的修改，甘愿承受无保质期和永久毁坏手机的风险。

　　无线网络可以为传统有线网络提供一个非常有必要的竞争对手，也有助于推动以较低的价格实现普遍服务目的的进程。但是，只有当无线市场保持竞争力，并且不是现有主要主导运营商有线业务计划的附属或从属品，这种进程才能实现。主管部门、国会和FCC需要继续提防那些势力，它们将阻碍无线运营商成为传统网络运营者的竞争对手。

　　以下具体建议将有助于促进无线和有线技术之间基于设施的有效竞争：

　　1．FCC应当表明，其Carterfone政策平等地适用于无线和有线技术。这一政策应当要求无线运营商向任何的兼容手机提供服务，并且允许用户完全自由地访问那些不会对CMRS运营商网络带来任何技术性损害的任意内容、软件和应用，这里的"技术性损害"由FCC或独立的实验室来确定。

　　2．FCC应当意识到，技术和市场的融合将导致无线运营商提供集电信、信息和视频为一身的综合业务。FCC应当根据无线运营商实际面临的竞争数量来应用不同的监管力度。即使对于被轻微管制的信息和视频服务，FCC也应当要求无线运营商公布服务条款和条件，尤其在运营商提供不同质量的服务时，而这种情况有可能违反有关网络中立的合理担忧。

　　3．在其他有能力与其进行基于设施竞争的企业出现之前，FCC都不应当继续克制对CMRS运营商的电信业务管制。在市场缺乏新进入者时，FCC不应当批准将会带来进一步市场兼并的交易。

　　4．FCC在设立以普遍服务为目的的基金时，应当将无线网络与有线网络同时列在考虑范围内。它应当与州公共设施委员会一起，采用逆向拍卖的方式，在保证基准服务质量的前提下，在高成本地区实现最低服务成本投标。在使用逆向拍卖前，FCC应当基于无线运营商的实际成本，而不是采用现行基于有线主导运营商成本的做法，允许无线运营商以法定电信运营商的资格参与拍卖。

　　5．鉴于Wi-Fi和其他无线业务的成功应用，FCC应当分配更多的无线频谱用于共用的、不需频谱执照的无线业务。FCC 还应加快努力为无线业务确定和重新分配频谱，包括那些在两个高频频谱间的"空白"频段。更广泛的说，行政主管部门应当站在更有效应用的角度，以及把未被利用的频谱重新分配用于私人应用的可能性的角度，重新审视政府的频谱需求。

6. 鉴于 FCC 不严格执行消费者保护法规，国会应当明确说明州公共设施委员会和州法院可以判决涉及到服务质量和服务协定的纠纷。在立法缺失的情况下，FCC 应当执行现有的计费规定并要求 CMRS 运营商提供可理解的服务协议，协议中要明确规定收费、费用、税金和附加费用。FCC 还应当废除强制仲裁条款。

注释：

1. 本文参考 2009 年在美国出版的由 Amit M. Schejter 主编的《. . . And Communications for All》一书中的第八章（The Way Forward for Wireless），本文经由作者修订、扩展和更新并同意在中国再次翻译出版。该文章经由李潇和张彬翻译。

2. Rob Frieden 博士是美国宾夕法尼亚州立大学通信学院教授和 Pioneers 理事会主席。他是电信和互联网基础设施方面的主导分析人士。出版大量关于国际电信、有线卫星电视和通信法等方面的书籍，包括合作著述《All About Cable and Broadband》（关于法律和政策的论文集）和《Managing Internet-Driven Change in International Telecommunications》（综合介绍类书籍）。加入宾州州立大学之前，Frieden 博士是摩托罗拉卫星通信公司国际关系部副部长，负责管理管制和国际联络事务，致力于摩托罗拉铱星低轨道卫星项目。他还在政府部门担任资深政策制定者和在私有企业担任律师。他曾多次充当电信和贸易代表，发表很多文章，多篇文章发表在法律回顾、贸易杂志和众多重要会议论文集。他多次被邀在一些组织的论坛上演讲，这些组织包括：美国律师协会、安嫩伯格华盛顿计划（Annenberg-Washington Program）、世界电信联盟、联合国和世界银行。

3. 电信融合使得许多消费者能够接入多种技术或平台，用来发送和接收语音通信。消费者不再局限于有线平台：他们可以从多种平台中进行选择，包括无线和宽带。因为无线和宽带技术已经日益普及并被消费者使用，它们已经逐渐成为竞争统一体的一部分。因为更多的用户考虑和使用无线和宽带业务作为有线业务的替代，在某种程度上无线和宽带服务与有线服务的竞争将会加剧。Ed Rosenberg，*Assessing Wireless and Broadband Substitution in Local Telephone Markets*，Publication No. 07-06 (Washington，DC：The National Regulatory Research Institute，2007)，3 1；nrri.org/pubs/telecommunications/07-06.pdf (8 June 2008)。

4. 1993 年《综合预算协调法》（Pub.L.No.103 - 66，107 Stat.3 12），1934 年《通信法》第 332 修正部分，对 CRMS 运营商进行了分类。该法律将 CRMS 定义为"任何移动服务⋯⋯ 以盈利为目的服务，同时向（A）公众或（B）符合资格的用户（作为有效提供给大部分 公众的服务）提供互联互通服务。（见：47．U．S．C．§332(d)(1)。

5. 联邦通信委员会，《2000 年两年度管理报告》，商业移动通信服务的频谱聚集限制，报 告和秩序。WT Docket No. 01. 14，16 FCC Rcd 22668(2001).

6. Petitions for Rule Making Concerning Proposed Changes to the C0mmission's Cellular Resale Policies，6 FCC Rcd. 1719(1991) *aff'd sub nom.*，Cellnet Communication，965 F. 2d l 106(DC Cir. 1992). See also *Cellnet Communications, Inc. v. Federal Communications Commission*，149 F.3d 429(Sixth Cir. 1998). 申明 FCC 关于消除转售规定的权利，因为这 种取消不影响用户使用他们电话的权利。

7. Nextel 通信公司和 Sprint 公司同意将许可证和授权的控制权进行转让的应用（WT Docket No. 05-63，Memorandum Opinion and Order，20 FCC Rcd 13967(2005)）。Cingular 无线曾是 AT&T 和南方贝尔的合资公司。2006 年 12 月 29 日，AT&T 与南方贝尔合并， AT&T 获得了南方贝尔持有的 AT&T Mobility 的 40%的股份，其前身是 Cingular 无线，从 而掌握了 AT&T Mobility 百分之百的股权。2007 年，AT&T 开始重塑无线品牌，从 Cingular 转到 AT&T。

8. Leslie Cauley,"AT＆T Eager to Wield Its iWeapon"'*USA Today*，21 May 2007 (displaying statistics compiled by Forrester Research)；available at www.usatoday.com/tech/wireless/ 2007-05-21-at&t-iphone_N.htm (8 June 2008). While this chapter was being prepared Verizon sought to acquire regional wireless carrier Alltel leading to further industry concentration. See Andrew Ross Sorkin and Lauram M. Holson，"Verizon in Talks to Buy Alltel," *New York Times*，5 lune 2008，Technology；available at www.nytimes.com/2008/ 06/05/technology/05phone.html?_r=1&oref=slogin (1 July 2008)。

9. Service Rules for the 698-746，747-762，and 777-792 MHz Bands，Second Report and Order，FCC 07-132，2007 WL 2301743(released 10 August 2007). See also"*ExParte* Comments of the Public Interest Spectrum Coalition," *Service Rules for the 698-746，747-762，and 777-792 Bands*，WT Docket 06-150 (5 April 2007)，www.newamerica.net/files/700%

20MHz%20NN%20Comments.pdf (8 June 2008).

10．wireless Consumers Alliance，Inc．Petition for a Declaratory Ruling Concerning Whether the Provisions 0f the Communications Act of 1 934，as Amended，or the Jurisdiction of the Federal Communications Commission Thereunder, Serve to Preempt State Courts from Awarding Monetary Relief Against Commercial Mobile Radio Service(CMRS)Providers(a)for Violating State Consumer Protection Laws Prohibiting False Advertising and Other Fraudulent Business Practices，and/or (b) in the Context of Contractual Disputes and Tort Actions Adjudicated Under State Contract and Tort Laws．Memorandum Opinion and Order，15 FCC Rcd. 17021(2000).

11．美国是世界上最后一个人们选择提供新无线产品的市场，不是第二个或第三个，而是最后一个。目前 FCC 的政策鼓励 AT&T 和 Verizon 成为控制无线业务的双贝尔。它们被允许购买它们所能找到的所有频谱资源，并且随时都受到反托拉斯法的赦免。FCC 是世界上唯一一个不为新进入者开拓频谱资源的频谱拍卖实体机构。墨西哥、加拿大、英国、中国和日本都会为新进入者提供频谱资源。只有在美国新进入者得不到太多的机会。这是世界上唯一一个规则大于一切的国家，规则可以买到一切。当你想像过去那样整合服务提供商，当我们不像现在这样有两家贝尔公司而是一个的时候，每个人都知道会发生什么。创新者很难进入内容、软件或硬件市场。Reed Hundt, "Interview with Ed Gubbins," *Telephony Online*, 28 February 2008；telephonyonline.com/broadband/news/reed-hundt-auction-0228/ (8 June 2008).

12．短视且愚蠢的政府允许自己被几家大型无线电话运营商威吓和愚弄了数十年。结果就是出现了一个与 PC 模式完全相反的移动电话系统，它极大地限制了消费者的选择、扼杀创新、击溃创业并使得美国成为世界移动技术的笑柄。Walt Mossberg, "Free My Phone," *All Things Digital Blog* (21 October 2007)；mossblog.allthingsd.com/20071021/free-my-phone/(8 June 2008).

13．OECD 对其成员国的无线市场渗透率进行了排名，美国以 72%位居第 28 位，位居第一位的卢森堡为 152%。参见：OECD,《关键 ICT 指标, OECD 每百人移动用户数 2007》，www.oecd.org/dataoecd/19/40/34082594.xls （2008 年 6 月 8 日）。美国是预付费业务普及率最低的国家。

14．网络中立是指网络运营商对于使用其网络的最终用户和使用其网络传输内容的客体一视同仁。See Rob Frieden，"A Primer on Network Neutrality," *Intereconomics Review Of European Economic Policy* 43，no. 1 (January/February 2008): 4-15；"Internet 3.0: Identifying Problems and Solutions to the Network Neutrality Debate," *International Journal of*

Communications 1(2007)：461-92ijoc.org/ojs/index.php/ijoc/article/view/160/86 (8 June 2008)；
Rob Frieden，"Network Neutrality or Bias?--Handicapping the 0dds for a Tiered and Branded
Internet," *Hastings Communications And Entertainment Law Journal* 29，no.2 (2007)：
171-216.

15. The Omnibus Budget Reconciliation Act of 1993，Pub. L. No. 103-66，107 Stat. 312. 47
U.S.C. §332(c)(1)(A)i-iii. See also 47 U.S.C.§160(a) (establishing similar forbearance criteria for
other telecommunications service providers). 被商业移动服务条款限制的人，只要其被条款
限制，按照这一章的规定都应被当做普通运营商来对待，除非根据子章节Ⅱ的条款，FCC
认为这一条款不适用于这个人或这个业务。在遵守管制或根据管制进行赔偿时，FCC 不
会指定使用 201，202 或 208 这类标题，并且可在 FCC 所认定的下述情况下指定任何其他
条款：（1）执行这种条款对于确保收费、实践、分类是没有必要的，或与该服务相关法
规是合理的，并且用户不会遭到不公平或不合理的歧视；（2）执行这种条款对于保护消
费者来说是没有必要的；（3）指定这种条款与公众利益是一致的。

16. See Appropriate Regulatory Treatment for Broadband Access to the Internet Over Wireless
Networks，Declaratory Ruling，WT Docket No.07-53，FCC 07-30(released 23 March 2007)；
fjallfoss.fcc.gov/edocs_public/attachmatch/FCC-07-30AI.pdf (8 June 2008).

17. Reexamination of Roaming Obligations of Commercial Mobile Radio Service Providers，
Report and Order and Further Notice of Proposed Rulemaking，WT Docket No.05-265，FCC
07-143 (released 16 August 2007); www.fcc.gov/Daily_Releases/Daily_Business/2007/db0816/
FCC-07-143A1.pdf (8 June 2008).

18. Use of the Carterfone Device in Message Toll Telephone Service. 13 FCC 2d 420 (1968)，
recon.denied，14 FCC 2d 571(1968).

19. "of the 1.4 million iPhones sold so far (of whichv were sold in the quarter ending Sept. 30)，
[Apple Chief Operating Officer Timothy] Cook estimated that 250 000 were sold to people who
wanted to unlock them from the AT&T network and use them with another carrier. "Saul
Hansell，"Apple：$100 Million Spent on Potential iBricks," *New York Times*，22 October 2007，
Technology, Bits Blog Site，bits.blogs.nytimes.com/tag/iphone/ (8 June 2008). "You bought the
iPhone，you paid for it，but now Apple is telling you how you have to use it，and if you don't
do things the way they say, they're going to lock it. Turn it into a useless'brick. 'Is this any way
to treat a customer? Apparently, it's the Steve Jobs way. But some iPhone users arc mad as
heck，and they're not going to take it anymore. "Alexander Wolfe, "Apple Users Talking
Class-Action Lawsuit Over iPhone Locking," *Wolfe's Den Blog,* wwv.informationweek.

com/blog/main/archives/2007/09/iphone_users_ta.html (8 June 2008).

20．Hush-a-Phone 起诉美国政府（238 F.2d 266,269 (D.C.Cir. 1956))，推翻 FCC 关于禁止电话用户使用非电话公司提供的声学附属设备的规定。

21．1993 年综合协调与算法第 6002 部分的执行，商业移动服务市场竞争状况年度报告与分析。参见：WT 07-71，Twelfth Report，2008 WL 312884(released 4 February 2008).

22．Amendment of part 27 of the Commission's Rules to Govern the Operation 0f Wireless Communications Services in the 2．3 GHz Band，WT 07—293，Notice Of Proposed Rulemaking and Second Further Notice of Proposed Rulemaking，2007 WL 4440134(released 18 December 2007); see also Digital Audio Broadcasting Systems and Their Impact on the Terrestrial Radio Broadcast Service，Second Report and Order First Order on Reconsideration and Second Further Notice of Proposed Rulemaking，22 FCC Rcd. 10344(2007).

23．Implementation of Sections 3090) and 337 of the Communications Act of 1934 as Amended; Promotion of Spectrum Efficient Technologies on Certain Part 90 Frequencies, Third Memorandum Opinion and Order, Third Further Notice of Proposed Rule Making and Order, WT Docket No. 99-87，RM-9332，19 FCC Rcd 25045(2004); Replacement of Part 90 by Part 88 to Revise the Private Land Mobile Radio Services and Modify the Policies Governing Them，Report and Order and Further Notice of Proposed Rule Making，PR Docket No.92-235, 10 FCC Rcd 10076，1007751(1995).

第十章　弥合区域数字鸿沟的政策选择

张　彬[1]　陈思祁[2]

内容提要：本文选取 2006—2012 年数据，运用因子分析等方法建立具有多级指标的信息化水平指标体系，运用层次分析等方法测度了我国 31 个省、市、自治区（港澳台除外）信息化水平以及区域信息化水平差异的总体情况，进而通过计算数字鸿沟指数测度了我国 31 个省、市、自治区（港澳台除外）的数字鸿沟情况。结果显示，我国整体信息化水平逐年提高，但地区间数字鸿沟不断扩大，信息化水平呈现明显的东高西低的现象。研究显示，新兴通信技术是信息化发展的促进因素，而新兴通信技术区域间不平衡发展也是数字鸿沟扩大的根本原因。本文最后从数字鸿沟相关因素的角度和技术渗透的角度分别论述了缩小数字鸿沟促进区域均衡发展的政策选择。政策建议包括五个方面：1. 全面提高信息化水平、缩小区域数字鸿沟需要在技术、经济、政府、教育、社会等多方面采取相应政策措施。2. 缩小数字鸿沟促进区域均衡发展是一项长期而艰巨的工作，应制定一个长期战略；3. 应在欠发达地区迅速推进互联网基础设施建设，尤其是宽带网络建设，同时促进互联网在欠发达地区的普及和应用；4. 制定相应措施促使发达地区加强对欠发达地区的支援，使欠发达地区尽可能与发达地区同速发展；5. 利用信息化概念下的普遍服务基金建立有中国特色的长效的动态更新的宽带普遍服务机制，以利于让每个人都能享受到信息化带来的好处。

一、前言

众所周知，信息化是社会和经济发展的核心促进因素，因此，认识信息化，驾驭信息化，以信息化谋发展，也成为每一个国家在信息时代必须关注的重大主题[3]。而国民经济的进一步发展，要求更加注重社会公平，更加重视区域的全面协调可持续发展，弥合数字鸿沟促进欠发达地区的信息化发展也是区域协调发展的重要环节。就中国的信息化推进而言，最重要的是必须结合我国的实际情况进行思考[4]。

本文首先介绍区域数字鸿沟的概念，以及在研究中使用的测度模型，在客观描述我国区域数字鸿沟现状与变化趋势的基础上，综合分析区域数字鸿沟的影响因素，最终提出缩小数字鸿沟的政策建议。本文将简要介绍数字鸿沟的测度和分析过程，重点突出政策建议部分。

二、区域数字鸿沟的概念及测度模型

（一）数字鸿沟的概念

美国国家远程通信和信息管理局(NTIA[5])、世界电联（ITU[6]）和经合组织（OECD[7]）认为，数字鸿沟是处于不同社会经济水平的个人与个人之间、家庭与家庭之间、企业与企业之间、地区与地区之间在获得和使用 ICT 的机会上的差异。

根据技术渗透理论，新技术或创新在不同群体之间的扩散时间、扩散速度、以及最终达到的渗透率方面都是不同的。学者 Norris[8]于 2001 年首次利用技术渗透理论解释存在数字鸿沟的现象。

综合世界电联、经合组织等国际机构以及学术界的技术扩散理论，可以对区域数字鸿沟做出定义，即区域数字鸿沟是不同区域之间由于长期形成的社会经济差距，在接触 ICT 的时间上有先后、扩散速度上有快慢、普及水平上有高低的现象。具体表现为在一定时期内不同区域在获得 ICT 设施、掌握 ICT 技术、使用 ICT 并利用其创造财富的差距。

（二）测度信息化水平（数字鸿沟）所使用的指标体系

在测度数字鸿沟时所使用的方法是先计算信息化指数，再据此计算区域信息化指数的平均差，进而获得数字鸿沟指数。所建立的指标体系如图 10-1 所示，该指标体系由 5 个一级指标、11 个二级指标和 22 个三级指标构成。主要包括技术、经济、政府、教育和社会等五方面的指标[9]。权重分配比较偏重社会应用[10]（技术、经济、政府、教育、社会权重分别为 0.09、0.09、0.26、0.15、0.41[11]）。指标权重见本章附录 1。22 个三级指标的原始数据来源于《中国统计年鉴》、《通信统计年鉴》、《信息统计年鉴》、《通信统计年度报告》和《互联网统计报告》等。根据测算，我们得到了我国 31 个地区 2006－2012 年的信息化水平指数值，如本章附录 2 所示。

在测度数字鸿沟指数时所使用的方法是先计算信息化指数，计算公式为[12]：

$$ILI = \sum_{k=1}^{22} I_k^3 w_k$$

其中 I_k^3 代表标准化后的第 k 个三级指标；w_k 代表第 k 个三级指标相对于 ILI 的权重。其中 k=1，2，…，22。

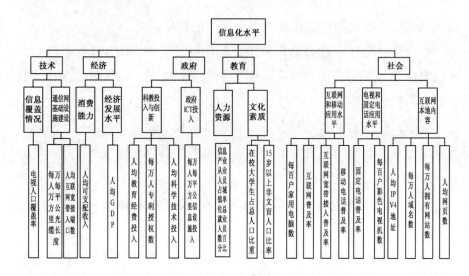

图 10-1　信息化水平（数字鸿沟）指标体系

　　再据此计算区域信息化指数的平均差，进而获得数字鸿沟指数。计算公式为：[13]

$$RDD = \sum_{i=1}^{22} \left(\frac{w_i}{31} \sum_{n=1}^{31} | I_i^n - \frac{1}{31} \sum_{n=1}^{31} I_i^n | \right)$$

　　I_i^n，即第 n 个省第 i 个三级指标的标准化后的指标值；w_i，即第 i 个三级指标相对于信息化指数的权重。其中 i=1，2，…22；n=1，2，…31。

三、我国区域数字鸿沟测度结果

　　本文首先对 2006－2012 年全国 31 个省、市、自治区的信息化水平指数进行测度，在此基础上计算我国区域数字鸿沟指数，结果显示：

（一）2006—2012 年全国区域数字鸿沟指数扩大了 0.67 倍

我国区域数字鸿沟指数在过去 7 年中由 0.4863 扩大到 0.8135，累计增速为 67.29%。其中，我国区域数字鸿沟呈现出先扩大后缩小之后再扩大的发展路径。2006 年至 2009 年区域数字鸿沟处于扩张阶段，从 0.4863 持续扩大到 0.6730，2010 年有所降低，降至 0.6387，2010－2012 年区域数字鸿沟再次扩张，并在 2012 年达到历年最高水平 0.8135。如图 10-2 所示。

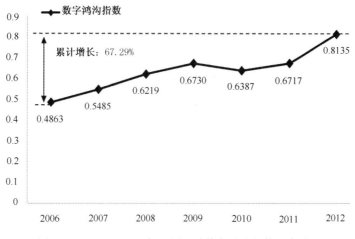

图 10-2 2006—2012 年我国区域数字鸿沟指数测度结果

总体来看，过去 6 年我国区域数字鸿沟各年扩张速度较快，年均扩张速度为 8.95%。2007－2008 年我国区域数字鸿沟的扩张速度都维持在一个较高的水平。2008－2010 年数字鸿沟扩张速度持续降低，到 2010 年数字鸿沟扩张率变为负值，数值为-5.09%。2011 年恢复为正值，增长率为 5.17%。2012 年更达到历年最高的 21.10%。如图 10-3 所示。

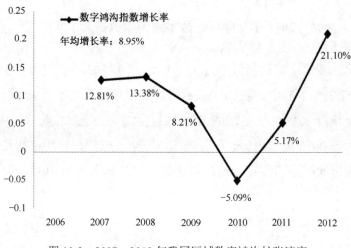

图 10-3　2007－2012 年我国区域数字鸿沟扩张速度

（二）2006－2012 年地区信息化指数比较

图 10-4 是 2006－2012 年的全国各地区信息化指数增长情况的示意图，图中将全国各地区的信息化指数极差与平均极差进行对比分析。横线代表平均极差，竖条是各地区信息化指数极差。

从各地区信息化水平指数极差与极差均值的比较来看，全国多数地区的信息化水平指数极差小于均值，这说明多数地区信息化发展水平低于全国平均水平，这主要是因为北京、上海、广东、浙江、江苏、福建、天津等地区的信息化发展极为迅速，尤其是北京和天津，这些地区信息化水平指数较大的极差将极差均值拉升到一个较高的水平，由此可以看出 31 个地区在信息化水平增长方面存在着较大的不平衡。

图 10-5 所示为东部沿海地区、中西部欠发达地区和其他中间省市在过去 10 年的信息化发展水平的差距。其中，发达地区包括北京、上海、天津、浙江、江苏、广东、福建、海南。欠发达地区包括湖南、江西、四川、河南、西藏、云南、甘肃、贵州。中等发达地区为其余省、市、自治区。可以看到东部发达地区在过去 7 年中的信息化指数远高于其他

两类地区。

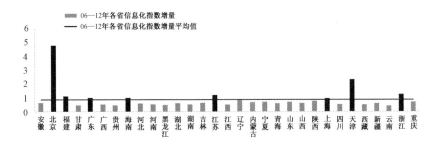

图 10-4　2006—2012 年各地区信息化指数增长情况

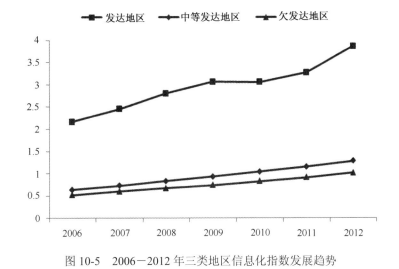

图 10-5　2006－2012 年三类地区信息化指数发展趋势

四、我国区域数字鸿沟形成因素分析

（一）2006—2012 年引起数字鸿沟变化的指标因素分析

为了深入研究我国数字鸿沟不断扩张的原因，这里针对 2006 年至
2012 年信息化指标体系各项三级指标分别进行了进一步分析。各三级指
标平均差和增长速度如图 10-6 所示。

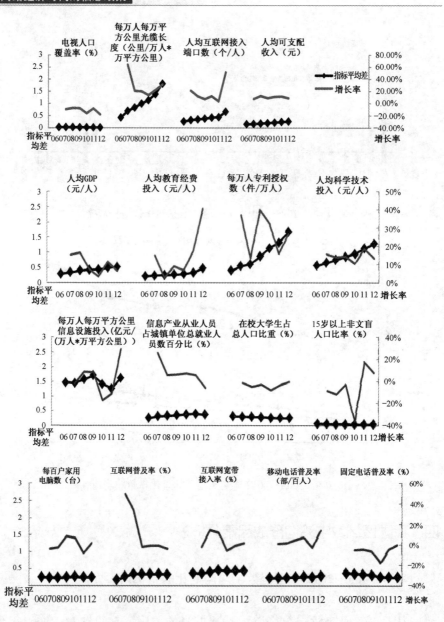

图 10-6　2006－2012 年各三级指标平均差及扩张速度

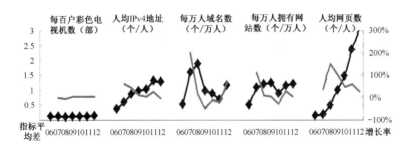

图 10-6　2006－2012 年各三级指标平均差及扩张速度（续）

表 10-1 进行了 2006 年、2009 年和 2012 年三年中指标平均差的变化情况比较，可以看出，对数字鸿沟指数一直影响很大的指标包括：每万人每万平方公里信息设施投入、每万人每万平方公里光缆长度、每万人专利授权数；对数字鸿沟指数一直影响很小的指标包括：电视人口覆盖率、15 岁以上非文盲人口比率、每百户彩色电视机数；对数字鸿沟指数的影响后来由小变大的指标包括：人均网页数；对数字鸿沟指数的影响由大渐变为小的指标包括：固定电话普及率；对数字鸿沟指数的影响逐渐由一般变为小的指标包括：在校大学生占总人口比重。

表 10-1　2006 年、2009 年、2012 年指标平均差比较

	2006 年	2009 年	2012 年
指标平均差最大排序	每万人每万平方公里信息设施投入	每万人每万平方公里信息设施投入	人均网页数
	人均科学技术投入	每万人拥有网站数	每万人每万平方公里光缆长度
	每万人域名数	人均网页数	每万人专利授权数
	每万人拥有网站数	每万人每万平方公里光缆长度	每万人每万平方公里信息设施投入
	每万人每万平方公里光缆长度	每万人域名数	人均 IPv4 地址
	每万人专利授权数	人均 IPv4 地址	人均科学技术投入
	人均 IPv4 地址(个/人)	每万人专利授权数	每万人拥有网站数
	固定电话普及率	人均科学技术投入	每万人域名数

续表

	2006 年	2009 年	2012 年
指标平均差最 小排序	电视人口覆盖率	电视人口覆盖率	电视人口覆盖率
	15 岁以上非文盲人口比率	15 岁以上非文盲人口比率	15 岁以上非文盲人口比率
	每百户彩色电视机数	每百户彩色电视机数	每百户彩色电视机数
	人均网页数	人均可支配收入	在校大学生占总人口比重
	人均可支配收入	移动电话普及率	固定电话普及率
	互联网普及率	每百户家用电脑数	每百户家用电脑数
	人均教育经费投入	人均教育经费投入	人均可支配收入
	移动电话普及率	在校大学生占总人口比重	移动电话普及率

为了深入研究我国区域数字鸿沟的扩张原因，本文进一步对各三级指标的平均差进行了详细分析。分别计算出 2006 年至 2012 年三级指标平均差增长最快的五个指标，增长最慢的五个指标，和负增长的四个指标，得到引起数字鸿沟变化的主要指标如表 10-2 所示：

表 10-2　2006－2012 年区域数字鸿沟指标扩张情况

06—12 年期间平均差增长最快的指标	人均网页数
	每万人每万平方公里光缆长度
	每万人专利授权数
	人均 IPv4 地址
	人均互联网宽带接入端口数
06—12 年期间平均差增长最慢的指标	每百户家用电脑数
	每万人每万平方公里信息设施投入
	每百户彩色电视机数
	互联网宽带接入普及率
	移动电话普及率
06—12 年期间平均差增长为负的指标	电视人口覆盖率
	15 岁以上非文盲人口比率
	固定电话普及率
	在校大学生占总人口比重

（二）2006—2012 年引起我国数字鸿沟扩张原因分析

为了研究我国数字鸿沟发展变化的原因，本文针对信息化指标体系的三级指标进行了深入分析。结果显示：

1．2007—2008 年区域数字鸿沟增长率保持较高水平的原因

2007 年区域数字鸿沟增长率为 12.81%，处于较高水平。主要原因是互联网行业在少数信息化水平发达地区的迅速发展，拉开了与欠发达地区的差距。

2007 年是我国互联网行业高速发展的一年，在少数信息化水平较高的地区，在互联网内容资源丰富程度、互联网普及程度和互联网接入水平等方面都出现较大幅度增长。但是，信息化水平欠发达地区在新兴互联网技术的使用和接受方面未能跟上，使得我国发达地区的互联网业务应用水平提升速度明显高于欠发达地区，区域数字鸿沟大幅扩大。特别地，因为我国互联网内容等产业集中分布在少数信息化水平较高的地区（如北京、上海等），所以互联网内容资源快速发展的同时也加剧了区域间互联网内容资源分布的不均衡程度，最终使得区域数字鸿沟指数保持在较高水平。

到 2008 年，数字鸿沟增长率进一步增长到 13.38%，数字鸿沟持续扩张。主要原因在于政府加大了在较发达地区的 ICT 投入，使得数字鸿沟持续上升。虽然在互联网内容资源方面有所缓和，不均衡化发展速度有所下降。但是在互联网普及程度和互联网接入水平等方面，发达地区与欠发达地区间依旧保持着较为明显的差距，且有持续扩大趋势。因此，数字鸿沟增长率依旧保持较高水平甚至还在持续上升。

2．2009 年数字鸿沟持续扩张的原因

2009 年，我国数字鸿沟持续扩张，但扩张速度有所放缓。从 2008 年的 13.38%下降至 8.21%。主要原因是影响 2008 年我国区域数字鸿沟增长率提高的问题有所缓和。在互联网内容资源方面，欠发达地区与发达地区的差距加速扩大的趋势有所扭转，区域间互联网内容资源分布的不均衡化进一步缓解。在互联网的普及与接入方面也同样有所改善。国家也开始了对欠发达地区的进一步 ICT 投入。因此，数字鸿沟增长率有所下降，但数字鸿沟依旧处于扩张状态。

3. 2010 年区域数字鸿沟增长率下降到最低的原因

2010 年，我国区域数字鸿沟增长率进一步大幅下降至-5.09%，实现负增长，即 2010 年数字鸿沟不增反降。首要原因是政府加大了对于不发达地区的 ICT 投入，直接抑制了数字鸿沟的扩张。

其次是互联网内容管制使大量非法的互联网内容被清除，使区域间互联网内容资源分布的不均衡性明显好转。近两年来政府高度重视互联网规范运营，加大了互联网内容整治力度。因此使得 2010 年发达地区的互联网内容资源大幅减少，间接缩小了与欠发达地区在这方面的距离。

除此之外，欠发达地区在 2010 年大幅提高了互联网普及率，缩小了与发达地区的差异；全国电信固定资产和信息设施投入普遍降低，区域间差距缩小。这都成为扭转数字鸿沟扩大趋势的重要原因。

4. 2011－2012 年区域数字鸿沟恢复扩张并持续扩大的原因

2011 年，虽然欠发达地区与发达地区在电信业务（包括移动通信业务和固定电话业务）的使用和消费，以及计算机普及应用方面的差距在持续缩小。但是，在互联网资源内容方面，发达地区新兴的网络资源迅速的出现直接导致了数字鸿沟指数的回升。这是 2011 年区域数字鸿沟指数恢复到增长的主要原因。同时，2011 年，对于欠发达地区政府 ICT 投入相对于 2010 年有所不足，使得负增长趋势放缓。

2012 年，数字鸿沟指数保持增长且达到历年最高水平的 21.1%。互联网资源内容不均衡发展有所缓和，但在政府 ICT 投入与互联网和电信应用等方面又开始向扩大发达地区优势的方向发展。而且欠发达地区与发达地区在通信网基础设施建设方面的差距持续在扩大。事实上，2007年以来，我国区域之间在光缆建设方面的鸿沟在持续扩大，随着我国宽带战略的实施，如果仍然保持了资源向发达地区倾斜的政策，则互联网基础设施的区域鸿沟仍将不断扩大。

5. 2006－2012 年我国区域数字鸿沟形成因素总体分析

2006—2012 年我国互联网行业快速发展推动了国家信息化水平的大幅提高，但由于发达地区的先行优势，互联网在发达地区的资源内容丰富程度（如域名、网站、网页等）、通信网基础设施建设和政府投入（ICT投入和科学技术投入等）远高于欠发达地区，这也成为导致我国区域数字鸿沟大幅扩大的重要因素。这说明当前缩小我国区域数字鸿沟的重点在于促进互联网资源内容地区间的均衡化发展、欠发达地区的通信网基础设施建设和政府的可持续兼顾投入。

相对而言，2006－2012 年我国欠发达地区与发达地区在经济发展、居民消费、互联网和移动应用的接入和普及方面差距有所扩大，但扩大幅度较为缓和。

此外，尽管我国区域数字鸿沟在 2006－2012 年之间大幅提高，但欠发达地区与发达地区在电视和固定电话等传统通信技术、信息覆盖水平、居民文化素质等方面的差距在不断缩小。这说明欠发达地区在信息化发展的基础层面上（如信息普及、人力资源等）与发达地区的差距在不断缩小，这也将成为我国区域数字鸿沟最终得以缩小的重要推动力。

总而言之，我国区域数字鸿沟增速的扩大主要与新兴信息通信技术的扩张有关，当欠发达地区在传统通信建设和应用方面与发达地区的差距逐渐缩小的同时，却又由于新兴信息技术的出现使得他们与发达地区产生了更大的差距。

五、弥合数字鸿沟的政策选择

综合以上分析，本文将从数字鸿沟相关因素的角度和技术渗透的角度分别论述缩小数字鸿沟促进区域均衡发展的政策选择。

（一）基于相关因素的政策选择

采用文献计量方法，考察多位学者和国际组织的共 28 个指标体系模型，对其中的指标进行统计，得到 11 个最具代表性的数字鸿沟影响因素，在此基础之上分析其解释结构模型[14]。图 10-7 展示了数字鸿沟的相关影响因素。该模型清晰地表述了影响数字鸿沟的主要因素之间的制约关系。

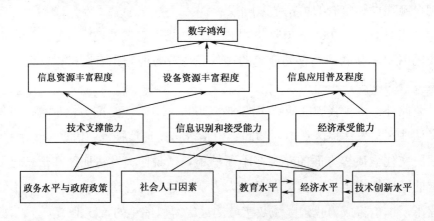

图 10-7　数字鸿沟影响因素结构模型

可以看到，第一层因素——数字鸿沟被第二层信息资源丰富程度、设备资源丰富程度和信息应用普及程度等 3 个因素直接影响，第二层因素又被第三层的技术支撑能力、信息识别和接受能力以及经济承受能力等 3 个因素直接影响。底层是数字鸿沟的深层原因，包括政务水平、政府政策、社会人口因素、教育水平、经济水平和技术创新水平等。因此，研究基于数字鸿沟相关因素的政策选择将围绕数字鸿沟的五大深层因素，即技术、经济、政府、教育、社会等五方面的表现状况来展开。

1. 技术

首先是技术因素。技术，代表 ICT 基础设施建设和覆盖范围。基础设施建设受技术创新水平、经济水平、教育水平和政府政策等因素影响，进而直接影响信息设备的丰富程度以及信息资源的丰富程度。社会信息化发展首先是解决信息基础设施覆盖的问题。

表 10-3 说明技术指标对数字鸿沟的影响情况。加*部分表示过去 7 年区域间差距扩大较多的指标，包括代表通信网基础设施的光缆建设和互联网宽带接入端口建设指标。加#部分表示区域间差距有所缩小，主要是电视等传统通信基础设施的覆盖。

表 10-3　技术指标及其对数字鸿沟的影响

二级指标	三级指标	对 2012 年数字鸿沟指数的影响（%）	对 2006—2012 年数字鸿沟增长的影响（%）
1. 信息覆盖情况	1. 电视人口覆盖率#	0.0344	-0.0905
2. 通信网基础设施建设	2. 每万人每万平方公里光缆长度*	9.472542	18.08989
	3. 人均互联网宽带接入端口数*	2.030309	3.065505

标注*表示对数字鸿沟指数增长有较大影响的指标；

标注#表示对数字鸿沟指数增长的影响有所缓解的指标；

由此，在政策上建议，加快推动欠发达地区的通信网基础设施建设，尤其是宽带网络建设。不仅在数量上（长度）应有所增长，在质量上（带宽）也要加快改进的步伐。

2. 经济

其次是经济方面的政策选择。经济，主要代表居民的 ICT 承受能力和需求水平。这种能力主要受当地经济发展水平影响，进而影响信息应用普及程度，而信息化的发展又能反过来促进社会经济发展，形成良性循环。

表 10-4 表示经济指标对数字鸿沟的影响情况，可以看到过去 7 年区域与区域之间在居民 ICT 消费能力方面的差距虽然没有大幅扩大，却也一直保持着扩张的趋势。这促使了区域数字鸿沟的持续扩大。

因此，缩小发达地区与欠发达地区的数字鸿沟，需要从根本上解决区域经济的协调发展问题，提高中西部欠发达地区的经济水平与人民的消费能力。

表 10-4　经济指标及其对数字鸿沟的影响

二级指标	三级指标	对 2012 年数字鸿沟指数的影响（%）	对 2006－2012 年数字鸿沟增长的影响（%）
3. 消费能力	4. 人均可支配收入	1.461804	1.598689
4. 经济发展水平	5. 人均 GDP	2.877585	3.119317

3. 政府

在政府方面，主要指政府对 ICT 发展的支持程度，包括政策、政府投资等。表现为政务水平和政府政策，通过鼓励竞争、普遍服务、投资、资助、培训等起作用，直接影响基础设施建设以及居民信息识别和接受能力，进而间接影响信息资源丰富程度、设备资源丰富程度和信息应用普及程度。

表 10-5 表示政府指标对数字鸿沟的影响状况，可以看到科教投入与创新方面的差距有所扩大，但增长幅度较居中。而在政府 ICT 投入方面，差距相当大，而且还在以较快速度扩张，因而使得区域数字鸿沟不断

扩大。

地方政府在 ICT 投入方面直接影响到基础信息设施的建设，相较于科教方面的投入与其直接影响到的区域 ICT 知识、技能和使用水平的发展，政府 ICT 投入对数字鸿沟增长影响更大。所以，缩小区域数字鸿沟，比加大欠发达地区的科教投入更重要的是加大政府在欠发达地区的 ICT 投入，加快其基础设施的建设。

表 10-5　政府指标及其对数字鸿沟的影响

二级指标	三级指标	对 2012 年数字鸿沟指数的影响（%）	对 2006－2012 年数字鸿沟增长的影响(%)
5.科教投入与创新	6.人均教育经费投入	2.141182	2.970563
	7.每万人专利授权数	1.873728	3.559202
	8.人均科学技术投入	2.955067	4.076726
6.政府ICT投入	9.每万人每万平方公里信息设施投入*	38.7123	8.923393

标注*表示对数字鸿沟指数增长有较大影响的指标；

4．教育

教育方面，主要考察居民的文化水平和 ICT 技能水平。教育水平决定了居民是否需要信息，是否能够识别信息、理解信息和接受信息，进而决定了 ICT 是否能得到有效利用，对信息应用普及程度有重要影响。

表 10-6 表示教育指标对数字鸿沟的影响情况，可以看到，人力资源促使了区域数字鸿沟的小幅度增长。而居民文化素质的区域差异在过去 7 年有所缩小。

因此建议，重视欠发达地区的信息人才建设，形成适应信息社会需要的人才培养和引进机制。同时应继续巩固和加强国民基础教育、素质教育。

表 10-6　教育指标及其对数字鸿沟的影响

二级指标	三级指标	对 2012 年数字鸿沟指数的影响（%）	对 2006—2012 年数字鸿沟增长的影响（%）
7. 人力资源	10. 信息产业从业人员占城镇单位总就业人员数百分比	2.507325	2.099902
8. 文化素质	11. 在校大学生占总人口比重(%)#	0.553553	-0.3347
	12. 15 岁以上非文盲人口比率（%）#	0.329443	-0.47611

标注#表示对数字鸿沟指数增长的影响有所缓解的指标；

5. 社会

最后是社会方面。社会，这里指社会的 ICT 应用水平。社会人口的性别、年龄、民族、地理、宗教等影响消费理念，产生获取信息的需求，进而引发居民使用信息设备资源和内容资源。信息应用普及程度与使用频率、时间、范围、技能和方便程度等有关。

表 10-7 显示了社会指标对数字鸿沟的影响，从中可以看到，整体来看，大部分社会指标对数字鸿沟的增长有较大影响，其中以互联网资源内容方面的差距增长幅度最大，其次在互联网和移动应用水平方面的差距也在逐渐扩大。只有在传统通信方面，地区间差距有所缩小。

因此认为：由于发达地区的先行优势，互联网在发达地区的资源丰富程度和普及应用程度远高于欠发达地区，这也成为导致我国区域数字鸿沟大幅扩大的重要因素。当前缩小我国区域数字鸿沟的重点在于，促进互联网资源内容的均衡化，以及在欠发达地区的普及和应用。应采取有效措施提高欠发达地区互联网信息资源的丰富程度、家用电脑的普及应用以及包括互联网、移动电话和固定电话在内的信息通信业务的使用水平。

表 10-7　社会指标及其对数字鸿沟的影响

二级指标	三级指标	对2012年数字鸿沟指数的影响（%）	对2006—2012年数字鸿沟增长的影响(%)
9.互联网和移动应用水平	13.每百户家用电脑数（台）	2.227978	0.031691
	14.互联网普及率（%）	2.954477	3.400666
	15.互联网宽带接入普及率（%）	2.02463	0.870655
	16.移动电话普及率（部/百人）	2.667618	1.528844
10.电视和固定电话应用水平	17.固定电话普及率（%）#	0.85375	-1.03787
	18.每百户彩色电视机数(部)	0.293396	0.088069
11.互联网本地内容	19.人均IPv4地址(个/人) *	5.558903	9.87596
	20.每万人域名数(个/万人) *	2.611926	3.552328
	21.每万人拥有网站数（个/万人）*	2.715872	3.918286
	22.人均网页数(个/人) *	13.14221	31.16949

标注*表示对数字鸿沟指数增长有较大影响的指标；

标注#表示对数字鸿沟指数增长的影响有所缓解的指标；

（二）基于技术渗透理论的政策选择

图 10-8 是一个基于多代技术扩散理论的区域数字鸿沟示意图。上端线条表示发达地区的技术扩散情况，下端线条表示欠发达地区的技术扩散情况，某一时刻内两者之间的差距是区域间数字鸿沟，用带双箭头的线段表示。从中可以看到：

第一，发达地区接触新技术的时间比较早，当发达地区进入发展期后，欠发达地区才刚开始进入，而且发达地区技术扩散速度比欠发达地区快，发达地区很快由进入期，到发展期，到成熟期，出现饱和趋势；

第二，当欠发达地区进入快速增长期，之后可逐渐缩小与发达地区的差距；

第三，当欠发达地区有望追赶上发达地区的时候，新一代技术出现了，发达地区最先采用新技术，又进入新一轮发展期，使欠发达地区远远落在后面，使数字鸿沟的扩张又进入一个先扩大后缩小的周期，从而延长欠发达地区的追赶时间。

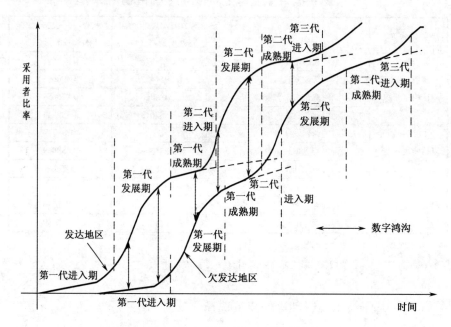

图 10-8　基于多代扩散理论的区域数字鸿沟示意图

　　基于以上这三点，本文提出了相应的政策选择：

　　1. 制定相应措施促使发达地区加强对欠发达地区的支援，使欠发达地区尽可能与发达地区同速发展。

　　由于发达地区在经济、技术、教育等方面领先于欠发达地区，所以发达地区在接触新技术的时间上先于欠发达地区，而且接受的速度也高于欠发达地区。我国正处于区域经济结构调整时期，发达地区产业升级导致大规模的区域间产业转移。所以，政府应借着区域经济结构调整、区域间产业转移的契机，制定相应措施促使发达地区对口支援欠发达地区的信息化建设。

　　支援内容包括经济支援、技术支援和教育支援。

　　在经济方面，经济发展不平衡是导致区域数字鸿沟产生的深层原因。

发达地区在人均收入、政府科教投入、信息设施投入等方面都远高于欠发达地区。因此，政府应制定相关政策鼓励发达地区在经济上对欠发达地区进行投资和支援。

在技术方面，发达地区向欠发达地区实施产业转移的过程必然伴随技术转移的过程。政府应对这一行为加以引导和鼓励，促进欠发达地区的信息基础设施建设和相关产业信息化的发展。

在教育方面，我国信息技术人才的分布很不平衡，主要集中在北京、上海等东部发达地区。因此，政府应制定相应措施，加强发达地区对欠发达地区在教育资源、人才培养等领域的对口支援，实现优质教育资源共享，促进教育均衡发展。

2. 通过政府和社会的共同努力，激励欠发达地区综合提高信息化水平，使其尽快进入增长期。而且欠发达地区进入快速增长期后可逐渐缩小差距。

当前，我国欠发达地区在互联网普及率、互联网内容资源、宽带接入水平、政府科教投入、信息产业从业人数等方面与发达地区有较大的差异。政府和社会应当共同努力，提高宽带网络等信息技术的接入水平，实施信息化推进项目，提供教育培训，大力扶持弱势群体的信息化应用，创造机会均等、协调发展的社会环境，促进信息产业发展。此外，对部分偏远地区政府应建立相应的成本补偿机制，继续推进农业信息化工程、"村村通宽带工程"，实施物联网下乡、教育和互联网知识下乡，彩电电脑下乡等信息化推进项目。

3. 鉴于数字鸿沟的发展有一个先扩大后缩小的周期规律，但新技术的出现会延长欠发达地区的追赶时间，应制定缩小数字鸿沟的长期战略。

当前解决这一问题应注重以下三个方面：一是要利用先进技术不断完善信息基础设施建设。目前我国传统通信网络建设和覆盖已接近饱和，下一阶段的任务是加快建设宽带、融合、安全、泛在的下一代国家信息基础设施。二是要努力推进国民经济和社会信息化水平的不断提高，当前我国区域数字鸿沟问题主要表现为各地区的信息技术应用水平和网络普及程度很不平衡。应当努力以信息化与工业化融合为重点，大力发展电子商务、电子政务，加强信息资源的开发利用，推动信息技术的广泛应用。三是要综合改善区域经济、教育、政策环境。其中改善区域经济环境在于加快区域经济发展，从而促进农业、制造业、服务业等国民经济各领域的信息化。改善教育环境在于通过发展职业教育和基础教育提高国民信息技术应用能力。改善政策环境在于改善政府科教投入、市场规制、法律保障等多个环节。特别是在既有国家信息化战略的推动下，增加缩小数字鸿沟的长效机制（即建立宽带普遍服务机制），以应对区域数字鸿沟的周期性变化。

4. 建立宽带普遍服务机制的政策选择

宽带普遍服务对于社会发展有着重要的作用，它能够促进文化传播，提高人民经济收入，加速社会的民主进程；同时，宽带普遍服务具有浓烈的公益色彩和社会影响，因此得到了各国政府的高度重视，各国学者对于宽带普遍服务的研究也层出不穷。

服务可以由企业提供，也可以由政府提供，二者的根本不同在于企业所提供的服务是针对其客户展开，而政府提供的服务面向所有的人群；企业服务效率高，更能捕捉目标客户的需求，而政府提供的服务却处于众口难调的境地。普遍服务由于其公益性，需要政府的介入，如何才能更好更快地推进普遍服务，结合政府和企业的能力，让普遍服务推广至每一个人，并让他们得到满足？这是所有普遍服务发展所必须面对的问题。

这里提出的普遍服务并不是传统意义下的电信普遍服务，而是基于信息化概念下的中国特色的普遍服务，国外是通过立法确定电信普遍服务条款，随着新技术新应用的不断出现，其电信法不能及时更新，电信普遍服务的条款也显得落伍。我国由于种种原因并没有设立电信法，但普遍服务属于政府政策范畴，我们国家有依靠政府政策促进发展的优势，而且我们通过建立在信息化概念下的中国特色的动态更新的普遍服务机制，提出缩小数字鸿沟促进区域均衡发展的长期战略，将是缩小数字鸿沟的有效手段，因此，我们研究了当前的普遍服务政策，并结合数字鸿沟的分析结论，提出了基于普遍服务机制的政策选择。

信息化概念下的普遍服务的宗旨，即任何人在任何地点都能以承担得起的价格享受各种业务，而且业务质量和资费标准一视同仁。

该宗旨有以下几点关键点：一是让"任何人在任何地点"，都能享受到信息化带来的好处；二是"以承担得起的价格"；三是"享受各种业务"，这里并不是传统的电信业务，而是所有信息化应用；四是"业务质量和资费标准一视同仁"。下面我们将基于信息化概念下的普遍服务的宗旨，通过对数字鸿沟发展状况的分析，提出相应的政策建议。

1）设立普遍服务基金，建立动态更新的普遍服务机制。

"十一五"期间我国通过"村村通工程"解决了欠发达地区的电话基础通信设施接入问题。但新技术不断出现，而新技术又会造成新的数字鸿沟，究其根本原因就是引进新技术的高花费往往是欠发达地区难以承受的，因此有必要推动长效"信息化概念下的普遍服务基金"建设，利用基金资助欠发达地区。

这种普遍服务机制应能与时俱进地在普遍服务的目标、内容、技术方案和组织方式上做出调整，让新技术向欠发达地区的扩散渠道畅通，并且保证扩散速度，从而减小新技术对数字鸿沟的扩大效应。[15]

2）利用普遍服务基金，进行成本补偿和资费补贴，让每个人都承担得起信息化应用。

研究发现[16]，一些欠发达地区通信支出水平较高，这种通信支出占比居高并不是指他们使用业务的资费单价高，而是指他们通信支出占可支配收入的比重高。正是欠发达地区业务价格相对偏高，使用户难以承受信息化服务，从而普及率难以提升。因此建议建立资费补贴机制，针对弱势群体的信息化应用在资费上适当倾斜，给予适当补贴。

通过研究还发现[17]，在有些边远地区，幅员辽阔，经济欠发达，人均通信和信息固定资产投资较高，但信息通信建设水平却较低，究其原因是基本建设成本很高。因此，建议建立成本补偿机制，对边远地区基础设施建设给予补偿。

3）实施互联网宽带普遍服务，以达到业务质量一视同仁。

建议将宽带纳入普遍服务机制，实施互联网宽带普遍服务，以达到业务种类和业务质量一视同仁。

研究发现，互联网对区域数字鸿沟的影响正在不断扩大。欠发达地区在互联网接入和应用上远低于发达地区。当前缩小我国区域数字鸿沟的重点在于促进互联网以及宽带在落后地区的普及和应用。此外，将互联网纳入普遍服务机制也是国际社会发展的主流趋势。

中国目前存在"网费高网速慢"的发展瓶颈，我国已于 2012 年 3 月底正式启动"宽带普及提速工程"，将发展互联网产业加快宽带基础设施建设提高到国家战略的高度，提出了包括"加快农村宽带网络建设"等在内的若干工作任务，旨在缩小数字鸿沟。

建议突破"工程"的思维，在"宽带普及提速工程"加以实施之际，将互联网特别是宽带设施建设纳入长效普遍服务机制，加快农村宽带网络建设，同时还应注意到信息化应用对促进产业发展的作用，明确将加快宽带和互联网业务的普及应用纳入普遍服务机制，实施互联网宽带普遍服务，形成长期战略，促进互联网产业在地区间的均衡发展。

4）关注社会人文因素，让每个人都能享受到信息化带来的好处。

最后，建议缩小数字鸿沟应关注社会人文因素，真正让每个人都能享受到信息化带来的好处。

认读能力这一因素阻碍了让每个人都能享受到信息化带来的好处这一目标的实现。这需要通过学校教育、社会职业能力培训，普遍提高人民文化素质和 ICT 应用能力，加强落后地区人才培养，使之适应社会信息化的发展需求。

从对我国区域数字鸿沟在未来几年的预测结果显示：我国区域数字鸿沟指数在未来几年扩大的主要原因将不再集中在互联网内容的发展上，而发达地区与欠发达地区在居民文化素质、教育经费与科技投入等深层次信息化发展因素方面的差距将不断凸现，成为缩小区域数字鸿沟的主要阻碍因素。

国际社会和学术机构对数字鸿沟的研究正在从反映"数字鸿沟"的物理层面向反映"数字不均等"的社会文化层面延伸。数字鸿沟所造成的"数字不均等"与经济、文化等"社会不均等"密切联系、相互影响。欧美国家在"缩小数字鸿沟"的浪潮中，将对教育机构、医疗机构的互联接入纳入普遍服务的范围。显然，缩小数字鸿沟、推进普遍服务机制，还应关注促进信息化发展的深层次社会人文因素的发展。

因此建议让电脑、互联网和宽带设施的普遍服务走入欠发达地区的小学、中学、高校等教育机构以及科研单位。普遍提高人民文化素质，加强欠发达地区的高校建设，培养欠发达地区高科技人才，加强知识下乡、科技下乡。此外，还应与政府部门多沟通，促使其在教育经费和科技投入上再多向欠发达地区倾斜，保证经费充足，以利于培养人才、留住人才和吸引人才。

六、结语

本文在客观描述我国区域数字鸿沟现状与变化趋势的基础上，综合分析区域数字鸿沟的影响因素，最终提出缩小数字鸿沟的政策建议。本文仅从战略层面提出政策建议。制定政策之时应进一步研究和比较各项建议的可行性和有效性，选择合适方案，并建立配套的制度体系。

附录 1

信息化水平指数各级指标权重

总指数	一级指标 (I_1^i)	权重 (w_1^i)	二级指标 (I_2^i)	权重 (w_2^i)	三级指标 (I_3^k)	权重 (w_3^k)	相对于总指数的权重 (w^k)
信息化水平指数	技术	0.09	信息覆盖情况	0.25	1.电视人口覆盖率（%）	1	0.0225
			通信网基础设施建设	0.75	2.每万人每万平方公里光缆长度（公里/（万平方公里*万人））	0.63	0.042525
					3.人均互联网宽带接入端口数（个/人）	0.37	0.024975
	经济	0.09	消费能力	0.5	4.人均可支配收入（元）	1	0.045
			经济发展水平	0.5	5.人均 GDP（元/人）	1	0.045
	政府	0.26	科教投入与创新	0.25	6.人均教育经费投入（元/人）	0.57	0.03705
					7.每万人专利授权数（件/万人）	0.14	0.0091
					8.人均科学技术投入（元/人）	0.29	0.01885
			政府 ICT 投入	0.75	9.每万人每万平方公里信息设施投入(亿元/(万人*万方平方公里)	1	0.195
	教育	0.15	人力资源	0.375	10.信息产业从业人员占城镇单位总就业人员数百分比（%）	1	0.05625
			文化素质	0.625	11. 在校大学生占总人口比重（%）	0.2	0.01875
					12. 15 岁以上非文盲人口比率（%）	0.8	0.075
	社会	0.41	互联网和移动应用水平	0.63	13.每百户家用电脑数（台）	0.29	0.073616
					14.互联网普及率（%）	0.29	0.073616
					15.互联网宽带接入普及率（%）	0.14	0.037454
					16.移动电话普及率（部/百人）	0.28	0.073616
			电视和固定电话应用水平	0.11	17.固定电话普及率（%）	0.63	0.028413
					18.每百户彩色电视机数(部)	0.37	0.016687
			互联网本地内容	0.26	19.人均 IPv4 地址(个/人)	0.33	0.035178
					20.每万人域名数(个/万人)	0.17	0.018122
					21.每万人拥有网站数（个/万人）	0.17	0.018122
					22.人均网页数(个/人)	0.33	0.035178

附录 2

2006—2012 年各省、市、自治区信息化水平指数

地区	2006	2007	2008	2009	2010	2011	2012
安徽	0.5319	0.6053	0.6842	0.7826	0.9066	1.0168	1.1598
北京	3.5521	4.6452	5.4996	6.1801	6.3861	7.0846	8.3153
福建	0.9111	1.0727	1.3151	1.4350	1.6019	1.7442	2.0125
甘肃	0.4707	0.5333	0.5760	0.6716	0.7506	0.8416	0.9368
广东	1.0644	1.2535	1.4491	1.5499	1.6293	1.7820	2.0715
广西	0.5817	0.6496	0.7304	0.8215	0.9094	1.0252	1.1156
贵州	0.4403	0.5169	0.6160	0.6714	0.7676	0.8351	0.9088
海南	0.8968	0.9638	1.1141	1.2524	1.3590	1.6991	1.9038
河北	0.6343	0.7009	0.8179	0.8902	0.9932	1.1174	1.2279
河南	0.5448	0.5983	0.6716	0.7637	0.8548	0.9703	1.0788
黑龙江	0.6190	0.7032	0.7978	0.8690	0.9247	1.0173	1.1171
湖北	0.6528	0.7121	0.8047	0.9025	1.0177	1.1440	1.2614
湖南	0.5723	0.6542	0.7559	0.8154	0.8986	0.9950	1.1131
吉林	0.6878	0.7835	0.8638	0.9997	1.0835	1.1914	1.3180
江苏	0.8851	1.0233	1.1728	1.3621	1.6029	1.7813	2.0798
江西	0.5836	0.6788	0.7142	0.7960	0.8802	0.9796	1.0972
辽宁	0.7911	0.9116	1.0934	1.2097	1.3638	1.4695	1.6340
内蒙古	0.5723	0.6859	0.7826	0.8954	1.0229	1.1619	1.2568
宁夏	0.6324	0.7203	0.8378	1.0012	1.1187	1.2224	1.3330
青海	0.5669	0.6608	0.7257	0.7902	0.9023	1.0123	1.1553
山东	0.6731	0.7683	0.9012	0.9946	1.1099	1.2449	1.3710
山西	0.6506	0.7531	0.8975	0.9874	1.0332	1.1464	1.2573
陕西	0.6281	0.7416	0.8550	0.9968	1.1505	1.2674	1.4052
上海	6.6698	6.7087	6.8930	7.5755	6.6229	5.8409	7.6165
四川	0.5419	0.6215	0.6970	0.7817	0.8895	0.9790	1.0851
天津	2.1833	2.6041	3.4217	3.3558	3.3338	4.1554	4.5146
西藏	0.4730	0.6099	0.7034	0.7396	0.8188	0.8607	0.9899
新疆	0.5582	0.6469	0.7532	0.7760	0.8931	1.0148	1.1557

续表

地区	2006	2007	2008	2009	2010	2011	2012
云南	0.5097	0.5594	0.6254	0.6968	0.7655	0.8556	0.9432
浙江	1.1364	1.3557	1.5808	1.7863	1.9105	2.0867	2.4140
重庆	0.7846	0.8552	0.9676	1.0572	1.2282	1.2927	1.4795
全国信息化指数[18]	1.0000	1.1386	1.3006	1.4325	1.5074	1.6399	1.8816

注释：

1. 张彬，北京邮电大学经济管理学院教授，博士生导师。她 1982 年 1 月毕业于北京邮电学院数字通信专业，获工学学士学位；1987 年 5 月毕业于北京邮电学院管理系管理工程专业，获工学硕士学位；2000 年 10 月毕业于北京邮电大学管理科学与工程专业，获工学博士学位。毕业后一直任教于北京邮电大学经济管理学院。2003−2004 年曾在国家留学基金委员会的资助下赴美国宾州州立大学信息政策研究中心做访问学者一年。她的主要研究方向为电信运营管理与信息产业政策、ICT 应用及数字鸿沟测度。她在国内外学术刊物和国际学术会议上发表了学术论文几十篇，其中多篇被 SCI、EI 检索。张彬编著出版的教材、专著有：《现代电信业务》、《电信增值业务》、《通信经济管理》、《数字鸿沟测度理论与方法》等；出版译著有：《亚太信息技术园——地区间数字鸿沟之启示》。近年来，张彬教授完成了十多项国家、省部及企业级科研项目，包括：《中国信息和通信新产品开发有效途径的研究（国家自然科学基金项目）》、《电信网突发故障及其可靠性管理问题的研究》、《互联网骨干网网间结算模式研究》、等。作为《电信服务质量监督管理系统》的主要项目研究者曾于 1997 年获得邮电部科技进步二等奖。

2. 陈思祁，北京邮电大学经济管理学院管理科学与工程专业工学博士，现任重庆邮电大学经济管理学院讲师，主要研究方向为信息化测评与管理、生产运营管理、企业发展战略、集团管控等。

3. 周宏仁：《信息化论》，人民出版社，2008，第 2 页。

4. 周宏仁：《信息化论》，人民出版社，2008，第 220 页。

5. U.S. Department of Commerce, National Telecommunications and Information Administration (NTIA), (1995), "Falling through the net: A survey of the "have nots" in rural and urban America". Retrieved from http://www.ntia.doc.gov/ntiahome/fallingthru.html.

6. ITU (2011), "Measuring the Information Society 2011", ITU Report, Geneva, 15 September 2011.

7. OECD (2011), "OECD Guide to Measuring the Information Society 2011", OECD publishing,

Paris, 26 July 2011.

8．Norris, P. (2001) "Digital divide: Civic engagement, in formation poverty, and the Internet worldwide". New York: Cambridge University Press.

9．张彬，陆明霞，陈思祁："中国信息化发展的区域比较研究",《中国信息化形势分析与预测（2012）》，2012，第 293－323 页。

10．张彬、李潇、Richard D.Taylor：《数字鸿沟测度理论与方法》，北京邮电大学出版社，2009。

11．张彬，陈思祁，李潇："中国信息化发展的区域比较研究",《中国信息化形势分析与预测（2011）》，2011，第 319－345 页。

12．张彬，李潇："中国信息化发展的区域比较研究",《中国信息化形势分析与预测（2010）》，2010。

13．张彬，陈思祁，陆明霞："中国信息化发展的区域比较研究",《中国信息化形势分析与预测（2013）》，2013。

14．张彬、李潇、Richard D.Taylor：《数字鸿沟测度理论与方法》，北京邮电大学出版社，2009。

15．我们注意到，国家信息化专家咨询委员会周宏仁常务副主任在 2012 年的信息化蓝皮书中提出了信息化 1.0、信息化 2.0 和信息化 3.0 的概念，信息化的概念是与时俱进的，因此，我们这种具有中国特色的普遍服务机制也不应是一成不变的，而应是一种可动态更新的机制。

16．通过对通信支出占比与应用普及率的关系的研究得到结果。

17．通过对人均通信和信息固定资产投资与信息通信建设水平之间的关系的研究得到结果。

18．全国信息化指数为当年 31 省、直辖市、自治区的信息化指数的均值。

第十一章　普遍服务[1]

Krishna Jayakar[2]

内容提要： 在新兴信息经济中，普遍连接信息基础设施是一个基本生活必需品。如果个人、企业和社区没有得到连接将使其在经济、社会和政治上蒙受损失。确保一个无所不在的信息网络应是政府优先考虑的基本政策之一。这种网络将在社会和经济发展中做出更多方面的贡献。本章为普遍服务政策制定了远景目标，并提出一些有助于实现这一目标的措施和方法。文章首先介绍"普遍服务"概念产生的背景，进而提出中短期改革措施，以解决融资的可持续性问题、普遍服务项目问责和监管不力的问题以及家庭接入基本电话业务的普及率不升反降的问题。文章指出普遍服务应该包括宽带业务，为此提出了包括扶持网络部署、通过数字扫盲促进使用、促进业务（商业创新）和为电子商务创建支持架构等长期改革措施。

美国 1996 年修订的《电信法》对美国普遍服务体系进行了几项改革。该法案通过几项新计划扩大了受益者范围，建立了新基金机制，并承诺在特定条件下，新服务项目将会被包括在普遍服务概念中。在此后的这些年里，我们有失有得，并且还取得了一些意想不到的且相当重要的发展。今后普遍服务政策的构建应该取长补短，以帮助美国应对竞争力方面的挑战。目前最需要做的是尽快赶上其他发达国家，并在新兴宽带经济中承担起主导作用。在这一章中，我们为普遍服务政策制定了远景目标，并提出一些有助于实现这一目标的措施和方法。

一、背景

"普遍服务"这个术语进入美国政策词汇是在电话投入使用后的不久，这是在 1907 年，在早期竞争的鼎盛时期，贝尔电话公司主席西奥多·韦尔（Theodore Vail）阐述了"一个制度，一种政策，普遍服务"目标。虽然后来学者们的研究[3]表明韦尔的普遍服务想法不符合今天的含义，但这个词本身还在使用着。在 1934 年美国《通信法》中的引言部分，界定了我们今天所了解的普遍服务的概念："为所有美国公民尽可能提供一种快速、高效、覆盖全国乃至全球的、有线和无线通信服务，设施充足，收费合理"（1934 年《通信法》第 1 条第 2 款）。在这之后的五十年里，形成了一套详细的地域性资费补偿系统和交叉补贴机制，包括为全国各地乡镇和城市低收入人群补偿话费和月租费。在此期间，美国家庭电话普及率逐渐上升到大约 92%。在 80 年代，当要求解散 AT&T 的呼声越来越大时，该公司曾尝试（但最终并没有成功）利用家庭高普及率以及普遍服务制度等为其继续保有管制垄断进行辩护。甚至垄断的反对者也同意继续保有普遍服务。因此，当 AT&T 公司在 1984 年解体以及长途电话业务成为竞争业务后，普遍服务仍然得到补贴机制（用户支付高于成本的接入费给本地交换公司作为普遍服务基金）的支持。

1996 年电信法是自 1934 年通信法以来的美国第一次重大修改的通信法规。现在的普遍服务体系主要源于 1996 年电信法第 254 条规定，规定中阐明了以下普遍服务原则：

（1）优质服务的价格应该是公正、合理和负担得起的；（2）国家所有地区都应该提供先进的电话和信息业务；（3）国家各地（包括低收入和那些乡镇、海岛，以及高成本的地区）的消费者，应该得到电信和信息业务,包括局际交换业务和先进的电信和信息业务,价格应该与城市同样业务价格呈合理比例;(4)所有的电信业务运营商应将坚持公平和非歧视原则,以维护和促进普遍服务;(5)应该建立具体、可预测和完善的联邦和州监管机制来维护和促进普遍服务;(6)优先为小学、中学的校园和教室,以及医疗机构和图书馆提供先进的电信业务;(7)[联邦–州]联合理事会和[联邦通信]委员会可以在必要时提出其他规定,这些规定应该遵循保护公共利益、便利性和必要性的原则,而且应该和1996年电信法[第254(b)条(1)—(7)]保持一致。

这些原则都继承了当年的普遍服务概念的精髓,但在很多方面又有根本不同点。首先,提出这些原则旨在使得普遍服务具透明性、可预测性和有竞争性。1996年电信法促成了普遍服务基金(USF),基金是由电信运营商依照自己在州内用户电信收入占比捐献的。所有普遍服务项目都由该基金提供资助。其次,1996年法案激增了应当得到普遍服务支持的实体数量。在原先的制度下,住宅用户通常可以得到从长途到本地业务的交叉补贴,地区价格拉平则帮助了在高成本地区(例如乡镇、偏远地区和山区)的消费者。当时也有针对低收入家庭制定的项目(如下所示),如生命线(Lifeline)计划和连接(Link-Up)计划。但是1996年法案又提出几类新的受益者,比如学校、图书馆和乡镇卫生机构。监管机构的后续政策针对传统受益者又制定了不同的项目。总结起来,联邦USF现在分别资助四个项目[4]。

- 生命线计划和连接计划。这些是1996年电信法生效后继续资助的法定项目。生命线项目为低收入家庭的每月服务费提供减免;连接项目为低收入家庭一次性补偿电话初装费和激活费。
- 高成本地区计划[5]。该项目资助为高服务成本地区提供服务的本地服务运营商,像农村、山区、海岛和印第安人居留地等地区的本地服务运营商。

● 学校和图书馆。通常叫做 E-Rate 计划，该项目为学校和图书馆的电信和因特网接入以及电脑网络的内部线路提供减免。

● 乡镇医疗机构计划。该项目资助乡镇医疗机构，使得乡村美国人也能享受城市社区的先进医疗服务。

1996 年电信法的第三个创新是建立了一个定期审查的委员会；必要时，该委员会还可以更新普遍服务定义中的业务组合，这标志着推翻了早期实践中限定普遍服务为普通老式电话服务（POTs）的观点。为此，法案第 254（c）条第（1）款指出：普遍服务中所包含的服务应该是对教育、医疗和公共安全至关重要的服务；通过顾客在市场中自由选择，相当多数的住宅用户已经选用这些服务；电信运营商已经在公共电信网络中开展了这些服务；并且，所有服务都符合公共利益、便利性和必要性。换言之，监管机构并不是通过事先人为地制定法规来增加一项新业务，而寄希望于由 "大多数用户"在正常市场运作中自由选择。目前，联邦-州联合理事会并没有结束向普遍服务业务组合添加新服务项目。为此，理事会于 2007 年 9 月提出重要建议，旨在改革高成本地区计划。

二、改革提议

作为六十多年以来美国电信政策的第一次大调整，该电信法自然引来了赞扬和批评。实践中，它既成功地完成了一些预期目标，也有一些明显的失败，但受到的批评最多的是法案意料之外的结果。通过下面对普遍服务的评论，所有这些方面（无论是成功、失败还是意外结果等）都将显而易见。

政策制定者基本上遵循两种方法进行普遍服务改革。第一个是在现有的普遍服务项目的工作范围内实施一系列的改革，取长补短。在下文中的短期改革部分，我们将讨论这些改革措施。但除此之外，政策制定者也可以考虑一些意义深远的改革，使普遍服务方案能够促进美国在二十一世纪的经济竞争力。我们称这些改革为长期政策选择。

（一）中短期改革措施

中短期普遍服务项目目前面临的最主要的问题是普遍服务基金。如果新政府不解决这个问题，就不能解决普遍服务项目面临的其他任何问题。

1. 基金融资

1996 年法案规定建立普遍服务基金（USF），所有电信运营商需要依据州际和国际最终用户的电信收入比例为基金提供捐款。该基金是由普遍服务管理公司（USAC）支付给所有的普遍服务项目。每个季度都将预测出一个"捐款因子"，捐款因子是基于 USAC 对各种普遍服务项目的每季度财政支出的预算以及电信行业州际和国际最终用户收入[6]的预测综合制定的。反过来，电信服务提供商可以把自己对普遍服务的贡献转嫁到自己的用户，标记在每月账单中。表 11-1 的数据是从 2000 年第一季度到 2008 年第二季度的数据，以及由此计算的预计捐款因子。

如表 11-1 所示，在这期间，每季度预计 USAC 支出大约从 11 亿美元增加到了 19 亿美元（累计增长了 71%，平均每季度增加了 1.64%），而每季度终端用户州际和国际电信收入从 2000 年第一季度的 192 亿美元到 2008 年第二季度的 190 亿美元，几乎一直保持在同一水平。最终结果是，捐款因子从 2000 年第一季度的 0.059 增至 2008 年第二季度的 0.113（累积增幅为 92%，平均每季度增加了 2%）。普遍服务扶持支出占行业收入比例从 5.8%到 10.3%，增加了近四分之三。对捐款因子不断增长的解释大多都可以归结到最近几年电信行业收入的缓慢增长。在 1996 年普遍服务计划立法和执行的时候，同其他高科技产业一样，电信被普遍视为增长领域。自那时以来，行业的收入停滞不前，但在行政机构权力支持下的普遍服务支出和受益者期望却没有停滞。经最初抗争之后，电信行业现在明显已经接受现状。毕竟电信运营商确实通过长途附加费等形式把普遍服务捐款转嫁到用户身上。但是对消费者不断增加的普遍服务负担仍是一个令人关注的问题，并让人担心该方法的可持续性。

鉴于以上对趋势的讨论，政策制定者对普遍服务基金改革不可能有太多方案选择。现在，电信公司需继续将电信业务收入的一部分纳入USF，而后服务运营商又会将这些捐款转嫁到客户身上。但是，考虑到随着时间推移不断增加的捐献因子，这未必是可持续的。两个改变现状的选项是：（a）扩大普遍服务基金融资的基础；（b）限制和减少各 USF 扶持项目的支出。

表 11-1　普遍服务项目累计资金和捐款因子

	每季度 USAC 预计支出（单位：10 亿）	每季度最终用户电信收入（单位：10 亿）	每季 USAC 预计占电信收入的百分比	捐献因子
2000 年第一季度*	1.114	19.176	5.81%	0.058770
2000 年第二季度	1.106	19.608	5.64%	0.057101
2000 年第三季度	1.118	20.403	5.48%	0.055360
2000 年第四季度	1.188	21.172	5.61%	0.056688
2001 年第一季度*	1.353	20.463	6.61%	0.066827
2001 年第二季度*	1.397	20.508	6.81%	0.066823
2001 年第三季度	1.374	20.141	6.82%	0.068941
2001 年第四季度	1.342	19.597	6.85%	0.069187
2002 年第一季度	1.379	20.450	6.74%	0.068086
2002 年第二季度	1.385	19.219	7.21%	0.072805
2002 年第三季度	1.505	17.158	8.77%	0.072805
2002 年第四季度	1.586	18.488	8.58%	0.072805
2003 年第一季度	1.501	18.705	8.02%	0.072805
2003 年第二季度	1.534	18.743	8.18%	0.091000
2003 年第三季度	1.606	18.844	8.52%	0.095000

续表

	每季度 USAC 预计支出 （单位：10 亿）	每季度最终 用户电信收入 （单位：10 亿）	每季 USAC 预计 占电信收入 的百分比	捐献因子
2003 年第四季度	1.545	18.607	8.30%	0.091400
2004 年第一季度	1.495	18.894	7.91%	0.086823
2004 年第二季度	1.504	19.101	7.87%	0.086333
2004 年第三季度	1.515	18.707	8.10%	0.088980
2004 年第四季度	1.457	18.095	8.05%	0.088470
2005 年第一季度	1.758	18.352	9.58%	0.106981
2005 年第二季度	1.807	18.332	9.86%	0.110423
2005 年第三季度	1.679	18.370	9.14%	0.101585
2005 年第四季度	1.633	17.870	9.14%	0.101585
2006 年第一季度	1.689	18.451	9.15%	0.101796
2006 年第二季度	1.774	18.318	9.68%	0.108300
2006 年第三季度	1.763	18.774	9.39%	0.104657
2006 年第四季度	1.588	19.363	8.20%	0.090220
2007 年第一季度	1.622	18.549	8.74%	0.096776
2007 年第二季度	1.856	18.014	10.30%	0.116052
2007 年第三季度	1.867	18.566	10.06%	0.112959
2007 年第四季度	1.857	18.949	9.80%	0.109717
2008 年第一季度	1.746	19.194	9.10%	0.101052
2008 年第二季度	1.907	18.978	10.05%	0.1128668
几何平均数（%）	1.64%	-0.03%	1.67%	2.0%
累计增长（%）	71.2%	-1.0%	73.1%	91.1%

资料来源：FCC 关于普遍服务捐献因子的公告，见：www.fcc.gov/omd/contribution-factor.html。

第一种选择是将现在那部分免于捐款责任或者拥有有限捐款责任的收入纳入 USF 贡献来源。目前，"互联网电话业务"（即用户通过公众服务的电信网（PSTN）接听或拨打电话的 VoIP 业务）必须为 USF 捐款[7]。换句话说，无需接入 PSTN 的纯粹 VoIP 通话（例如，电脑对电脑拨打电话）不向普遍服务捐款。但是，随着越来越多的电信流量迁移到 VoIP，政策制定者或许希望将 VoIP 通话纳入捐款基础，显然这可能造成区分

VoIP 包与其他类型的互联网流量的技术难题。无线通信业务是另一类对普遍服务进行有限责任捐款的业务。由于手机普及率迅速提高，而其经常涉及与座机连接通话，在 1998 年，FCC 决定对无线收入实行有限捐款责任，该责任曾经在 2002 年进一步增加，并在 2006 年再次增加[8]。一个更激进的做法可能是要求所有类型电信业务捐款，包括那些目前的所谓信息业务。然而，一些经济学家指出，在宽带业务扩散的初始阶段给其加"税"可能会带来潜在的无效率[9]。总之，政策制定者扩展捐款基础的能力是有限的。

第二种选择是限制和减少各种 USF 扶持项目的支出。美国联邦通信委员会最近尝试限制普遍服务项目支出。为学校和图书馆设立的 E-Rate 计划从一开始每年支出上限就有 22.5 亿美元。乡村医疗机构计划和生命线（连接）计划也有相对稳定的每年支出。然而，高成本地区计划支出增长迅猛[10]，每年项目支出大约从 2001 年的 27 亿美元增长至 2007 年的 43 亿美元，去年全年的数据都可以搜索到。其中大部分支付给了非主导（竞争性的）本地交换公司（CLECs），这些公司每条线路的补偿是以主导（在位）本地交换公司（LEC）的标准支付的，而不是依据自身的成本[11]。2008 年 5 月，FCC 决定对各州符合条件的竞争性电信运营商（ETCs）[12]制定年资助总额上限，根据其在一年中应获资助水平颁发了对其在 2008 年 3 月份的资助。

虽然这可能会暂时解决高成本地区资助飙升问题，它依然没有解决对各州接收普遍服务资助资格评定的根本问题。根据现行规则，多重服务提供商有可能获得高成本资助，即使该公司服务于同样的地区，有时甚至对同一家庭提供服务，例如一个消费者同时拥有有线和无线电话。为了避免这种资源重复利用带来的浪费，一些人主张基于拍卖的分配机制，每个地区提供服务的运营商中，只有一家最具技术成本效益的运营商才有义务提供普遍服务和享受资助[13]。我们建议每个地区应该只有一家提供普遍服务的最终运营商，这家服务提供商可通过拍卖或其他机制确定。

2. 问责、欺诈和项目有效性

除了融资的可持续性问题，我们还有普遍服务项目问责和监管不力的问题，这两个问题息息相关。后一个问题又让我们关注项目的有效性，甚至欺诈指控（尤其对 E-Rate 项目而言）。虽然 E-Rate 的支持者认为欺诈只是偶尔发生，并且不断得到了控制，但是反对者认为欺诈非常普遍而且是 E-Rate 项目概念本身固有的。防止欺诈和对欺诈的周期性侦查无疑需要系统防范。很多 E-Rate 欺诈都可归因为申请过程的复杂性和学校领导对技术缺乏专业技能[14]。由于缺乏专业技能，学校领导偏信了那些投标项目引来明显利益冲突的承包人。2003 年执行的一些政策，例如对挪用资金的承包人的终生禁令，已经降低了欺诈案件的数量。

关于 E-Rate 的一个更大的问题是学校教师的计算机和互联网的利用率。虽然一些观察家发现，课堂上使用计算机和互联网有很大好处[15]，但其他反对者认为，接入本身并不创造受教育的机会，除非同时还强调教师培训、课程开发和整个教育过程的整合[16]。更加激进的批评者认为，计算机和互联网的数字鸿沟不是教育中最严重的鸿沟，而且连接学校和教室到互联网所花费的巨资可能是对资源的浪费，应该把这些资源花在教育系统更需要的地方[17]。教室中有计算机的学生使用电脑主要是为了完成作业、玩游戏或搜索互联网的信息[18]。这些警戒报告旨在对时下普遍支持在教育中使用信息和通信技术的乐观环境做出必要纠正。

关于高成本地区计划，人们提出了问责和监管程序问题。由于高成本地区扶持计划是为了确保州内价格的可比性，因此应该让各州去监督和证实各自领地的高成本地区资金是否得到合理利用[19]。但是，因为并非所有州都有能力或资源去监督执行，服务提供商甚至单一业务供应商的联盟都被允许去证实其资金的使用情况。Gebal 质疑，相比于其他联邦项目，其至相比于其他（如生命线）普遍服务项目，"高成本资助项目委员会问责制度何在？"可能是因为缺乏问责机制，他认为"高成本基金并没有对先进电信业务的提供产生积极的影响，这符合早些时候的研究发现，即交付了钱但没有评估绩效的机制"[20]。他提出有利于更好地监管和问责的未来基金提供方法，包括只有当高成本资金受益者证实，其提供先进业务的线路数在其配线中心中更多时，该受益者才能继续受到资助。

总之，我们需要更好的普遍服务项目监管和问责机制，确保效率和透明度。尤其对 E-Rate 项目和高成本地区计划更是如此。其中前者已经被欺诈指控困扰；后者的资金支持未证明对先进业务的部署产生了积极贡献。联邦监管机构可能还需要更多的资源和更强大的制度机制，才能够审查欺诈或挪用资金等现象。目前，一些机构（USAC、 FCC 的有线竞争局和监察长办公室（OIG）、司法部的反垄断部门，甚至是联邦调查局（FBI））调查在 E-Rate 和其他普遍服务项目中的欺诈指控。这种划分责任和稀释专长的做法造成了无效监督。

3．电话普及率

经过近七十年的家庭电话普及率[21]稳步上升，政策制定者和分析家们认为针对普通传统电话业务（POTS, plain old telephone service）的普遍服务几乎完成，并把重点转移到先进的业务。但最新的数据表明，我们仍然有理由继续关注基本服务。FCC 2007 在其年度电话服务的发展趋势报告（FCC's annual *Trends in Telephone Service*， 2007）中指出，电话普及率从 2000 年的 97.6%降到 2005 年的 94.8%[22]。这种下降并不是人们想象的那样是因为移动的代替，因为受访者被要求列出任何类型的电话连接，包括有线、无线或固定无线。

Gabel 和 Gideon 调查了关于普及率下降的许多可能性，包括企业竞争引来费率调整导致的定购价增加；家庭收入的改变；由于按使用量计价的新业务发展带来每月账单的不可预测性；固定和移动通信间消费者转移等[23]。据他们研究，价格可能不是一个很重要的因素，因为先前的研究发现包月用户的价格弹性低。收入也不可能是一个主要因素，因为贫困水平在此期间变化不大。主要因素就是由于业务扩散以及电话服务提供商对先进服务的极力推广，按使用量计费（例如无线电话免费通话时段之外的业务量计费）的业务种类增多，带来费用逐月增加。Gabel 和 Gideon 认为，由于有线电话账单的不可预测性，低收入家庭可能会转而选择移动电话，然后发现无线电话费用更无法控制。这可能会导致一个家庭失去所有电话接入。他们建议颁布一些法律，保护消费者，避免费用不可预测性，而针对先进业务的竞争性市场推广问题，则应该努力减轻有线一移动之间竞争带来的不良后果。

造福于低收入家庭的生命线项目和连接项目中存在的有效性问题很可能与家庭电话普及率下降有关。从 1997 年至 2003 年的数据表明，只有大约三分之一具备资格的家庭参加了生命线项目和连接项目[24]。各州情况也依据推广力度不同而有很大差异，各州推广力度则被认为是影响参与率的重要因素。例如，将生命线计划包括在为低收入家庭提供的一揽子计划中相互促进发展的州政府更能够鼓励人们参与计划。如果对参与率增长较快的州政府提供更多的基金，督促其提供更有效的监管，那么联邦政府就能够激励各州提高民众对普遍服务的参与率。

根据上述对 1996 年法案规定的普遍服务执行情况分析，我们可以得出未来可能出台的改革方案。首先，不能增加家庭接入基本电话业务的普及率是令人担忧的，即使社会其余部分走向信息经济，发展也是不平衡的。各种研究表明，定购价本身并不是家庭不订购服务的原因。事实上，一切可利用的研究发现电信接入需求对物价上涨的弹性很小。相反，每月账单的不可预测性和增长过快，迫使一些低收入用户放弃了电信连接。原因依次为：电信公司大力推销先进服务，越来越多的服务依据使用量定价，以及缺乏保护消费者免受非法、过高的费用侵害的法律。有效执行现有的法律和（或）一项新的电信消费者保护法可能会使更多的低收入家庭继续使用网络。联邦鼓励各州积极推动生命线和连接程序也可能是一种积极的举措。

虽然我们有足够的理由推进上述短期和中期改革，但这些基本上属于补救性的措施，并不能清晰描述更适应于新信息经济下普遍服务的远大目标。下面，我们在原有工作的基础上试图确定新形势下的普遍服务远景目标[25]。

4．宽带部署

近年来，一些评论家认为，普遍服务应该包括宽带业务。他们对宽带的关注是因为美国在国际宽带普及率比较中排名靠后，并不断下降，在一些报告中美国在主要工业国家中排名低至第十六名[26]。这种落后发生在数字技术对经济活动的影响力增加的时候，从而造成对美国竞争力的质疑。人们提出很多导致各国间采用率不同的原因。例如，一项研究发现表明，跨平台的竞争，本地环路分拆，宽带速度，信息和通信技术的使用，以及内容的有效性，是各国宽带应用的重要预测因子[27]。

认识到这一不断增长的需求，负责普遍服务的联邦-州联合委员会宣布了一系列将宽带纳入普遍服务范畴的建议[28]。委员会主张重新编制高成本地区计划，建立 3 个新基金，即宽带基金、移动基金以及最终供应商（POLR）基金。宽带基金将主要用于服务未到达地区的宽带基础设施建设，部分资金也用来提高现有服务未达标地区的覆盖，以及补偿低人口密度地区运营商的运营成本。移动基金将扶持在没有无线业务的地区进行基础设施建设，包括公众旅行时使用无线业务的地区，如联邦和各州的高速公路。正如宽带基金一样，移动基金也可用于补偿低人口密度地区的运营成本，因为这些地区的运营商在人口密度低的情况下无法进行业务运作。最后，POLR 基金将继续向在位本地交换提供商提供资助，是对原来高成本地区计划的保留。

如果拟议的改革方案获得通过，将解决一些目前普遍服务体系存在的问题。首先，改革方案可以将宽带包括到普遍服务系列项目内，这与公众对宽带不断增长的需求是一致的，尽管宽带基金的拟定水平还有待大幅改进（见下文的讨论）。其次，该拟定草案承认 USF 目前存在财政问题。因此，他们呼吁高成本地区计划的总上限应为每年 45 亿美元。此外，委员会将移动基金的上限定在 10 亿美元，并初步分配了 3 亿美元给宽带基金。POLR 基金也将同其他基金类似被限定。委员会还建议改变资金分配方式，过去，竞争性 LECs 得到同主导运营商一样水平的资金支持，这种统一资助原则将被改变，以利于建立一套系统，为每一个运营商依据实际成本提供资助。此外，委员会还建议，每地区应该只有一个合格受益者获得基金资助，即三个拟议资金在每个地区只分别资助一家宽带提供商、一家无线服务供应商和一家有线供应商。更具体地，初步确定在 5 年内逐步实施这些拟议改革方案，这种做法可以在某种程度上避免激进或突发变化。例如，竞争性的无线服务供应商将失去 POLR 基金的资助，但将获得同等数额移动基金的支持。

委员会提出一个更具有深远意义的改革方案，这项改革将影响各州政府的职责。虽然在目前的普遍服务体系中各州政府起到了一定的作用，例如，由州政府来确定符合资质的电信运营商（ETCs）负责管理生命线/连接项目。但是，新拟定改革制度还赋予州政府其他更多职责。委员会建议，各州将有效管理宽带和移动资金，设定宽带技术规范，查明未服务和服务不足的地区，审批资助的建设项目，并确定合格的供应商。委员会还设想，各州会为这些计划提供部分资助，并同时接收额外的联邦拨款，这样随着他们自己筹集资金的增加，资金将可能超过最低规定限额。

虽然从整体上看所建议的步骤措施是正确的，但政策制定者其实可以做的更好。首先，如果宽带确实是国家的一个优先事项，那么拟议 3 亿美元筹资水平建设宽带普遍服务实际上是超乎想象的低资助。委员会认为，通过实施成本控制措施（如撤销统一资助原则），节省的费用可以重新分配给宽带基金。但是，考虑到继续承担 POLR 资金义务，我们尚不确定重新分配本身是否可以解决资金问题。其他人建议，撤销除"甚高成本"地区以外的所有高成本地区追加电话扶持，并把相应的节余划拨到宽带基金[29]。关于各州政府的职责，存在更严重的问题：在拟议制度体系下，各州将主要负责宽带和移动资金的执行。然而，前期对生命线/连接项目的讨论表明，部分由于他们的行政和管理能力，各州在项目上的表现不一。执行力较好的州将能够更快部署宽带和无线网络，这将加剧而不是减轻原有的数字鸿沟。除非有强有力的联邦政府负责协调和统一工作，否则让各州在技术上、运营上和财务上规定部署宽带的标准也将迫使服务提供商必须在非统一标准下开展工作。

最后，虽然该建议似乎能很好地保护现有的补贴流向不同类别的服务供应商（宽带服务提供商、无线公司、本地交换提供商），然而对新兴科技的发展趋势预计不足。例如，WiMAX 这项新技术能够以迅速和低廉的方式，在同一个平台上提供宽带、无线/移动性和传统的电话[30]。最近一项行业专家的调查明确指出，WiMAX 是一项突破性的技术，可以将宽带服务成功推广到广大未得到服务的地区范围[31]。政策制定者并不准备创造平台专项资金，而是可能希望通过提供资金支持，以及如频谱分配和标准制定等其他方式，鼓励部署像 WiMAX 这样的有成本效益的多种服务平台。

（二）长期改革措施

到目前为止讨论的重点是短期和中期改革措施，是在当前政策范式不变，现行产业结构不变，同时受到立法/规章决定限制的改革方案。因此，我们认为在现行制度体系下，普遍服务业务范围将日益增加，旨在竭力确保公平接入这一目标的实现。然而，从长远来看，新兴技术应用却可能降低或消除许多现有限制，但同时带来其他新的限制。在本节中，我们讨论长期政策选择，该讨论具有一定慨然性，但是通过与美国主要经济竞争者进行跨国对比，可以指出美国普遍服务政策的可能发展道路。

从历史上看，普遍服务在包括美国在内的大多数国家中被定义为同质服务（网络接入），即需要以可负担的费率向所有公民提供的服务。历史上强调接入是恰当的，当时本地有线电话网络，特别是在农村地区，有巨大的沉没成本，产生了进入壁垒。但是，在新的电信环境中，新兴的无线宽带技术必将减少这些进入壁垒，有效地消除了最后一英里问题。随着 WiMAX 及相关技术的诞生，我们可能在不久的将来进入一个拥有无处不在的宽带接入的时代。在这样的新环境下，普遍服务政策需要关注的将不仅仅是接入。

在以往的普遍服务模式中，人们认为可购性（Affordability）对普及是非常重要的。事实上，人们认为，电话服务的价格必须保持足够低，这样才能使绝大多数人口实现接入。但在新兴的环境中，政策制定者们开始认识到，定购价（Subscription Prices）只是其中一部分，因为如果提供的服务真有价值，消费者将自愿订购网络服务。因此，政策的重点将从通过可购性（"低价位"）促进网络连接，转向通过提高消费者从网络服务得到的价值促进网络连接。

政策制定者还认识到消费者有不一样的偏好。不同的用户对特定服务产生不同的评价。因此，价值命题还需要考虑消费者选择性和灵活性。新普遍服务项目不再向所有消费者提供统一的共同服务（普通老式电话服务 POTS），而是提供多种服务让消费者选择，消费者可以选择对自己价值最大的服务。这种模式近似于"知情选择模式"[32]。澳大利亚国家宽带战略就是采用新项目的一个很好的例子："经济体中的不同的用户对宽带有不同的需求。有些用户需要非常好的性能和速度，而另一些人则更注重时效性和特定冗余率。为了充分利用宽带，人们将需要依靠可能的解决方法实现特定需求"[33]。

这一新概念还强调消费者需求异质性和消费者选择必然形成新战术定位。在过去，普遍服务项目直接扶持生产链的两个最终节点，即服务提供者和消费者。补贴针对服务供应商以保持网络部署低成本或资助其运营支出（通过高成本地区计划），或者扶持消费者使其接入互联网（通过生命线/连接计划和 E-Rate 计划，因为学校和图书馆也是电信业务的消费者）。但是，如果我们认识到在新电信环境中，订购业务的决定主要取决于业务的质量和异质性以及消费者为自己选择最有价值服务的能力，那么政策制定者可能还需要注意价值生产链的中间环节，即新业务产生的地方。例如，日本的 U-日本（U-Japan）战略（根据政策文件记载，其中"U"代表"无所不在"、"普遍"、"用户友好"和"独一无二"）具体地需要进行三方面努力：建立一个无所不在的网络环境、促进先进的信息通信技术（ICT）应用以及提高信息通信技术"利好环境"[34]。同样，欧洲联盟的 i2010 举措则将项目分解为三个不同"支柱"：创造欧洲专一信息空间、研究领域的投资和创新，以及提升公共服务和生活质量的包容性。其中，只有强调包容性的第三个"支柱"可以被视为继承了传统普遍接入的思想。其他支柱所涉及的范围广泛，包括信息和通信技术标准制定、数字扫盲、支持小企业的信息化，以及部署政府网上服务[35]。

虽然新的电信环境提供一定的商业机会并通过增值服务提高消费者利益，同时它也使得订购决定受到消费者技能的影响。不同于 POTS，新的电信服务需要一部分消费者具备某种程度的知识和技能。由于拥有这些技能的消费者可能能够更好地利用新服务，也就更能体会这些服务的价值，因此为了影响消费者的决策，在新的环境中，普遍服务政策必须包括促进数字扫盲和培训等工作。

回顾"国家宽带战略"和其他国家的政策性文件，我们发现工作主要集中在四个方面：扶持网络部署、通过数字扫盲和对消费者的培训改善网络连接、激励业务（商业创新），以及创建开展新业务所需的支持性基础设施（Support Infrastructures）。其中，只有扶持网络部署是传统普遍服务政策中强调的。下面，我们列举一些地区的举措，这些地区是选自数据汇编（OECD）中确定的宽带领先国家，其中包括日本、英国、韩国、瑞典和加拿大。

1. 扶持网络部署

扶持网络部署在新的普遍服务中仍然是一个重要因素。其关键区别在于新的普遍服务更倾向于选择本地解决方案，而不是全系统解决方案。在加拿大，如农村宽带和北方发展（BRAND）（始于 2002 年）和国家卫星举措（National Satellite Initiative）等试点计划扶持在偏远地区、西北地区和土著居民居住区的宽带接入[36]。在 1999 年，韩国宣布了网络韩国 21 世纪计划，部分原因是为了应对亚洲货币危机，计划设想通过公共开支将国家的几个地区的连接速度从 155 Mbps 提升至 64Gbps。韩国通信部（MOC）在 2002 年又提出了其最新计划，所谓的 E-韩国计划，预计在信息和通信技术上花费 530 亿美元。在某些情况下，美国的普遍服务项目也支持这种做法，如高成本地区计划。

2. 通过数字扫盲促进使用

韩国在消费者培训和数字扫盲方面是做得最全面的。早在1987－1996年就已经在推广计算机网络的使用，最早奠定了全国基础信息系统[37]。缩小数字鸿沟法制定于 2002 年，该法案把用户培训作为重要组成部分。依据该法案，韩国设立了韩国数字机会和促进处（KADO），以及数字鸿沟管理委员会负责执行五年总体计划。作为该项目的一部分，50 万低收入学生通过课外培训学习使用电脑。5 万成绩优秀的低收入家庭学生可以免费得到个人电脑和 5 年免费上网服务。邮局、社区中心以及其他公共场所也有了互联网接入[38]。韩国还对教育技术投入了大量资金，以培养下一代有科技头脑的消费者。在关注这些不容忽视的目标群体的同时，韩国政府并没有忽视其他的人群。认识到增加的使用量只能来自边际消费者，政府相当重视对这些群体的数字扫盲培训，包括残疾人，家庭妇女，军人，甚至囚犯[39]。该项目中包含了家庭妇女，这具有特别重要的意义，因为这些经常被忽视的群体实则控制着相当大比例的家庭支出。据估计，多达 1 000 万韩国人（百分之二十的人口）可能会被归类到弱势类别，国家将对这些人群开展数字扫盲项目。

各国政府似乎已意识到，需要民众广泛参与的项目必须有一个强有力的地方领导来控制。加拿大 BRAND 计划和国家卫星举措为具备一定自主权的地方社区提供资源。在韩国，政府资金资助建立称作"个人电脑风暴（PC bangs）"的社区计算机部落，围绕它演变出了一种青年文化，包括游戏、即时消息和 Web 浏览。这些部落使得许多不能支付信息和通信技术连接的人们可以学习到重要网络技能。

3. 促进业务/商业创新

政府对宽带网络的内容和服务的鼓励措施会带来很多好处。首先，这些措施通过为商业引进创新的产品和服务以吸引顾客，从而直接刺激经济活动。此外，还能增加宽带服务对客户的价值，从而激励普及率的增长。这将形成一个良性循环，由此新产品和服务将吸引客户，创建更广泛的最终用户消费群以及其他企业，鼓励更多的业务创新。韩国已经成功地采用了这一模式，在高宽带和移动普及率的催化下，形成了各种在线产品和服务，如移动数据、视频流、视频点播、音乐点播、车载导航系统、多媒体信息服务、信息服务的移动平台（如 PDA）和移动商务。通过"电子政府新举措（E-Government Initiatives）"，韩国政府一直积极投资电子政务和信息技术[40]。这促成了两个重要成果：第一，本地信息科技公司拥有一个现成购买自己产品和服务的市场，使其产品和服务能够迅速达到临界数量；第二，电子政府网上服务（E-Government Services Online）的加快部署会使网络订购增值，并鼓励更多的用户加入网络。除了通过电子政府提供内容和服务，韩国还鼓励民营企业开展网上业务。政府经营实验基地，让民营企业可以以最小的金融风险尝试新技术[41]。

4. 为电子商务创建支持架构

一些创新被广泛认为会促进电子商务和信息通信技术的使用，其中包括小额付款、数字签名、版权交易和标准。政府在信息社会有着重要的作用，负责为信息经济提供上述服务。宽带部署领导层似乎已经早于其他人认识到这一点。在日本的 U-日本计划中，促进"利好环境"是三项主要核心政策之一。在该计划主旨下，日本政府制定了一系列措施，以防止垃圾邮件和欺诈性电子通信的破坏，保护隐私和个人信息，建立一个国家信息安全中心，并检查传输的违法内容。虽然这些问题不是普遍服务项目传统内容，但是政府已开始认识到，创造一个信息通信技术使用的"利好环境"会对宽带的部署和使用产生重大影响。在欧洲联盟，第一次 i2010 计划年度报告就列出具体的建议性措施来保护数字版权，包括数字版权管理（DRM）解决方案和其他手段，以及消费者更新维护规则和数据保护规则。其他宽带领先者也努力创造软基础设施。 2002 年12 月，韩国通过了统一的无线上网标准，称为无线互联网交互平台（WIPI），成为在世界上首个提出国家统一标准的国家。早在 1999 年，韩国就通过了一部旨在保护电子文件的真实性和合法性的数字签名法案。

执行新宽带战略的这些要素时，政策制定者不能忘记新环境中的数字排斥问题。虽然越来越高的宽带服务价值将提高宽带用户普及率，但是社会最底层群体可能仍然需要扶持，以确保为所有公民提供无处不在的宽带网络。一种确保最需要的人获得接入的方法是通过社会机构提供宽带连接，这些社会机构可以是学校、图书馆和地方政府。在新宽带环境中，生命线和接入等项目的作用是有限的，但依然也是重要的。

三、总结

在新兴信息经济中，普遍连接信息基础设施是一个基本生活必需品。如果个人、企业和社区没有得到连接，将使其在经济、社会和政治上蒙受损失。确保一个无所不在的信息网络应是政府优先考虑的基本政策之一。这种网络将在社会和经济发展中做出更多方面的贡献。

注释：

1. 本文参考 2009 年在美国出版的由 Amit M. Schejter 主编的《. . . And Communications for All》一书中的第十章（Universal Service），本文经由作者修订、扩展和更新并同意在中国再次翻译出版。该文章经由白如雪和张彬翻译。

2. Krishna Jayakar 博士是宾夕法尼亚州立大学通信学院副教授。Jayakar 博士的研究方向包括通信政策、知识产权和媒体经济。他曾在很多期刊上发表文章，包括《Communication Law and Policy》，《Telecommunication Policy》，《Info》，《Journals of Media Economics》和《The Information Society》等知名刊物。他的论文曾在无数学术会议上发表过，并多次获得论文最优奖。2006—2007 年间，Jayakar 博士曾担任期刊和大众传播教育协会（AEJMC）的媒体管理和经济部负责人。此前，Jayakar 博士工作于印度广播信息部门，期间发表了多篇大众媒体政策报道。

3. Milton L. Mueller, "Universal Service in the 1990s," Universal service: Competition, Interconnection and Monopoly in the Making of American Telephone System (Cambridge, MA: MIT Press, 1997), 165-85.

4. 这些计划不是只在美国推行的普遍服务项目。美国审计总署在近期的报告中提及到一个普遍服务项目，叫做电信中继服务(TRS)，它是美国残疾人法案中明确下来的，并收编在电信法案（1934 年）第 225 条例。这项目由全国交互运营商协会（NECA）负责。NECA 转而收集在州内提供服务的电信运营商的捐款，捐款额度由运营商和州际最终用户电信营业额决定。每年基金在 4700 万左右。该报告还指出大多数州还设立了各自普遍服务资助计划，大多数计划都包括针对失聪和残障消费者提供的接入服务以及针对低收入家庭的分月资助计划。GAO, Federal and State Universal Service Programs and Challenges to Funding (Washington, DC: GAO, 2002).

5. 单是高成本计划中囊括了六个独立机制："（1）高成本环路辅助计划（HCLS），由所有的在位本地交换运营商（ILECs）支出，数量基于其沉没成本计算。该计划用于扶助非业务量敏感性本地环路成本；（2）网络安全辅助资助计划（SNAS），初衷是为了鼓励农村基础设施的再投资。将资助一年增加的环路平均电话设备超过 14%的农村运营商；（3）高成本模式资助计划（HCMS），依据预期成本的大小发放给非农村运营商，受赠者的预期成本应该高于委员会成本模式确定的国家水平；（4）州际普通线路资助计划（ICLS），该计划针对按利润率计算收入的运营商，帮助他们将接入比率结构中的暗补变为明补。ICLS 用于补偿按利润率计算收入运营商的准许普通线路利润和用户线费用收入之间的差价，并逐步补偿运营商普通线路费用；（5）州际接入资助计划（IAS），该计划针对价格上限受管制的运营商，用于取代先前通过州际接入费筹集的暗补。它将提供明补以确保州际计费合理和可支付；（6）本地交换资助计划（LSS），为业务量敏感的本地交换支出提供支持，该计划的资金是由普遍服务资助机制提供，而不是由业务量敏感性更高的接入费构成。LSS 为只有近 5 万或更少线路试点的在位本地交换运营商提供资助，从而帮助小在位本地交换运营商补偿其较高交换成本。"

6. FCC, Proposed Fourth Quarter 1999 Universal Service Contribution Factor for November and December 1999 (Washington, DC: FCC, 1999). 直至 1999 年 9 月，FCC 分别计算学校、图书馆、农村医疗计划和高成本及低收入计划的"捐款因子"。计算学校、图书馆和农村医疗计划的捐款因子时，运营商的州内、州际和国际业务收入都包括在捐款基础中。而高成本地区和低收入辅助计划的捐款基础只由州际和国际收入构成。然而，在 1999 年 7 月，美国法院，应第五巡回法庭的要求，在公共设施驻德克萨斯办公室与 FCC 协商后决定：FCC 不应该在计算普遍服务捐款时，计入州内营业额(Texas Office of Public Utility Counsel et al. vs. FCC, 1999)。法院同时还要求 FCC 改变计算国际收入捐款的方式。由此，自 1999 年第 4 季度开始，FCC 对所有普遍服务计划只计算一个捐款因子，且只依据州际和国际营业额得出。

7. FCC, Report and Order and Notice of Proposed Rulemaking in the Matter of Universal Service Contribution Methodology (Washington, DC: FCC, 2006).

8. 由于只有州际收入受到 USF 捐款要求的影响，而且很难评定州际和州内无线使用量的比例，1998 年 FCC 决定将一定比例的无线收入视为州际收入，从而对其征收捐款。这个"避风港"比例是由下面的收入决定的：手机、宽带个人通信服务（PCS）和数字专用移动无线电（SMR）运营商的总电信收入、寻呼业务运营商收入的 12%和模拟 SMR 运营商收入的 1%。在 2002 年，避风港被提升至 28%；2006 年再一次提高至 37.1%。FCC, Report and Order and Notice of Proposed Rulemaking in the Matter of Universal service Contribution Methodology (Washington, DC: FCC, 2006).

9．Austan Goolsbee, The Value of Broadband and the Deadweight Loss of Taxing New Technology (Cambridge, MA: NBER, 2006).

10．FCC, High-Cost Universal Service Support Order (Washington, DC: FCC, 2008).

11．In contrast, high-cost support to incumbent LECs has been relatively stable: $3.136 billion in 2003; $3.153 billion in 2004; $3.169 billion in 2005; $3.ll6 billion in 2006; and $3.108 billion in 2007 (FCC, High-Cost, 4).

12．一个合格电信运营商（ETC）是向州公共设施委员会申请，并指定得到本州普遍服务资助的一家电信服务运营商。

13．Robert Frieden, "Killing with Kindness: Fatal Flaws in the Universal Service Funding Mission and What Should Be Done to Narrow the Digital Divide," Telecommunications Policy Research Conference, Ed.

14．Krishna Iayakar, "Reforming the E-Rate," Info：The Journal of Policy, Regulation and Strategy for Telecommunications，Information and Media 6.1 (2004): 37:51.

15．Harold Wenglinsky, Does It Compute? The Relationship between Educational Technology and Student Achievement in Mathematics (Princeton, NJ: Policy Information Center, Educational Testing Service, 1998); Norris Dickard, ed., Great Expectations: Leveraging America's Investment in Educational Technology（Washington, DC: Benton Foundation, 2002); Edwin Christmann, John Badgett, and Robert Lucking, "Progressive Comparison of the Effects of Computer-Assisted Instruction on the Academic Achievement of Secondary Students," Journal of Research on Computing in Education 29, no.4 (1997): 325-36; Web-Based Education Commission, The Power of the Internet for Learning: Report of the Web-Based Education Commission to the President and the Congress of the United States (Washington, DC: Web-Based Education Commission, 2000).

16. John Carlo Bertot, "Universal Service in the Networked Environment: The Education Rate (E-Rate) Debate," The Journal of Academic Librarianship 26, no.1 (2000): 45-48; Heather Hudson, "Universal Access: What We Have Learned from the E-Rate," ed., Telecommunications Policy Research Conference.

17．Larry Cuban, Oversold and Underused: Computers in the Classroom (Cambridge, MA:

Harvard University Press, 2001).

18．Anstan Goolsbee and Jonathan Guryan, The Impact of Internet Subsidies in Public schools (Cambridge, MA: National Bureau of Economic Research, 2002); James Guthrie, "Computers Idle in Public schools," USA Today，18 March 2003, 15A.

19. David Gabel，"Broadband and Universal Service," Telecommunications Policy 31 (2007): 327-46.

20．虽然先进服务并没有得到 1996 年电信法的直接资助，但是 Gabel 说 1996 年电信法案是一个很好的标准，因为这部法案宣扬的目标之一是在农村、偏远和高成本地区推进先进服务；因此，电信法案严禁普遍服务的环路升级影响先进服务的提供。所以接受联邦高成本地区资助的运营商应当使其线路中心更有可能升级本地环路提供 DSL。

21．虽然一直有浮动，但是上次家庭电话普及率持续下滑是在大萧条时期。

22．FCC, Trends in Telephone Service (Washington, DC: FCC, 2007).

23．David Gabel and Carolyn Gideon, "Disconnected: Universal service on the Decline," ed., Telecommunications Policy Research Conference, 2006.

24．Mark Burton, Jeffrey Macher, and John Mayo. "Understanding Participation in Social Programs: Why Don't Households Pick up the Lifeline?" The Berkeley Electronic Journal of Economic Analysis Policy 7.1 (2007): online.

25．Krishna Jayakar and Harmeet Sawhney, Universal Access in the information Economy Tracking Policy Innovations Abroad (Washington, DC: Benton Foundation, 2006).

26. OECD，"OECD Key ICT Indicators," Paris, 2007, 5 July 2008, www.oecd.org/documcnt/23/0,2340,en_2825_49565_33987543_1_1_1_1,O0.html.

27．Sanwon Lee and Justin Brown, "Examining Broadband Adoption Factors: An Empirical Analysis between Countries," Info: The Journal of Policy, Regulation and Strategy for Telecommunication, Information and Media 10, no.1 (2008): 25-39.

28．FCC, Recommended Decision in the Matter of High-Cost Universal Service Support; Federal-State Joint Board on Universal Service (Washington DC: FCC, 2007).

29．Gene Kimmelman et al., Reply Comments of Consumers Union, Consumer Federation of America, Free Press and New America Foundation in the Matter of High-Cost Universal services Support, Federal-State Joint Board on Universal Service (Washington, DC: FCC, 2008).

30．Alurlabha Ghosh et al., "Broadband Wireless Access with Wimax/802.16: Current Performance Benchmarks and Future Potential," IEEE Communication Magazine 43, no.2

(2005): 129-36.

31. Eliamani Sedoyeka and Zaid Hunaiti, "Wimax in Tanzania: A Breakthrough for Underserved Areas," Info: the journal of Policy, Regulation and Strategy for Telecommunications, Information and Media 10, no.2 (2008): 34-46.

32. Jorge Reina Schement and Scott C. Forbes, "Offering a Menu of Options: An Informed Choice Model of Universal Service," Telecommunication, Policy Research Conference, Ed.

33. Commonwealth of Australia, "Australia' s National Broadband Strategy," Canberra, Anstralia, 2004, National Office for the Information Policy, 9 September 2006, www.dcita.gov. au/ie/publications /2004/march/australian_national_broadbands_strategy.

34. Ministry of Internal Affairs and Communications, "White Paper: Information and Communication in Japan: Stirrings of U-Japan," Ed., Information and Communications Policy Bureau. Tokyo, Japan: Ministry of Internal Affairs and Communications, 2005.

35. Commission of the European Communities, "I2010 — First Annual Report on the European Information Society, Comm (2006) 215 Final," Brussels, 2006, European Commission, June 29 2008, eur-lex.europa.eu/ LexUriserv/LexUriserv.do?uri=COM:2006: 0215:FIN:EN:PDF.

36. Industry Canada, "The Programs," Ottawa, 2006, July 5 2008, www.broadband. gc.ca/pub/program/index. Html.

37. ITU, "Broadband Korea: Internet Case Study," Geneva, Switzerland, 2003, www.itu.int/ ITU-D/ict/cs/korea/material/CS- KOR.pdf.

38. 同注释 37。

39. John Borland 和 Michael Kanellos, "Digital Agenda: Broadband: South Korea Leads the Way," CNET News.com (2004), 19 April 2007.

40. 同注释 37。

41. 同注释 37。

第十二章　美国人忽略的挑战——农村接入[1]

Sharon L. Strover[2]

内容提要：本章回顾了农村接入的历史，并总结出使得农村地区先进电信成为必需的几个经济因素。而后研究宽带服务现状数据，讨论宽带服务可能给农村地区带来的福利。最后，本章总结出：通过改善电信服务振兴农村地区，从而改变社区的通信环境，这意味着对社区及其能力的重新定义和重新排次，这将涉及对普遍服务的重新构想，超越了原有隐含"社会契约"的概念。

　　大约 17% 的美国人生活在乡村，总计达五千万人。其中大部分人生活在城镇附近甚至离主要城市不到一小时车程的地方。但是还有很多人生活在更偏远的地方，只有有限的公路交通，更少有航空运输。虽然通常人们有农村经济的概念，但是真正过种地生活的美国人只有百分之一。而到 2004 年，只有 6.2% 的非大都市工作岗位属于农业部门。乡村人口分散在占国土面积大约 80% 的广袤土地上，他们从事着各种不同的工作，12%的人在从事制造业，越来越多的人在养老院工作或是从事与消遣度假相关的产业。不过，农村人也有自己的难处。生活在临近墨西哥边界地区的人们没有自来水和污水处理设施。虽然在美国大部分城市中，人们把供水、排污、供电和电信视为是理所当然的，但是在农村地区，这些基础设施及其服务能力不仅建造得较晚（或根本没有），而且可能依然无法满足需求。

　　美国电信网络建设从来不为农村地区着想[3]。人口主要聚集区的居民往往由一家主导电话公司提供服务，如 AT&T 或 Verizon 公司，但是在更多的农村和偏远地区，人们长期以来一直依赖当地的独立或合作的电话公司提供基本服务。国家电话服务地图（The National Map of Telephone Service）就像一个棋盘，不同的公司分散在广袤的领土上，而提供服务的是那些老牌贝尔公司[4]。在 20 世纪，尽管唱着普遍服务的高调，但垄断一时的运营商 AT&T 并不为国家许多成本最高、人口最少和最偏远地区提供服务，而是将其留给其他提供商或让当地居民自己来填补空缺。在 21 世纪初，包括 AT&T（若干"小贝尔"公司包括 SBC、美国科技、南方贝尔和太平洋电信等公司合并产生的公司）[5]、Qwest（包括前美国西岸公司）和 Verizon 在内的几个主要运营商，在非大都市地区提供约二千四百万接入线路，而独立和合作电话公司提供了其他二千四百万线路。这些农村电话公司是"最终运营商"，是维持一个家庭与外界联系的唯一通信链路[6]。多年来，农村电话公司一直依靠普遍服务下属项目的帮助，维护和升级他们的电话网络。毕竟，普遍服务承诺农村地区的电话服务在花费和能力上要和大都市地区大致相当。

　　1996 年电信法让人们反思普遍服务。第 706 条例要求联邦通讯委员会（FCC）继续评估宽带能力，并且，第 254 条例提出学校和图书馆的互联网连接支持计划，并提到普遍服务提供宽带连接的可能性。在 1996 年法案对意义深远的条例的铺垫下，舆论和政策制定者开始深思实现宽带"普遍服务"的替代方法，或者至少触动人们对如何提高宽带连接，特别是在农村地区宽带连接的思考。事实上，2007 年 9 月份国会就已经收到了关于普遍服务改革的提案，以及由联邦—州联合委员会递交的关于普遍服务的一份全面报告和一系列建议[7]。这些都突出了农村地区的基本需要，特别是宽带基金的建议，我们将在以后的章节讨论宽带基金[8]。关键问题是电话普遍服务是否已得到满足，以及宽带是否会成为基本普遍服务的下一个门槛。

一、农村接入的历史

历史上看，农村居民获得电信服务的时间总是晚于大都市地区[9]。电话普遍服务的历史实际上是一种监管折衷，它几乎是无意中让农村人口受益。使用"无意"这个词是因为无论政府还是 AT&T 公司都没有积极努力，确保农村地区享有与城镇和城市同样的服务。相反，政策的推出是为了应对 AT&T 公司和其他公司之间的互联互通问题，而后政策又受困于回报率监管、允许垄断服务，以及数十年 AT&T 公司一直享有的内部交叉补贴等现实问题[10]。这种"普遍服务"政策的出台（根据 1913 的金斯伯里协议（the Kingsbury Commitment of 1913））意味着 AT&T 公司要与竞争的电话公司互联互通（或收购竞争对手），维持费率大致与服务区域相当的水平。与国家政府和监管部门商议后，AT&T 公司大幅度降低了地方和住宅电话的费用，而提升了长途电话和商业电话的费率，费率远超过实际所需的成本，这种方式几乎延续了整个二十世纪。这些交叉补贴资助了普遍服务实践，使得许多农村电话用户享受到了电话服务。

但是到了上世纪 80 年代，AT&T 公司面临剥离压力，而此时普遍服务和这些内部交叉补贴受到更密切的经济监督。随着市场和放松管制的言论席卷美国政府机构，并且"补贴"导致效率低下和政府授权的膨胀，那些将资金转移到农村地区的高成本网络和扶持本地呼叫较少的地区的普遍服务计划成为改革的目标。然而竞争等词藻却很少用来解决偏远、低人口密度地区市场动态不足的问题。结果，无论是上世纪 80 年代初期 AT&T 公司的剥离，还是在 1982 至 1996 年期间逐步建立的竞争政策，都未能解决这一根本问题，即如何确保农村地区的电信服务。1996 年电信法第 254 条规定确认了普遍服务的基本原则，甚至指出"国家各地区都应该接入先进的电信和信息业务"。然而对"先进的业务"如何定义，至今一直是争论的重点问题。

尽管如此，自法案通过时，大多数美国家庭享受到了基本的电话服务，到 90 年代初，全国电话普及率约为百分之九十四（未计入部落地区的低质量或未开展的服务）[11]。随着互联网的发展，家庭和企业希望获得互联网，他们越来越依赖有线基础设施，这形成了新的基础设施压力。首先，相对于语音呼叫，拨号接入和随后的宽带接入对有线系统有更高的要求；之前已经依据语音通话时间短的特点对电话网络进行了整体优化，但互联网的使用需要更长时间的连接，并且为了处理音频和视频文件需要更多的高带宽操作，以及更高的网络容量。不可否认，农村地区基础设施当初确实可以满足当地要求，但是现在看来，基础设施问题还是很多。许多农村地区的基本电话基础设施都存在交换机陈旧、环路过长、连接速度慢等问题。一些研究表明，许多农村地区的本地电话区域不存在任何互联网服务供应商，因此为了访问互联网，人们需要拨打长途电话或收费电话[12]。

如上所述，1996 年法案承认了互联网接入日益凸现的重要性，授权联邦通信委员会负责宽带服务（当时宽带的界定仅仅是 200 Kbps）[13]的公平和快速发展，并通过建立普遍服务项目改善机构（学校，图书馆，农村医疗机构）的互联网接入服务。在 90 年代末，全国电信和信息管理局（the National Telecommunications and Information Administration）开始支持一些温和的创新计划，隶属于电信机会计划（TOPs，Telecommunications Opportunities Program），电信机会计划是电信和信息基础设施的援助计划（TIIAP，the Telecommunications and Information Infrastructure Assistance Program）的后续计划，这两个计划致力于同一个目标。全国电信和信息管理局还与人口普查局共同合作，收集有关计算机和互联网使用的信息。

　　大约在同一时间，一些州也开始启动一些计划，致力于调查、规划或加强电信基础设施，以改善农村地区和经济落后人群的接入难问题。这些活动是在国家宣言的鼓励下（而不是正式的政策或资金的作用下）完成的，该宣言是关于信息基础设施的声明，是由前国家副总统阿尔.戈尔提出和支持的[14]。

　　随着互联网连接对国家的重要性日益增加，研究相继记录了大城市和农村地区在宽带接入上的差距，或者是宽带服务提供上的差别（实际认购宽带是另外一个问题，我们将在后面讨论）。根据 1996 年电信法的要求，FCC 被授权监管宽带部署，数据一致表明，宽带正在加速在全国范围展开部署，但这些统计从未被 FCC 独立核实过，而是（并将继续是）完全依赖供应商在 FCC 第 477 表格上提供的数据[15]。正如许多批评者指出，FCC 的宽带数据说明存在一些用户，这些用户所居住的地区已经得到了供应商的宽带服务，但是供应商不准备估量该地区无法提供宽带的范围。此外，在农村地区继续采用 FCC 这种邮编单元上报的调查手段是毫无意义的，因为农村地区的一个邮编号码可以覆盖很大的地理区域。FCC 统计的数据无法分清哪些地区是只有一家供应商，而哪些地区是两家甚至三家都在提供服务。换句话说，他们没有区分垄断性和竞争性的市场。数据也无法说明该邮编地区使用宽带的密度，是只存在一个用户的区域，还是密集使用的区域。2008 年 3 月，美国联邦通信委员指出了其中存在的一些缺点，当时通过了一项新的制度，计量宽带可用性采用了更小的地理单位"人口普查大片"，它是由若干普查组组成，而普查组又是由几个普查街区组成的。FCC 还在其评估中开始注释连接速度，并将速度分为 5 类[16]。

　　2008 年 3 月的 FCC 报告《互联网高速数据业务：截至 2007 年 6 月 30 日的状况报告（High-Speed Services for Internet Access: Status as of June 30, 2007）》[17]提供了宽带部署和购买方面的信息，包括从有线电话公司、

有线电视运营商、地面无线服务运营商、卫星服务运营商到任何其他设施运营商的先进电信服务信息[18]。此外报告发现，99%以上的人口生活在99%的邮政编码地区，这些地区的每一个邮政编码覆盖区域存在一家运营商为至少一个用户提供高速上网服务。报告还发现，高人口密度与高速互联网的定购也相关，相比之下，人口密度低的地区订购水平也比较低。

虽然这些数据似乎表明运营商提供了广泛宽带接入，趣闻和其他调查结果却呈现出另一番景象[19]。例如，总审计署[20]发表了一份报告，向国会批评了 FCC 的美国宽带部署评估。它提出一些改进建议，并指出：

> 由于收集的是邮编范围的数据，FCC 收集的数据是基于用户在哪里得到服务，而不是供应商在哪里已经部署宽带基础设施。虽然现在宽带网络得到广泛部署，但是该数据可能无法确切描述宽带基础设施所提供的居民服务，特别是在农村地区的居民服务[21]。

> 相比那些人口稠密、地形平坦的地区，在人口密度低和地面崎岖不平的地区安置地面设施会花费更多的资金。如果该地区距主要城市有相当远的距离，那么为其提供服务将花费更高的成本。因此，这些重要影响因素造成了农村地区宽带部署较为缓慢的现状[22]。

> 居住在农村地区的家庭订购宽带服务的可能性要小于居住在郊区和城市地区的家庭。17%的农村住户订购宽带服务，而郊区和城市家庭的 28%和 29%订购宽带。我们还发现，相比于郊区家庭，农村家庭更不太可能连接到互联网[23]。

在另外两个调查宽带部署的研究中，Grubesic 和 Murray[24]研究了跨越一年半时间的美国宽带竞争。他们总结到，农村地区电信市场缺乏竞争，这造成了城市—农村宽带互联网接入水平的差异，并且尽管从国家总体而言，竞争持续增加，但竞争并没有为农村和小城市地区带来更多的益处。Prieger[25]分析了综合电信业务数据，数据涉及技术、人口、语言、市场规模、位置和电信公司。他发现，虽然农村地区得到服务的可能性较小，但是市场规模、教育、西班牙语使用、社区距离，以及贝尔运营公司（Bell Operating Company）的存在都会增加宽带可得性。与其他一些研究相反，他发现几乎没有证据表明收入会造成接入差异，黑种或拉美裔人口集中地区也不存在接入差异，而多种证据表明土著美洲和亚洲人口集中地区的接入存在差异。

当然，许多关于数字鸿沟的研究在考虑互联网接入时，都会考虑到基本计算机接入和计算机培训。只单单关注接入则容易忽视计算机教育。计算机扫盲所涉及的范围很广，它也长期困扰着农村地区。事实上，几项研究已经证明了农村地区在计算机拥有和使用、互联网的使用以及宽带可用性等多方面呈现整体滞后状态[26]。宽带可用性问题确实重要，但在分析农村地区问题时，它不是需要考虑的唯一因素，因为农村问题是与信息经济在二十一世纪的动态发展交织在一起的。

二、各州颁布的计划

在过去几年里，许多州已开始实施自己的普遍服务计划，通常是为了应对本地区不断变化的竞争环境以及联邦政府将降低对运营商扶持力度的可能性。在大多数情况下，他们直接从电信用户获得资金，或者通过电信公司间接从电信用户那里获得资金，这是因为电信公司会把负担转嫁到客户身上。总审计署研究发现，州普遍服务计划主要以电话服务为主要目标，为聋人和残疾人以及低收入家庭提供了便利，一般针对中心城市和农村地区开展[27]。

如前所述，一些州已开展了一些计划或项目，探索或扩大宽带接入，其中包括得克萨斯州的电信基础设施基金（Elecommunications

Infrastructure Fund)[28]和密歇根州广为人知的州科技计划（State Technology Plan）（可追溯至 1998 年）以及连接密歇根州行动计划（LinkMichigan Initiative）（于 2001 年启动）。电信公司和私营部门已带头参与一个更新的计划，即连接肯塔基计划，该计划致力于通过协调和本地化操作，共同开发电信能力。自 2006 年行政命令 S-23-06《扩展本州的宽带接入和使用情况的办法（Expanding Broadband Access and Usage in California）》[29]通过后，加州采取了稍微不同的方法，最近，加州又成立了一个综合宽带专责小组，负责对整个州的宽带基础设施进行系统分析，并报告州政府，而且制定政策和措施，使其能够增强整个州的连接和互联网的使用[30]。

最后，《2007 年联邦－州联合委员会报告（the Federal-State Joint Board Report of 2007）》[31]敦促联邦政府与各州亲密合作，使普遍服务基金直接扶持特定需要资助的未服务和服务较差区域。如果该建议被实施，那么人们可以期望以后各州会更加注重州内农村宽带接入工作。

虽然整体状况喜人，可是各州开展农村电信（包括电话和宽带）的工作方法各有不同。一些边远的州完全忽视农村电信工作，而其他州则已经开展了更为积极的措施。一个更加完整的联邦-州工作方式可能会大为改善这一状况。

三、联邦普遍服务计划

联邦政府应对农村宽带接入问题的主要措施一直是以普遍服务计划的形式实施的。根据 2004 年美国国会预算办公室的数据，美国联邦政府为普遍服务计划做出了 65 亿美元的预算，其中大部分拨给了高成本地区计划（约占总支出的 70%）以及学校和图书馆计划（约占总支出的 25%）[32]。这两个计划给农村地区带来了很大的变化。然而，现在普遍服务基金面临资金短缺难题（即使不是所有的计划都分配资助），像 IP 语音这样的新技术，预期能够为农村地区提供更好的电信服务[33]，以取代一些传统普遍服务计划提供的服务，因此如果我们希望农村地区电信能够与其他地区同步发展，那么我们就需要对普遍服务进行重大改革。

虽然 E-Rate 计划让经济欠发达地区受益（经济欠发达地区通常包括农村地区），但是该计划并不是直接或仅仅解决农村居民的接入问题。事实上，虽然 E-Rate 计划受到高度重视，使许多农村地区尤其是少数民族地区受益，但人们还是不能够或是不方便地使用公共机构（如图书馆和学校）的计算机和互联网。即使情况并非完全如此，这个问题仍然存在，因为有越来越多的证据表明，经常使用电脑和网络（这意味着需要在家中或是工作环境中随时接入互联网）才有助于提高劳动生产率。

高成本计划，无疑有助于维护农村地区的电话服务。因为农村地区人口密度低，相隔距离远，所以平均服务费用很高。通过此计划注入的资金可用来升级线路，这样或许可以让因特网接入变得可行。糟糕的是，虽然运营不久的无线运营商们对农村地区的宽带容量的提高并没有做出什么贡献，但是它们吸收越来越多的基金（以合格电信运营商的名义），这使得普遍服务基金的需求快速上涨。

联邦-州联合委员会在 1996 年电信法的授权下监管宽带服务，它在名为《联邦-州联合普遍服务委员会关于高成本地区普遍服务扶持的报告（In the Matter of High-Cost Universal Services Support Federal-State Joint Board on Universal Service）》[34]中，对普遍服务改革提出了中肯的建议。这些建议在 2007 年 9 月被 FCC 采用。特别地，FCC 主张采取所谓的综合政策，以全面解决农村地区宽带问题，理由是以往零散问题解决策略并不适于解决当下的接入问题。

是否普遍服务基金能够直接支持农村宽带部署仍有待观察。2007 年提交的那些立法议案将宽带业务看作普遍服务的一个主要组成部分。美国普遍服务法（The Universal Service for Americans Act）[35]建议设立一个专门基金，为宽带未到达地区提供扶持，而 2007 年普遍服务改革法（the Universal Service Reform Act of 2007）[36]明确提出扶持宽带和建立一个宽带授权。但是无线运营商也希望获得现有基金的资助，这使得事情变得相当复杂，人们无法集中注意力解决更广泛的宽带连接问题。

四、接入和使用

农村地区不仅在网络基础设施的发展上落后，而且在计算机所有权和使用上也处于落后位置。国家电信和信息管理局在 20 世纪 90 年代末和 21 世纪初的研究分析了种族、家庭收入、位置、教育和其他人口指标对计算机所有权和互联网接入的影响，这些研究后来成为美国纪录"数字鸿沟"的短期基准[37]。然而这些研究从来没有进一步说明这些指标背后的深层原因。例如，当男性和女性在计算机和互联网的使用上的差别已经随着时间逐渐下降时，城市和农村地区之间的差距，虽然较之以前有所减小，却是长期存在的[38]。我们总结了从皮尤互联网（the Pew Internet）与美国生活计划（American Life Project）[39]中得到的更多最新数据，参见下面的表格。从数据中我们可以看出，农村居民家庭在家庭和工作场所拥有较少宽带接入，他们使用互联网的频率少于在城市和郊区的家庭（表 12-1）[40]。

表 12-1 按社区类别统计所有互联网使用者的互联网接入和使用数据

	城市	郊区	农村
家庭宽带接入	38%	40%	24%
高速家庭或工作因特网接入	49%	49%	35%
第一类因特网用户（"昨日上网"）使用频率	64%	67%	57%
第二类因特网用户（"一天数次上网"）的使用频率	44%	43%	35%
网上活动数量	2.2	2.2	1.9

事实上，2008 年皮尤研究中心的数据显示，宽带订购率在农村地区比市区低 19 个百分点，比市郊地区低 22 个百分点，即使各地区人们对定购宽带有同等程度的兴趣[41]。一些农村电话公司所上报的宽带订购率也同样低于城市地区，但这样的现实可以解释为：农村地区服务价格较高导致订购率较低。最后，一些研究表明，互联网使用上的差别（基于地理的数字鸿沟以及其他与年龄、教育和种族/族裔相关的差别）或许与获得计算机培训的机会以及对日常生活中互联网资源的重要性的认识有关。

较低的宽带互联网普及率和较低速率是农村网络的特征，也可能是认识农村和城市互联网使用（而不是接入）差异的关键因素。如基于皮尤研究中心数据建立的表 12-2 所示，农村和城市地区宽带用户在互联网使用上存在微小差异。换句话说，当互联网可用，那么农村和非农村美国人使用互联网的可能性几乎是同样的。

表 12-2　按社区类别统计家庭宽带用户的互联网使用情况

	城市	郊区	农村
第一类因特网用户（"昨日上网"）的使用频率	79%	75%	73%
第二类因特网用户（"一天数次上网"）的使用频率	54%	55%	49%
网上活动数量	2.8	2.8	2.7

我们从表 12-3 可以看出，农村和非农村地区"生活方式"的不同或许已经影响到了人们的网上活动。

表 12-3　按社区类别统计所有互联网用户的网上活动

	城市/郊区	农村
购买或预定旅游服务	65%	51%
网银	43%	34%
在线分类服务	37%	30%
阅读博客	28%	21%
下载屏保	22%	28%
下载电脑游戏	20%	25%
修学分课堂	11%	15%
范特西[42]体育	7%	9%

生活方式会造成互联网使用差异的一些可能的解释：

- 由于距离火车站和机场较远，所以农村美国人的旅游成本较大。这使得互联网对他们更有吸引力。

- 很少接触网上银行，加上对传统银行服务的更多依赖，使得农村美国人较少使用网上银行。

- 在线分类服务倾向于围绕特定城市开展，所以农村美国人对此不怎么感兴趣。

- 农村地区不存在销售计算机游戏软件的大型电子商场，所以他们愿意从网上下载这些软件。

- 农村地区离大学及其他教育机构较远，所以使得农村美国人愿意接受网上教育。

其他关于宽带商业用途的研究也发现农村和非农村地区的主要差异。Pociask 关于 "农村小型企业的宽带使用（Broadband Use by Rural Small Businesses）" 的研究[43]指出，农村地区小型企业较少订购宽带，而且不太可能从宽带提供的各种新技术（如 VoIP ）中受益。Oden 和 Strover[44]则将接入宽带的农村企业和未接入的企业进行比较并指出其主要差别。

许多现有的文献没有充分探讨计算机和互联网接入的增加会带来怎样广泛的附带影响。人们提出了很多假设，描述特定技能的需求和背后蕴含的效益，但很少人研究这些 "改进" 对生活带来的真实改变。总的来说，人们缺乏强有力的经验数据，所以无法给出令人信服的证据，证明通过促进计算机和互联网接入人们可以实现经济和社会发展目标[45]。过去十年里，政策制定者的一个主要目标就是促进接入。但却放弃了更重要的目标，即保证社区和个人的有效接入。换句话说，没有证据表明，在其他结构特征（如家庭收入和教育水平）保持不变的情况下，电信可以改变人们的生活。

因此，当农村社区在本地积极发展城市 Wi-Fi、公共计算机和互联网接入，以及有线电视业务等技术应用努力改善自身通信环境时，它们经常发现自己处于前沿先锋的地位。普遍服务计划，特别是针对学校和图书馆提出的 E-Rate 计划，对公共机构很有帮助；而农村地区的公共机构往往缺乏资金资助这种技术，所以普遍服务让农村地区获益不少。尽管如此，普遍服务不能完全补足所需电脑投资、电脑教育以及订购宽带服务的资金。截至 2004 年，农村地区非务农工人年均收入在 31 582 美元，相比之下大都市的工人年平均收入为 47 162 美元[46]。考虑到两地对互联网的需求和兴趣类似，我们认为缺乏合适的网络基础设施以及缺乏可用于支付宽带服务的收入导致美国农村人将继续无法充分利用当代通信网络。

五、挑战：为什么农村地区需要宽带

如果国家和国家政策没有能够充分改善环境，农村地区不能够以低廉的价格得到无处不在的宽带接入，这是否值得人们关注？毕竟，人口陆续迁出农村地区，而且许多与农村地区相关的经济活动，如耕种和制造，现在需要很少的人力，因为这些工作已被机械化。Danial Bell 关于信息社会的观点[47]支持了一些评论家，他们认为电信技术作为当代经济的驱动力，其不均衡的发展模式可能会对某些地区和人群带来严重不平等[48]。其他人则认为，电信基础设施的"滴入式渐进"效应将带来重要效益，即使最边远的地区也能得到益处[49]。在上世纪七八十年代的乐观展望中，人们普遍预计电信将消除距离（后被 Frances Cairncross[50]发表）；但是，最近关注美国农村地区（事实上，以及世界各地农村地区）滞后电信能力的社会和经济主流观点已经取代了这些看法[51]。

电信能力的分配其实与其他人类资源的分配方式是一样的：财富和教育越充足，这个地方资源往往更加丰富；领导得当，能力会增加；如果有多方面的联盟团体或组织共同计划、共享资产，能力会倍增。换句话说，电信资源的空间分布部分依赖于硬件和软件，但它同时也受人力资源的影响，因为人力资源有利于开发基础设施的潜能。

把信息技术融入所有生产活动的经济趋势在农村和城市地区都明显存在。虽然谷歌、美国在线、思科和戴尔是当代信息公司的代表，但是几乎美国所有的消费和生产中心（从沃尔玛到当地造纸厂，从杂货店到音乐剧院）都在采用以计算机为基础的信息系统和技术。一度成为农村地区特征的传统资源依赖型产业也不例外，一些立足于农村的新产业（例如度假村和养老中心）也将依赖于信息基础设施。事实上，随着退休社区开始在美国农村蓬勃发展，信息密集的健康产业也有可能在农村扎根。对阿帕拉契最困难地区的研究已经发现，融入电信能力的当地企业和服务（无论是卫生、教育、银行、制造还是服务）促进了社会的生产力[52]。电信密集型产业具有特殊的作用，它能为社会带来更多的基础设施和知识，当农村地区没有多少这样的产业时，这些产业的进入所带来的影响将尤其明显。

信息产业和技术几乎渗透了所有的部门，因为它们与地方优势相互作用，创造出新能力。因此，依托政策，从教育、文化和工作的正常领域中把信息和电信技术分离出来，这样的做法完全没有意义。由于技术创造了各领域的发展机会，农村地区必须能够使用他们加强地区实力，否则，美国将走向双极分化的社会，其中农村地区的发展将彻底停滞不前。

未来我们将面对如下挑战：（1）认识基础设施要素对农村和非农村地区生活各个方面的影响，并在经济、教育和社会政策中增加有助于发掘电信潜力的预算和措施；（2）承认单凭市场不能及时为偏远和人口稀少的地区提供服务，需要改进机制，从而改善这些地区的服务；（3）制定计划，系统地扩大服务的范围和加强农村地区宽带培训和专业技术的教育力度。

六、建议

下面总结本章讨论的几个重点：

1．农村地区对"先进"服务的需求似乎不稳定，但是研究表明如果实现接入，那么农村地区的需求将与城市地区的使用率看齐。

2．FCC 的宽带普及数据存在诸多问题，农村地区的连接依然问题多多，甚至依据多个人口统计调查，农村地区连接是短缺的。

3．为了发掘电信在农村地区的影响力，我们首先需要促进连接，但是同时也需要普及专业知识以及增加网络的容量。

4．接入和使用数据说明农村地区人口在家庭或工作场所的宽带接入与非农村人口的水平不一样。

5．农村地区小企业不像城市小企业那样广泛地在其运营中利用互联网。

6．E-Rate 计划无疑有利于农村地区。但是我们无法确定如果没有 E-Rate 基金，农村学校和图书馆是否也可以维持自己教育技术基础设施。

经济学家阿马蒂亚森（Amartya Sen）的能力方法是从另一种角度观察普遍服务及其对农村居民的贡献，他认为必须重点培养人们改善自身生活的能力，即由人们自己决定改善的性质[53]。这就需要重新关注通信（电信）环境里的自我决断，随着新媒体、网络和新型电信服务的诞生，这样一个过程变得更为可行。承认农村地区不仅要和城市地区平等，而且需要自决权，相应的公共政策将使电信服务对农村生活更有意义。虽然改写普遍服务原则决不是小事，但是现在正是改革的最佳时间：原有监管模式、技术定义（信息服务，电信服务）、监管能力和问责制正四分五裂，变得无法控制。一个技术中立但对成果敏感的新评估方法将有助于电信服务满足各种各样的需求，优势和机会存在于农村地区。事实上，在美国所有地区都将如此。

普遍服务能力方法将改变我们处理优先事项的方式。这至少提供：（1）确定需要以及优先事项局部结构的过程；（2）扩大了普遍服务计划扶持活动的涵盖范围。其中一些原则被包含在 2007 年联邦－州联合委员会报告（the Federal-State Joint Board report）的建议中。

基础设施的可得性、内容适用性、定价和培训是农村互联网订购和使用的四个影响因素。我们可以提出几种可行方案影响这些因素。由于只是单纯部署似乎不会带动农村电信的改善，所以任何激励部署的计划必须还要对培训和使用进行投资。为了检测这些计划对个人和企业的效用，我们需要不断进行评价并总结。下列备选方案关注建设社区能力，注重培训，以最终让更多的运营商感兴趣。换言之，公共政策能力方法增加社会产品，并能与市场办法配套作用电信市场[54]。

建议 1

采用国家宽带政策应该能够确保对电信基础设施的持续投资。美国需要不断更新网络容量，而且网络应该是全体公民都能够负担得起和使用的。

建议 2

建立互联网培训补助金，可以整笔拨款，但必须面向成果和成果独立的。目标群体应该不仅包括个人用户，也包括小企业。增加小企业的互联网使用会给农村地区经济产生巨大的影响。各州内部的补助金可以发放给各种实体，包括非营利性组织、城镇、农村以及当地政府部门。

建议 3

普遍服务基金应当用于资助那些社区实施的用于扩大其电信能力的计划。资金的投放应该与当地对基础设施、连接、公众接入以及类似接入技术的投资相配套。基金还可以用来发展宽带基础设施和奖励社区，如果社区证明他们具有发展自己设施/技能的准备及使用这些设施的能力。社区应符合联邦投资要求，他们可以购买宽带服务或发展自己的基础设施。

建议 4

投资以学院为中心，在社区开展针对个人和小企业的互联网应用能力课程，并鼓励学院招收小企业主，鼓励措施主要是依据成果提供鼓励性"补贴"或报酬。

建议 5

创建"农村领导学院"，挑选有抱负或能有所成就的农村领导人，提供两三星期的领导能力培训。培训不仅包括互联网的使用，而且还涉及计算机教育诊所或课程的运营、宽带基础设施的"具体细节"和跨机构的资源共享。这些领导人将负责促进互联网可用性和在各自社区的使用，这样社区就需要选择最适合自己的投资和服务。

注释：

1. 本文参考 2009 年在美国出版的由 Amit M. Schejter 主编的《. . . And Communications for All》一书中的第十一章（American's Forgotten challenge: Rural Access），本文经由作者修订、扩展和更新并同意在中国再次翻译出版。该文章经由白如雪和张彬翻译。

2. Sharon L. Strover 博士是得克萨斯大学广播-电视-电影系的主任和 Philip G. Warner 兼职教授，通信和信息政策研究院主任。Strover 博士是农村政策研究所国家通信专项小组组长，该组织是多所大学组建的国家农村问题智囊团。她曾在科技需要和州-地区电信应用方面与联邦通信委员会合作，为美国技术评价办公室和联邦贸易委员会提供建议，还担任了美国-墨西哥自由贸易协议（后为 NAFTA）得克萨斯州调查委员会附属委员会的主席。由于负责接收通信领域的拨款和契约，她结识了全国从事网络和电信政策工作的各种基金会和政府职员，并与他们一起工作。Strover 博士与他人共同负责一个为期 3 年由福特基金会资助的关于电信和农村地区的研究，并合著了一本书《Electronic Byways》，本书解释了州电信应用和政策。她最近的研究成果刊登在了《Government Information Quarterly》，《The information Society》以及其他期刊。此前，她曾合作编辑了其他两本关于城市和农村地区的电信现状考察的书籍。她目前是六家期刊的编委会成员。

3. Sharon Strover, "Rural Internet Connectivity" Telecommunications Policy 25, no.5 (1999): 331-47.

4. GTE 曾经是最大的独立电话公司，规模类似贝尔的一些公司。它在 2000 年与 Bell Atlantic 合并，组成了 Verizon。AT&T 已经重新与上世纪 80 年代早期剥离出去的很多公司合并。

5. 2006 年底，AT&T 和 Bell South 的合并被允许。

6. 在很多农村地区，并不存在手机服务，即使该区域的一家运营商被准许提供这样的服务。一种惯用的方法是只在农村人口最集中的城镇提供移动服务。

7. Federal-State Joint Board on Universal Service, In the matter of High-Cost Universal services Support (CC Docket No.96-45)(2007).

8. 宽带基金将来主要负责在未服务地区传播宽带因特网服务，随着资助的加大，会有一部分补助金是针对未服务区域新设备的建造，这就是宽带基金的来源。次要目的就是向服务不良的区域提供建设资助，加强宽带服务水平。另外一个次要目的就是持续为低用户密度地区的宽带因特网运营商提供运营补贴，因为低用户密度可能会导致无法经济运营宽带设备，即便是获得大量建设补贴也可能如此。Federal-State Joint Board on Universal Service (cc Docket No. 96-45) (2007).

9. 有线电视是该模式下的唯一例外，但即使它最初是农村社区发起的，其目的还是为了能够接收城市化地区已经享受着的电视信号。

10. Robert Horwitz, The Irony of Regulatory Reform (New York: Oxford University Press, 1959).

11. FCC, Trends in Telephone service. Industry Analysis and Technology Division, Wireline Competition Bureau (2005).

12. Strover, "Rural Internet Connectivity," 331-47.

13. 在 2008 年 3 月，已经把标准提升至 768 Kbps。

14. 国家信息基础设施声明（The National InKormation Infrastructure pronouncement）是基于 1991 年的高效计算和通信法案（the High Performance Computing and Communication Act of 1991）提出的。

15. 在 FCC 的网站的本地电话竞争和宽带部署页面中，我们可以得到统计数据和一些总结(www. fcc.gov/wcb/iatd/comp.html)。

16. See www.washingtonpost.com/WP-dyn/content/article/2008/03/19/AR2008031903356.html.

17. FCC, High-Speed Services for Internet Access: Status as of June 30, 2007 (2008).

18．先前发布的其他宽带统计数据可以访问网址：www.fcc.gov/wcb.status 得到。这篇报告的网络连接是：hraunfoss.fcc.gov/edocs_public/attadimatdi/DOC-280906A1.pdf。

19．See, for example, Robert Atkinson, "The Case for a National Broadband Policy," Information Technology and Innovation Foundation, June 2007, www.itif.org/files/CaseFor NationalBroadbandPolicy.pdf.

20．General Accountability Office, "Broadband Deployment Is Extensive throughout the United States, but It Is Difficult to Assess the Extent of Deployment Gaps in Rural Areas," 2006, www.gao.gov/new.items/d06426.pdf.

21．General Accountability Office, "Broadband Deployment Is Extensive throughout the United States" 3. 例如，在目前数据收集方式下，FCC 计数被宽带服务覆盖的邮政编号地区，只要某邮编地区存在一个宽带用户，那么整个邮政编码地区也会被认为是宽带已覆盖区域。同样，即便运营商只为商业提供服务，整个邮政编码地区也会被认为是宽带业务已覆盖地区。因此，如果数据被用于说明居民宽带服务的可得性，提供宽带服务的邮编地区数据就有可能是不真实的、夸大了的数字。另外，数据并没有体现到价格、速率，或是跨邮编地区连接的可得性等信息。

22．General Accountability Office, "Broadband Deployment Is Extensive throughout the United States" 4.

23．General Accountability Office, "Broadband Deployment Is Extensive throughout the United States" 12-13.

24．Tony H. Grubesic and Alan T. Murray, "Waiting for Broadband: Local Competition and the Spatial Distribution of Advanced Telecommunication services in the United States," Growth & Change 35, no.2 (2004): 139-65.

25．James E. Prieger, "The Supply side of the Digital Divide: Is There Equal Availability in the Broadband Internet Access Market?" Economic Inquiry, no.2 (2003): 346-63.

26．Sharon Strover and Michael Oden, Links to the Future: The Role of Information and Telecommunications Technology in Appalachian Economic Development (Washington, DC: Appalachian Regional Commission, 2002); Pew Internet and American Life Project, Rural Broadband and Internet Use, February 2006, www.pewinternet.org/pdfs/PIP_Rural_Broadband.pdf (29 April 2006); Edwin Parker, Heather Hudson, Don Dillman, Sharon Strover, and Frederick Williams, Electronic Byways: State Policies for Rural Development through Telecommunications (Boulder, CO: Westview Press, 1992).

27．Government Accountability office, Federal and state Universal Service Programs and

Challenges, Report to the Ranking Minority Member, Subcommittee on Telecommunications and the Internet, Committee on Energy and Commerce, House of Representatives (2002), 13.

28. Gary Chapman, "Missing Links: Lessons on the Digital Divide Form Texas, Telecommunications Infrastructure Fund," 2005, telecom.cide.edu/include/internet_ conference-2005/Gchapman_paper.pdf.

29. State of California, Executive Order S-23-06 Expanding Broadband Access and Usage in California (2006).

30. California Broadband Task Force, California Broadband Task Force Report January 2008, www.calink.ca.gov/pdf/CBTF-FINAL-Report.pdf (15 April 2008).

31. 联邦宽带基金的有效使用需要人们对地面站宽带服务无效地区有详细认识。收集未提供宽带或是宽带服务不足地区的信息是复杂的工作。每一条街道的宽带可得性可能都不一样，有时甚至会细致到每家每户。甚至，现状也可能会快速变化，例如当无线因特网服务运营商打开或是关闭门时，信号强度就会不一样。为了有效使用联邦基金拓展宽带部署，可以采取的方式主要是通过新设备补贴，因此部门应该负责依据详细、最新地理数据发放基金。联合理事会认为委员会已经介入一些宽带绘图活动，但是其规模不足以支撑宽带建造补贴。州政府通常更适合完成这样的工作，这主要是因为他们对本地需求的了解可以渗透到更细致的地方，信息源更广泛。而且，一些州已经安排收集特定准确度或更高准确度的数据。The Federal-State Joint Board Report, 2007, section 13.

32. Congressional Budget Office, Financing universal Service 2005, www.cbo.gov/showdoc.cfm?index=6191&sequence=0 (12 September 2006).

33. 例如，基于互联网协议的语音传输（VoIP）将会用"因特网"连接代替地上通信连接。其中一个会对普遍服务作出贡献，而另一个则不会。2006 年 6 月，FCC 把 VoIP 编入普遍服务推进业务；但是，其他新技术未来也会面临同样的处境。人们已经认识到多重无线服务运营商造成的普遍服务资金浪费日益严重。

34. Federal-State Joint Broad on Universal Service, In the Matter of High-Cost Universal Service Support (CC Docket No.96-45) (2007).

35. U.S. Congress, January 2007, S.101.IS Universal Service for American Act.

36. U.S. Congress, February 2007, H.R. 2054.IS Universal Service Reform Act of 2007.

37. U.S. Department of Commerce, National Telecommunication, and Information Administration, Falling Through the Net: A Survey of the "Have Nots" in Rural and Urban America (Washington, DC: NTIA, 1995). www.ntia.doc.gov/natiahome/fallingthru.html (July 2003); U.S. Department of Commerce, National Telecommunications, and Information Administration,

Falling Through the Net Ⅱ：New Data on the Digital Divide (Washington, DC: NTIA, 1998), www.ntia.doc.gov/ntiahome/net2 (July 2003); U.S. Department of Commerce, National Telecommunication, and the Information Administration, Falling Through the Net: Toward Digital Inclusion. A Report on Americans' Access to Technology Tools (Washington, DC: NTIA, 2000), www.ntia.doc.gov/ntiahome/fttn99.contents.html (July 2003).

38．Todd M. Gabe and Jaison R. Abel, "Deployment of Advanced Telecommunications Infrastructure in Rural America: Measuring the Digital Divide," Praker, "Closing the Digital Divide in Rural America," Telecommunications Policy 24 (2001): 231-90.

39．Pew Internet and America Life Project, Rural Broadband and Internet Use (February 2006). www.pewinternet.org/pdfs/PIP_Rural_Broadband.pdf.

40．Pew Internet and American Life Profect.

41．www.pewinternet.org/pdfs/PIP_Broadband_2008.pdf.

42．网络梦幻体育（Fantasy Sports），起源于美国，风靡于美国，正慢慢的流行于全球。它是一类依据现实体育真实数据为基准的真实体育数据游戏，玩家可以参考现实比赛的数据来决定自己队伍。

43．Stephen Pociask, "Broadband Use by Rural Small Business," Small Business Administration 2005, last accessed 20 July 2008, www.sba.gov/advo/research/rs269tot.pdf (20 July 2008).

44．Strover and Oden, Links to the Future.

45．一些研究试图量化宽带对经济的贡献，但是这些研究的假设大多不符合美国农村的真实条件。Sharon Gillett, Measuring Broadband's Economic Impact, report prepared for the Economic Development Administration (U.S. Department of Commerce, 28 February 2006); Robert Crandall, Charles Jackson, and Hal Singer, "The Effect of Ubiquitous Broadband Adoption on Investment, Jobs, and the U.S. economy," report for the New Millennium Research Council, 2003, www.newmillenniumresearch.org/archive/bbstudyreport_091703.pdf.

46. Lorin Kusmin, "Rural Employment at a Glance," Economic Information Bulletin Number 21, Economic Research Service, U.S. Department of Agriculture, December 2006, www.ers.usda.gov/publications/eib2/eib21. htm (20 July 2008).

47．Daniel Bells, The Post Industrial Society (New York: Basic Books, 1973).

48．Manuel. Castells, The Rise of the Network Society (Oxford: Blackwell, 1996); Jorge Schement and Leah Lievrouw, Competing Visions, Complex Realities (Norwood, NJ: Ablex, 1987); Mark Hepworth and Kevin Robins, "whose Information Society? A View From the

Periphery," Media Culture and society 10 (1988): 323-43; Robin Mansell, "New Media Competition and Access," New Media & Society l, no.3 (2000): 155-82.

49. Jurgen Schmandt, Frederick Williams, Robert Wilson, and Sharon Strover, eds., Communications and Rural Development (New York: Praeger, 1991), 262.

50. Francis Cairncross, The Death of Distance: How the Communication Revolution Will Change Our Lives (Boston: Harvard Business School Press, 1997).

51. Sharon Strover, Michael Oden, and Nobuya Ingaki, "Telecommunications and Rural Economies: Findings from the Appalachian Region" in Communication Policy and Information Technology: Promises, Problems and Prospects, ed. Lorrie F. Cranor and Shane Greenstein (Cambridge, MA: MIT Press, 2002), 317-46; Castells, The Rise of the Network Society.

52. Strover and Oden, Links to the Future.

53. Amartya Sen, Development as Freedom (New York: Random House, 1999).

54. Daniel Bell, "The Information Society: The Social Framework of the Information Society" in The Microelectronics Revolution, ed. Forester (Cambridge, MA: MIT Press, 1983), 500-549.

第十三章　市政宽带[1]

Andrea H. Tapia[2]

内容提要： 本章首先说明私营电信运营商提供宽带互联网业务与市政当局（自治市）和公共实体提供宽带互联网业务的目的非常不同。进而文章表明，现有州级政策加上联邦政策的缺失，产生了市政措施不成系统、散乱，其中大部分并不奏效。最后，本文建议采取强有力的联邦一级的政策，这些政策将鼓励各市政当局，在私营电信运营商不能满足他们选民的需求时，参与提供宽带互联网服务。

一、美国市政宽带的背景

美国大约有 400 个自治市已进入电信领域，以开发和部署某种形式的城市宽带网络。由于宽带互联网建造速度缓慢，地方政府越来越感到沮丧，最近相当数量的本地政府开始采用可以自己提供因特网接入的新技术。最近的举措表明，许多市政当局认为无线宽带可以加强经济发展，促进数字包容性，并提高政府服务效率。此外，一些市政当局已经承担了提供互联网服务的责任，通过降低政府机构和城市用户宽带互联网接入成本，进而减少电信开支。

市政进入电信领域的大多数支持者主要希望，让所有市民和政府雇员，以能负担得起的价格，得到高质量宽带服务。这种说法的依据在于，在一些不具备成本效益的区域，主导运营商无法提供无所不在的服务。市政介入的反对者认为市政拥有不公平的优势，这让主导运营商无法与他们公平竞争。他们还认为，市政当局不可能具备在不损害纳税人资金和资产的情况下部署和管理网络的组织能力。

在州和联邦两级都没有形成成熟稳定的政策处理本地政府提供电信服务的问题。美国50州中大约三分之一的州已经开始实施了一些宽带相关政策来监管市政所提供的宽带服务，只是这些政策相互差别很大。此外，还有一些解决市政参与问题的联邦法案始终悬而未决，截至2008年6月仍然没有一个法案通过。

有趣的是，新增承担电信运营商角色的市政当局正在减少，而且还有很多市政工程已经放弃或失败。在过去的四年，情况一直是这样。2004年，市政当局进入宽带市场被看作是技术的必然要求。他们富有创造性，有潜力，是理想的运营商。2005年见证了主导运营商的激烈游说，当年的游说造成对第一批进入电信领域的市政当局的政策反击，结果出现了大量提议的州立法限制。2006年是妥协和调和的一年，市政当局提出创新业务计划，以适应主导运营商的需求，以及为更多选民获得更高质量宽带服务。电信主导运营商不再频繁游说，许多州立法建议以宽松的方式通过，或是未通过。这一趋势在2007年继续着，更多的市政当局与本地主导运营商形成复杂的伙伴关系，进一步降低了游说和未来立法的必要性[3]。

最重要的是，2007年事态发生逆转，有许多小城市放弃他们的项目，同时还有一些大型发展项目（在费城、旧金山和芝加哥）也被公开放弃。2007年8月下旬， Earthlink公司退出市政无线市场[4]，芝加哥正在推迟其网络的发展[5]，而旧金山提议建立一个市政Wi-Fi网络的计划也被搁置[6]。到了2008年6月，费城无线项目缓建其网络。

本章认为市政工程的失败并非源于市政行动或所使用的相关技术。

相反，正是州级政策迫使市政当局提出复杂而不受欢迎的商业计划，建立与私人供应商的合作伙伴关系，折损了这些项目成功的可能性。市政当局和他们私人伙伴之间的目标冲突导致了这些项目的失败。

二、作为公共设施而非奢侈品的宽带互联网业务

宽带不是一种奢侈品。宽带是美国国家基础设施的重要组成部分。公民如果能够接入并会使用互联网，那么他们：（1）在教育、就业和收入等方面以最小的成本获得更多成功；（2）能够更多地参与政治公民舆论；（3）相比于未接入和使用互联网的公民能够获得更多的政府服务和其他公益[7]。"实时和异步连接，再加上通过电脑可获得各种各样的信息，使用互联网的用户可以进一步加强自身与社会的融合，提升社会地位[8]"。互联网接入的增加还为人们提供了更多接受教育、增加收入以及接触其他资源的机会[9]。电脑化和使用因特网也通常意味着更高的薪水[10]。互联网用户往往能够汲取更多的网上信息，在其他方面也表现得更为积极[11]。Shah 等人发现，互联网信息的使用对社会参与产生重大积极影响[12]。

宽带上网接入应被视为基础服务，就像水、煤气和电力一样。目前，私营公司提供宽带接入凌乱而无统一性，这使农村和城市贫困地区的问题更加恶化，与其他私营公共事业不久之前的表现如出一辙[13]。因此，针对贫困和社会两极分化问题，将宽带互联网视为公共设施将有助于消除原因及减轻后果。

美国已经认识到宽带互联网服务的重要性，并已采取了各种促进宽带业务的措施。从某种程度上，现在联邦政府已经将宽带互联网业务视为必需品，而不是奢侈品，但是基于这种假设采取的联邦政策基本上都失败了。

联邦政府采取的大多数措施都依靠市场来应对国民宽带连接需求。

不幸的是，私有产业的微观经济驱使并不会考虑到宏观经济和社会福利的需要[14]。私营部门主要追求短期利润，并不考虑广泛使用宽带网络所能带来的正外部性。

实质性的问题并不是宽带是否有用或是否越多越好，而是市场自身能否在期望的时间期限内提供适量的宽带连接。对于大多数以市场为导向的保守派，市场愿意提供的数量就是应提供的数量。然而，由于宽带存在显著正外部性，应提供的数量（让社会福利最大化的数量）事实上会大于市场自身会提供的数量。这就意味着，除了消除宽带部署壁垒的政策，我们还需要采取刺激宽带发展的积极公共政策。为了确保美国宽带发展的最优化，这些促进政策是必不可少的[15]。

宽带不只是一个消费性的技术产品，它更是一个能够让美国公民在生活中充分参与的媒介手段。因此宽带部署需要政府干预，以保证宽带作为国家资源得到平等和公平的分配。此外，宽带接入不只是简单的把家庭连接到互联网[16]。当大部分美国人连接和使用互联网时，宽带的显著正外部性将产生强大的社会、经济和网络效应，而这些效应不会局限于因特网本身。

三、电信运营商的国有化和监管历史

从历史上看，美国很大程度上一直依赖于私营部门提供电信服务[17]。政府有时通过直接国有化所谓的"自然垄断"行业来解决垄断问题，如邮政服务行业[18]。不过，在其他情况下，人们更青睐采用监管方式，例如，对航空、铁路和电信产业。监管通常是由联邦和（或）州级特定行业监管委员会执行[19]。

美国政府在电信市场中发挥了积极作用，它们不仅监管市场，而且提供补贴。但是政府一直没有直接进入市场展开竞争，其理由是，现在私营企业已经进入电信市场，它们引入更多的竞争，最终减少政府监管的必要[20]。事实上，这正是 1996 年电信法的初衷，也是联邦通讯委员会（FCC）依据该法案提出各项政策的目标[21]。

但是，此后的十二年已经充分证明了 1996 年法案的不足，它并没有预见到无线技术的发展以及在较少监管环境下市政当局的作用[22]。现行法律规定并不适用于宽带服务，因为在 1996 年法案中，宽带被认为是先进业务。此外，越来越多的地方政府已经慢慢相信，他们应该想方设法主动参与市场，并通过创新技术筹集资金。这些刚刚创建的政府主导的公共行业把电信市场的竞争视为发展和壮大的机会。地方政府正在迅速深入电信和互联网服务市场[23]。

市政进入市场提供宽带服务的主要原因其实很简单，即现代技术使其成为可能。随着无线宽带技术的成熟，FCC 对该技术的监管已经相当有限。通过建立无线宽带接入专案小组，联邦通信委员会已经主动消除障碍，扩大宽带部署。唯一有实际意义的无线宽带设备监管来自 FCC 规章第 15 部分，该部分监管无线器材在未授权频段的运营。美国联邦通信委员会继续保留 4.9 GHz 频段的无线网络，该频段专用于维护本地公共安全。因此，市政府能够利用免授权频段和预留公共安全频段，支撑大规模的无线网络。这种低进入门槛已推动许多城市和农村地区市政当局开始部署无线宽带技术。

四、有关市政宽带的州级法规和政策

电信监管大部分都是联邦一级实施，一直限制州和市一级提供电信服务。然而，在市政部署宽带的环境下，随着 FCC 权力正在转向市政府和州立法机构，"自上而下"的政策制定模式运行起来困难重重。 2004年，最高法院在尼克松诉密苏里州市政联盟的裁定（Nixon v. Missouri Municipal League ruling）中，支持了 FCC 和各种主导本地交换运营商

（ILEC）的说辞，授权各州制止所属部门提供电信服务。这个意见使各州有权决定市政当局何时、何地可以部署电信服务。这意味着所有州内自治市被认为是州所属部门，而不是独立的实体。这种赋予各州州级先行权利的裁定为各州提供了很大的行动自由，各州可以通过立法解决市政当局提供电信服务的问题。这种决策的结果是各州开始制定自己的市政宽带政策，使全国的政策凌乱、缺乏统一性。

在主导电信运营商表示不满的强硬理由支持下，州立法机构已经成为颁布关于市政宽带政策的摇篮。那些说客说服州立法机构的核心论点是，市政宽带网络的公共扶持和资金不公平，影响了城市市场中传统私营电信运营商与一些部分由公共税收资金资助的新企业的竞争[24]。这些私营运营商已经表示出对市政提供无线宽带服务所具有的几点优势的关注。这些优势包括无限筹集资本的基础、监管本地现行特权和最高许可证的权利、拥有网络部署所需的现有公共基础设施（包括路灯），以及免税身份等。许多公司都在寻找州一级的法律救济，希望监管或限制市政当局为公众提供无线宽带业务的能力。这些立法举措目的在于确保大多数当地居民能够支持该倡议，使宽带项目将不会对市财政产生不利影响，以及宽带部署不会与私营运营商展开竞争，或者在同一水平上竞争。

为了确保大多数选民支持这一倡议，一些州政府要求举行关于宽带部署的听证会和（或）公决。这些活动也有助于解决第二个问题——该项目不会对财政状况产生负面影响。除了向公众报告，一些州政府还规定，所提交的计划需要得到州一级单位或机构批准。为了实现这一目标，州政府采取了一些办法，包括各种规定，其中有规定本地交换运营商有彻底制止与其竞争的优先取舍权。在某些情况下，市政当局连收取服务费的权利都没有[25]。

五、州级政策的影响：更多合作契约和更少市政所有权

目前，大多数州都提出、等待通过、或已经通过阻止市政当局直接或间接提供电信服务的立法。在某些情况下，州立法机构已经阻止市政当局（自治市）扩展现有网络。在其他情况下，州议会虽然没有直接禁止自治市宽带网络的发展和部署，但也已经通过设置组织性和机构性障碍迫使自治宽带网络缩减、重组或调整。

这种不统一的政策已经对自治宽带的发展和部署产生了预期或非预期的影响。例如，一些自治市可能加快速度以赶在期限之前完成网络部署；而其他或许会撤消计划或是连同拟定计划一起放弃。有些自治市可能会抛售市政先行权，以换取折扣（批发服务），还会有一些自治市可能拟定新商业计划，将网络所有权转让给私人合作伙伴。据 Tapia 和 Ortiz [26] 所述，自治市做出了各种各样的调整以应对法律环境的变化。最首要的调整是发展自治市与私营服务运营商之间的公私合作。另一个引人注目的成果是自治市为了确保不会独自垄断宽带网络，对自身商业计划进行了一些改动。

自治市选择通过第三方以公私合作的形式建立、部署和管理其网络的原因有很多。一般而言，公私合作关系有着相当大的优势，如改善服务质量、降低工程成本、降低风险、构架、鼓励创新、加快项目完成速度、简化预算管理，甚至可能扩大收入。有人提出，私营公司带动一定程度的专业化，而这对于靠自己力量发展的市政当局来说成本太高，他们需要花费数年时间从与面临相似和独特挑战的其他自治市合作中汲取经验。

虽然表面上看来，自治市可以从合作中得到显著收益，但是这种收益伴随较大成本。Tropos 网络在其白皮书《建设与租用：为什么自治市

和工业组织应拥有自己的室外宽带基础设施（Build Versus Rent：Why Municipal and Industrial Organization Should Own Their Outdoor Broadband Infrastructure）[27]》中提出，如果拥有了自己的网络，那么自治市就可以在五个关键方面占据优势：（1）灵活性；（2）适应性；（3）容量；（4）成本；（5）真正多应用网络的能力。作者指出，"控制、灵活性和成本节约是和所有权与租金相联系的主要因素，他们甚至比建设、拥有和运营无线宽带系统所需要的规划和技术等工作都还要重要。无线宽带的性能和功能不断增强，加上更低成本和复杂度的降低，使得自治市和企业都有充足的理由拥有这样的系统"。

伙伴关系很有可能就是导致许多非常大规模的重大举措失败的深层原因，例如在费城，旧金山和芝加哥等地实施的举措。这些举措的大多数都是将网络所有权转交给唯一一个营利性实体。当该实体和自由市场遭遇失败，项目也就不能幸免。据 Meinrath 所说："费城模型是赋予 EarthLink 公司企业专营权。许多问题源于这样一个事实，即自治市没有网络控制权或所有权，而 EarthLink 也没有对地方社区负责。在自治市接管了 EarthLink 无线网络的地方，网络继续经营着，而在那些没有接管的地方（例如，费城和新奥尔良），网络已经被关闭[28]"。此外，在提供宽带互联网的目标方面，市政网络与营利性实体网络可能差别非常大。

六、有关市政宽带的联邦法规和政策

今天，我们没有联邦一级的宽带政策能够处理未来自治市在电信市场的权利。在过去的三届国会中，议员提出了十多个与宽带应用相关的提案。所有这些提案都处于立法程序初始阶段，正在接受委员会的审议，提案也可能在修改阶段经历重大调整。大部份提案已递交参议院商业、科技和运输委员会。

名为《2005 年维新电信法（Preservation Innovation in Telecom Act of 2005）》的 H.R. 2726 议案[29]由共和党得克萨斯州参议员皮特·塞申斯（Peter Sessions）提出，并建议为市政（自治）宽带建立州和联邦级壁垒。从本质上讲，它禁止自治市官方提供电信、电缆或公共信息服务，除非由 ILECs 提供宽带服务基础设施造成市场失灵需要进行整顿。这项立法被认为是联邦提案中最严厉的一个。

民主党新泽西州参议员弗兰克.劳滕伯格（Frank Lautenberg）和共和党亚利桑纳州参议员约翰.麦凯恩（John McCain）一起提出了名为《2005年社区宽带法（Community Broadband Act of 2005）》的 S.1294 法案[30]。该法案将修改 1996 年电信法，保留和保护地方政府提供宽带容量和服务的能力。该法案将禁止建立任何州级政策或法规来限制或禁止公共运营商为个人、公共和自营单位提供先进电信容量以及任何利用宽带容量的服务。它也禁止自治市同时作为竞争者和特许经营者存在，在电话公司项目中歧视主导运营商，以保护主导运营商。

共和党内华达州参议员约翰.恩赛因（John Ensign）提出了名为《2005年宽带投资和消费者选择法（The Broadband Investment and Consumer Choice Act of 2005）》的 S.1504 议案[31]。这项立法要求市政当局通知私营运营商其建立自治宽带网络的计划，并允许私营部门公司投标这些基础设施的部署、所有权和经营权；而且在所需投标过程中，应当优先考虑非政府组织。该提案将创建一个以市场为导向的机制，消除政府主导的竞争。

共和党德克萨斯州参议员乔恩.巴顿（Joe Barton）和民主党伊利诺伊州参议员博比.拉什（Bobby Rush）一起提出了名为《2006 年通信、机遇、促进和增强（COPE）法（Communications, Opportunity, Promotion, and Enhancement (COPE) Act of 2006）》的 HR 5252 法案[32]。该法案的目的是更新美国法律，以应对语音、视频和数据业务的变化。提案将允许电话公司无须获得本地部门的批准或许可即可进入全国宽带市场。此外，该法案授权联邦通信委员强制执行相应法规，要求宽带互联网服务供应商为消费者提供不受限制的互联网接入，以及允许他们提供任何基于互联网的应用。

共和党阿拉斯加州参议员特德.史蒂文斯（Ted Stevens）提出了名为《2006 年通信、消费者选择和宽带部署法（Communications, Consumer's Choice and Broadband Deployment Act of 2006）》的 S.2686 法案[33]。该法案试图解决如反恐战争、协同能力和普遍服务等类似问题。这是一项有关自治宽带问题的重要法案，因为该法案允许电信公司以较高的价格服务于竞争对手，这将有效阻止自治市提供先进电信业务。在该草案中，第五和第六标题直接针对自治宽带，包含一些旨在"取代任何不符合要求的州或地方级法律、法规、条例或措施"的规定。如果通过该草案，自治市将不得不允许以不受益自己及其他下属先进通信运营商的方式放开"公众先行权"。还要求如果自治市有意提供先进电信服务，那么自治市必需提前公布消息，并且"在公布通知后的 30 天内，商业企业有权竞标提供这种能力，自治市应该给予企业这种机会"。第 2.D 条规定，如果公共运营商打算为低中等收入及其他类似地区提供先进通信能力，公共运营商还是必须发布信息。参议员史蒂文斯草案为私人公司提供了优先否决权，而且只有没有任何私营公司在 30 天内竞标，那么公共运营商才可以着手提供服务。该草案并不针对专门提供公共安全服务而且只能通过市政方式提供公共服务的所有网络。

还有两个法案可能会影响到市政宽带，因为它们用于解决数字鸿沟和宽带普遍接入的问题。《2006 年互联网和普遍服务草案（The Proposed Internet and Universal Service Act of 2006）》（S.2256）[34]的目标是"确保为所有美国人提供高品质、先进的电信和宽带服务、技术以及网络，价位应该公正合理且可承受，并且为了维护和促进普遍服务及其他目标的达成，建立一个常设机制提供明确、充分、可预测的资助。《2006 年普遍服务改革法案（The Universal Service Reform Act of 2006)》（HR 5072）[35]是由民主党内布拉斯加州参议员李.特里（Lee Terry）和民主党弗吉尼亚州参议员瑞克.鲍彻（Rick Boucher）在 2006 年 3 月下旬提出，该草案将允许用服务运营商的 USF 基金捐款支付宽带服务费用，该服务提供商既可以是通过电话号码也可以是通过 IP 地址为公众提供网络接入。

另外三个法案将致力于给宽带分配未使用频段，也会影响市政宽带，但其影响是间接的。《"白色空间"法案（"White Space" Bill)》（H.R. 5085）[36]是由共和党田纳西州参议员玛莎.布莱克（Marsha Blackburn）和共和党华盛顿州参议员杰伊.尹斯利（Jay Inslee）共同提出的，该提案将允许包括宽带服务在内的未获牌照的设备使用 54 和 698 兆赫之间（除 608～618 兆赫以外）的广播电视频谱。《2006 年无线创新法案（Wireless Innovation Act of 2006 或 the "Winn Act")》（S.2327）[37]将分配电视频道之间所谓的空白频段用于其他用途，这将有利于无线宽带互联网接入的发展。同样，《美国宽带社区法案（the American Broadband for Communities Act)》（S.2332）[38]将也分配未使用的广播频谱给未获牌照的无线设备，这有可能为社区提供无线宽带和家庭网络。

七、有关市政宽带的未来法案和政策

美国已经采取了放松管制的方式，认为市场能够建立足够的容量来满足需求。市场可能会有效建造可靠的具有适当服务质量的基础设施，但如果在此过程中运营商不能得到充足的利润，那么它们也就没有意愿提供普遍的、无所不在的网络覆盖[39]。提供连接的商业压力并不能确保运营商按照社区认为很重要的标准来建设网络。从本质上考虑，发展基础设施的其他可行方法还是需要自治市政府和国家政策制定者优先考虑决定[40]。

目前，适合地方政府的宽带政策只在州一级制定，这使得政策混杂不堪。所以本质上讲，美国应当考虑制定联邦一级的国家宽带政策与市政无线监管相结合。特别重要的是，联邦政府应该做出加强宽带监管的姿态，将其构建为一项国家公共事业，并开始实施全国范围内的宽带网络计划[41]。目前宽带接入和服务部署政策杂乱无序，很难寄希望于美国实施大规模、全国性宽带部署计划。

2004 年，尼克松执管的最高法院提升了州一级对电信市场准入的监管权力，并导致政策上分歧不一致。各州可能希望通过这种方式，达到增加电信运营商在特定市场的数量，提升竞争力、覆盖面、质量和服务，并同时降低价格的目的。但是，这些期望的结果并没有发生，而结果往往适得其反。因此，至关重要的是，政府应当设立切实促进宽带部署的新规则和条例。

确实，一项旨在促进社会融合、提供无所不在的高质量的服务以及允许地方政府参与提供这种服务的国家宽带政策是至关重要的。该国家政策的目标应该可以鼓励市政当局：

- 拥有和管理无线网络或至少在建造无线网络中能够起到积极作用；
- 设立明确的性能标准，设计、建设和部署像其他公共设施（如供水、供电以及固定电话）一样可靠的无线业务；
- 在设计、建设和部署无线业务覆盖时，该覆盖应考虑位于自治市的所有家庭、企业、组织、公共场所以及公共通道；
- 为了确保所有民众得到普遍服务，无线服务的费用应该是大众能负担得起的，且不存在价格歧视。

为了实现这一政策目标，了解现有宽带服务非常重要，包括可以提供哪些宽带服务，服务质量如何，以及价格定位如何。需要指出的是，这项工作已被完成。美国联邦通信委员会公布了一份"报告和命令（Report and Order）"，报告收集美国宽带数据的方式有了重大变化。目前，互联网服务提供商（ISPs）是基于邮政编码报告宽带用户数量；但是根据新制度，他们还必须依据普查工作的方法报告这些数字。此外，互联网服务供应商现在还必须依据宽带速度分类统计用户数量。这些变化可能会有助于 FCC 理解宽带部署实施的程度，使 FCC 能够继续发展和保持合理的宽带政策，特别是根据 1996 年法案第 706 条履行其义务，"确定先进的电信设施是否正在被合理地、及时地提供给所有美国人"[42]。

此外，确定无线宽带部署的统一标准（包括 Wi-Fi 网络标准）是非常重要的。我们还需要将未使用频谱再分配给无授权公民接入。这将有利于"频谱开放"，该政策将促进加快部署无所不在的、可负担得起的无线宽带网络。此外，USF 应扩大扶持范围，包括宽带服务。应当让不同类型的宽带服务运营商都有机会享有普遍服务基金资格，都有可能获得普遍服务基金的分配和资助。委员会还建议联邦政府提供补助金来资助宽带部署。

八、总结

与私营企业比较，自治市提供宽带互联网服务有着根本不同的目标。自治市有意通过部署其无线网络，促进各街道社区的公民参与、社会融合和经济发展。另一方面，私营企业则必须关注最小收益，因此提供服务时考虑的是利润，而不是社会福利。传统上，美国一直依靠私营企业和竞争来提供互联网服务，提高质量和效率。但是，这种做法似乎已经失效，因为美国在宽带部署、平均服务速度以及平均服务质量上一直落后于世界其他地区。更糟的是，相当大部分的市中心和农村地区仍然未获得服务，而服务价格却持续上扬。

美国必须采取更强硬的宽带监管办法，首先要采取国家宽带政策，因为州一级的政策并不起效，而且各州的法规差异很大。在某些最极端的情况下，自治市已无法提供任何形式的互联网服务。在其他情况下，各种各样的限制已经促使自治市和私营运营商之间形成了蹩脚的合作关系，造成了目标间的相互冲突以及项目的失败。

国家政策的目标将是鼓励部署兼容性好、无处不在且民众负担得起的市政自治网络。未来国家自治宽带政策的实施将包括普查宽带状态、建立新标准、分配更多频谱、进一步发展普遍服务基金以及加大补助力度。

自治市和社区必须继续提供互联网服务，这非常重要。自治市和社区的愿望就是人民的愿望。随着私营部门提供相比大部分市政项目更高质量和更可靠的服务，互联网服务供给中的公共成分可能会逐步减少。自治市替代企业的作用可能刺激私营企业的创新，或者至少扩大宽带部署。此后公民可能改变观点，相信私营企业能够提供网络为公民谋福利。不管谁来提供服务，市政当局都应负责鼓励私营企业采取必要的行动和方针，从而确保私营企业的网络能够提供符合公众利益、满足自治市各项需求的宽带连接，而不仅仅是宽带接入而已。

注释：

1. 本文参考 2009 年在美国出版的由 Amit M. Schejter 主编的《. . . And Communications for All》一书中的第十二章（Municipal Broadband），本文经由作者修订、扩展和更新并同意在中国再次翻译出版。该文章经由白如雪和张彬翻译。

2. Andrea H. Tapia 博士是宾夕法尼亚州立大学信息科学和技术学院副教授和劳动力研究和行业关系系的副教授。Tapia 博士在新墨西哥大学获得了社会学博士学位，在去宾夕法尼亚大学之前，在亚利桑那大学继续博士后研究工作。美国国家科学基金会，美国国防部，美国政府，宾夕法尼亚州施莱德名誉学院共同资助了 Tapia 博士的研究，相关论文先后发表在《The Information Society》，《Government Information Quarterly》，《Database for

Information Systems Research》,《The Communication of the ACM》,《Science Technology and Human Values》, 以及《Information Technology and People》等期刊。

3．Andrea Tapia, Carleen Maitland, and Matt Stone, "Making It Work for Municipalities: Building Municipal Wireless Networks," Government Information Quarterly 23, no. 3-4 (2006): 359-80; Andrea Tapia and Julio Ortiz, "Municipal Reponses to State-Level Broadband Internet Policy" (Paper Presented at the Thirty-Fourth Research Conference on Communication, Information, and Internet Policy, Alexandria, VA, 2006); "Policy and Plan Convergence for Municipal Broadband Networks" (paper presented at the Thirty-Fifth Conference on Communication, Information, and Internet Policy, Alexandria, VA, 2007); and Andrea Tapia, Matt Stone, and Carleen Maitland, "Public-Private Partnerships and the Role of State Legislation in Wireless Municipal Networks" (paper presented at the Thirty-Third Research Conference on Communication, Information, and Internet Policy, Alexandria, VA, 2005).

4．Joe Panettieri, "2007 Muni Wireless State of the Market Report", Muniwireless.com, 2007, www.muniwireless.com/2008/0l/04/2007-muniwireless-state-ofthe-market-report (26 February 2007).

5．Carol Eilison, "Wimax Previews in Chicago to an Approving Audience", MuniWireless.com, 2007, www.muniWireless.com/2007/09/26/Wimax-previews-in-chicago-to-an-approving-audience (14 January 2007).

6．John Letzing, "Google-Earthlink San Francioco Wi-Fi on Hold," in Market-Watch, 2007.

7．James E. Katz and Ronald E. Rice, Social Consequences of Internet Use: Access, Involvement, and Interaction (Cambridge, MA: MIT Press, 2002); William E. Kennard, "Equality in the Information Age," in The Digital Divide: Facing a Crisis or Creating a Myth?, ed. Benjamin M. Compaine (Cambridge, MA: MIT Press, 2001), 195-222; Michael Oden, Beyond the Digital Access Divide, Developing Meaningful Measures of Information and Communications Technology Gaps (Anstin: The University of Texas Press, 2004); Michael Oden and Strover Sharon, "Links to the Future: The Role of Information, and Telecommunications Technology in Appdathian Economic Development" (Washington, DC: Applachian Regional Commission, 2002); and Zeytep Tufekcioglu, "In Search of Lost Jobs: The Rhetoric and Practice of Computer Skills Training" (Anstin: University of Texas Press, 2003).

8．Oden, Beyond the Digital Access Divide.

9．Benton Foundation, "Losing Ground Bit by Bit: Low-Income Communities in the

Information Age," 1998; Erik P. Bucy, "Social Access to the Internet," The Harvard International Journal of Press/Politics, no.1 (2000): 50-56; Paul DiMaggio, Eszter Hargittai, Coral Celeste, and Steven Shafer, "Digital Inequality: From Unequal Access to Differentiated Use," in Social Inequality, ed. Kathryn Neckerman (New York: Russell Sage Foundation, 2004), 355-400; Donna L. Hoffman and Thomas Novak, "Bridging the Racial Divide on the Internet," Science, 17 April 1998, 390-91; and Sharon Strover, "Rural Internet Connectivity" (paper presented at the Twenty-eighth Research Conference on Communication, Information, and Internet Policy, Alexandria, VA, 1999) .

10. Richard B. Freeman, "The Labour Market in the New Information Economy," Oxford Review of Economic Policy 18, no.3 (2002): 288-305; Ernest P. Goss and Joseph M. Phillips, "How Information Technology Affects Wages: Evidence Using Internet Usage as a Proxy for It Skills," Journal of Labor Research 23, no.2 (2002): 463-74.

11. John P. Robinson, Meyer Kestnbaum, Alan Neustadtl, and Anthony Alvarez, "Mass Media Use and Social Life among Internet Users," Social Science Computer Review 18 (2000): 490-501.

12. Dhavan V. Shah, Jack M. McLeod, and So-Hyang Yoon, "Communication, Context, and Community," Communication Research 28, no.4 (2001): 464-506.

13. Wayne Sanderson, "Broadband Communications over a Rural Power Distribution Circuit" (paper presented at the Southestcon 2000, Cambridge, MA, 2000.)

14. John windhausen, "A Blueprint for Big Broadband", EDUCAUSE 2008, net.educause. edu/ir/library/pdf/EPO080l.pdf (14 February 2008).

15. Robert Atkinson, "Broadband Blues", 2007, www.huffingtonpost.com/robert-d- atkinson-phd/broadband- blues-b-9358.html (17 January 2007).

16. Atkinson, "Broadband Blues" .

17. Michael A. Crew and Paul R. Kleindorfer, "Incentive Regulation in the United Kingdom and the United States: Some Lessons," Journal of Regulatory Economics 9, no.3 (1996): 211-25; Jeffrey A. Eisenach, "Does Government Belong in the Telecom Business?"in Progress on Point (Washington, DC: The Progress and Freedom Foundation, 2001).

18. Christopher D. Foster, Privatization, Public Ownership and the Regulation of Natural Monopoly (Oxford: Blackwell Publishers, 1992).

19. Elizabeth E. Bailey and John C. Panzar, "The Contestability of Airline Markets During the Transition to Deregulation," Law and Contemporary Problems 44, no.1 (1981): 125-45; Martha

Derthick and Paul J. Quirk, The Politics of Deregulation (Washington, DC: Brookings Institution Press, 1985).

20．William Lehr and Lee W. McKnight, "Wireless Internet Access: 3g Vs．Wifi?," Telecommunications Policy 27, no.5-6 (2003): 351-70; Thomas M．Lenard, "Government Entry into the Telecom Business： Are the Benefits Commensurate with the Costs?" in Progress on Point (Washington, DC: Progress and Freedom Foundation, 2004).

21．Senate, Telecommunications Act of 1996 (S.56), 1996.

22．Thomas Bleha, "Down to the Wire"，Foreign Affairs, May/June 2005; Lehr and McKnight, "Wireless Internet Access," 351-70.

23．Lenard, "Government Entry into the Telecom Business"．

24．Tapia, Maitland, and Stone, "Making It Work for Municipalities," 359-80; Tapia, Stone, and Maitland, "Public-Private Partnerships and the Role of State Legislation in Wireless Municipal Networks."

25．同注释 24。

26．Tapia and Ortiz, "Municipal Reponses to state-Level Broadband Internet Policy".

27．Tropos Networks, "Build Versus Rent: Why Municipal and Industrial Organizations Should Consider owning an Outdoor Broadband Infrastructure," 2008, www.tropos.com/tropo_downloads/BuildvsBuy/BuildvsBuy.html (12 June 2008).

28．Sascha Maeinrath, "Philadelphia Network Flop Points to Failure of Corporate Franchise Model," New America Foundation, 2008, www.newamerica.net/publications/articles/2008/philadelphia_network_floppoints_failure_corporate_franchise_model_7205 (10 June 2008).

29．House of Representatives, Preservation Innovation in Telecom Act of 2005, 2005.

30．Senate, Community Broadband Act of 2005, 2005.

31．Senate, The Broadband Investment and Consumer Choice Act of 2005, 2005.

32．House of Representatives, Communications, Opportunity, Promotion, and Enhancement (Cope) Act of 2006, 2006。

33．Senate, Communications, Consumer' s Choice, and Broadband Deployment Act of 2006, 2006.

34．Senate, Internet and Universal Service Act of 2006 (Netusa) (S. 2256), 2006.

35．House of Representatives, Universal Service Reform Act of 2006 (H.R. 5072), 2006.

36．House of Representatives, H.R. 5055, 2006.

37．Senate, The Wireless Innovation Act of 2006, 2006.

38．House of Representatives, American Broadband for Communities Act of 2006, 2006.

39．Catherine A. Middleton and Christine Sorensen, "How Connected Are Canadians? Inequities in Canadian Households, Internet Access," Canadian Journal of Communication 30, no.4 (2005); Amelia B. Potter and Andrew Clement, "A Desiderata for Wireless Broadband Networks in the Public Interest," (paper presented at the Research Conference on Communication Information, and Internet Policy Arlington, VA, 2007).

40．Catherine A. Middleton, Graham Longford, Andrew Clement, and Amelia B. Potter, "ICT Infrastructure as Public Infrastructure: Exploring the Benefits of Public Wireless Networks" (paper presented at the Thirty-fourth Research Conference on Communication, Information, and Internet Policy, Arlington, VA, 2006); Potter and Clement, "A Desiderata for Wireless Broadband Networks in the Public Interest."

41．Windhausen, "A Blueprint for Big Broadband".

42．Senate, Telecommunications Act of 1996 (S. 56), 1996.

第十四章 E-Rate 计划的未来——美国普遍服务基金扶持公共接入和社会服务[1]

Heather E. Hudson[2]

内容提要： 以支付得起的价格获得宽带业务将对社会和经济发展发挥重要作用。E-Rate 计划要求以折扣价提供各种电信、互联网和内联网（内部网络的连接）的服务给特定受益者。本章首先介绍 E-Rate 计划在美国实施现状，分析了 E-Rate 计划给美国带来的益处和面临的挑战。其次，本章在明确 E-Rate 存在的必要性后，针对 E-Rate 计划的归口管理部门、拨款方式、流程、资助范围等核心问题提出了改进建议。最后，本章又对 E-Rate 的未来发展给出了政策建议。

一、美国互联网和宽带接入的背景

众所周知，以支付得起的价格获得宽带业务将对社会和经济发展发挥重要作用。2001 年，由罗伯特·克兰德尔（Robert Crandall）和查尔斯·杰克逊（Charles Jackson）共同完成的布鲁津斯（Brookings）研究中做出估计，如果美国普遍采用基本宽带，那么将增加 5 000 亿美元经济收入，同时创造 120 万个新就业岗位[3]。在 2004 年，查尔斯·弗格森（Charles Ferguson）曾提出，由于目前美国存在宽带发展的制约因素，在未来的十年中，美国将足足损失 1 万亿美元的收入[4]。

　　然而，尽管美国在通信技术和互联网服务方面处于全球领先地位，但是根据经合组织对各国家每百居民宽带接入的统计数据，美国在工业国家中的排名仅为第十五名[5]。宽带费用在美国也仍然很高。如果按每兆比特来计算费用，美国消费者支付费用是日本消费者的 10 到 25 倍。更糟的是，过去 5 年中，美国宽带平均速度并没有得到提升，所以法国和韩国消费者的住宅宽带连接速度已经是美国消费者住宅宽带连接速度的 10 至 20 倍。

　　美国宽带的普及应用还非常依赖社会经济状况：年收入超过 150 000 美元的家庭中有接近百分之六十的家庭安装了宽带，而在年收入低于 25 000 美元的家庭只有不到百分之十的家庭安装了宽带[6]。农村和城市地区之间的鸿沟仍然存在：城市地区宽带普及率接近农村地区的两倍[7]。拨号上网人群中，农村用户较之城市用户更容易连接失败，因为农村的互联网连接速度相对更慢[8]。

　　美国最贫穷地区的接入尤其短缺。人均高速线路最少的前 10 个州中有七个州也同时被列入国家最贫穷前 10 个州。它们是：阿拉巴马州，阿肯色州，爱达荷州，肯塔基州，密西西比州，蒙大拿州和西弗吉尼亚州[9]。其中的又有六个州被列入每百居民互联网用户最少的前 10 个州[10]。

　　宽带接入对学校是非常重要的，因为它允许多用户在线，同时实现了如多媒体网络接入和视频会议等大数据流量的应用。阿拉斯加州进行的学校带宽需求分析表明，"拨号连接不能支撑高效数据流，而且通常不会允许如群发电子邮件这样的服务。通常学校的拨号上网只能传递信息，而不能进行下载或浏览[11]"。研究指出，"低于 T-1（1.544 Mbps）的连接速度允许使用因特网进行数据传输、网络搜索、发送电子邮件和网上发贴。在正常情况下，信息以允许集团使用的速度流动，但可能会造成堵塞。视频服务在丢失一些图片和降低音质的情况下可以使用，但通常还将要求关闭其他数据流,如因特网使用。"。此外,随着应用程序对带宽要求的提高,许多 K-12 学校[12]已表现出对二代互联网(Internet 2)连接的兴趣。宾夕法尼亚州教育部门的一份研究发现,如果充分利用二代因特网所提供的应用程序,将需要近每秒 10 兆比特的传输速度[13]。

二、扩展普遍服务

普遍服务基金(USF)原有计划的目的是为了补贴低收入居民的语音电话接入,并以合理的价格为农村和其他服务水平低下的地区提供电话服务。1996 年的电信法扩大了普遍服务的定义,将普遍服务扩展到学校、图书馆、农村医疗机构,以及"先进服务"的接入。目标也就变成是为学生和社区居民提供利用这些"先进服务"的机会,即使在其住所尚未获得这些服务。为了帮助弥补所谓的"数字鸿沟",接入互联网被看作是一个具有高优先级的服务:

在小学和中学的学校和教室,以及医疗机构和图书馆,都应该有机会获得先进的电信服务。所有服务某个区域的电信运营商都应为小学、中学和以教育为目的开办的图书馆提供这种服务,且费率应低于为其他团体提供类似服务的费率[14]。

美国联邦通信委员会对普遍服务计划制定总政策,并由一个非营利性单位执行,该单位称为普遍服务管理公司(USAC)。以固定比例从电信运营商的收入中提取资金并捐赠给普遍服务基金。运营商一般会将这些成本转嫁到自己的用户身上,列写在他们的电话账单上。USAC 依靠该集中起来的基金,扶持学校和图书馆计划、农村医疗机构计划和其他普遍服务计划(低收入和高成本计划)。

E-Rate("Education Rate"的缩写)计划是在 1996 年法案[15]的第 254 (h)条规定的基础上建立的,要求以折扣价提供各种电信、互联网和内联网（内部网络的连接）的服务。所有公立、私立非营利性小学和中学都有资格享受该福利（那些受捐赠超过 5000 万美元的学校除外）。图书馆也有资格，只要它们符合《图书馆服务和技术法》的定义，并且预算独立于 K-12 学校。

三、资助流程

该计划每年最多可提供 22.5 亿美元的减免（资助）。资助电信业务（在两地之间实现电信通信的业务）和互联网接入的请求被给予一级优先，资助内部网络的连接（例如为连接教室所需的布线、路由器和无线局域网）和维护的请求被给予二级优先。第一优先业务将得到优先资助，其余分配给二级优先业务；二级优先事项的资金还会优先资助经济上处于劣势地位的学校和图书馆[16]。

学校可申请"电信市场上提供的所有业务"，涵盖从基本电话服务到 T-1 和无线连接，以及包括电子邮件服务和内部网络设备在内的互联网接入。电脑（除了网络服务器）、师资培训以及大多数软件没有任何减免[17]。核准后的费用将直接由 USAC 支付，费用最大额度不超过补贴金额。其余资金由学校和图书馆负担，但必须证明他们能够负担得起他们需要支出的那部分费用。

合理折扣率是根据学校的经济需求和地点确定的，参见表 14-1。经济需求是由享受国家学校午餐计划（National School Lunch Program）午餐价格减免的学生比率来代为衡量的。图书馆的折扣率是根据学区或图书馆所在社区确定。不管需求水平如何，所有合格的申请者都能获得电信服务和互联网接入资助。

表 14-1   学校所能享受的折扣

有资格参与国家学校午餐计划的学生百分比	市区学校享受的折扣	农村学校享受的折扣
小于 1%	20%	25%
1%～19%	40%	50%
20%～34%	40%	60%
35%～49%	60%	70%
50%～74%	80%	80%
75%～100%	90%	90%

申请 E-Rate 计划资助的决定可以由学校、图书馆、校区或州一级做出。某些以州的名义提出的申请将惠及其管辖范围内的所有地区。学校一级提出申请则必须编制一份技术计划；只有技术计划得到州政府同意，学校才有资格申请 E-Rate 资金。这样要求的目的是确保学校的工作人员将一些问题考虑清楚，如资金或其他设备及维护费用的来源、对教师和学生的培训、在课程中利用计算机和互联网的战略部署等等问题。申请 E-Rate 计划资助的过程相当复杂，申请者必须填写、提交一系列表格。申请者必须在截止日期以前按照申请指导方针填写资料，这些内容包括折扣类型、服务和设备的要求、可选设备和服务等等。一旦申请获得批准后，学校或图书馆的需求会在 USAC 的网站（www.usac.org）发布，为期 28 天。随后学校就可以根据 E-Rate 采购规则进行采购，学校可以采取竞争性投标或是与服务本地区的运营商谈判等方法进行。

四、E-Rate 资金分配：资金流向

（一）分配给学校和图书馆的资金

自 1998 年第一次提供资助，政府通过 E-Rate 计划已经拨出总计约

211 亿的资金。资金总额中,超过 86% 的资金分拨给了学校(由于为学校/图书馆联合会提供了其他额外资助,此项资金估计超过 90%),图书馆分得 2.9%,学校和图书馆联合会分得 11.4%。详见表 14-2。

表 14-2 学校和图书馆得到的资金数额

申请人类型	1998—2007 总计	总量中的占比
学校/校区	$18,146,404,271	85.73%
图书馆	$610,140,020	2.88%
学校/图书馆联盟	$2,410,533,002	11.39%
总计	$21,167,077,293	100.00%

(二)依据折扣等级进行的资金分配

从 1998 年到 2006 年,有 34.5% 的资金分配给了享受 90% 折扣的学校和图书馆,而大约 77% 的资金流向享有 70% 以上折扣资格的学校和图书馆,而超过 87% 的资金流向享有 60% 以上折扣资格的学校和图书馆[18],详见表 14-3。因此,我们可以看出资金主要拨付到贫困地区,即农村、偏远或低收入地区的学校。(USAC 对大多数资金进行分配时,都没有按城市和农村分类下放,这似乎是因为资金是直接分拨给大行政辖区的。某行政辖区如果希望得到某一折扣的资助,它必须提供城市和农村的相关资料。)

表 14-3 依据折扣幅度分配的资金额度(1998—2007)

折扣幅度	1998—2006 折扣幅度资金占总资金的百分比	2007 年度折扣幅度资金占总资金的百分比
20%～29%	0.13%	0.13%
30%～39%	0.38%	0.44%
40%～49%	5.99%	6.52%
50%～59%	6.53%	7.23%
60%～69%	9.86%	12.09%

续表

折扣幅度	1998—2006 折扣幅度资金占总资金的百分比	2007 年度折扣幅度资金占总资金的百分比
70%～79%	14.22%	18.56%
80%～89%	28.42%	26.63%
>90%	34.48%	28.40%
总计 60%～>90%	86.98%	85.68%

（三）依据服务类别进行分配

自 1998 至 2007 年，103 亿美元（占总资金 47.8%）被用于内部连接（学校和图书馆内部连接）。大约 86 亿美元（占总资金 39.6%）被用于电信服务。约 23 亿美元（占总资金 10.6%）被用于互联网服务，详见表 14-4。

表 14-4　依据服务类型进行的分配（1998—2007）

	$总金额	占比
因特网连接	$10,329,922,194	47.77%
因特网接入	$2,299,930,050	10.63%
电信服务	$8,598,028,474	39.63%
因特网连接基本维护	$398,270,253	1.84%
总计	$21,626,150,971	100.00%

拨款比例在近年来已经改变：2007 年，总资金的 49.2% 用于电信服务；12.9% 用于互联网接入。到了 2005 年才增设了内部连接基本维护专项资金。用于内部连接的大部分资金已经流向享有 70% 以上折扣的学校，详见表 14-5。

表 14-5　依据服务类型进行的分配（2007）

	$总金额	占比
因特网连接	$726,471,209	31.69%
因特网接入	$295,381,178	12.89%
电信服务	$1,127,614,659	49.20%
因特网连接基本维护	$142,635,505	6.22%
总计	$2,292,102,551	100.0%

（四）依据各州进行的分配

从 1998 年到 2006 年，E-Rate 计划为各州提供的资金数额，如果按人均受资助金额统计相差很大。最贫穷的前 10 个州（按州人均生产总值计算）中的 4 个州，即密西西比州、俄克拉何马州、南卡罗来纳州和肯塔基州，同样属于人均受 E-Rate 计划资助最高的前 10 个州。分配详列于表 14-6。

表 14-6　最高人均资助的前 10 个州（1998—2006）

州	人均 E-Rate 资金
阿拉斯加州	$201
哥伦比亚地区	$200
新墨西哥州	$176
纽约州	$138
密西西比州	$109
俄克拉何马州	$100
南卡罗莱那州	$95
路易斯安那州	$87
得克萨斯州	$86
亚利桑那州	$76
肯塔基州	$76

注：粗体表示这些州属于按人均 GSP 标准下最贫穷的前 10 个州。

2006 年，人均受 E-Rate 计划资助最高的前 10 个州中只有 3 个同属于按州人均生产总值衡量的最贫穷的前 10 个州。有较多美洲土著人口和边远地区的三个州（阿拉斯加州，新墨西哥州，南达科他州）也被列入人均受 E-Rate 计划资助最高的前十州名单，详见表 14-7。

表 14-7　E-Rate 计划人均最高资助的前 10 个州（2006）

州	人均 E-Rate 资金
阿拉斯加州	$27.60
哥伦比亚地区	$19.21
路易斯安那州	$16.94
新墨西哥州	$15.27
密西西比州	$13.15
俄克拉何马州	$10.53
亚拉巴马州	$10.10
纽约州	$9.85
南达科他州	$9.81
亚利桑那州	$9.37

注：粗体表示这些州属于按人均 GSP 标准下最贫穷的前 10 个州。

在 1998 至 2006 年间，人均受资助最少的前 10 个州仅收到人均 12 至 32 美元的资助，详见表 14-8。其中有几个州有大片的农村地区，如新罕布什尔州、内华达州、佛蒙特州、爱达荷州（同时也是最贫穷州）、夏威夷州和爱荷华州。

我们该怎样解释这一现象？是故意拒绝联邦资金？抑或州和地方政府提供了重要资助，从而替代了国家资助？根据 FCC 数据，新罕布什尔州、内华达州、马里兰州、华盛顿州和弗吉尼亚州跻身州人均高速线路数排名前 15。是学校规模小或缺乏指导这样的组织问题，阻碍了这些州获得更多资金支持？很可能是这样的，至少从佛蒙特州的实地采访中可以得出这样的结论[19]。

表 14-8　人均受资助最少的前 10 个州

州	人均 E-Rate 资金
新罕布什尔州	$12
特拉华州	$13
内华达州	$17
佛蒙特州	$25
爱达荷州	$26
夏威夷州	$27
马里兰州	$29
爱荷华州	$30
华盛顿州	$31
弗吉尼亚州	$32

注：粗体表示该州属于按人均 GSP 标准下最贫穷的前十个州。

五、E-Rate 计划带来的益处

在 E-Rate 计划拨款超过 210 亿美元资金的这十年时间内，人们很少严格评价计划的效用或影响。关于计划的评价报告一般都基于个案研究或轶事证据。

1996 年，大约三分之二的美国公立学校得到了互联网接入。到 2003 年，几乎所有的公立学校都能够上网。教育周刊（Education Week）评价到："或许更加惊人的变化是，当时高度贫困学校以及低贫困学校几乎都做到了互联网普遍接入"[20]。由教育与图书馆网络联盟（Education and Library Networks Coalition，简称 EdLiNC）资助的一份报告赞扬了 E-Rate 计划，称赞该计划将公共教室因特网接入比率从 1996 年的 14%提升到 2005 年的 95%[21]。在此期间，图书馆的互联网接入也急剧增加，2006 年有超过 95%的美国图书馆有了因特网接入，相比之下，1996 年的普及率只有 28%[22]。由此可见，超过三分之一的 E-Rate 资金分配给了最贫穷的学校（它们有资格获得 90%以上的折扣），共有超过 184 亿美元用于有资格享受 60%以上折扣的学校[23]。但假设没有 E-Rate 计划，大多数学校和图书馆是否可以通过州和地方举措获得互联网接入？也许不能，虽然这种因果联系已不存在。

一份发表于 2003 年的 EdLiNC 报告做了如下总结：

- E-Rate 对服务水平低下的社区有重要的经济促进作用；
- E-Rate 正在为特殊教育学生提供全新的学习机会；
- E-Rate 正在改变美国农村教育；
- E-Rate 资助的学校技术基础设施对切实贯彻"不落下一个孩子（NO Child Left Behind）"政策起到至关重要的作用；
- 学校和图书馆都在投入大量资源以助完成 E-Rate 计划资金申请[24]。

由本顿基金（Benton Foundation）资助对芝加哥、克利夫兰、底特律和密尔沃基等城市开展的案例研究证实，E-Rate 计划带来了若干好处，但也带来各种新挑战：

- 网络基础设施的部署已经在增加，同时因特网接入状况也有显著改善；
- E-Rate 资助使得各校区可以盘活现有资金；
- 专业发展需求正在呈几何速度增长；
- 各校区非常依赖 E-Rate 资助；
- E-Rate 计划已经改变了校区计划、获取新知识和合作的方式；
- 现有 E-Rate 计划与运营商有税务关系；
- 升级需求（例如，布线和其他硬件升级需求）会拖延信息技术的部署[25]。

六、不只是接入

教育要想有效利用互联网，它需要的不仅是连接，还需要容量、内容以及相应的环境。教育周刊（Education Week）发表的"2008 科技关键年（Technology Counts 2008）"研究报告运用几个准则，评价了各州在技术政策和实践的三个核心问题上的优势。技术政策和实践的三个核心问题分别是：技术获得、技术使用以及技术应用能力。

关于互联网接入，一位大学学者曾在 2002 年本顿研究（Benton's 2002 study）中评论到："这是一个极好的皮带，但没有狗可以拴"[26]。自 2002 年以来，全国平均计算机接入水平几乎没有变化，学生和机构电脑数量比例依然是近似 4:1。在 2007 年，美国公立学校中，每一个接入高速互联网的电脑平均有 3.7 名学生使用。然而，各州共享高速互联网电脑的学生数量跨幅很大，从不到 2 名（南达科他州，1.9）至五名甚至更多（密西西比和加利福尼亚州）[27]。

教育周刊发现，研究受访者把专业发展和连接/网络作为本学年科技支出的两个首要事项。从全国范围来看，15%的公立学校报告说，大多数教师都是"初学者"的技术使用水平。然而，如同计算机接入，教师技能水平也因州而异。2006 年，密西西比州和西弗吉尼亚州至少有三分之一的学校都证实，大多数教师是初学者，而相比之下，南达科他州则只有 3%的学校属于此类[28]。然而只有技术能力是不够的。人们还需要技术支持和维护的预算，否则，技术娴熟的教师最终可能成为仅负责设备维护的"电子校工"[29]。

有效地利用技术还需要那些可以丰富课程、拓展学习的应用。教育周刊指出："各州正在通过确立学生准则以及扩大常规教育概念，逐步扩展教育技术的使用"[30]。全国共有 23 个州设立了州虚拟学校，16 个州至少有一个特许网络学校[31]。现在大约 19%的公立学校为学生提供自己的远程学习课程。这些举措引出了一个问题：州和地方举措是在 E-Rate 计划资助的基础上建立的还是在代替 E-Rate 计划？

七、农村医疗计划

1996 年电信法第 254 条规定，美国国会应该为农村医疗机构 "以低廉的价位提供远程医疗所必需的服务及其相关指导。"具体地说，国会指导电信运营商 "为州内所有服务农村地区的公共和非营利性医疗机构提供医疗必需的电信服务，包括与其相关的指导等服务，价格应该与本州城市类似服务的费率相当"[32]。

USAC 农村卫生保健部负责一项计划，该计划每年出资 4 亿美元资助农村医疗机构，使得农村医疗机构为相同或类似电信服务所支付的费用不会超过城市医疗机构。只有农村地区公共或非营利性的医疗机构（HCP）才能获得这样的资助。此外，无论处于农村还是城市地区的非营利性医疗机构，如果他们无法通过长途免费或本地电话接入互联网，只有通过拨长途电话（收费）才能连接互联网，那么这些医疗机构也应该有资格享受互联网接入资助。

医疗机构可以为特定服务寻求资助，特定服务包括里程相关费用、从租用的电话线路到帧中继等不同类型的连接、综合业务数字网（ISDN）或者 T1 线路、里程收费以及一次性安装费用。终端设备，如电脑、电话、传真机以及维修费，不在资助范围内[33]。所有电信公众运营商都可以参与，包括内部交换运营商（IXCs）、无线运营商和具有竞争性的本地交换运营商。

每个合格医疗机构都必须为其医疗所需的电信服务在 USAC 网站上公开招标。招标需求在 USAC 网站上张贴 28 天后，医疗机构才可以与运营商订立购买服务协议。医疗机构必须考虑所有收到的投标，选择最具成本效益且满足其医疗通信需求的方案[34]。

截至 2003 年，在 8 300 家潜在申请机构中只有 1 194 家获得了资助，而且基金也在头五年中只支付了 3 025 万美元，而预计总数量达 2 亿美元。由此，美国联邦通信委员会对资质要求和比较定价准则做出了一些调整，旨在为更多机构提供 USF 折扣和简化执行流程[35]。例如，合格医疗机构的每月因特网接入费用可享受 25%折扣[36]，而完全服务农村的各州农村医疗机构可以获得近乎每月先进电信和信息服务 50%费用的资助[37]。

尽管做出这些调整，但是该计划仍然没有得到充分利用。正如美国联邦通信委员会指出的："在过去的 10 年中，该计划每年所支付的资金一般都不到授权资金的百分之十"[38]。根据 USAC 的数据，农村医疗机构在 1998 年至 2005 年间（包含 2005 年）总共获得 1.685 亿美元的资助[39]。大约有 0.974 亿美元（这段时间总分拨资金的 58%）被分配给了阿拉斯加州，主要用于连接村诊所和地区医院，以及连接医院和安克雷奇医疗中心。这些工作都是在阿拉斯加州联邦医疗保健接入网络（AFHCAN）的主持下开展的[40]。

美国联邦通信委员会随后于 2006 年 9 月引入了为期两年的试点项目，该计划分拨高达 1 亿美元的农村医疗基金，用于建造连接一个州或地区的医疗机构的专用宽带网络并资助这些网络与第二代网络的连接费用。试点项目另一个目的就是为现行农村医疗机构规则的修订提供指导性信息，使得宽带连接的增加有助于其他目的的达成。"如果成功的话，在国家、州和地方级日益增加的医疗机构宽带连接将同时为备灾和应急反应提供至关重要的电信连接，并可能有助于完成总统目标（建立全国性电子医疗记录）"[41]。

2007 年 11 月，联邦通信委员会宣布拨款逾 4.17 亿美元，希望通过医疗试点项目辅助 69 州的网络建造或为 42 州和三个未成为州的美国领土建造区域宽带远程医疗网络[42]。这一倡议值得认真评估，以确定它是否同时对卫生保健和基础设施接入有意义。

八、核心问题

普遍服务政策目前正在接受美国国会和联邦通信委员会的审查。经过十年的运作，人们应该可以有效评估 E-Rate 及其他 USF 计划。然而，政策决策通常不能等待最终研究成果。以下是根据我们现有研究成果所提出的建议。

（一）E-Rate 计划是否应该继续？

是的。虽然我们缺乏有力数据，但是有充足证据表明该项基金有助于学校学生和社区居民的因特网接入。其中社区居民是通过公共图书馆接入因特网。然而，该计划需要一些修订和更强有力的监督，下面进行详述。

（二）E-Rate 计划是否继续由联邦通信委员会负责？

一些联邦官员已经提议将 E-Rate 计划与其他教育部科技计划合并。然而，由于 E-Rate 计划的重要作用，它一直被视为电信普遍服务政策的一个关键组成部分。所以 E-Rate 计划应继续独立于其他政府部门，并由联邦通信委员会负责。

但是，社区接入计划是否应该由一个主要由律师、经济学家和工程师组成的一家代理机构运营？我们并不排除其他组织的介入。除了包括一些州政府委员和消费者辩护律师的联邦-州联合理事会，还需要其他类型的专业人员。监督应包括来自其他联邦机构的代表，包括负责国家通讯基础设施政策的国家电信和信息管理局（National Telecommunications and Information Administration，简称 NTIA）、教育部门（Department of Education，简称 DOE），以及已经参与农村医疗举措的卫生和人类服务部（Health and Human Services，简称 HHS）。E-Rate 计划运营的研究和评价顾问也应包括专家以及联邦研究机构的可能代表，如国家科学院和国家科学基金会。后者可以负责指导 E-Rate 资金效用及其影响的评估研究。

（三）E-Rate 计划流程中的哪些重要因素应该保留？

E-Rate 基金分拨流程中一些独特特征应该被保留。

1. 分拨给用户

E-Rate 基金是分拨给用户的（学校或者图书馆），而不是直接分拨给运营商或中间商。这将使得学校和图书馆成为运营商的客户，而不是恳求运营商服务自己。在某些情况下，学校和图书馆已经成为这些运营商的“重点目标”，促使他们把宽带引入原先未服务的社区。

2. 公开竞标

E-Rate 流程要求在 USAC 网站上竞标被批准的服务。这样不仅可以尽可能压低成本，而且鼓励主导运营商和大商家以及新进入者为学校提供设备和服务。

这些方法有别于其他大多数国家的模式。在其他国家，补助直接分拨给运营商和主导企业，并要求他们为学校提供折扣或免费服务。在这些模式中，如果运营商看中潜在收入，他们没有动力为学校提供高质量服务。更重要的，如果他们可以直接从政府那里获得服务补助，他们也不会把成本压缩到最低限度。基于激励的 E-Rate 模式，虽然不是完美的，确是更好的。

（四）拨款方式是否应该改变？

分级折扣中最大的折扣赋予了地处农村、偏远地区和低收入城市地区的学校和图书馆。这种一般方法应该保持下去。但是，由于资助不可能获得很大折扣的学校和图书馆的资金很有限，人们可能认为，资金应仅提供于那些处于显然不利地位的学校和图书馆，例如，那些有资格获得百分之六十（或可能百分之七十）或更多折扣的学校和图书馆。给其他申请者的资金分配可以逐步取消，或者可以对折扣率进行审查，并尽可能地降低。需要重点考虑享受 80%或 90%折扣的学校是否会积极找其他资金来源和（或）他们是否能审慎并且有效地利用信息和通信技术设施和服务。

一些剩余资金可被用于网络容量和内容方面的资助以及对 E-Rate 计划的研究。少量的资金还可应用于推广，确保所有符合条件的受援者都知道 E-Rate 计划，并在他们的引资过程中提供培训和支持等帮助。

（五）E-Rate 基金是否应该资助网络容量和内容？

一些教育工作者主张扩大 E-Rate 的资助范围，除了资助连接，它还支持培训、技术支持和内容。一般来说，由于在资金基础有限和连接补贴需求不断增高的压力下，E-Rate 资金应限于支持连接，而其他可代替资金源可以用来满足上述其他重要需求。

然而，如上所述，如果分拨方式发生变化了，那么一些 E-Rate 资金就可用于这些目的。例如，一小部分资金（例如，不到百分之十的资金）可用于补助培训和内容开发最好的组织，例如，从 2001 年至 2004 年结余且并未使用的 6.5 亿美元可用于资助网络容量和内容。

人们提出了一些调整以资助更多的活动，活动包括技术培训、技术支持和内容开发。一个方法是为其他政府机构提供支持，如美国联邦政府的教育部门。例如，通过技术加强教育计划（EETT），是"不落下一个孩子（NCLB）法规"中标号Ⅱ-D 计划，可以使学校依托技术满足核心教学和学习需要，包括在线课程接入、教师专业发展计划，以及学生科技能力和工具[43]。

根据 EETT，国家分配给校区的资金中，一半按加权公式分拨，另一半依据竞争结果分拨。EETT 给了学校很大的决策空间，让学校决定怎么使用该计划资源，可以用于与科技有关的收购、改进、专业发展和（或）旨在提高学生成绩和学生接入技术的综合目标[44]。

虽然 EETT 依据 NCLB 法律每年获得 10 亿美元，实际上，在头三个财政年，即 2002 年至 2004 年，EETT 仅收到约 6.9 亿美元资金，然后，2005 财年只收到 4.96 亿美元，而 2006 财年更是只有 2.72 亿美元[45]。显然，我们需要更多的资金才能实现这个计划的教育技术目标，并达到 E-Rate 计划对连接的资助目标。

另一个联邦基金源是 FCC 的频谱拍卖。数字承诺（Digital Promise）提议建立一个非营利性民间数字机遇投资信托基金（DO IT），该基金"旨在满足 21 世纪改变学习的迫切需求。"信托公司将使用 FCC 的频谱拍卖所得资金，用于资助学习使用互联网软件和工具以及资助用于教育的信息技术和通信技术。倡议者将这做法比喻为历史上利用卖公共土地所得"改善各新成立州的公众教育财务状况，并经国会投票通过，林肯总统签字批准，在最黑暗的内战时期，创建了巨大赠地学院系统"[46]。 数字承诺，作为高等教育再授权法案的一部分，于 2008 年 7 月通过了众议院和参议院的决议，并于 2008 年 8 月由美国总统布什签署后成为法律。但是，同时通过的国家先进信息和数字技术研究中心筹建工作却迟迟未开始[47]。

（六）怎样改善 E-Rate 流程？

1．提高管理水平

资金分拨过程缓慢而繁琐，这一直困扰着普遍服务管理公司（USAC）。该组织为管理 USF 资金分配而设立，由两个独立组织合并组成（学校/图书馆和农村医疗），这两个组织起初都是为了执行普遍服务计划而建立。2007 年 5 月，USAC 计划把 2001 年至 2004 年的结余 6.5 亿美元用于资助学校和图书馆，美国联邦通信委员会授权将这些资金转加到下一年度，从而增加对学校和图书馆的资助[48]。这一数额接近该四个财年可用资金（平均每年 22.5 亿美元）的 29%。

E-Rate 计划被指责监管不足。有些学校购买了不必要、成本太高或超出其管理能力的设备。设备供应商被指控欺诈和价格操纵[49]。2003 年，在 USAC 的支持下，由联邦通信委员会设立了一个特别工作组，针对加强和改进 E-Rate 执行程序和防止浪费、欺诈和不正之风提出可行建议[50]。在 2003 年 12 月，众议院能源和商业委员会（the House Committee on Energy and Commerce）要求政府问责办公室（GAO）撰写一份关于 FCC 对 E-Rate 管理和监管的报告。GAO 发现了一些证据，表明存在 E-Rate 基金管理不善、支付资金过程中存在官僚拖延和一些 E-Rate 资源浪费等现象。报告呼吁 FCC 采取行动加强其管理和监督，包括规定申请 E-Rate 应该满足的综合要求，建立 E-Rate 绩效目标和测度方法，并逐步减少受益人上诉[51]。2005 年 3 月，众议院委员会为 GAO 报告举行了听证会[52]。USAC 和 FCC 已采取重要步骤来解决这些问题，他们还在 FCC 的关于 USF 经营、管理和监督方面的条例制定提议通知（ NPRM ）中来解决这些问题[53]。

FCC 和 USAC 行政管理、应用和监督程序的三年评审应对以下方面做出要求：提高资金发放的效率、效果和透明度，检查 ICT 接入的需求变化。

2. 联邦 E-Rate 流程

虽然现有 E-Rate 分配过程具有优势，但是 E-Rate 计划已被证明难以执行和管理。一些教育工作者和图书管理员发现该计划耗费他们很多的时间、精力，并需要专业知识，这对他们是一种负担。申请过程要求严格，需要审慎对待那些细则和措辞。2001 年至 2004 年未使用金额总计 6.5 亿美元资金（占可用资金的近 29%），这预示着基金分拨过程中有一些严重错误。

所要求的技术计划用意是迫使学校考虑如何处理各类问题，如教师能力和相关内容，以及学校将如何为技术支持和维护提供源源不断的资金等等。但是，有些学校只是把编制技术计划的准备工作外包出去或通过使用"拷贝剪切"的模式敷衍要求，并没有通过计划收获预想的成效。

3. 州和地方 E-Rate 流程

州和校区可以努力工作改善进程并为他们的学校获得资助资金。虽然大多数 E-Rate 资金分拨给贫穷和处境不利的州和校区，但是仍然有符合要求的学校没有得到资助。在没有得到 E-Rate 计划资助的学校中，有些学校从州或本地筹到了资金，但一些可受益于资助的其他学校则未申请资金。校区和州协调员应该对学校进行更有效的指导。如果有这样的资源提供者，他能够提供咨询意见、提出指导草案并解决这一进程，那么事情就有重大改观。阿拉斯加州在获得 E-Rate 资金方面的重大成功可归功于一名州图书馆工作人员，他后来被任命为州 E-Rate 协调员，负责协助学校和图书馆编写申请以及指导他们解决 E-Rate 申请难题。这位协调员提供咨询意见，说明各种要求，并协助填写表格和跟踪他们的进程[54]。

一些教育工作者和图书馆管理员已经有组织地利用国家技术举措，如德克萨斯州的基础设施基金（TIF）。然而佛蒙特州官员已经指出，

E-Rate 流程需要员工投入大量时间或精力，他们的学区都非常小，无法满足这样的要求[55]。

许多学校都表示，如果停止 E-Rate 基金和折扣资助，他们将很难找到其他资金来支付网络连接。虽然这表明了 E-Rate 补贴对学校的价值，但它同时也表明，校区必须研究如何分配其现有技术投资，以及是否应该扩充资金的来源，或将连接费用包含在年度预算中。

（七）农村医疗计划（RHC）是否应该继续？

如果一个计划，从 1998 年至今所支付资金不到分拨资金的百分之十，那么它是否值得继续？答案却不像其表现的那么简单。第一，计划所接收的总计每年 400 万美元的资金是基于一个非常粗略的估计而得出的，可信度不高。第二，该计划的宣传非常有限。第三，其申请手续非常复杂，直到最近，许多农村地区得到的高速连接折扣也是非常低的。

美国联邦通信委员会已经改变了折扣的计算公式，并引入了因特网接入折扣。它还宣布了一项为期两年的试验计划，计划支持对宽带基础设施的投资从而连接那些 HCP、指导以后的计划。

农村医疗计划的证据主要集中在阿拉斯加州，那里的资金已经证明农村医疗计划有助于提高医院和乡村诊所的电信水平。但是，我们还是应该实施修订后的医疗举措。农村医疗计划应至少再维系两年，之后根据试点计划的研究结果确定是否继续保留。研究结果中应该对试点计划进行独立评估。

（八）普遍服务基金是否应该资助基础设施？

农村医疗试点计划包括对宽带基础设施的资助。除了连接医疗设施，正如联邦通信委员会所指出的那样，这些网络还是备灾和应急的重要物理连接以及建立全国性电子病历系统的设施。有一些证据（例如，阿拉斯加农村）表明，学校和图书馆接入宽带网络有助于邻近街区和农村社区的宽带连接。FCC 应该委托专家研究 E-Rate 资金对扩大基础设施建设做出贡献的程度，并应在新农村医疗试点项目中资助这类研究。

九、总结和建议

虽然并非完美，但是为资助学校、图书馆和农村医疗开展普遍服务计划也是卓有成效的。他们已经以教育为目的帮助许多学生使用互联网和其他电子资源；帮助社区居民通过其图书馆接入互联网；也帮助了那些依赖农村医疗服务的患者。

基于上述分析，推荐将来推行下面的政策：

1. 为学校，图书馆和农村医疗开展的普遍服务计划应该变成普遍服务的永恒组成部分。

2. FCC 应该继续负责学校、图书馆和农村医疗的普遍服务资金计划，但需要建立专署顾问委员会。这样的委员会应该由 NTIA、DOE 和 HHS 代表以及教育、图书馆和农村医疗机构专家组成。这些委员会还应该包含 ICTs 应用和 ICT 计划评价专家。

3. 下面的 E-Rate 政策应该继续：

1）只对连接及相关设施提供资助；

2）折扣仍需要依据收入和地理区域确定；

3）继续对商家采取公开招标。

4. 为期 3 年的 FCC 和 USAC 管理、应用和监管的审查工作应该起到促进资金分拨效率、效果和透明性的目的。

5. 需要确定哪些资金辅助了影响有效利用 ICT 需求的关键因素：教师和其他应用信息和通信技术的人员的能力建设；有效教育内容的发展

和交流；其他发展以及友好应用（如语言、文化、种族和残疾人）。

6. USF 资金的一小部分应当用于宣传，使更多的教育工作者、图书馆员和农村医疗机构认识到这些计划，适当的资金还应该用于更新和分析数据以评价计划效用，以及评估 USF 资助的影响。

注释：

1. 本文参考 2009 年在美国出版的由 Amit M. Schejter 主编的《. . . And Communications for All》一书中的第十三章（The Future of the E-Rate: U.S. Universal Service Fund Support for Public Access and Social Services），本文经由作者修订、扩展和更新并同意在中国再次翻译出版。该文章经由白如雪和张彬翻译。

2. Heather E. Hudson 是旧金山大学商业管理学院通信技术管理系教授。她的工作主要集中在国际和国内 ICT 应用的社会经济发展、监管和政策方面，包括普遍服务以及以可接受价格推广新技术和服务接入的战略。Hudson 博士已经设计或评估了很多地方的通信计划，包括阿拉斯加州、北加拿大、超过 50 个发展中国家和新型经济体。她还为私营企业、政府部门、消费者和当地组织以及国际组织提供咨询服务。她发表了无数的文章，出版了几本书，独自编写的书籍包括《From Rural Village to Global Village: Telecommunication for Developing in the Information Age》，《Global Connection: International Telecommunication Infrastructure and Policy》，《Communication Satellite: Their Development and Impact》，以及《When Telephone Reach the Village》；合著的书籍有《Electronic Byways: State Policies for Rural Development through Telecommunication》和《Rural America in the Information Age》。Hudson 教授是哥伦比亚大学远程-信息研究所斯隆产业基础的理事，Fulbright Asia\Pacific 优秀讲师，香港大学名誉研究理事，澳大利亚通信信息技术国际研究中心（CIRCIT）及夏威夷东西方中心的副理事。

3. Robert Crandall and Charles Jackson, "The $500 Billion Opportunity: The Potential Economic Benefit of Widespread Diffusion of Broadband Internet Access," in Down to the Wire: Studies in the Diffusion and Regulation of Telecommunications Technologies, ed. Allan L. Shampine (Hauppauge, NY: Nva Publishers, 2003), 155-94.

4. Cited in Thomas Bleha, "Down to the Wire," Foreign Affairs, May/June 2005.

5. www.oecd.org/sti/ict/broadband, December 2006.

6. S. Derek Turner, "Broadband Reality Check," Free Press, August 2005.

7. S. Derek Turner, "Broadband Reality Check ," Free Press, August 2005。Administration, September 2004.

8. "A Nation online: Entering the Broadband Age", National Telecommunications and Information Administration, September 2004.

9. 数据为人均州生产总值。根据人均州生产总值，新墨西哥的排名是倒数第十一名，同时它也是人均高速线路最少十州。Source: FCC, as of 30 June 2005, and U.S. Census Bureau, October 2005.

10. 阿拉巴马州，阿肯色州，密西西比州，俄克拉荷马州，南卡罗莱娜州，和西弗吉尼亚州。Source: "Computer and Internet Use in the United States: 2003," U.S. Census Bureau, October 2005.

11. Della Matthis, "E-Rate in Alaska: Telecommunication — Expanding Education and Library Service", June 2006, library.state.ak.us/usf/Bandwidthreport5-06.doc.

12. 译者注：美国基础教育的统称。"K-12"中的"K"代表 Kindergarten（幼儿园），"12"代表 12 年级（相当于我国的高三）。"K-12"是指从幼儿园到 12 年级的教育，因此也被国际上用作对基础教育阶段的通称。

13. Matthis, "E-Rate in Alaska".

14. Telecommunications Act of 1996, Public Law No. 104-104, 110 Stat. 56 (1996).

15. Also known as the Snowe-Rockefeller-Exon-Kerrey amendment.

16. 自 2005 年起，每 5 年合格企业就可以得到两年的因特网连接辅助金。See www.universalservice.org/51/tools/reference/eligsery_framework.asp.

17. For details, see www.sl.uniVersalservice.org/Referenceleligible.asp.

18. 数据来源：cumulative annual commitment data。可由下面连接访问 www.universalservice.org。

19. Personal interviews with Vermont officials, April 2004.

20. Christopher B. Swanson, "Tracking U.S. Trends"，Education Week, 4 May 2006.

21. EdLiNC, "E-Rate: Ten Years of Connecting Kids and Community"，Education and Library Networks Coalition, February 2007.

22. Source: American Library Association website, www.alawash.org.

23. 同注释 18。

24. EdLiNC, "E-Rate: A Vision of Opportunity and Innovation"，Education and Library Networks Coalition, 2003.

25. Andy Carvin, ed., "The E-Rate in America: A Tale of Four Cities," Washington, DC, Benton Foundation (2000): 16-17.

26. Quoted in Norris Dickard, ed., "Great Expectations: Leveraging America's Investment in Educational Technology," Benton Foundation and Education Development Center, 2002, 20.

27. "Technology Counts 2008", Education Week, March 2008, www.edweek.org.

28. Swanson, "Tracking U.S. Trends".

29. Dickard、"Great Expectations", 23.

30. Swanson, "Tracking U.S. Trends".

31. "Technology Counts 2008", Education Week.

32. Public Law 104-104, the Telecommunications Act of 1996. See 47 U.S.C. (h)(2)(A).

33. 详细内容参见: www.rhc.universalservice.org/eligibility/services.asp。

34. FCC 把"最具成本效益的方法"定义为"满足所需服务特征、传输质量、可靠性及其他相关方面要求的成本最少方法"。参见: www.thc.uniyersalservice.org。

35. Federal Communications Commission, "Report and Order, Order on Reconsideration, and Notice of Proposed Rulemaking in the Matter of Rural Health Care Support Mechanism", 13 November 2003.

36. Federal Communications Commission, "2003 Rural Health Care Report and Order and FNPRM".

37. Federal Communications Commission, "2004 Rural Health Care Report and Order and FNPRM".Docket No.02-60, adopted 26 September 2006, 3.

38. Federal Communications Commission, "In the Matter of Rural Health Care Support Mechanism", WC Docket No.02-60, adopted 26 September 2006, 3.

39. Analysis by the author of annual commitment data provided at www.rhc.universalservice.org/funding/asc.

40. See www.afhcan.org, and Heather Hudson, "Rural Telemedicine: Lessons from Alaska for Developing Regions," Proceedings of Med-e-Tel 2006, Luxembourg, April 2006.

41. Federal Communications Commission, "Rural Health Care Support Mechanism", 1-2.

42. "FCC Launches Initiative To Increase Access To Health Care In Rural America Through Broadband Telehealth Services," 19 November 2007. See www.fec.gov/cgb/rural/rhcp.html.

43. 其他用途有计算机测试、分解和报告学生数据。

44. Coalition on School Networking: www.cosn.org/about/press/071906.cfm.

45. 同注释 44。

46. 数据来源: www.digitalpromise.org。

47. 参见: www.digitalpromise.org/newsite。

48. FCC Public Notice DA07-2470, released 11 June 2007.

49. See, for example, Randy Dotinga, "Fraud Charges Cloud Plan For 'Wired' Classrooms,"

The Christian Science Monitor, 17 June 2004.

50．Recommendations of the Task Force on Prevention of Waste, Fraud, and Abuse, September 2003.

51．Government Accountability Office, "Telecommunications: Greater Involvement Needed by FCC in the Management and Oversight of the E-Rate Program," Report to the Chairman, Committee on Energy and Commerce, House of Representatives, February 2005.

52．"Problems with The E-Rate Program: GAO Review Of FCC Management And Oversight"，Hearing Before the Subcommittee on Oversight and Investigations of the Committee on Energy and Commerce, House of Representatives, 16 March 2005.

53．Federal Communications Commission, Notice of Proposed Rulemaking, "Comprehensive Review of Universal Service Fund Management, Administration, and Oversight"，WC Docket No.05-195, released 20 July 2005.

54．Personal interviews with Della Matthis, Alaska E-Rate coordinator.

55．Personal interviews with Vermont officials, April 2004.

第十五章　公共服务媒体 2.0[1]

Ellen P. Goodman[2]

内容提要：本章将提出如何将公共广播电视系统转变为数字大众媒体系统的一些想法，重点关注电视。这一转变显然是必要的，但是政治上存在一些困难。这些困难至少带来下面三方面的挑战：（1）调整现行的制度，将资金从广播设施运营中转移；（2）重新定义享受大众媒体基金的实体；（3）改造版权豁免和许可证系统，使得公共媒体实体能够以合理的条件获取内容，再将公共媒体内容通过所有平台展播，最终让公众能够参与和反复使用这些内容[3]。

一、历史和相关背景

（一）起源

美国公共广播电视系统是 20 世纪 60 年代由分散的地方电视台整合而成的，这些地方电视台原先只提供教学和其他教育节目[4]。1965 年，独立卡内基委员会（the independent Carnegie Commission）发表一份行动计划《公共电视》，要求建立一个新的"公共电视"系统[5]。该系统将保留其本地特征及其与地方和区域机构（如大学院校）的关系[6]。它还将制作和播出有特色的国家节目[7]。最终，正如 E.B.怀特在寄给卡内基委员会人员的信件中所说的那样，公共电视将致力于通过节目"打造自己为卓越的偶像"，节目将"激发我们的梦想[和]满足人们对美的渴求"，播放该节目的系统将成为"我们的莱西昂学院，我们的肖陶扩村……我们的亚瑟宫殿"[8]。1967 年的公共广播电视法则很好地继承了卡内基委员会的这些建议[9]。

（二）结构

公共广播电视系统目前由三个部分组成：（1）由联邦电信委员会（FCC）授权的非商业性教育电视和无线电台[10]；（2）由公共广播电视系统（PBS）和全国公共广播电台（NPR）组成的国家网络委托、收集、有时自己制作（如 NPR）节目；（3）公共广播电视公司（CPB），这是一家私人非营利性公司，由联邦政府任命其董事会成员，目的是为国家网络、制片人和电台注入联邦拨款资金[11]。公共广播公司的目标是"促进发展，并确保人们能普遍获得非商业性高品质的节目和电信服务"，为此它确实正"与全美非营利性教育电信特许组织合作"[12]。 PBS 和 NPR 的资金都是由他们的会员电视台以及 CPB 提供，但不会直接获得联邦基金的资助。

PBS 与商业广播电视网络不同，他们没有站台，也没有从属协议迫使各电视台承担传送国家网节目的义务。而本地公共电视台则购买 PBS 节目，通过会员费资助网络，并派代表进入董事会。因此，本地电视台自由安排时间表，并强烈影响着 PBS 的发展方向。NPR 的处境是相似的，但 NPR 自己生产了许多节目， 而 PBS 与此不同， 它收集会员电视台和独立生产商制作的节目，并为这些节目冠以品牌。公共广播电视系统是由联邦年度拨款、联邦节目和（或）基础设施拨款、以及州、地方和私人资金共同资助的。2005 年，联邦拨款不到总额的 20%（通过 CPB 分拨的年度拨款接近四亿美元，占总资金的 16.3%；联邦赠款 0.66 亿美元，占资金的 2.8%）。州和地方政府的资助约占总额的 25%，其余的资金全部来自企业赠款和个人捐助。

公共广播电视系统的另一种补贴形式是频谱保留。每个本地市场中，都会预留一些广播电视频段供非商业运作。现在大约有 360 家非商业性电视台和 10 倍数目的非商业广播电台（并非所有这些机构都能获得联邦基金资助）。本地电台覆盖范围往往会有重叠，因此任何给定市场中的消费者都能够接入几个公共台站，而在最大市场上会有很多本地电台被授权服务。并非所有的非营利性电台都播放国家 PBS 节目，但在某些市场，存在一个以上的电台运营国家公共广播电视网节目业务，这造成了该市场的节目重复播出。所有这些台站累积完成了 18 亿美元市价的数字转换。数字台站现在能够利用电视频率提供多个节目数字流，并已开始推出多个专门提供艺术、儿童、外国语言、新闻及公共事务等各类节目的频道。

根据民意调查，公共广播电视机构同样也被认为是文明社会中非常重要的固定资产。但是，甚至公共广播电视支持者都不太确定这些机构及其产品的用途到底是什么。在最一般的情况下，公共广播电视被认为是商业媒体产品的补充物，可以帮助大众实现普遍获得各种语言产品的愿望[13]。"如果市场不能生产出高质量（和非商业性）的儿童节目，公共广播电视则应填补这一空白。凡市场不能播出的艺术节目或农村地区艺术生活节目，公共广播电视则应涉足。当市场中只有综合媒体公司时，媒体公司与本地服务社区关系不再密切，公共广播电视则应维系这些关系。在所有这些情况下，要求公共广播电视提供产品和服务是为了满足社会和公民的需要，而不仅仅是取悦消费者。

与此同时，公共广播电视系统也应成为市场的补充，它还应当反映现有观众对特别媒体产品的喜好（这是市场真正擅长的）。如果公共广播电视过多投资于受众不多的节目，它将承受过多的风险。这种担心使得公共广电机构也和它们商业广电同仁一样在乎收视率，虽然他们并不依赖广告支持。然而，利用市场测量方法判定节目价值并引导其发展很难获得公众支持与认可。在发展大量受众的同时关注服务不足的"利基"（Niche，也称小众）的努力与公共广播电视的使命相矛盾，引来对公共电视的猛烈批评[14]。

公共广播电视法或公共广播电视机构章程都没有明确公众广播电视或公共媒体的使命。有一些关于使命的陈述，例如，在《2004年PBS使命陈述》中提到，PBS的使命是"挑战美国心灵；激励美国精神；保护美国记忆；加强美国对话；促进全球理解"。但在这些热情的期望中，对公共广播电视和市场的关系，或对在动态媒体环境中公共广播电视媒体的作用，并没有进行更多的阐述。

二、主要争议

部分原因是由于大家对公共广播（电视）系统预期作用没有一致的观念，使得该系统长期受困于资金和内容上的争议。每年讨论向公共广播（电视）公司提供资金事宜时，一方面有人呼吁取消用于公共广播的经费，另一方面又有人提议停止年度拨款，改为一种更长期的、可持续的信托基金模式[15]。关于公共广播内容的争论虽是资金争议的一部分，但往往是独立于其他资金争议的。这些争议总是围绕着公共广播机构是否满足其提升"客观性和平衡性"的法定承诺（这并不是一项条款）[16]。最常见的指控是公共广播节目过于自由，不能传达传统的观点；或是太主流，不能传达少数人的声音或边缘的观点。这些争议归根结底是关于公共广播电视以及更一般的公共媒体的正当性方面存在着基本分歧。

（一）基本原则

反对继续资助公共广播的做法通常有两种形式。最一般的形式就是反对政府参与媒体内容的生产和传播。在他们看来，美国宪法第一修正案中规定政府不得剥夺言论自由，这就意味着政府应停止支持言论的创造。这种对第一修正案的消极诠释将言论生产与言论审查看成是一类概念。该想法认为利用政府资源鼓励言论，就像使用政府权力阻止言论一样，可能扭曲公共舆论[17]。

对公共广播资金的第二种反对形式是针对今日媒体存在大量"利基"[18]和非商业性内容的特殊环境提出的[19]。甚至在那些不坚决反对政府资助舆论的人群中，有些人也认为补贴媒体的时代已经过去了。公共电视是应对由三大广播电视网络主宰的媒体环境而建立的。在这种环境下，节目数量有限，一般都迎合大众口味，几乎没有针对利基观众制作的节目。公共广播的工作应该服务这些"未服务和服务不足"的观众[20]。从20世纪80年代开始，有线电视频道开始提供利基节目。其中，发现（Discovery）和五分钱影院（Nickelodeon）提供的节目与公共电视倡导的节目类型大致相同。面对节目开始丰富起来的新局面，公共广播评论家开始认为，无论大众媒体补助曾经是多么必须存在，但是它现在已经没有存在的必要了。

公共广播捍卫者反对上述批评，其论点即便不总是准确的，但却是充满热情的。关于政府资助舆论媒体的一般性问题，公共广播的支持者借鉴了第一修正案惯例，该惯例视言论自由条款为一种命令，既支持政府采取积极举措，又允许政府明令禁止。根据这些惯例，如果私营部门抑制或未能提供充沛的言论机会，政府有义务涉足该领域以放大自由言论空间[21]。因此，政府补贴媒体用来增加言论的多样性和范围，这即使不是明文要求的，也符合美国宪法第一修正案的价值观。这种观点将政府对公众言论的责任视为政府塑造民主社会以及平衡市场和公共利益关系的积极手段。因此，公共广播与追求某种政治目的的政府活动之间有了天然的、更普遍的关联。

对于通过大众媒体补充市场需求的问题，公共广播的支持者不认为目前的媒体市场能够提供充分民主所要求的那种多样性和广泛性。支持大众媒体的市场失灵论点已经不再像原先那样简单，即广播频道的短缺就是节目一味迎合大众口味而忽略了节目的整体风格以及受众的结果。今天，市场失灵有了另外两个假设：（1）有必要考虑风格之外的因素评估节目是否满足了不同观众的利益；（2）媒体环境虽然与30年前截然不同，但仍然是由几个大公司（内容提供商、电视和宽带服务提供商和搜索引擎）主宰，他们追求利润，这往往使他们无法提供所需的媒体内容，即使新兴非商业内容提供者也不愿提供到网络上。

关于流派问题，反对资助公共广播的人们坚持认为，现在许多公共广播电视系统的力作在很多媒体上重播，像历史频道（History Channel）、尼克罗迪恩频道（Nicklodeon）、家庭影院频道（HBO），以及有线电视和互联网上的独立电影频道。另一方面，支持继续资助公共广播的人们则主张，把风格相似当作内容相似是错误的。即使商业媒体提供与公共媒体同一风格的节目，他们认为公共媒体提供效果会更好，就像民意调查所显示的那样。例如，"大多数美国人认为，公共电视提供的高质量节目比任何主要商业新闻网络提供的更值得信赖，它往往更有深度和更少偏颇"[22]。其他价值尺度包括：公共电视将其收入为其纪录片、儿童节目和艺术节目以不定比例分配额度，以及公共媒体愿意投资节目制作以维持标准质量的资源。

在提供同一风格节目时，大众媒体和商业媒体之间最显著的区别当然就是公共媒体的节目是非商业性的。尽管公共广播依赖企业包销支持和联合推广活动，人们还是对它在多大程度上还保持着非营利性的问题议论纷纷。但是，不管非商业节目赞助商的公告看起来多商业化，但他们很少影响节目，因此赞助商对非营利性性质的影响并不大。更重要的是，商业性和非商业性媒体在组织上的不同会影响它们生产的节目。人们最经常提到的制约商业媒体内容的因素之一是来自股东的压力，大型上市公司都必须满足股东的短期盈利期望。这种压力倾向于减少公司对新型节目的尝试，也不愿意支持那些不会立即吸引观众的节目[23]。由于公共广播不存在这些压力，他们可能更愿意尝试不会立即"成功"的节目，并投资那些依照商业标准永远不可能成功却对社会有益的节目[24]。

现在，对公共广播的批评越来越多地来自业余和其他非经营性网络媒体，而不是商业。这应该引起公共广播机构的极大关注，许多曾经强烈支持公共广播的媒体评论员现在更多地关心在线活动。在网络环境中，对公共利益的思考往往比内容相关的思考更具建设性。维护公众利益的重点是确保数字网络继续对多元的、独立性的内容提供商开放（即所谓的"网络中立"），并且在法律上允许对知识产权进行创造性利用。这些支持者中的大部分认为一些播客、业余视频、合作完成的调查报告、以及其他基于 Web 的独特内容都是对公共电视内容的重要补充，甚至会取代某些公共电视内容。参与者可以在网络媒体的社区自由体验、对利基观众发言、创造新文类，并为非主流群体制作节目；在这些方面，网络媒体甚至已经超越了非营利电视节目制作人。

无论是在电视或网络环境，非商业性业余制作的局限性和专业制作媒体的持续作用都必须得到进一步的解析和阐述。若想替代公共媒体，网络业余媒体主要存在两个能力缺陷。

第一是专业规范和规章不允许公共电视台控制业余在线创造。若想获得联邦拨款，非商业电视节目必须符合相关商业赞助的限定条款。此外，已建立的专业规范和规定要求公开可能会影响公共电视节目的商业和其他利益。相对来说，在网络世界中，目前尚不清楚何种程度的商业利益渗透不会改变非商业性节目的性质。例如，任何张贴广告的网站所有者都在为了吸引更多地广告而有意筛选内容。即使那些不接受广告的博客人和其他业余内容提供者也有可能被收买或是受到鼓动，他们也会吹嘘某些产品和服务，而不顾及所造成的可能影响[25]。

其二，业余产品不总是专业媒体内容的合理替代品。视频分享网站的声望主要依靠业余创作，例如YouTube，这表明业余制作能服务主流媒体不能满足的体验和顾客。事实上，通过协作的方式，业余创作已经做出了显着的贡献，例如维基（Wikis）和公民新闻计划。它们把分散的个人联合起来生成信息，所能生成的信息量超过了专业团队所能做到的水平[26]。然而，并非所有创作形式都可以采取这种集体努力的方式。一小时的公共电视纪录片费用在50万到100万美元之间[27]。如果创作者想把他们的电影与社区行动和教育融合在一起，这一数字可能会翻倍。公共广播系统与比尔莫亚在2002年共同打造的关于人道死亡的纪录片（On Our Own Terms）就是很好的例子[28]。也可采用其他种类的资源密集程度较低的纪录片形式。事实上，前线（Frontline）自己制作的《公共电视首个公共事务系列片》[29]就是追求这种形式并以此为特征的[30]。但这些业余制作很少能够做出像长篇纪录片前线那样持续、认真和准确的报道。总的来说，这种资源密集型的新闻调查方式的缺点已经日益凸现，这其实曾是大型日报的一种主要方式[31]。在数字时代，特别是在这方面，公共媒体是满足其他方面未满足需求的潜在提供者。

总之，虽然人们无法预测数字媒体将如何演变以及哪些鸿沟将仍然存在，但是可能无论是市场还是非商业的业余爱好者都无法提供社会所需的所有媒体产品和服务。英国广播管理机构（Ofcom）在其数字化时代广播的研究中总结到，公共传媒将来还是重要的，甚至当媒体市场能够对消费者提供更好的服务时仍是这样。这是因为从消费者的角度和公民角度讲，人们的需求会有差别，所以人们作为消费者的需求与"'消费者'作为公民的所有需要"是不对等的[32]。作为一种纯粹的消费品媒体和作为一个民主交流和成长手段的媒体的区别是公共媒体基金存在的重要理论基础。

（二）资助形式

目前，除了对公共广播资助理由有分歧，对资助应当采取的形式也存在争议。在美国，大多数政府对公共广播的资助都采取现金拨款的形式。另一种不为大众所知的资助形式是免除一般著作权责任。

公共媒体节目的制作者，像所有的生产者一样，必须明确节目内容的版权。在许多情况下，特别是在纪录片中，内容生产者需要明确的版权数量非常大，因为大众喜爱的大众媒体如纪录片，需要素材档案和录像。在1976年部分改写的版权法中，美国国会为公共媒体节目制作者提供了几个特别版权权益，这是考虑到他们缺少通过市场博弈争取明确版权的手段。公共广播机构被赋予的两个最重要的权利是：（1）有权在未经教育电视和广播节目允许的情况下，免费使用语音纪录，只要节目不被"商业展播"[33]；（2）使用《已出版非影响巨大的音乐作品和已出版图片、图表及雕塑作品》的强制许可拥有者需要交纳著作权监管委员会确定的版税[34]。

技术和商业的变动使这些版权条例的作用越来越小。尽管其适用范围并不完全明确，但似乎他们只为减轻广播电视节目的负担。由于现在大多数公共电视内容在网络和其他媒体上传播，所以除了广播形式，公共广播电视提供者不能主要依靠该法定条例。此外，即使该条例确实适用，其创作题材的限制也不符合公共广播提供者通常采用的内容种类。公共广播提供者抱怨说，他们很难为新项目捆绑适当权利，更重要的是，他们不清楚该用什么样的方式重新使用已有公共广播内容。一个典型的例子是屡获殊荣的民权纪录片《关注价格（*Eyes on the Prize*)》。因为生产者不能明确对纪录片音乐用于广播和其他用途时的权利，致使纪录片慢慢淡出了人们的视野。

一旦公共广播公司制作内容被展播，那些对内容复制、展播和传输的限制也明显约束了人们对这些内容的自由使用。英国广播公司已经对档案进行了创新，这使得公众可以免费使用数字化内容。千万个音频和视频剪辑内容供大众非营利目的的浏览、共享和编辑[35]。美国公共电视台也已经通过一个开放媒体网络（Open Media Network）项目，做出了类似的尝试，但大西洋两岸的这些尝试都因权利明晰问题而受阻。

同时，公共广播公司期望人们能够更多地访问有版权的作品，但是版权所有人质疑为什么公共广播公司会得到对其著作权开发的特别照顾。版权所有人认为，对有著作权的如音乐或视频剪辑等作品的使用是有营业成本的，很像电力和水的使用一样。

人们对公共广播是否应保留特殊版权特权以及特权范围存在争议，争议主要集中于一个根本问题：即公共广播是否依然是媒体的一个重要组成部分。根据上述理由，公共媒体无论现在还是将来都应该以某种形式被保留，从而让公共媒体在我们媒体环境中继续发挥其特殊作用。但这种职能必须得到进一步阐明，负责履行职责的公众媒体机构必须进行改革，以提高公共媒体在数字时代中的运营效率。

三、公共媒体 2.0：改革建议

公共传媒仍然是必需品。对公众媒体的投资有助于资助那些市场不愿意、其他非商业参与者（如业余内容提供者）又不能提供的节目和服务。而公共广播的反对者恰好指出了公众媒体市场失灵的理由还不够具体。究竟什么样的媒体产品市场是无法提供的，以及为此政府应该出台哪些支持性政策？此外，除了市场失灵，公共媒体能对民主参与产生什么作用？即什么样的媒体产品和服务种类值得社会大众支持，而且支持的理由不是因为消费者存在这样的需求，而是因为它们像艺术博物馆和图书馆那样服务民主愿望？

这些关于公共媒体作用的问题需要持续验证，可以采取新卡内基委员会的形式：系统地调查媒体宏观信息，确定最需要支持哪些类型的非商业性服务和内容，以达到"百家齐鸣、百花齐放"的目的。

无论公共媒体长期发展后最终会提供怎样的内容和服务，为了资助数字时代公共媒体，我们需要在短期内对其结构进行如下改变：（1）公共媒体基金应独立于广播电视平台；（2）扩大有资格获得公共媒体基金的组织范围；（3）修改版权法，让版权法更好地反映当今内容使用的实际状况。

（一）重新定义公共广播媒体

近几年，公共广播机构在产品多样化方面取得长足进步。在网络和其他数字展播平台上，现在经常可以看到 PBS 和地方电视台的节目，他们提供教师指南和其他教育材料，张贴大量历史资料和其他与节目有关的信息，并提供互动工具和交流经验，还会举行许多其他活动。因此，用"广播电视"一词远不能体现那些公共资金资助组织的真正作为。随着非广播活动数量及其份量的增加，我们似乎应该将"公共广播"理解为公共广播机构提供的媒体内容和服务，与播出方式及形式无关。

随着从广播到其他展播平台和媒体形式的转变，人们自然会提出这样的问题：现在广播基础设施和电视台的大部分工作已经不是广播，那么为什么公共资金还要支持这些组织？而且即使广播是这些实体的中心

活动，为什么公共媒体基金应该用到广播上？尽管广播仍然是展播视频
节目的重要方式，但现在超过 85%的民众是通过非广播媒体接收电视节
目。因此，公共媒体基金结构和现实媒体产品展播方式之间越来越不匹
配，公共媒体基金强力支持广播媒体，而现实中公共广播已经不是媒体
产品展播的最主要途径。

我们应该重构现有以广播为中心的系统，从而减小政府拨款中广播
电视站台的运作和设施的占比。如后边讨论的那样，修订公共广播法从
而扩大有资格获得资金的实体集合，这样的做法能够减少广播电视的运
作和设施在拨款中的占比。除非公共媒体的资金总额增加，否则广播电
视站台的资金必须下降。无论增加资金的政治可能性到底有多大（至今
可能性都不大），增加对公共媒体资助的讼案，必须包括媒体市场在达到
对公民提供信息和活跃生活这一民主目标上失灵的系统性研究。例如，
这项研究可以告诉我们，现在那些用于艺术节目的资源如果改用于科学
节目效果是否会更好，或是否需要针对非营利性在线工具（如搜索和社
交网络）建立新的基金。

即使公共媒体基金将会增加，我们还是需要修订现有的筹资模式。
根据现行法律，任何给定广播市场中的多样性非商业电视台都有资格获
得联邦资助，而且每个市场都至少有一个获得联邦资助。每一电视台都
必须有人员和传输设备，而且许多电视台也要维护生产设施。这样，不
仅是基础设施可能存在冗余，而且节目也会有类似情况。因为大多数非
商业电视台都转播 PBS 著名的《国家服务节目（National Program
Service）》，从而不同程度地补充电台其他节目。在某种程度上，覆盖范
围有重叠的广播站要传递各具特色的节目，所以现在也许有可能把《国
家服务节目》聚集在单个广播站播出。数字电视技术使得广播站能在单
一模拟信号线路上传输多个节目信息流。在一些较小的电视市场，受众
人口不可能支持全系列的商用网络。在那里，一些电视台保持着双向从

属关系，对两个网络的节目进行转播。传输非商业节目时，电台也可以采用同一共享模式，这样一个广播台可以通过多路频道吸收原来独立电视台的节目。

减少系统中的电视台的数目可以释放一些联邦资金来资助其他媒体活动。CPB 的"社区服务补助金"用于资助公共电视台的运营，补助金额差别很大，得到补助金额最少的是佛罗里达州可可市，只有 50 万美元；最高的是分别处于纽约市和洛杉矶的最大电视台，分别获得 0.12 亿美元补助[36]。上述数额还不包括其他年度的 CPB 补助和特别联邦津贴等，这些款项都是为了让广播台引进数字电视台设备。2006 年，这些额外的补助和津贴的资金总计高达 0.327 亿美元[37]。此外，电视台还会接收数量可观的私人资金，或许还会接收州政府资金。

我们并不是说应该从广播中剥离公共媒体系统。广播（电视）现在仍是唯一几乎无处不在的免费宽带媒体。广播公司相对于其他媒体还有其他优点。由于他们扎根于这个社会，与社会保持着长期关系，因此广播可能对地方问题和风格特别灵通和敏感。服务本地通常会成就本地节目，促进本地节目人才的发展。由于广播所特有的价值，每个电视市场中应当有且仅有一个广播台存在。在一些市场，可能有其他形式的当地基础设施和承诺，以及发展人力资本的替代方法，那么保留当地非商业广播电台就不再那么重要了。在许多方面，关闭非商业电视台的工作和关闭军事基地的任务很相像。每一个社区都希望保持自己的基础，因为电视台会带来收益，但是系统作为一个整体需要精简，无论过程是多么痛苦的。

（二）重新定义受赠者

为公共媒体提供的联邦资金中，绝大部分通过广播电台直接给了独立电视制片人。虽然这些电视台和制片人通常也会采取在线手段展播自己的媒体作品，但是他们主要关注的还是电视媒体以及如何将内容传送给受众。在1967年，当广播是唯一电子大众传媒时，这是理所当然的。但是现在看来已经不再合理，因为内容创造者可以为很多媒体平台创造内容，而观众也可以互动交流，并自己重新创作所接受的内容。

在数字时代中，人们需要公共媒体具备两个职能，而且有两种可能模式来保证这两个职能。一个职能是公共传媒一直扮演的：媒体内容支持民主社会中的公民职责和权利。这些内容与广播电视无关，但也许会采取博客、播客、流媒体和所有其他电子媒体形式。联邦基金的获赠者不必一定做电视项目或其他与广播电视相关的或依靠广播电视分发的制作。公共广播公司受赠者目前正努力调整生产模式，从而适应现有的"分享式的社会媒体工具"，"让公众提交内容和参与节目"[38]。这种努力引发了很多问题：公共媒体专业人员应该在多大程度上控制自己提议、收集和"制作"的内容。非公共广播受赠者的出现将减轻他们的压力（并启发他们），因为他们将提供内容制作的其他替代方法。刚刚起步的受赠者不受公共广播惯例的束缚，从而将引导专业级别的业余工作者走向不同于公共广播人士的发展道路。

数字时代公共媒体应有的第二个职能不同于内容制作，而且相当新颖：作为商业搜索和集合的一种非商业代替手段。在今天的媒体世界，可选内容数量庞大，远远超过个人利用哪怕很小部分的新产品和功能的能力。在数字民主中心的文献《超越广播：在数字时代扩大公共媒体（Beyond Broadcast: Expanding Public Media in the Digital Age）》中，以成千上万的博客，视频共享网站和因特网电台网站为例，说明了公共广播在数字时代所面临的一些新挑战[39]。其中，大多数提供商苦于寻找受众，因此很难与公共媒体的共享经历和公民参与的目标相一致。那些引导个人通过工具（例如：搜索引擎、在线索引和建议等）获得所需内容的机构对今天媒体消费的影响不亚于内容制作者。这些引导者就是搜索引擎和通过用户的亲密团、过去喜好以及各种商业利益引导顾客的其他服务。鉴于大众媒体在媒体领域中的核心引航地位，大众媒体能够在这方面起到重要作用，即引导人们关注那些满足公民需求的内容。

这可能是各个公共广播机构共同的最高和最佳目标，公共广播系统PBS 更是如此，在几十年来，公共广播系统已经建立了自己的品牌忠诚度和信任。应该如何资助这两个功能（创造非商业性媒体内容和导航工具）是一个需要创新思维的问题。一种可能的方式是拆除公共广播资金的现有结构，改革公共广播法，并把公共媒体资金简化成类似国家人文捐赠基金会（the National Endowment for the Humanities）采取的捐赠项目。在这种模式下，广播电台将像视频博客、公民记者以及其他组织一样申请赠款。这种模式有利于消除公共广播公司长期累积的官僚问题，如反应缓慢和成本高。然而，它也有几个缺点，至少存在放弃现有公共媒体资金系统并建立新系统的政治困境。

另外一个缺点是，它不利于全国公共电信系统的建设及维护。作为系统的一部分，而不仅是个人力量的集合，公共广播机构会在全国范围采取行动，努力发展专业知识，专注于节目，建立共享内容网络，并扩大全国电信（广播）基础设施资助。公共媒体系统必定会有冗余，但是，如上所述，这些冗余应该有益于协调工作。

是否有可能扩大 PBS 会员，使得公共广播不仅包括公共广播电台，而且还包括活跃于任何媒体的独立非商业媒体生产者？是否可以改变CPB 的职能，使得它可以辅助包含各种非商业性受赠者的公共媒体系统？再者，这些机构以及其他类似机构，是否需要一个独立的机制，该机制负责将联邦基金分拨给非商业性媒体产品和引航产品？对这些问题的答案将取决于现有公共广播机构是否有改变的意愿，以及政府是否将改变公共广播机构。

无论会采用怎样的方式将系统向新型制作者和新型媒体产品转变，其中不变的是：所有受赠者应有义务遵循非商业模式。他们应该被视为非营利组织或个人，而联邦基金应该资助的是没有广告的产品和服务。最终，非商业性的承诺要变成公共媒体的标志，并应继续成为公共媒体的核心。

（三）重新定义资助

2008年NPR推出一项新服务，该服务能够让用户访问大量的NPR内容，其中包括1995年至今大部分NPR节目的音频资料，以及文本、图像和其他来自NPR及其成员电视台的内容。总之，服务开始时，NPR就提供超过25万个故事片供个人和非营利目的的使用。提供开放、非营利性存档内容访问服务是公共媒体对公共信息领域做出的最重要贡献之一。特别是当商业媒体利用自身版权限制公众访问重要历史或是文化内容时，公共媒体组织就应该起到这样特殊的作用，使得公众可以继续访问过去的节目。

不幸的是，由于权力限制，公共广播公司（尤其是公共电视），一直不能通过网络、DVD甚至广播电视展播很多重要节目。上述特别版权豁免及许可等措施，本应能够促进节目展播，但由于太过陈旧，不能适应现在的播出方式。此外，这些规定都不适用于新的公共媒体受赠者，因为这些新受赠者并不依赖广播电台。应当调整版权法律，使得公共媒体资金的联邦受赠者能够依据合理条款获得内容，也能通过所有平台把公共媒体内容推向受众。

关于公共广播版权条例还存在另外一个问题，它们不仅技术上过时，更重要的是，它们并没有规定公共广播机构有义务利用特殊版权豁免权和许可，让大众有机会接触自己创造的内容。任何受益于特别版权法的组织都应慷慨地允许公众进行再创造（Follow-On Creativity），从而造福公众。也就是说，一个人不仅应该能够访问公共媒体组织的档案内容，还应可以自由地在原内容中添加合理内容，形成一个新非营利产品。这样，版权就可以是互惠的。如果某些作品已经编入公共媒体内容中，有创意性的社会必须减少对这些作品的版权保护。这样的做法对这些作品也是有好处的，即当作品正式发行时，作品的访问量和使用量就有望提高。总之，版权法应该修改，从而确保公共媒体制作者能够以合理的条件接入视频、音频和图形，而且公众反过来也可以访问由此产生的内容。

　　未来公共媒体应继承现有义务，例如有义务培养新人才、支持不同的声音、提供非商业性的媒体内容和对社会繁荣至关重要的经验，以及确保所有美国人都能够获得这些产品和服务。但是在数字时代里，人们对公共媒体内容的期望以及提供这些内容的组织及个人都需要改变。新形式的媒体制作方式、新媒体互动功能以及市场发展都应该是开放大众媒体模式。此外，必须明确的是，公共媒体的价值不应该运用商业等级来衡量，而是应该采用"公共价值标准"来衡量。换言之，公共媒体的内容新意在哪里，以及这些内容和方式的创造对公众有什么价值？本章提出了一些关于公共媒体应该如何演进发展的想法，但仍需要实证工作来详细阐明公共媒体的使命，并设置适当的资金优先次序。我们尤其需要了解商业运作的缺点以及非商业媒体的合理资助方式。

注释：

1. 本文参考 2009 年在美国出版的由 Amit M. Schejter 主编的《. . . And Communications for All》一书中的第十四章（Public Service Media 2.0），本文经由作者修订、扩展和更新并同意在中国再次翻译出版。该文章经由白如雪和张彬翻译。

2. Ellen P. Goodman 博士是卡姆登市拉特格斯大学法律学院的教授。Goodman 教授的研究方向是信息技术法，所涉及的范围有电信、广告媒体和知识产权。她一直是国家科学基金、联邦通信委员会、布鲁斯金学会、阿斯本研究所以及其他政策和学术团体的专家小组成员。Goodman 教授是宾夕法尼亚大学法学院的客座副教授，宾夕法尼亚大学沃顿商学院的访问学者。她是在 2003 年 1 月开始在拉特格斯大学工作，之前 Goodman 教授曾在华纳兄弟有限责任公司的律师事务所工作，负责信息科技法相关事宜。Goodman 教授毕业于哈佛大学和哈佛法学院，毕业后在宾西法尼亚东区的 Honorable Norma L. Shapiro 工作过。

3．Reform proposals with a good understanding of new media and the role of independent media can be found in Center for Digital Democracy, "Beyond Broadcast: Expanding Public Media in the Digital Age (1 February 2006), www . democraticmedia.org/issues/public_media/beyond_broadcast (28 July 2008).

4．A Public Trust: The Report of the Carnegie Commission on the Future of Public Broadcasting (New York: Bantam Books, 1979), 33-35.

5．The Report and Recommendation of the Carnegie Commission on Educational Television: Public Television, A Program For Action (New York: Harper & Row, 1967).

6．卡耐基委员会（The Carnegie Commission）希望非营利性节目可以 "对本地生活有更深的理解……诚实地再现社区生活……把家庭会议也纳入节目……因为那是社区居民展现他们期望、不满、热情和愿望的地方"。Public Television, A Program For Action, 92-99.

7．如果我们希望服务美国公众的全部需求，那么就应该建立财务良好、制作精良的教育电视系统，它的规模将相当大，而且要比美国现有系统更加普遍和有效。Public Television, A Program For Action, 3 .

8．Public Broadcasting Policy Base, "E. B. White, s Letter To Carnegie I, Letter from E. B. White, to Stephen White, Assistant to Chairman, Carnegie Commission (26 September 1966), www.current.org/pbpb/carnegie/EBWhiteLetter.html (28 July 2008).

9．47 U.S.C. § 396 (a)(5) (2000). 文中提出，为了深化一般福利，非营利性电视不仅应该照顾到特定区域人民的利益，还应当对全美利坚合众国人民的利益负责。全美国人民利益的表现将具有多样性而且精彩纷呈。

10．47 C.F.R. § 73.621 (2000) . 非营利性教育电视台将继续展播原先主要用于社区教育需求的节目，优化教育节目，充实非赢利性和非商业性电视广播服务。

11．9.47 U.S.C. § 396 (2000). 授权为公共广播创立非营利性的企业，旨在将联邦资金集中用于非营利性广播电视电台以及制片人。

12．参见：www.cpb.org/aboutcpb/goals。

13．Willard D. Rowland Jr., "The Institution of U.S. Public Broadcasting", in *Public Television in America*，ed. Eli M. Noam and Jens Maltermann (Germany: Bertelsmann Foundation, 1998), 14.

14．批评公共电视存在政治偏见，无法积聚更多的受众（Chris Johnson, "Federal Support

of Public Broadcasting: Not Quite What LBJ Had in Mind", 8 *CommLaw Conspectus* 135 (2000)：138-40.)；讨论国会试图取消公共电视资助，并批评公共广播过于依赖其明星节目（Howard White，"Fine Tuning the Federal Government's Role in Public Broadcasting",46 Fed. Comm. L.J. 491 (1994): 501-3,513 .）。

15. "Completing the Digital Television Transition: Hearing Before the Senate Comm. on Commerce, Sci. and Transp.", 108th Congress (2004) (testimony of John M. Lawson, president and CEO, Association of Public Television Stations), commerce.senate.gov/hearings/testimony.cfm? id = 1220&wit_id=3514 (28 July 2008).

16. 报道了所谓的左倾节目为 PBS 带来的政治压力（47 U.S.C. §396 (g)(l)(A) (2000)；Ken Auletta，"Big Bird Flies Right"，New Yorker, 7 June 2004, 42）。

17. 当政府传递给我们的是带有偏见和欺骗的新闻时，那么政府就是在利用民主概念。参见：Statement of David Boaz, Executive Vice President, Cato Institute, before the Committee on Appropriations Subcommittee on Labor, Health and Human Services, Education, and Related Agencies, U.S. Senate, 11 July 2005, "Ending Taxpayer Funding for Public Broadcasting".

18. 译者注：利基（市场）指向那些被市场中的统治者/有绝对优势的企业忽略的某些细分市场，利基市场是指企业选定一个很小的产品或服务领域，集中力量进入并成为领先者，从当地市场到全国再到全球，同时建立各种壁垒，逐渐形成持久的竞争优势。

19. Ellen P. Goodman，"Media Policy out of the Box: Content Abundance, Attention Scarcity, and the Failures of Digital Markets"，19 *Berkeley Technology Law Journal* 1939 (2004).

20. 47 U.S.C. §396 (a)(6) (2000).

21. Cass R. Sunstein, *Democracy and the Problem of Free Speech* (New York: Free Press 1995), 18-19.

22. James Barksdale and Hundt, Digital Future Initiative: Challenges and opportunities of Public service Media in the Digital Age (15 December 2005), 23.

23. Robert W. McChesney, The Problem of the Media: U.S. Communication Politics in the Twenty-First Century (New York: Monthly Review Press, 2004).

24. 非营利性电视或许是创新节目的展播平台（Meredith C. Hightower，"Beyond Lights and Wires in a Box: Ensuring the Existence of Public Television"，3 *Journal of Law & Policy* 133, 137 (1994)）。

25. Jack Neff，"P&G Relies on Power of Mommy Bloggers; Giant Calls Them the 'New Influencers'"，*Advertising Age*, 14 July 2008.

26. Yochai Benkler, The Wealth of Networks (New Haven, CT: Yale University Press, 2006), 219- 55 (describing collaborative production of Internet media); Dan Hunter and Gregory F. Lastowka, "Amateur-to-Amateur", 46 *William & Mary Law Review* 951 (2004).

27. 据推算，PBS 一小时纪录片的预算通常在 60 万美元（Edward Nawotka, "TV Documentary Chornicles Indies' Challenges", *Publisher Weekly* 255 : 24 (16 June 2008)）；公共电视纪录片的预算是在 10 万至 100 万美元之间（Stephen Smith, " What the Hell is a Radio Documentary?", Nieman Report 55:3 (31 December 2001)）。

28. Ellen P. Goodman, "Media Policy Out of the Box: Content Abundance, Attention Scarcity, and the Failures of Digital Markets", 19 *Berkeley Technology Law Journal* 1389, 1469 (2004).

29. 参见：*Frontline*, www.pbs.org/wgbh/pages/frontline/us/.

30. 参见：*Frontline*, www.pbs.org/wghh/pages/frontline.

31. Lili Levi, "In Search of Regulatory Equilibrium", 35 *Hofstra Law Review* 1321, 1326 (2007) (describing the economic pressures that have led to a reduction in investigative journalism).

32. Ofcom review of public service television broadcasting phase3 (8 February 2005), 2.32.

33. 参见：17 U.S.C. §114(b) (2006).

34. 参见：17 U.S.C. §118(d) (2006). In addition, of course, public broadcasters can and do rely on the fair use doctrine when using content.

35. BBC, "Building Public Value: Renewing the BBC for the Digital World at 60-63" (June 2004), www.bbc.co.uk/foi/docs/bbc_constitution/bbc_royal_charter_and_agreement/Building_ Public_Value.pdf, accessed 28 July 2008.

36. Corporation for Public Broadcasting, 2006 Annual Report, CPB 2006 Grants and Allocations.

37. 数据来源：www.cpb.org/aboutcpb/finacials/funding。

38. Center for Social Media, Rapporteur Report, "Beyond Broadcast: Reinventing Public Media in a Participatory Culture" (12-13 May 2006), centerforsocialmedia.org/documents/ BeyondBroadcastRapporteurReport.pdf (28 July 2005).

39. Center for Digital Democracy, "Beyond Broadcast".

第十六章　为数字时代拟定媒体政策议程[1]

Kathryn Montgomery[2]

内容提要： 本章重点研究在不断增长的数字市场中如何建造框架，保障儿童和青少年的安全消费。文章首先描述影响新互动市场的一些主要趋势和做法，而后讨论它们对儿童和青少年的一些影响。然后，本文简要回顾美国儿童广告和营销政策历史。进而，本文讨论两个特别紧迫的问题，即食品销售和隐私政策。对这两个问题的迅速干预可能会对年轻人产生最显著和长远的影响。最后，本文针对如何在新媒体环境下，提出能够保护儿童和青年利益的更宽泛的政策议程，提供了一些相关建议。

因特网的迅速发展和数字技术的快速扩散正在创造出一种强大的新媒体文化。青少年往往是这一新文化的界定用户群，他们是新技术"早期使用者"的典范，积极使用大量的数字设备，将其融入于自身日常生活，形成一套新文化习俗，而这些文化习俗将迅速转为主流文化。他们就是 Web 2.0 这一共享媒体（如 MySpace、YouTube、Facebook 以及类似媒体）的特别热心用户。社交网站是增长最快的平台之一，尤其是在青少年中间。据 CNNMoney（2008 年）报道，Facebook 一年增长 125%，用户数超过 0.57 亿[3]。而 MySpace 则声称每月有 7 200 万个美国人访问其最受欢迎的网站[4]。

数字媒体对青年社会化也发挥着越来越重要的作用。互动媒体的特点对年轻人有特别吸引力，因为这些特征迎合了青少年几个关键成长要素，如挖掘个性、表达自我、注重交往和特立独行等。Forrester 调研公司的一项研究发现，青少年将数字媒体融入其生活的速度快于任何其他年龄段人群。该报告的作者之一向新闻界解释到："各年龄段的人都在使用设备装置和网络技术，但更年轻的消费者才是网络土著"。他们不只是上网，他们是"生活在网上"[5]。

关于儿童和新媒体公共政策的辩论仍旧以互联网安全为主，这主要源于人们对色情和暴力的长期担忧[6]。最近十几年来，联邦和地方一级的政策制定者已经发起了几十项旨在保护孩子免受互联网危害的活动[7]。最近，49 个州和哥伦比亚特区总检察长一致对 MySpace、Facebook 和其他流行的社交网络平台进行集中整顿，与公司签署了一系列提高安全性能的协议[8]。随即，美国在线（AOL）、AT＆T 公司、Facebook、谷歌、微软、MySpace、雅虎和其他媒体，与哈佛大学伯克曼互联网和社会中心（Harvard's Berkman Center for Internet and Society）开展合作，创建了一个新互联网安全专项组[9]。

在媒体的引导下，公众持续关注因特网的安全问题，结果导致人们无法更全面了解数字媒体对青少年生活的影响。社会向数字时代转型为我们提供了独一无二的机会，让我们可以重新思考孩子在媒体文化乃至整个社会中的地位。而过去，人们总是把孩子看作是媒体内容的被动接受者，但是新的媒体系统能够让青少年变成更积极的参与者和内容共创者。许多人积极投身于网络，是因为他们把网络当成可以将自己的写作、音乐和艺术作品展示给网上无限观众的电子展区。的确，越来越多的文献记录下了掌握新数字工具的儿童、青少年和年轻成人是如何利用多种数字手段（博客、手机以及社交网络），动员年轻选民，开展积极政治行动，并努力写信给国会提出政治主张[10]。当他们逐步在这个新的时代环境中成长时，他们所接受的价值观、行为模式和实践方法将伴随他们进入成年期，并影响下一代媒体及其与公众的关系。

与先前的媒体技术一样，互联网能否充分发挥潜力，不仅取决于技术发展，而且也受政治和经济力量的影响。作为一个公共媒体，互联网实际上只有十几年历史。在此期间，它的迅猛增长不亚于电视在半世纪前的迅速普及。像电视一样，互联网也带来了社会的巨大变革，其中许多变革才刚刚开始被人们所了解。但是，这个新媒介决不是一成不变的。正如我们所知，互联网正在发生根本性的转变。一种新的"互联网泡沫"正在形成中，而且它会让数字市场再次繁荣，引发戏剧性的合并，重新配置通信、媒体、高科技以及广告业。风险投资资本所有者花费数十亿美元，资助新的"Web 2.0"创业企业，投资下一代内容和服务，完善正在迅速形成顶尖技术水平的互动广告商业模式[11]。越来越多的美国家庭采用电缆或 DSL 接入技术连接高速互联网，而且移动通信技术正在迅速普及到所有人口，这都促使我们进一步走向宽带多平台时代，创造更便携、参与性更强、无处不在的数字媒体系统。

儿童和青少年被推向了这个蓬勃发展的新数字市场的核心。新数字市场被认为是非常有潜力的市场，以"数字土著"为目标，他们将决定未来的发展趋势。据 PRNewswire 在 2006 年发布的研究表明，美国 12 岁以下的儿童每年消费大约 180 亿美元，该研究预计到 2010 年会达到 214 亿美元。而且，家庭每年为儿童购买超过 1.15 亿美元的消费品[12]。

由顶尖级全球企业、广告公司、趋势分析公司及数字战略家构成了一个庞大的青少年市场营销研究基础架构，它们正在进行持续的大规模的研究工作，深入研究儿童和青少年是如何与新媒体互动的，这些工作将让当代青年人成为广告历史上研究最深入的调研群体[13]。当学术界学者们刚开始准备认真研究青少年与新媒体的关系时，市场调研业继续领先他们一步，聘用了一大批涉及如社会学、心理学、人类学等多领域的专家，开展青年亚文化和行为动机的研究。营销人员一直都在密切关注青少年如何与新媒体的互动，培养与他们的感情，以便开发新的内容和服务，满足他们的需求和利益，创造出更能吸引他们的传播媒体。至此，市场营销和广告宣传已普遍深入于青少年数字文化中。

市场的力量对新一代互动技术的影响是深远的。今后几年的决策，无论来自于行业还是政策决策者，都将长期影响 21 世纪媒体系统如何使年轻人社会化，让年轻人最终成长为两个重要社会角色——公民和消费者。

一、数字营销生态

数字媒体在儿童生活中的扩展创造了业界所谓的新"媒体和营销生态系统"，它包括移动设备、宽带视频、社交网络、即时通讯、视频游戏，以及虚拟三维世界。在新媒体中出现的广告、营销和销售方式与大众所熟知的商业广告和儿童电视推销形式有着很大的不同。当代数字营销的热门话题之一是"360 战略"，该战略利用青年的持续接入通信技术、多线工作行为（例如，在观看电视的同时用小键盘编辑消息），以及媒体体验流动性等特点而制定。营销人员不仅介入这些模式，还积极培育和促进这些模式符合自己的目的。通过创造协同、跨平台活动，"引导"人们从一个平台转向另一个平台，从而培养品牌间的长期合作关系。因此，数字营销越来越多地渗透到每一个儿童生活的各个方面。无论他们在哪里，在网上，通过便携播放器听音乐或是看电视，数字营销都可以触及和俘获他们。

行为剖析是公司另一个针对青少年而采取的核心策略，是许多数字媒体竞争的关键。营销人员可以收集所有客户的详细个人资料，包括人口数据、购买行为、对广告信息的反应，甚至社会关系的程度和性质。运用一种新的"测量"工具，市场营销和广告机构可以了解个人用户和非常零散群体对广告和营销的反应。将离线和在线数据库综合起来，营销人员就几乎可以不间断地观察消费群体的表现[14]。

二、针对青少年的食品和饮料营销

食品和饮料行业现在是新全球数字营销的前沿，它发挥着重要的领导作用，指导一些主导研发团体创造出新一代的互动广告，其中大部分是专门针对年轻人的。2007 年 5 月发表了由伯克利媒体研究集团（the Berkeley Media Studies Group）和数字民主中心（the Center for Digital Democracy）共同完成的一篇研究报告，报告指出了目前主导品牌通过数字媒体锁定青少年市场的一整套新营销做法[15]。下面只对一些顶尖快餐店、软饮料，以及受小朋友欢迎的小吃品牌的最近和当前营销工作进行简要描述，从中我们可以领略各种数字技术正在迅速成为当代媒体环境中的最新形式。

移动营销是发展最快的广告平台之一，它可以轻松地触及青年人，使企业能够直接根据以往的购买记录、用户的位置和其他分析数据，锁定自己的用户[16]。麦当劳引导的一场移动营销活动，呼吁年轻人发送短信至某一特殊号码，从而免费得到麦旋风即时电子优惠券。青年们还纷纷"下载免费手机壁纸和顶尖艺术家的铃声"，并通过电子邮件将宣传网站链接发送给自己的朋友[17]。

肯德基（又名肯德基炸鸡）在最近"互动广告活动"中，使用一种高频尖锐声调作为促销性"蜂鸣"设计。在推出肯德基新无骨大桶的电视广告中嵌入蚊子的声调。当电视广告中置入该音调，由于音调太高，大多数成年人是听不到的。置入的目的是吸引年轻观众，并"驱使"他们登陆网站进入一场竞赛，准确鉴别该音调确切听得到的地方，以赢得10 美元的"肯德基礼品券"，该礼品券可以在任何一家肯德基店买到新鸡肉餐[18]。

食品和饮料公司已建立了自己的在线品牌娱乐网站，将产品推销和动画"语言特征"完美地组合在一起[19]。随着宽带技术的发展，这些数字广场也提供高级"仿真"体验区，包括以品牌为核心制作的整个节目和"频道"[20]。例如，MyCoke.com 提供了多种互动活动以吸引青少年的参与，包括聊天、音乐下载和音乐混合、用户生成视频、博客以及自己的货币。可口可乐曾与互动营销专家 Studiocom（WPP 集团的子公司）合作，创建可口可乐工作室。它是"大型多人网络环境"，"青少年可以用自己的网络身份，或'虚拟自我'游玩"[21]。

市场营销也正在创造"恶搞视频"，在点对点网络和 YouTube 等视频共享业务中提升自己品牌的知名度。在某些情况下，恶搞视频中会标识赞助公司，而大多数情况下，则会隐匿赞助商。例如，温迪品牌就把几个"伪装成视频的广告"发布在 YouTube 上，专门吸引"年轻的消费者"。而温迪自己的公司名称并没有显示在这些故意放置的幽默视频中，而是将看过视频的用户导入一个名叫"温迪 99 美分菜单"的特殊网页[22]。

游戏中的广告或"游戏广告"是一种高度复杂、精心策划的策略，它结合产品展位、行为目标和恶搞营销，从而建立品牌和个人游戏玩家之间的关系。通过互动游戏进行的市场营销对小吃、饮料和其他"即兴"食品特别有效。例如，可口可乐、百事可乐、激浪、佳得乐、麦当劳、汉堡王、肯德基都是入围 2006 年 10 月调查的视频游戏玩家"最记得的品牌"[23]。营销人员不仅可以将自己的品牌融入流行游戏的故事情节中，他们还可以使用软件对玩家的行为进行实时反应，改变、添加和更新广告，为每个独特个体提供合适的信息[24]。索尼联手必胜客在其"无尽任务 II"视频游戏中建立了定购比萨的功能，其贸易条款中写道："所有的玩家所要做的就是输入'比萨'命令，紧接着必胜客在线订单页面自动弹出"[25]。

三、儿童广告监管历史

过去十年，互动营销的兴起正值政府和行业监督力度最小的时期。目前的保障措施只能适当保护儿童免于不公平数字营销和数字营销操控的伤害，而对青少年几乎没有提供任何保护。而在其他许多国家，儿童的广告特别是电视广告已被严格管制。政府经营的广播系统已经颁布了限制条例，在某些情况下禁止向弱势消费者群体投放电视广告[26]。但是美国广告商却拥有相当大的自由，儿童广告很少受到政府干预。在 20 世纪 70 年代，儿童宣传和公众健康团体（Child Advocacy and Public Health Groups）日益关注这样的现象，越来越多的电视广告推销加糖谷类食品、点心、糖果等有害儿童牙齿健康的食品。社会科学研究证明，儿童特别容易受到强力营销的感染[27]。基于这样的证据，倡导者请求美国联邦贸易委员会（FTC）和联邦通信委员会（FCC）（这两个机构共同管辖广播广告）制定法规，控制电视广告。

这些活动的影响好坏参半。尽管行业强力反对，联邦通信委员会还是于 1974 年出台了一套准则，监管针对 12 岁以下儿童的电视广告。《儿童政策声明（Children's Policy Statement）》限制了儿童电视节目的广告时间，并处理了少许影响恶劣的广告，例如主机销售。1990 年通过的《儿童电视法案》把时间限制条例（工作日每小时儿童节目中广告时间不得超过 12 分钟，周末每小时儿童节目时间广告时间不得超过 10 分钟）编入法案，并把该法案推广至有线电视[28]。但提倡者没有成功说服监管机构限制"广告节目时间（Program-Length Commercials）"的增长，其中玩具企业与儿童节目工作人员建立起经济联系，其目的就是完全挫败 FCC。当 FCC 在 1978 年推出法规制定程序，审议一项关于儿童电视广告的禁令时，广播、广告、食品等行业则直接向美国国会施压，不仅成功迫使政策制定者停止诉讼，而且削弱了监管机构的权力[29]。

为了回应公众对儿童广告的争议和压力，广告业建立了一个自我监管机构，旨在转移批评，制止任何进一步监管的企图，同时监督本行业服从电视广告准则。儿童广告审查局（CARU）的任务是确保"不满 12 岁儿童的广告是真实和无欺骗的"。该机构往往有所保留地开展业务，只回应公众对出格广告商的投诉，并只在现有政府无力规定的有限框架内履行义务[30]。

消费者、健康和儿童权益团体已经能够为儿童提供一些数字营销保障。于 1998 年颁布的网上隐私保护法案（COPPA）是第一个监管儿童隐私的联邦法律。它是在媒体教育中心与其他消费和隐私保护团体强烈游说下通过的[31]。这部法律授权 FTC 发展和完善相关法律，从而限制商业网络运营收集年龄小于 13 岁儿童的"个人身份信息"（例如，电子邮件、姓名、地址等）[32]。在该法律的保护下，自我监管组织，包括 CARU、TRUSTe 及其他组织，被允许发展自己的准则和流程，这样有助于加强网上隐私法案的条例，但是这些准则和流程预先必须得到美国联邦贸易委员会的批准[33]。

随着逐步向数字广播电视过渡，联邦通信委员会主导了一系列的听证会和规则制定流程，考虑如何使得现有公共利益的义务适应数字时代。儿童媒体政策联盟（the Children's Media Policy coalition）包含现在儿童（Children Now）组织、美国心理协会（the American Psychological Association）、美国儿科学会（the American Academy of Pediatrics），以及全国家长协会（the National PTA）。2003 年，该联盟呼吁委员会建立制度，规制数字电视互动广告[34]。就像早在 20 世纪 70 年代和 80 年代对儿童节目政策的讨论一样，此次创建电视数字条例的辩论也是充满争议。电视业起诉 FCC 第一套制度，认为他们过于严格；保护儿童的团体反驳自己提出的制度，认为规定力度不够。最终，经过倡导保护儿童者和工业界代表多次协商后，最终制定出一个妥协方案，并提交 FCC 审批。最终 FCC 颁布了一系列限制条例，限制了可以通过网页展示儿童消费品的商业内容类型和数量[35]。

随着数字营销体系进一步渗透青年人生活，美国法规现在已无力应对数字营销对儿童的健康和福利的影响。尽管数字电视广告方面的规定能够为较小的孩子提供一些适当保护，避免他们受到互动电视剥削性商业化行为的影响。但是规定的范围仍然有限，这是因为儿童电视广告相关条例的监管力度弱，涉及范围又小。更主要的是，它们只适用于电视节目和电视台附属网站，而不是针对网络本身进行监管。虽然 COPPA 已经迫使许多网络营销人员减少对年龄较小儿童的数据收集，但是它并没有为青少年设立相应的保护[36]。

四、公共健康和个人隐私

未来几年是提高儿童和青少年商业保护的重要时机，特别是在两个关键领域的保护——公共健康和个人隐私。在这两个领域，政策辩论和决策进程已经开始。必须确保任何被通过的政策都能作用于当下数字营销的本质，同时还需要确定哪一年龄段的儿童和青少年群体最需要保护。

（一）数字营销对儿童健康的影响

儿童肥胖已经成为美国的主要流行病。回顾过去 30 年间的体重水平以及相应疾病的上升幅度，专家越来越感到震惊[37]。据美国卫生和人类服务部的研究，近期进行的调查中，美国大多数肥胖儿童"明显重于"以往的研究所得数据。肥胖还严重影响到某些少数民族青年人群[38]。这种健康趋势的成本是惊人的，不仅对个别儿童而言，对全体社会也是一样[39]。卫生专家警告说，如果事态这样发展下去，这一代儿童可能是进入现代历史以来第一代寿命不及父母的人群[40]。

虽然专家已经指出，这是在过去三十年中大量的经济、社会和环境变化共同导致了目前的健康流行病，但是越来越多的证据表明食品和饮料广告，尤其"高热量、低营养"产品广告，对儿童和青少年整体营养摄入方式的改变产生了重要作用。这种变化让人不安。现在青少年摄入大量饱和脂肪、糖和盐，摄入很少的水果和蔬菜[41]。摄入比例是十分不健康的。

政府正开展许多举措，应对食品广告对儿童健康的不良影响。2004年，在美国国会的直接授命下，疾病控制和预防中心委托医学研究所全面研究营销对儿童摄食量的影响。一年后，该研究所发表了其名为《食品营销与儿童和青年：威胁还是机遇？（Food Marketing to Children and Youth: Threat or Opportunity?)》的报告，研究证实食品和饮料营销与儿童饮食模式间有着直接关系[42]。研究还提出了一些建议，包括严重警告食品行业改变其广告活动，尤其食品行业的电视广告需要改变，但是对数字营销活动并没有提出相应的建议[43]。在过去的几年中，联邦贸易委员会和美国卫生与人类服务部向工业界和消费团体开办了一系列的讲习班，要求食品和饮料公司的生产、包装和营销活动要更加尽责[44]。国会授权下，美国联邦贸易委员会（FTC）向一些食物、饮料以及快餐店公司发了传票，要求它们提供营销相关数据，并由 FTC 汇报数据至国会[45]。（倡导者已经敦促联邦贸易委员会把数字营销也列入其调查范围内。）美国联邦通信委员会设立媒体与儿童肥胖专项组，由食品和广告代表、消费者组织和健康专家组成[46]。这两种监管机构都主张行业自我规制，而不是提出建立引导食品销售的新政府规章。

面对这日益加大的公众压力，食品制造商和媒体公司已经做出一些举措表明姿态作为回应，包括促进儿童健康的活动和改变行业的一些营销实践等做法[47]。其中许多努力都得到了公共卫生专业人员和联邦监管人员的支持和批准[48]。不过，虽然他们正逐步踏向正确的方向，但仅仅这样是不够的。例如，虽然修订后的儿童广告审查组准则着实包含了应对互动营销的一些规定，但这些规定作用有限，将来最多只起到监测网上儿童广告变化的作用。它是否真的能够作用于大多数新式市场战略，这仍然值得质疑[49]。

行业自我监管的最大缺点之一是，它们只作用于针对年龄小于 12 岁儿童的播放广告。但是，美国青年面临的营养健康问题不是仅仅关注青年人群中的最小年龄段就能解决的。医学研究所全面研究了所有儿童（低于 18 岁）的食品摄入[50]。与儿童相比，青少年食用高热量、低营养的食品的风险更大。青少年把自己的零花钱更多地用在购买食品上，他们向父母索取更多的钱，更多在家外面自己选择食物消费。食品营销人员现在能够通过各种新的数字渠道聚焦青少年，这些数字渠道完全逃过父母的任何监督。

美国儿童和青少年面临的健康危机已不单纯是个人或家庭营养选择不良的问题。这是一主要消费模式的组成部分，它会影响很大部分青年人口，而且很可能还会影响这一代人的成年生活。我们不能再等十年去观察疾病和肥胖率会不会进一步上升。如果没有有效的系统性变化，未来的子子孙孙面临的风险可能更大。

（二）保护青少年在线隐私

当代数字营销实践还严重威胁着青少年的隐私。COPPA 提供了对 13 岁以下儿童的保护机制，但是青少年却完全不受政府政策和企业自我监管程序的保护。因此，在现代媒体环境下，他们现在经常遭到一些大规模数据收集和行为定位的侵害[51]。例如，360 青年（360 Youth）（一部分合金媒体+营销部门）向营销人员承诺提供"强大和有效的一站式购物资源"和超过 3 100 万的十几岁青年、二十几岁青年和大学生市场。它有各种广告和营销方法，包括"电子邮件营销策略及实施"、病毒性应用、互动和多人游戏、以及测验和调查。该公司经营着稳定数量的网站，把这些网站作为在线数据收集和青年营销研究工具。360 青年拥有众多客户，包括可口可乐、达美乐比萨、菲多利、通用磨坊、好时、家乐氏、卡夫、MTV 公司、纳贝斯克公司、派拉蒙图片、Verizon 无线和宝洁等知名企业[52]。

由于越来越多青少年的生活依赖聚友网（MySpace）、脸谱（Facebook）和其他社交网络平台，"社会媒体营销"已成为对行为分析的最重要的新渠道之一。这种获知青少年网上行为详细资料的能力可以很好地解释 2006 年罗伯特·默多克的新闻集团（福克斯电视台）为什么要斥资近 6 亿美元收购聚友网。一个贸易刊物报道了这次引人注目的交易，并指出，"聚友网的数字所包含的金钱不是用户数量，而是他们所提供的信息"，包括"福克斯互动所需的人口学和心理学的数据"，这些数据可以用来确定"网上年轻人的品牌偏好"[53]。除了基本的人口统计，营销人员还可以搜集大量的"极为丰富的"数据——包括个人关系、种族、宗教、政治倾向、性取向、吸烟和饮酒习惯。聚友网的营销提供了一个"超级绑定"高级系统。它可以监视成员在个人资料中的言谈，结合他所属的群体、年龄、性别和朋友等数据，向广告商提供更精确的定位优势[54]。脸谱起初是大学生平台，最近向所有人开放，这吸引了大批青少年。毫不奇怪，外界广告公司已经将目光聚集于脸谱网站的用户基础，希望通过脸谱安排的第三方开发工作人员获取用户档案数据[55]。

这些趋势已引起消费者和儿童权益维护团体越来越多的关注，他们要求监管机构调查行为定位的发展，不仅为青少年，更是为所有消费者提供有效保障。2006 年，数字民主联盟非营利中心（The Nonprofit Center for Digital Democracy，简称 CDD）和美国公共利益研究集团（U.S. Public Interest Research Group，简称 USPIRG）已经向联邦贸易委员会投诉，要求"对在线广告行为立即进行正式调查",敦促联邦贸易委员会尤其要调查微软（Microsoft）的一系列新广告措施[56]。次年,CDD 和 USPIRG 提供了一份文件,文件是关于社交网络对青少年的数据收集和资料操作的增长状况。CDD 和 USPIRG 要求联邦贸易委员会出台特别应对新数字广告行为的办法,消除这些广告对青少年的影响。在 2007 年,CDD、USPIRG 以及电子隐私信息中心（The Electronic Privacy Information Center,简称 EPIC）请求美国联邦贸易委员会阻止谷歌和 DoubleClick 的合并,除非上述公司能够提供行之有效的隐私政策,并写入同意判决书。尽管美国联邦贸易委员会最终还是批准了合并,但是它举行了几次行为定位的专题讨论会。这些专题讨论会有助于提高新闻界和政治界对该事件的关注[57]。

2007 年 12 月,由于消费群体的请愿,联邦贸易委员会工作人员提出一套自我监管"在线广告隐私保护原则"建议,呼吁公开讨论几个公共关注点。原则建议中包含了如何界定"敏感"的数据,以及企业在处理这些数据时应该采取什么必要措施。联邦贸易委员会的工作人员认为,"当用户准许接受此类广告时,公司才能够收集敏感数据用于行为定位"。除了医疗信息,敏感数据可能还包括"儿童活动"[58]。

为响应政府对隐私问题的再度重视,一些私企以及行业性组织提出了新的自律准则。例如,Facebook 和 MySpace 都对自己的隐私政策进行了调整[59]。网络广告倡议（The Network Advertising Initiative,简称 NAI）建议修订其自律准则,禁止对 13 岁以下儿童进行行为定位[60]。

虽然已经向正确的方向迈进,无论是工业还是联邦贸易委员会都没有提出应如何处理对青少年采用新行为定位措施这一特殊隐私问题。许多青少年上网寻求帮助,解决个人问题,探索他们的性身份,寻求支持团体帮助解决他们生活出现的情感危机,有时说一说他们不愿或不方便与父母讨论的话题。然而,这种对互联网的日益依赖让他们遭受到营销人员大规模数据收集和分析。数字技术已经获得了前所未有的能力,能够在整个媒体平面上跟踪和入档个人信息，并进行"微观"或"纳米"定位，这种技术使得这些年轻人的隐私风险特别大。

正如知名的儿童权益和健康团体联盟在 2008 年 4 月提交联邦贸易委员会的一份文件中做出的解释那样，"虽然青少年较之年幼的儿童是更成熟、理性的消费者，但是由于年龄的关系，他们的隐私往往更易受到威胁"[61]。工商业普遍拥护、监管机构也普遍认可的方式是依据"通知和选择（Notice and Choice）"概念提出的。它是基于期望消费者会阅读在线公司的隐私政策，而后根据喜好进行选择。如果他们不喜欢的隐私条例，他们会"选择退出"。但大多数的隐私政策并没有提供真正的选择，反而表现成"要么接受，要么放弃它（Take-It-Or-Leave-It）"的主张。调查表明，多数成年人要么根本不读，要么不能理解，因为这些政策通常是让人困惑，充斥着技术术语[62]。对于年龄较小的青年人，他们面临的挑战更加复杂。正如儿童联合申请中指出的，"少年所受教育不多，他们不太可能去阅读隐私权政策"。他们"不太愿意放弃学习或者较少保护自己免受行为广告的侵害，为了迅速和自由地访问网站和社交互动。"社交网络创造了隐私设置，给青少年创造了安全的错觉。青少年可能认为网络是为了保障他们的隐私，青少年仍然完全不知道网络社区中司空见惯的数据收集、在线分析、行为广告的性质和程度。最后，儿童联盟在申请中指出："大多地区的法律都意识到对法律文件的阅读、理解和同意过程中，未成年人其实是处于不利地位。例如，合同法的普通法原则中认为与未成年签署的合同为无效合同，这是因为未成年人不能像成年人一样做出有意义的合同，他们可能会取消任何签署过的合同"[63]。

显然，政府需要保护青少年的隐私。儿童与健康团体联盟提出的所有建议都在 FTC 目前的法定权力范围内，所以 FTC 将这些建议作为自己的初始行动是适当而必需的。这些行动将包括将"所有年龄低于 18 岁人群的在线活动"定义为"敏感数据"，并编入行业自愿准则，还要禁止"以行为广告为目的敏感信息收集行为。"这些团体还呼吁 FTC，监督"工商业是否遵循了这些自愿准则，如果违背了这些准则，FTC 应启动法律制定流程，从而真正禁止以行为广告为目的收集未满 18 岁人群行为数据的行为"[64]。

即便是年龄较小的孩子，他们的隐私也可能无法得到充分保护，仍然可能会受到最新一代行为定位方法的威胁。2000 年生效的美国联邦贸易委员会儿童隐私法，尽管当初已经预料到数据收集和分析技术的出现和现有的发展，但法律在设计之初是希望自己可以适应不断变化的行业发展。"使用持久性标识（如 Cookie 中存放的客户数据）收集资料，从而向儿童个人发送针对性很强的广告"，这些文字解释了儿童联盟申请中提出的"明显符合个人信息法定定义的（F）部分，'即使没有获得孩子的姓名、电子邮件地址等信息'"[65]。即没有孩子的姓名、电子邮件等标识个人的信息，营销人员还是可以用其他方法锁定个人，成功进行营销活动。因此，联盟正在敦促 FTC 重新审议和明确其儿童在线隐私保护规则，以确保它能够应对业内最新实践方法，在日益扩大的数字媒体市场中继续保护 13 岁以下儿童。

五、促进儿童及青少年的健康发展

我们制定政策和市场标准的时间相对短暂，而这些政策和市场标准却有着深远的影响，它们将帮助指导数字媒体文化在二十一世纪的发展和增长。媒体的分布和广告技术都有了巨大变化，我们需要一种全面、系统的工作方法。总目标应该是建立一个促进儿童和青年健康发展的媒体系统。虽然最近他们已经公开承诺，但是人们不能期望食品、广告和媒体行业自身会为消费者提供充足的保护。自我监管总是被动的。自我监管只会对一些有争议的做法做出调整，但是那是为了安抚批评、转移压力、抢占政府管制。当压力平息、公众关注的焦点已经转移别处，行业监管就有可能放宽，这值得人们关注。当市场获利潜力巨大时，正如儿童和青少年市场那样，这些行业就有可能回到正常模式，或者为了规避公众监督制定新营销方法。在强有力的政府和公众监督下，行业自律才有可能发展和完善。因此，这个责任就落在了政府、教育人员、健康专业人员、儿童权利倡导者和消费者团体身上。他们需要密切监测现代市场营销的新做法，并制定干预措施，有效减少这些做法对美国儿童的可能伤害。

为了让美国变成一个对儿童和青少年公平、公正的媒体和营销系统，我们需要在短期内采取一些措施。国会有关委员会应就当代儿童和青少年数字营销做法开展听证会。联邦贸易委员会，联邦通信委员会和国会应联手与业界以及那些公众健康和儿童宣传团体合作，提出一系列监管儿童数字营销的新规则。新的规定必须考虑到所有媒体的全方位广告和营销做法，对所有儿童包括青少年提供保护。需要特别注意的是食品和饮料产品是如何推广的。下列是特别需要关注的领域：满足什么条件才可以收集儿童和青少年的全面数据，包括所谓的非个人识别信息；怎样限制对 18 岁以下儿童的个人分析和行为定位；如何监管某些可能骗人的做法，例如"恶搞视频"和其他形式的隐形营销（不会一开始就透露宣传公司的做法）。

青少年对互联网及其他新数字技术寄希望很高，尤其是其在教育、社交、政治参与和公民参与方面的作用。因此，营销政策只可能是媒体研究和政策议程广泛研究组成的一小部分。其中，必须解决的问题有：普及宽带、E-Rate 政策、资助非商业平台以及支持教育和培训。如果我们的目标是培养出一代可以帮助国家解决最紧迫问题的接班人，那么我们需要向他们提供这样的媒体环境，即帮助成员对社会和民主做出更多贡献的环境。

注释：

1．本文参考 2009 年在美国出版的由 Amit M. Schejter 主编的《. . . And Communications for All》一书中的第十五章（Creating a Media Policy Agenda for the Digital Generation），本文经由作者修订、扩展和更新并同意在中国再次翻译出版。该文章经由白如雪和张彬翻译。

2．Kathryn Montgomery 博士是美国大学通信学院教授。在加入美国大学时，Montgomery 博士已经在非营利领域和学术上积攒了 25 年的工作经验。她曾担任了 12 年的媒体教育驻华盛顿中心（CME）的主席，CME 是由 Montgomery 博士于 1991 年与其他人共同建立的。在她任期的时候，Montgomery 的研究、出版物和证词在关于一系列重要媒体问题的国家公共政策辩论中发挥了重要作用。她建立了联盟，联合了各种儿童保护、健康和教育团体，成功举行了一系列的运动，成就了一系列维护儿童和家庭的政策。其中，包括要求每周至少播出三小时儿童教育\信息类的电视节目的 FCC 制度，一套依据内容评价电视节目的系统，以及第一个保护儿童因特网隐私的联邦法案。在搬到华盛顿之前，Montgomery 曾是加利福尼亚州立大学和加利福尼亚大学的媒体研究教授。她是《Target: Prime Time—Advocacy Groups and the Struggle over Entertainment Television》一书的作者，该书于 1989 年出版，曾被 Choice Magazine 评为 "1989-1990 年度优秀学术书籍"。近期书籍有《Generation Digital: Politics, Commerce, and Childhood in the Age of the Internet》，已于 2007 年出版。她在移动画面和电视领域的博士头衔是由 UCLA 颁发的。

3．Jon Fortt, "Nielsen: Facebook Growth Outpaces Mypace," CNNMoney.com, 15 November 2007, bigtech.blogs.fortune.cnn.com/2007/11/15/Nielsen-facebook-growth-outpaces-myspace/ (25 June 2008).

4．Michael Arrington, "Facebook No Longer the Second Largest Social Network," TechCrunch, 12 June 2008, www.tethcrunch.com/2008/06/12/facebook-no-longer-the-second-largest-social-network (25 June 2008).

5．Karen Brown, "Study: Young Adults Snapping Up New Tech," *Multichannel News*，31 July 2006, www.multichannel.com/article/CA6357818.html?display=Breaking+News (25 June 2008).

6．Marjorie Heins, Not In Front of the Children: "In decency" Censorship and the Innocence of Youth (New York: Hill and Wang, 2001); Kathryn C. Montgomery, Generation Digital: Politics, Commerce, and Childhood in the Age of the Internet (Cambridge, MA:MIT Press, 2007), 35-66.

7．The Deleting Online Predators Act of 2006，由 Mike Fitzpatrick 代表提议，对 1934 年电信法进行修改，要求为接入因特网而接受联邦 E-Rate 基金的学校和图书馆，保护青少年在使用社交网络和聊天室时不受"在线捕食者"的网络侵蚀，所以应该在无人监管的环境下，禁止青少年使用这种服务。在众议院以 410 票对 15 票的绝对优势通过，提议在 2007 年 1 月被递交到参议院，而后在 FTC 那里夭折。国会领导人 2006 年呼吁 FTC 发布消息，让全国消费者警惕 Myspace 及其他社交网站，指控这些网站沦为捕食者的"虚拟狩猎场所"。"Reps. Kirk, Wolf Warn of Pedophiles Operating on Top Internet site: Myspace.com", U.S. Federal News Service, 13 April 2006, Washington, DC.

8．Karen Friefeld, "Myspace to Act Against Predators", *Washington Post*, 15 January 2008.

9．Berkman Center for Internet and Society, "The Berkman Center Announces Formation of Internet Safety Task Force to Identify and Develop Online Safety Tools", press release, 28 February 2008, cyber.law.harvard.edu /newsroom/Internet_Safety_Task_Force (25 June 2008).

10．See, for example, W. Lance Bennett, ed., *Civic Life Online: Learning How Digital Media Can Engage Youth* (Cambridge, MA : MIT Press, 2007); Morley Winograd and Michael D. Hais, *Millennial Makeover : MySpace, YouTube, and the Future of American Politics* (Piscataway, NJ: Rutgers University Press, 2008); and Fadi Hirzala, "The Internet and Democracy: Participation, Civics, and Politics," *Javnost-The Public* 14, no.2 (2007): 83-96, www.javnost-thepublic.org/media/datoteke/Pages_hirzalla_2-07-4.pdf (25 June 2008).

11．Center for Digital Democracy and U.S. PIRG, filing with the Federal Trade Commission concerning "Online Behavioral Advertising Principles," 11 April 2008, www.democraticmedia. org/files/FTCfilingApr08.pdf (25 June 2008). See also Piper Jaffray Investment Research，*The User Revolution：The New Advertising Ecosystem and the Rise of the Internet as a Mass Medium* (Minneapolis, MN: Piper Jaffray 2007).

12．"U.S. Kids Spent $18 Billion Last Year, While Parents Spent $58 Billion Just to Feed Them," PR Newswire, 26 May 2006, www.commonsensemedia.org/resources/commercialism. php?id=6 (25 June 2008).

13．For a longer discussion of these trends, see *Montgomery, Geoeration Digital*, chapter 2.

14．See, for example, Donna Bogatin, "Nielsen to Track Digital Consumer with 'Anytime Anywhere' Media Measurement", ZDNet.com, 16 June 2006, blogs.zdnet.com/micro-markets/? p=130 (28 March 2007).

15．Jeff Chester and Kathryn C. Montgomery, "Interactive Food & Beverage Marketing: Targeting Children and Youth in the Digital Age", Berkeley Media Studies Group, May 2007, www.digitalads.org/documents/digiMarketingFull.pdf (21 October 2007).

16．"Solutions for Mobile operators", JumpTap, www.jumptap.com/solutions_mob_adinv.aspx

(28 March 2007).

17．Amy Johannes, "McDonald's Serves Up Mobile Coupons in California", PROMO Magazine, 26 October 2005, promomagazine.com/incentives/mcds_coupons_102605 (viewed 26 March 2007).

18．Nina M. Lentini, "KFC Airs Ring Tone Ad Aimed At Those Who Can Hear It", Marketing Daily，12 April 2007, publications.mediapost.com/index.cfm?fuseaction=Articles. showArticle& art_aid=58606; KFC Corporation, "KFC Makes Noise with New Interactive TV Advertising", Press release, 11 April 2007, www.prnewswire.com/cgi-bin/stories.pl?ACCT= 109&STORY=/www/story/04-11-2007/0004563459 (both viewed 17 April 2007)

19．For a description of some of the current branded entertainment sites food companies have created for children, see Elizabeth S. Moore, It's Child's Play: Advergaming and the online Marketing of Food to Children (Menlo Park, CA: The Henry J. Kaiser Family Foundation, 2006), www.kff. org/entmedia/upload/7536.pdf (26 March 2007).

20．Felipe Korzenny, Betty Ann Korzenny, Holly McGavock, and Maria Gracia Inglessis, "The Multicultural Marketing Equation: Media, Attitudes, Brands, and Spending", Center for Hispanic Marketing Communication, Florida State University, 2006, 6, hmc.comm.fsu.edu/ FSUAOLDMSMultMktg.pdf (12 March 2007).

21. Betsy Book, "Advertising & Branding Models in Social Virtual Worlds" (presentation to the American Association for the Advancement of Science, 19 February 2006), available as a PowerPoint download at www.virtualworldsreview.com (viewed 30 March 2007). See description of Coca-Cola's Coke Studios at Studiocom, www.studiocom.com/public/site/home. html (2 April 2007)；"Youniversal Branding"; "Cokestudios", MyCoke.com, www.mycoke. com/home.html?tunnel=cokestudios&section=16 (17 April 2007); and "Coke in the Ccmmunity", Brand Strategy, 5 February 2007. See also James Harkin, "Get a (Second) Life", FT.com, 17 November 2006, www.ft.com/cms/s/cfgbslc2-753a-lldb-aeal-0000779e2340.html; "Yes Logo", New World Notes, 6 April 2006, nwn.blogs.com/nwn/2006/04/yes- logo.html; "Second Life: Coke Machine", Brands in Games, 15 February 2006, www.vedrashko.com/ advertising/2006/02/second-life-coke-machine. html (all viewed 31 March 2007).

22. "The Bureau for Better Value", MySpace.com, profile.myspace.com/index.cfm?fuseaction= user.viewprofile&friendid=14551144; Lisa Bertagnoli, "Wendy's Hits A YouTube Nerve", Marketing Daily, 27 October 2006, publications.mediapost.comlindex.cfm?fuseaction =Artides.showArticle&art_aid=50292 (both viewed 29 March 2007).

23．"Coke, Nike Are Tops In Video Game Ads: Study", *PROMO Magazine*, 10 November 2006, promomagazine.com/research/other/brands_videogame_study _111006/index.html (30 March 2007).

24．Microsoft, "Microsoft to Acquire In-Game Advertising Pioneer Massive Inc.", press release, 4 May 2006, www.microsoft.com/Presspass/press/2006/may06/05-04MassivelncPR.msPx (29 March 2007); John Gaudiosi, "Google Gets In-Game with Adscape", *The Hollywood Reporter*, 20 March 2007, www.hollywoodreporter.com/hr/contentesdisplay/businesslnews/ e31898ca0del754206ae43bdbc6ee2dgffd (30 March 2007); Mike Shields, "In-Game Ads Could Reach $2 Bil", Adweek，12 April 2006, www.adweek.com/aw/national/article_display.jsp?vnu. content_id=1002343563 (30 March 2007).

25．Annette Bourdeau, "The Kids are online", strategy, 1 May 2005.

26．Patti M．Volkenburg, "Media and Youth Consumerism", Journal of Adolescent Health 275 (2000): 52-56.

27．Dale Kunkel, "Children and Television Advertising"; Dale Kunkel and Brian Wilcox, "Children and Media Policy", in Handbook of Children and the Media (Thousand Oaks, CA: Sage Publications, 2001), 375-94, 585-604.

28．Dale Kunkel, "The Implementation Gap: Policy Battles About Defining Children's Educational Programming", *Annals of the American Academy of Political and Social Science* 557 (1998): 39-53; Dale Kunkel, "Crafting Media Policy: The Genesis and Implications of the Children's Television Act of 1990", A American Behavioral Scientist 35 (1991): 181-202; and Barry Cole and Mal Oettinger, Reluctant Regulators (Reading, MA: Addison Wesley, 1978), 243-88. See also Michael Pertschuk, Revolt Against Regulation: The Rise and Pause of the Consumer Movement (Berkeley: University of California Press, 1982).

29．Kunkel and Wilcox, "Children and Media Policy"; Dale Kunkel, "The Role of Research", Science Communication 12, no.1 (1990): 101-19.

30．Angela Campbell, "Self Regulation and the Media", Federal Communications Law Journal 51 (1999): 711-71.

31．作为媒体教育中心的主席（the Center for Media Education），她身先士卒，组织活动，最终使得儿童线上隐私保护法得以通过。

32．"How to Comply with The Children's Online Privacy Protection Rule", Federal Trade Commission, www.ftc.gov/bcp/conline/pubs/buspubs/coppa.shtm; "Children's Online Privacy Protection Act of 1998", Federal Trade Commission, www.ftc.gov/ogc/coppal.htm (both viewed 28 March 2008).

33．Center for Media Education，"Legislative Alert: S.2326 Children's Online Privacy Protection Act of 1998"，n.d., author's personal files.

34．媒体教育中心也曾经是该流程发起人，呼吁建立数字营销保障。在 2003 年筹备 CME 时，儿童媒体联盟取代了它的领导地位。作者一直与儿童媒体联盟保持着密切的工作关系。

35．See Dale Kunkel，"Kids Media Policy Goes Digital: Current Developments in Children's Television Regulation"，in The Children's Television Community: Institutional, Critical, Social system, and Network Analyses, eds. J. Alison Bryant and Jennings Bryant (Mahwah, NJ: Lawrence Erlbaum Associates, 2006).

36．关于导致儿童在线隐私保护法这次活动的案例分析及其影响评估，参见：chapter 4, "Web of Deception: , in Montgomery, *Generation Digital.*

37．Institute of Medicine of the National Academies，*Preventing Childhood Obesity: Health in the Balance*, Report Brief, September 2004, www.iom.edu/Object.File/Master/25/858/Childhood%20Obesity%204-pager-fix%20for%20web%20pdf.pdf （26 March 2007）.

38．"Childhood Obesity"，U.S. Department of Health and Human Services, aspe.hhs.gov/health/reports/child-obesity （2 April 2007）.

39．American Academy of Pediatrics Committee on Nutrition，"Prevention of Pediatric Overweight and Obesity "，*Pediatrics* 112, no.2 (August 2003): 424-30, aappolicy.aappublications.org/cgi/content/full/pediatrics; 112/2/424 （26 March 2007）.

40．"Obesity Threatens to Cut U.S. Life Expectancy, New Analysis Suggests"，press release, U.S. Department of Health and Human Services, 16 March 2005, www.nih.gov/news/pr/mar2005/nia-16.htm （10 December 2006）.

41．See Juliet B. Schor and Margaret Ford, "From Tastes Great to Cool: Children's Food Marketing and the Rise of the Symbolic", *Journal of Law*，*Medicine & Ethics*, Spring 2007, www.blackwell-synergy.com/doi/pdf/10.1111.J.1748-720X.2007.00ll0 .x?cookieSet=l （26 March 2007). and See summary of studies in Institute of Medicine, *Food Marketing to Children and Youth*: *Threat or Opportunity*（Washington, DC: The National Academies, 2005). 作者在文中写到："儿童营销的增加与儿童饮食健康的明显恶化、摄入更高卡洛里食物以及肥胖、超重儿童比例增加之间具有一致性。"

42．The National Academies，"Food Marketing Aimed at Kids Influences Poor Nutritional Choices, IOM Study Finds; Broad Effort Needed to Promote Healthier Products and Diets"， press release, 6 December 2005, www8.nationalacademies.org/onpinews/newsitem.aspx? RecordID=11514 （26 March 2007）.

43. Food Marketing to Children and Youth, "Executive Summary", 15, books. nap.edu/openbook. php?record_id=11514&Page=l （26 March 2007）.

44. Federal Trade Commission, "FTC, HHS Release Report on Food Marketing and Childhood Obesity" press release, 2 May 2006, www.ftc.gov/opa/2006/05/childhoodobesity.htm （26 March 2007）.

45. "FTC, HHS Release Report on Food Marketing and Childhood Obesity: Recommends Actions by Food Companies and the Media", press release, 2 May 2006, www.ftc.gov/opa/2006/05/childhoodobesity.htm （1 April 2007）. 依据联邦公报刊登的声明，FTC "将收集各路信息，其中包括（1）向儿童和青少年营销过的食品种类；（2）已监控和未监控的儿童及青少年营销手段类型；（3）为沟通已监控和未监控媒体中儿童和青少年的市场信息所支出的花费；（4）依据此花费造成的已监控媒体中儿童和青少年商业广告的时间长度"。FTC, "Commission Seeks Public Comments on Food Marketing Targeting Children Commission Seeks Public Comments on Food Marketing Targeting Children", press release, 18 October 2006, www.ftc.govl/pa/2006/10/fyi0666.htm （1 April 2007）.

46. Federal Communications Commission, "Task Force on Media & Childhood Obesity", www.fcc.gov/obesity (26 March 2007).

47. Bruce Mohl, "Activists Look to Sue over Cartoons in Cereal Ads: State May Become Battieg round in War on Childhood 0besity", *The Boston Globe*, 19 January 2006，www.boston.com/business/healthcare/articles/2006/0l/l9/activists_look_to_sue_over_cartoons_in_cereal_ads (26 March 2007).

48. Chester and Montgomery, "Interactive Food & Beverage Marketing: Targeting Children and Youth in the Digital Age", 11-12.

49. 例如，当新准则公布后，几家食品公司代表告诉华盛顿邮报，他们已经准备遵循这些原则。Annys Shin, "Ads Aimed at Children Get Tighter Scrutiny", *Washington Post*, 15 November 2006, www.washingtonpost.com/wp-dyn/content/article/2006/ll/14/AR2006111401245.html （1 April 2007）.

50. The IOM report 对一系列的研究进行了检验，得出如下结论：儿童和青少年摄入的总卡洛里中一大部分是来自那些高卡洛里、低营养的食品和饮料。Institute of Medicine, *Food Marketing to Children and Youth*, 53.

51. Center for Digital Democracy and U.S. PIRG, "Supplemental Statement in Support of

Complaint and Request for Inquiry and Injunctive Relief Concerning Unfair and Deceptive online Marketing Practices" (filing with the Federal Trade Commission), 1 November 2007, democratiomedia.org/news_room/press_release/FTCSupplementalFiling （18 January 2008）.

52．"About 360 Youth", 360 Youth, www.360youth.com/aboutus/index.html (21 July 2005). Its 2005 form 10-K says the company has acquired a database of "31 million generation Y consumers".

53．Shankar Gupta, "Fox Exec: User Info Most Valuable Myspace Asset", Online Media Daily, 9 June 2006, publications.mediapost.com/index.cfm?fuseaction=Articles.san &s=44303&Nid= 20848&P=198625 （28 March 2007）.

54．Mark Walsh, "Myspace's 'HyperTargeting' Ad Program Off To A Strong Start", *Online Media Daily*, 4 December 2007, publications.mediapost.com/index.cfm?fuseaction=Alticles. showArtideHomePage&art_aid=72037 （25 June 2008）.

55．脸谱最终计划将这一过程自动化。依据《Advertising Age》，"为了该计划，脸谱将建立自动系统，该系统可以依据一个成员的文档信息，向用户的网上新闻张贴相关文本广告信息，默认信息模块可以让用户知道自己朋友的近况。这些'额外的部分'，无论采取文字、图画、还是点击播放的视频广告方式，他们的计费都很昂贵；这种价位使得他们的卖主大部分是那些为脸谱销售团队预算支出超过 6 位数的大品牌商。一个自动化系统将可以让脸谱针对更小的、更多面向利基市场的卖主，就像谷歌（Google）系统所作的那样。"Abbey Klaassen, "Facebook vs Google's AdWords: Social Net's Automated System Appeals to Small, Niche-Serving Marketers", *Advertising Age*，27 August 2007.

56．Center for Digital Democracy, "Consumer Groups Call for FTC Investigation of Online Advertising, Consumer Tracking and Targeting Practices", press release, 1 November 2006, democraticmedia.org/news_room/press_release/FTC_online_adv2006. Copies of both the 2006 and 2007 CDD and U.S. PIRG FTC filings are available at democraticmedia.org/news-roomlpress -release/FTCSupplementalFiling (both viewed 25 June 2008). The author, formerly a CDD board member, continues to consult and collaborate with the organization.

57．Dawn Kawamoto and Anne Broache, "FTC Allows Google-DoubleClick Merger to Proceed", CNetNews.com, 20 December 2007, news.cnet.com/FTC-allows-Google-DoubleClick-merger-to-proceed/2100-1024-3-6223631.html. The FTC subsequently convened a town hall meeting on mobile marketing, "Beyond Voice: Mapping the Mobile Marketplace", on 6-7 May 2008, www.ftc.gov/bcP/workshops/mobilemarket (both viewed 25 June 2008).

58．"FTC Staff Proposes Online Behavioral Advertising Privacy Principles", 20 December

2007, Federal Trade Commission, www.ftc.gov/opa/2007/l2/principles.shtm （15 January2008）.

59．Rhonda Evans, "Facebook Implementing Safeguards To Protect Young Users", Digtriad.com, 17 June 2008, www.digtriad.com/news/local/article.aspx?storyid=103176&catid =57；Steve O'Hear, "Myspace Makeover Announced", ZDNet.com, 13 June 2008, blogs.zdnet.com/social/?p=522 (both viewed 25 June 2008).

60．"The Network Advertising Initiative's self-Regulatory Code of Conduct for online Behavioral Advertising", Draft: For Public Comment, National Advertising Initiative, www.networkadvertising.org/networks/principles_comments.asp （15 January2008）.

61．Institute for Public Representation (on behalf of the American Academy of Child and Adolescent Psychiatry, the American Academy of Pediatrics, American Psychological Association, Benton Foundation, Campaign for a Commercial Free Childhood, Center for Digital Democracy), filing with the Federal Trade Commission concerning "online Behavioral Advertising Principles", 11 April 2008, 6, www.democraticmedia.org/files/Children%275% 20Advocacy%20Groups%20%20Behavioral%20Advertising%20Comments%20FINAL.pdf (15 June 2008)。

62．Institute for Public Representation FTC filing, 8.

63．Institute for Public Representation FTC filing, 9.

64．Institute for Public Representation FTC filing, 13.

65．同注释 64。

反侵权盗版声明

电子工业出版社依法对本作品享有专有出版权。任何未经权利人书面许可，复制、销售或通过信息网络传播本作品的行为；歪曲、篡改、剽窃本作品的行为，均违反《中华人民共和国著作权法》，其行为人应承担相应的民事责任和行政责任，构成犯罪的，将被依法追究刑事责任。

为了维护市场秩序，保护权利人的合法权益，我社将依法查处和打击侵权盗版的单位和个人。欢迎社会各界人士积极举报侵权盗版行为，本社将奖励举报有功人员，并保证举报人的信息不被泄露。

举报电话：（010）88254396；（010）88258888

传　　真：（010）88254397

E-mail：　dbqq@phei.com.cn

通信地址：北京市万寿路 173 信箱

　　　　　电子工业出版社总编办公室

邮　　编：100036